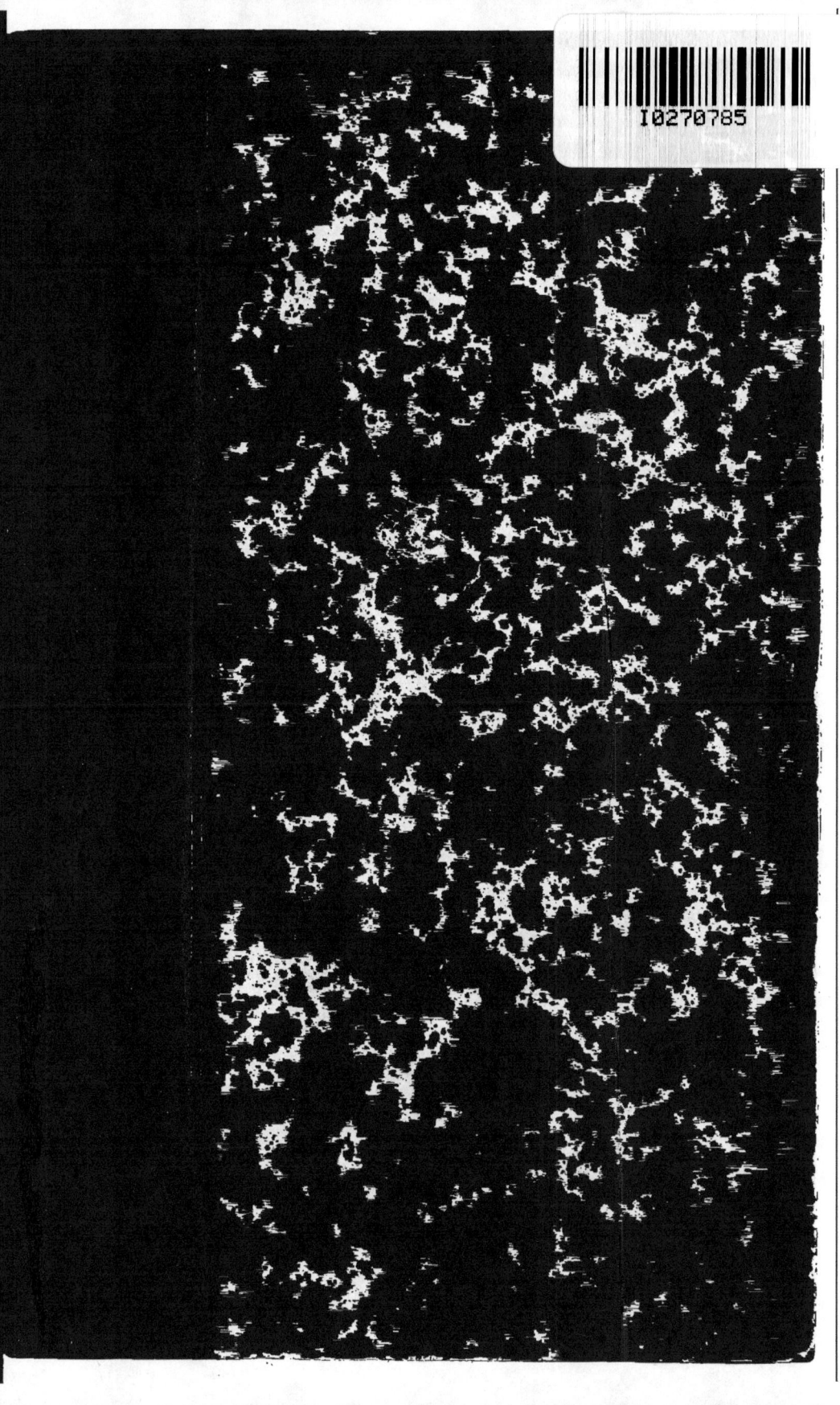

LA Guerre DE 1870-71

IX
Journées du 7 au 12 Août

LA RETRAITE SUR METZ ET SUR CHALONS

(DOCUMENTS ANNEXES)

PARIS
LIBRAIRIE MILITAIRE R. CHAPELOT ET Cᵉ
IMPRIMEURS-ÉDITEURS
30, Rue et Passage Dauphine, 30

1903
Tous droits réservés.

LA GUERRE DE 1870-71

IX
Journées du 7 au 12 Août

DOCUMENTS ANNEXES

Publié par la **Revue d'Histoire**

rédigée à la Section historique de l'État-Major de l'armée

LA
Guerre

DE

1870-71

IX
Journées du 7 au 12 Août

DOCUMENTS ANNEXES

PARIS
LIBRAIRIE MILITAIRE R. CHAPELOT et Cᵉ
IMPRIMEURS-ÉDITEURS
30, Rue et Passage Dauphine, 30

—

1903
Tous droits réservés.

SOMMAIRE

DOCUMENTS ANNEXES

La journée du 7 août.

Grand quartier général	1	6ᵉ corps	50
1ᵉʳ corps	7	7ᵉ corps	53
2ᵉ corps	16	Garde impériale	57
3ᵉ corps	23	Réserve de cavalerie	67
4ᵉ corps	37	Réserve générale d'artillerie	69
5ᵉ corps	43	Renseignements	71

La journée du 8 août.

Grand quartier général	75	6ᵉ corps	113
1ᵉʳ corps	77	7ᵉ corps	115
2ᵉ corps	82	Garde impériale	119
3ᵉ corps	88	Réserve de cavalerie	125
4ᵉ corps	100	Artillerie de l'armée	127
5ᵉ corps	106	Renseignements	135

La journée du 9 août.

Grand quartier général	137	7ᵉ corps	172
1ᵉʳ corps	141	Garde impériale	174
2ᵉ corps	143	Réserve de cavalerie	182
3ᵉ corps	147	Réserve générale d'artillerie	184
4ᵉ corps	156	Réserve générale du génie	187
5ᵉ corps	163	Renseignements	188
6ᵉ corps	170		

La journée du 10 août.

Grand quartier général	197	6ᵉ corps	229
1ᵉʳ corps	202	7ᵉ corps	231
2ᵉ corps	205	Garde impériale	233
3ᵉ corps	209	Artillerie de l'armée	239
4ᵉ corps	215	Réserve de cavalerie	240
5ᵉ corps	220	Renseignements	242

La journée du 11 août.

Grand quartier général	251	7ᵉ corps	277
1ᵉʳ corps	253	Garde impériale	278
2ᵉ corps	256	Réserve de cavalerie	285
3ᵉ corps	259	Réserve générale d'artillerie	288
4ᵉ corps	264	Grand parc du génie de l'armée	292
5ᵉ corps	268	Renseignements	297
6ᵉ corps	273		

La journée du 12 août.

Grand quartier général	305	7ᵉ corps	340
1ᵉʳ corps	312	Garde impériale	340
2ᵉ corps	315	Réserve de cavalerie	342
3ᵉ corps	320	Artillerie de l'armée	348
4ᵉ corps	324	Génie de l'armée	351
5ᵉ corps	328	Renseignements	354
6ᵉ corps	336		

DOCUMENTS ANNEXES.

Journée du 7 août.

GRAND QUARTIER GÉNÉRAL.

a) **Journal de marche.**

L'ordre de prendre des positions en arrière de celles qu'ils occupent est donné à tous les corps d'armée et aux réserves.

Le 1er corps continue sa retraite de Saverne sur Phalsbourg;

Le 5e se retire sur la Petite-Pierre;

Le 2e continue son mouvement de retraite de Sarreguemines à Puttelange;

Le 3e reste à Saint-Avold;

La Garde impériale revient à Courcelles-Chaussy;

La 1re division de la réserve de cavalerie reçoit l'ordre de se rendre immédiatement à Saint-Mihiel, où elle arrivera le 9;

La 2e division se porte à Sarrebourg;

La 3e à Saint-Avold; (1)

La division du 6e corps, déjà arrivée à Nancy, reçoit l'ordre de retourner au camp de Châlons;

Le 4e corps commence son mouvement de retraite vers Metz. Sa 1re division (de Cissey) se rend Teterchen à Boulay par Bettange et Eblange;

La 2e division (Grénier) quitte Boucheporn sur l'ordre du maréchal Bazaine pour rejoindre le 3e corps vers Saint-Avold;

La 3e division s'avance de Coume sur Helstroff;

La division de cavalerie est réunie à Boulay.

---

(1) Plus exactement, à Folschwiller.

b) Organisation et administration.

L'Empereur au Ministre de la guerre (D. T.).

Metz, 7 août, 5 h. 1/2 matin.

Faites venir à Paris tous les 4es bataillons dont vous pouvez disposer.

Le Major général au Ministre de la guerre.

7 août, 2 h. 20 soir.

L'Empereur insiste vivement sur la nécessité de terminer l'organisation des 4es bataillons et des régiments de marche.

Je suis étonné que les officiers généraux, à l'intérieur, aient laissé dans leurs foyers autant d'hommes appartenant à la réserve. Sévissez contre ceux qui ont contrevenu aux ordres donnés. Signalez-moi dès noms.

Le Ministre de la guerre à l'Empereur (D. T.).

Paris, le 7 août.

J'exécute les ordres de Votre Majesté au sujet des 4es bataillons que j'appelle à Paris. D'accord avec le Ministre de la marine, on appelle à Paris 10,000 soldats de marine et 1000 canonniers de l'armée de mer. J'appelle aussi les régiments de Corse, de Bayonne, de Perpignan et de Pau, qui laisseront dans ces résidences leur 4e bataillon, et les deux régiments de cavalerie de Carcassonne et de Tarbes.

b₁) Défense du territoire.

Décret.

7 août.

Napoléon, par la grâce de Dieu et la volonté nationale, Empereur des Français, à tous, présents et à venir, salut.

Avons décrété et décrétons ce qui suit :

Article 1er. — Les villes de Metz, Verdun, Montmédy, Longwy, Thionville, Bitche, Strasbourg et les places de l'Alsace, Phalsbourg, Marsal, Toul, Belfort, sont déclarées en état de siège.

Art. 2. — Notre major général de l'armée est chargé de l'exécution du présent décret.

Fait à Metz, le 7 août 1870.

Journal de la défense de la place de Metz.

7 août.

Le général de division Coffinières de Nordeck est nommé commandant supérieur de la place de Metz. Il donne ordre de hâter la mise en état de défense des portes, de fermer par des palanques ou palissades les portions d'escarpe de Saint-Julien et de Queuleu, non achevées, de pousser le fort des Bordes et les redoutes du chemin de fer. Les arbres seront coupés tant sur les glacis que sur les routes à portée des forts et de la place, les bois seront utilisés pour les palissades, les palanques.

c) Opérations et mouvements.

Le Major général à l'Empereur.

Saint-Avold, 7 août, 7 h. 1/2 matin.

Je trouve ici un moral excellent, la retraite s'effectuera en très bon ordre à condition qu'on ne précipite rien.

Pajol (1), qui retourne avec le train impérial, donnera des détails à Votre Majesté, que je rejoindrai, par un train spécial, vers 11 heures. Je tâche d'obtenir des nouvelles de Frossard, qui paraît s'être retiré cette nuit, en bon ordre, probablement sur Sarreguemines.

Le même au même.

Saint-Avold, 7 août, 9 h. 1/2 matin.

Je reçois un télégramme de Frossard. Il a indiqué deux points de concentration, Sarreguemines et Puttelange. La majeure partie des troupes qui ont combattu sous ses ordres y est rendue.

Le télégramme est daté de Sarreguemines 8 h. 1/2 matin.

Un officier, qui revient de Puttelange et qui y a trouvé les divisions Castagny et Montaudon, y a rencontré Crény (2), qui annonçait l'arrivée du général Frossard. Cependant j'ai lieu de croire que le 2ᵉ corps est concentré à Sarreguemines.

La division Grenier, du 4ᵉ corps, vient d'arriver à Saint-Avold; elle est indispensable au mouvement du 3ᵉ corps, réduit à trois régiments présents pour le moment (3). J'ordonne, au nom de l'Empereur, qu'elle reste à la disposition du maréchal Bazaine jusqu'à la concentration sous Metz. Il est indispensable que cet ordre soit maintenu. J'en préviens le général de Ladmirault, à Boulay. Je pars à 10 h. 1/2 pour rendre compte à l'Empereur.

---

(1) Le général de brigade Pajol, aide de camp de l'Empereur.
(2) Le commandant de Crény, de l'état-major du 2ᵉ corps.
(3) Les trois régiments d'infanterie de la division Decaen. Le quatrième régiment (60ᵉ de ligne) avait été envoyé à Forbach dans la soirée du 6 août et s'était joint à la division Metman.

A l'instant, nouvelles de la division Metman en route pour Putte-lange.

Le Major général au Ministre de la guerre (D. T.).

Metz, 7 août, 4 heures du soir.

L'Empereur a décidé que l'armée active se concentrerait sur Châlons où Sa Majesté pourrait avoir 150,000 hommes et au delà si nous parvenons à y rallier les corps Mac-Mahon et de Failly. Douay restera à Belfort. L'Empereur va diriger sur-le-champ tous les impedimenta sur Châlons. Envoyez de votre côté des vivres et des munitions. L'aile gauche, sous le maréchal Bazaine, sera concentrée sous Metz d'ici quarante-huit heures. *Dans sept jours à Châlons.*

L'Empereur au Garde des sceaux, à Paris (D. T.).

Metz, 7 août, 3 h. 55 soir. Expédiée à 5 h. 50 soir (n° 21125).

L'ennemi n'a pas poursuivi vivement le maréchal Mac-Mahon. Depuis hier soir il a cessé toute poursuite. Le maréchal concentre ses troupes.

NAPOLÉON.

M. Émile Ollivier à l'Empereur.

7 août.

Nous avons répondu un peu vite, ce matin, sur l'effet de la retraite de Châlons.

L'effet ne sera pas bon, il va de soi que nous ne parlons que politiquement ; mais le point de vue stratégique doit l'emporter sur le point de vue politique, et vous êtes le seul juge.

Dejean n'inspire confiance à personne dans le public ; il est probable que si nous ne prenons pas l'initiative, la Chambre le renversera. Je demande à Votre Majesté de m'autoriser de signer, en son nom, le décret qui nomme Trochu. L'effet d'opinion sera infaillible.

Note du maréchal Le Bœuf.

7 août.

1° Envoyer un officier au général Douay pour lui prescrire de faire rétrograder la division Liébert, qui est à Mulhouse, sur Belfort, où elle recevra des ordres (1).

---

(1) Ce paragraphe est rayé au crayon sur l'original.

2° Envoyer un officier au général Frossard pour lui dire que s'il n'a pu exécuter sa retraite sur Puttelange, avec toutes les troupes qui se trouvaient à Sarreguemines et se retirer sur Sarralbe, il doit se porter par le plus court chemin sur le camp de Châlons (1);

3° Envoyer à Saverne un officier, le colonel de Kleinenberg (2), pour se mettre en relations avec le maréchal Mac-Mahon et l'informer qu'après avoir recueilli les débris de son corps d'armée à Saverne, il doit se retirer sur le camp de Châlons (3);

4° Envoyer un quatrième officier au général de Failly pour le prévenir de la concentration et avoir de ses nouvelles (4).

Note.

7 août.

Depuis ce matin, d'après les ordres de l'Empereur, les mouvements suivants ont été ordonnés :

1° Le bataillon de chasseurs à pied de la Garde, qui était à Thionville, a reçu l'ordre de revenir à Metz, où il est arrivé à midi ;

2° La division de cavalerie des chasseurs d'Afrique (général du Barail) a reçu l'ordre de partir aujourd'hui même de Lunéville pour se rendre à Saint-Mihiel, où elle arrivera après-demain, après avoir couché ce soir à Nancy et demain à Bernecourt ;

3° Le général Canu, commandant la réserve générale d'artillerie stationnée à Nancy, a reçu l'ordre d'envoyer sans retard quatre batteries à Metz ;

4° Le grand équipage de pont du grand quartier général, qui est à Toul, a reçu l'ordre de se diriger sur le camp de Châlons, en suivant le canal de la Marne au Rhin ;

5° Le maréchal Canrobert a reçu l'ordre de rester au camp de Châlons et d'y rappeler les troupes de son corps d'armée, qui en sont déjà parties. Une division d'infanterie de ce corps est déjà arrivée à Nancy, et le général commandant la subdivision de la Meurthe reçoit l'ordre de la renvoyer d'urgence au camp de Châlons.

---

(1) De la main du Major général; en marge : Vosseur. (Le capitaine Vosseur, de l'état-major général de l'armée du Rhin.)

(2) Le colonel de Kleinenberg, de l'état-major général de l'armée du Rhin.

(3) De la main du Major général; en marge : La mission a été confiée ce matin au général de Waubert par l'Empereur ; il n'y a plus lieu de s'en occuper.

(4) De la main du Major général; en marge : de Salles. (Le capitaine de Salles, de l'état-major général de l'armée du Rhin.)

LA GUERRE DE 1870-1871.

Itinéraire projeté de Metz à Châlons.

	9 août.	10 août.	11 août.	12 août.	13 août.	14 août.	15 août.	16 août.	17 août.	18 août.	19 août.
3ᵉ CORPS.											
	Ste-Marie-aux-Chênes, 15 kilomètres.	Fléville, 18 kilomètres.	Étain, 16 kilomètres.	Verdun, 21 kilomètres.	Dombasle, 17 kilomètres.	Clermont, 11 kilomètres.	Séjour.	Sainte-Menehould, 16 kilomètres.	Somme-Bionne, 15 kilomètres.	Séjour.	Châlons, 37 kilomètres.
4ᵉ CORPS.											
	Caulre (ferme), 18 kilomètres.	Olley, 16 kilomètres.	Fromezey, 17 kilomètres.	Verdun, 17 kilomètres.	Dombasle, 17 kilomètres.	Séjour.	Clermont, 14 kilomètres.	Sainte-Menehould, 16 kilomètres.	Séjour.	Somme-Bionne, 15 kilomètres.	Châlons, 37 kilomètres.
GARDE IMPÉRIALE.											
	Rézonville, 16 kilomètres.	Labeuville, 16 kilomètres.	Haudiomont, 18 kilomètres.	Verdun, 14 kilomètres.	Séjour.	Dombasle, 17 kilomètres.	Clermont, 14 kilomètres.	Séjour.	Sainte-Menehould, 16 kilomètres.	Somme-Bionne, 15 kilomètres.	Châlons, 37 kilomètres.

Journée du 7 août.

1ᵉʳ CORPS.

a) Journaux de marche.

Journal de marche du 1ᵉʳ corps d'armée.

Le 7, au matin, les troupes du 1ᵉʳ corps arrivent à Saverne et se rallient successivement sur les emplacements désignés pour chaque division. L'infanterie bivouaque en arrière de la ville, à droite et à gauche de la route de Phalsbourg. Une partie de la cavalerie (brigade Septeuil et division Bonnemains) reste en arrière de la ville dans la plaine; les deux autres brigades de la division Duhesme prennent la direction de Phalsbourg; la réserve d'artillerie va camper sous le canon de cette place.

Les vivres trouvés à Saverne étant insuffisants, on en fait venir de Sarrebourg par le chemin de fer; ils arrivent dans l'après-midi.

Le soir, vers 4 h. 1/2, les reconnaissances de cavalerie signalent l'approche d'une nombreuse cavalerie ennemie accompagnée d'artillerie. D'après la poussière que soulève la colonne ennemie et qui se voit de Saverne, cette colonne paraît se diriger vers les hauteurs au nord de Saverne et menacer de couper notre ligne de retraite sur Phalsbourg. Les pertes éprouvées par le 1ᵉʳ corps, dans la journée du 6, surtout en cadres, la fatigue des troupes à la suite de la bataille et de la marche de nuit longue et pénible qui l'a suivie, ont profondément désorganisé les régiments. Dans cet état des choses, il est à craindre qu'une attaque subite contre la ville ouverte de Saverne, où on n'a pas eu le temps de faire le moindre travail de défense, ne puisse être repoussée et que la retraite de ce qui reste disponible du 1ᵉʳ corps ne se change en déroute.

En conséquence, le Maréchal donne l'ordre de continuer le soir même la retraite sur Sarrebourg, Phalsbourg n'ayant pas de vivres à fournir au corps d'armée. Le mouvement s'exécute de suite; la division Guyot de Lespart forme l'arrière-garde et quitte Saverne vers 8 heures du soir. Trois divisions d'infanterie suivent la voie du chemin de fer; les bagages suivent la route de Saverne à Lützelbourg.

Notes sur les opérations du 1ᵉʳ corps de l'armée du Rhin et de l'armée de Châlons, dictées par le Maréchal à Wiesbaden, en janvier 1871.

Le 7, sur les 4 h. 1/2 du soir, les reconnaissances de cavalerie signalent l'approche d'une nombreuse cavalerie ennemie accompagnée d'artillerie.

D'après la poussière que soulève la colonne ennemie et qui se voit de Saverne, cette colonne paraît se diriger au nord de la ville et menacer de couper notre ligne de retraite. Il était à craindre qu'une attaque subite contre la ville ouverte de Saverne, où l'on n'avait pas eu le temps de faire le moindre travail de défense, ne pût être repoussée et ne changeât, vu l'état du corps, la retraite en déroute.

Le Maréchal donna l'ordre de se mettre en route et de continuer le mouvement sur Châlons.

Après avoir marché toute la nuit, le 1ᵉʳ corps, qui avait été rejoint à Phalsbourg par la division Ducrot, arriva le 8 à Sarrebourg. Toute la cavalerie, moins la brigade légère de Septeuil, poussa le même jour jusqu'à Blamont.

Extrait des souvenirs inédits du maréchal de Mac-Mahon.

Le 7 août au matin, la tête de colonne arriva à Saverne. Les troupes vinrent occuper successivement les emplacements que je leur avais désignés.

A mon arrivée à 8 heures, je parcourus les cantonnements et reconnus que les troupes, privées d'une partie de leurs officiers restés sur le champ de bataille, fatiguées du combat et de la longue route qu'elles venaient de faire, manquaient presque toutes de leurs sacs et, par suite, des ustensiles pour faire la soupe. Elles étaient dans de mauvaises conditions pour soutenir immédiatement la lutte contre des troupes victorieuses.

Je résolus d'abandonner la défense des Vosges et de regagner le camp de Châlons où je pourrai me réorganiser, recevoir les réservistes qui ne m'avaient pas encore rejoint, et me pourvoir des effets qui me manquaient. On peut s'en faire une idée, d'après la demande que j'adressai au Ministre de la guerre quelques jours après. Je lui demandai l'envoi de :

  1,000 marmites ;
  60,000 paires de souliers ;

30,000 havresacs ;
30,000 tentes-abri ;
30,000 paires de guêtres de toile ;
30,000 chemises ;
8,000 pantalons pour donner aux zouaves et tirailleurs qui n'avaient plus que des pantalons de toile.

Je pensai me mettre en route le lendemain 8, et en prenant le chemin de fer, dès qu'il me serait possible de le faire, je comptais arriver en quelques jours.

Je fis connaître ma décision à l'Empereur.

Dans cette même journée, 7 août, Sa Majesté, si je suis bien informé, estimant qu'après les défaites de Forbach et de Frœschwiller, elle ne pourrait plus compter sur la défense des Vosges, forma le projet de porter toutes les troupes de l'armée du Rhin sur le camp de Châlons où elles auraient été rejointes par les 1er, 5e et 7e corps.

Il espérait ainsi arrêter la marche de l'ennemi sur Paris.

C'est probablement d'après cet ordre d'idées qu'il approuva le mouvement que je lui avais proposé.

Le 8, sur les observations présentées par M. Émile Ollivier au nom du Conseil de Régence, touchant les dangers politiques d'un mouvement de l'armée en arrière, il changea son projet de concentration de l'armée à Châlons (1).

Les 2e, 3e et 4e corps et la Garde durent former à Metz une armée qui, en s'appuyant sur cette place, aurait pour mission d'arrêter le Prince Frédéric-Charles ou de se jeter sur les flancs du Prince royal de Prusse.

Les deux divisions de cavalerie, sous mes ordres, avaient formé l'arrière-garde et n'arrivèrent à Saverne qu'après ma résolution prise de gagner Châlons. Afin de faciliter la marche des autres troupes du corps d'armée, je dus leur donner l'ordre de gagner Phalsbourg dans la journée, à l'exception de la brigade Septeuil qui couvrait nos bivouacs.

Vers 4 heures, le général me fit connaître que l'on apercevait, au nord de Steinbourg, une nombreuse cavalerie ayant avec elle de l'artillerie. Une grande poussière semblait indiquer que des troupes nombreuses se dirigeaient vers l'ouest par les montagnes.

Craignant d'être attaqué sur notre flanc droit dans la marche sur Phalsbourg, je donnai l'ordre de reprendre, avant la nuit, la marche en retraite.

Je savais que Phalsbourg, qui nous avait envoyé le matin un jour de

---

(1) L'Empereur modifia son projet dès le 7 août.

vivres, ne pouvait plus nous fournir aucun approvisionnement; par suite, je dirigeai les troupes sur Sarrebourg. L'infanterie, à l'exception de la division Lespart, suivit la voie du chemin de fer. L'artillerie et les bagages prirent la grande route de Phalsbourg, protégés en arrière par la division Lespart.

2ᵉ DIVISION.

Tous les corps de la 2ᵉ division étaient à peu près réunis le 7 dans l'après-midi. On se remit en marche à 6 heures du soir, l'artillerie de réserve en tête. La division forme l'arrière-garde, en partant de Saverne, jusqu'à Sarrebourg.

Vers 11 h. 1/2 du soir, on arriva à Phalsbourg, qu'on ne fit que traverser.

3ᵉ DIVISION.

Les troupes débandées arrivent à Saverne, à partir de 4 heures du matin, et la division, ralliée par le général L'Hériller qui en a pris le commandement, se reconstitue peu à peu.

Le même jour, à 7 heures du soir, le corps d'armée prend les armes précipitamment et se retire sur Sarrebourg. Mais la division, trompée par une fausse indication d'un officier d'état-major, se retire sur Phalsbourg, où elle arrive le 8, à 4 heures du matin.

3ᵉ DIVISION (2ᵉ *brigade*).

Le général L'Hériller, commandant la 1ʳᵉ brigade, prend le commandement de la division, devenu vacant par la mort du général Raoult.

Notre retraite s'accomplit tristement, et la nuit mit un terme à la poursuite de l'ennemi et au feu de ses batteries. Nous nous dirigeâmes sur Saverne, où nous arrivâmes le lendemain. Il y avait plus de 48 heures que nos malheureux soldats n'avaient pris un peu de repos et un peu de nourriture. C'est là que les troupes de la division purent se rallier. Mais ce même jour, à 5 heures du soir, la division dut se mettre encore en marche pour Phalsbourg.

DIVISION DE CAVALERIE (1ʳᵉ *brigade*).

Des uhlans ayant été signalés, une reconnaissance est faite avec deux escadrons du 11ᵉ chasseurs dans la direction qui avait été suivie la veille.

La brigade quitte Saverne à 7 heures du soir et prend la gauche de la colonne.

b) Organisation et administration.

Le maréchal de Mac-Mahon au maréchal Canrobert.

Saverne, 7 août, 3 h. 45 matin.

J'ai été attaqué hier matin, à 7 heures, dans la position de Frœschwiller par des forces très considérables. J'ai perdu la bataille et fait de grandes pertes. La retraite, commencée à 4 heures, s'est effectuée en grande partie sur Saverne. Je n'ai plus ni vivres ni munitions. Envoyez-moi tout de suite à Saverne, par le chemin de fer, 100,000 rations de biscuit et de vivres de campagne, ainsi que des munitions pour mon artillerie et pour mon infanterie.

A 6 h. 25 du matin, le maréchal Canrobert répond qu'il enverra le plus de vivres qu'il pourra.

Le même au même.

Saverne, 9 h. 35 matin.

Merci de votre empressement à me venir en aide. Envoyez-moi aussi du campement : gamelles, marmites, car la plupart de mes hommes ont perdu leurs sacs et ne peuvent plus faire la soupe.

Le Ministre de la guerre au Maréchal duc de Magenta, à Saverne (D. T.).

Paris, 7 août, 4 h. 55 soir.

J'ai donné ce matin des ordres à Phalsbourg, Sarrebourg, Lunéville et Nancy (1), pour vous ravitailler, et j'ai fait partir à midi un train express de Paris; le Major général et le maréchal Canrobert me font

---

(1) *Le Sous-Intendant au Ministre de la guerre* (D. T.).

Nancy, 7 août, 10 h. 53 matin. Expédiée le 7 août à 3 h. 50 soir (n° 27798).

Reçu votre dépêche du 7 août, 8 h. 40 minutes du matin, je fais partir aujourd'hui sur Saverne : 12 quintaux de sucre, 10 quintaux de café, 10 quintaux de riz, 1000 quintaux de farine; 20,000 rations de pain partent ce matin à 11 heures; l'approvisionnement de combustible sera constitué en quarante-huit heures, pour 3,000 hommes, pendant deux mois.

(*Ces vivres étaient préparés à Nancy pour le 6ᵉ corps, qui avait reçu l'ordre de rétrograder sur le camp de Châlons.*)

connaître : le premier, que l'intendant en chef fait expédier 40,000 rations de vivres, et le général Soleille des munitions ; le second, qu'il vous envoie encore 50,000 rations de pain, de sucre et de café, et 200,000 cartouches.

Le Major général au maréchal de Mac-Mahon, à Saverne (D. T.).

Dimanche, 7 août, 6 h. 1/2 soir.

Par ordre de l'Empereur, l'intendant général fait diriger par jour 40,000 rations de vivres sur Saverne pour vos troupes.

Le sous-intendant de Nancy reçoit de son côté l'ordre d'en envoyer le plus possible sur Saverne.

L'Empereur sent vivement le chagrin que vous devez éprouver. Il vous félicite et vous remercie des efforts que vous avez faits.

Le général Soleille au général Forgeot, à Saverne (D. T.).

Metz, 7 août.

Je fais diriger sur Saverne toute la partie du grand parc de campagne qui se trouve à Metz et qui formera à peu près un approvisionnement de un caisson par pièce, tant pour le 4 que pour le 12, partie en caissons proprement dits et partie en caisses blanches. Je fais expédier également toutes les munitions d'infanterie dont peut disposer la partie du grand parc formée à Metz. Nous n'avons pas de nouveaux approvisionnements pour canons à balles.

Le général Soleille au général Forgeot, à Phalsbourg (D. T.).

Metz, 7 août, 7 h. 55 soir.

J'ai pensé que, dans votre engagement, vous aviez pu perdre des fusils ; l'arsenal de Metz en contient suffisamment, demandez-moi ce qui vous est nécessaire.

Je vous ai dit et je vous rappelle que je puis fournir à vos consommations de cartouches ; fixez-moi le nombre.

Le général Soleille au général Forgeot.

Metz, 7 août (n° 486).

Je vous ai prévenu, par dépêche télégraphique, que j'envoyais à Saverne, à votre disposition, toute la portion du grand parc de campagne formée à Metz.

L'envoi consiste dans le chargement de 12 caissons de 12, tant en caissons qu'en caisses blanches, et dans celui de 53 caissons de 4, tant en caissons qu'en caisses blanches, et 691,200 cartouches modèle 1866.

N'ayant aucune donnée sur vos besoins, je vous prie de m'envoyer de suite, par le télégraphe, l'indication de ce qui vous est nécessaire. Je vous envoie ci-joint l'état des munitions expédiées (1).

c) Opérations et mouvements.

Le maréchal de Mac-Mahon au général de Failly, à Bitche (D. T.).

Saverne, 7 août, 5 h. 50 matin.

J'ai été attaqué hier matin, 6 août, à 7 heures, par des forces très considérables, dans la position de Frœschwiller. J'ai perdu la bataille et fait de grandes pertes.

La retraite, commencée à 4 heures, s'est effectuée en partie sur Saverne et partie sur Bitche. Je prends les ordres de l'Empereur et vous les ferai connaître (2).

Le maréchal de Mac-Mahon au Major général (D. T. Ch.).

Saverne, 7 août, 4 h. 10 soir.

L'ennemi n'a pas poursuivi aussi vivement que possible. Depuis hier 8 heures du soir, il a cessé toute poursuite, ce qui peut donner à penser qu'une partie des troupes engagées contre moi a été envoyée par la voie ferrée sur d'autres points; cela peut tenir à ce que les troupes engagées n'avaient pas mangé depuis deux jours.

Le général Ducrot au Major général, à Metz (D. T.).

Phalsbourg, 7 août, 2 h. 17 soir.

Je suis à Phalsbourg au milieu d'un grand encombrement.
Il est urgent de débrouiller cet état de choses.

Au crayon rouge, de la main du maréchal Le Bœuf. — Envoyer un officier supérieur d'état-major et un sous-intendant sur ce point.

---

(1) Cet état n'a pas été retrouvé.
(2) Télégramme identique au général F. Douay.

Le Major général au général Ducrot, à Phalsbourg (D. T.).

Metz, 7 août.

J'envoie à Phalsbourg un chef d'escadron et un sous-intendant militaire pour faire cesser l'encombrement que vous me signalez.

Le général de Waubert (1) *à l'Empereur* (D. T.).

Saverne, 7 août, 3 h. 45 soir.

Je viens de voir le maréchal de Mac-Mahon qui est à Saverne depuis ce matin.

Je porte à l'Empereur ses observations; son corps d'armée se rallie sans être inquiété.

Le général Forgeot au maréchal de Mac-Mahon.

7 août, 4 h. 7 soir.

Je quitterai Phalsbourg ce soir, me dirigeant sur Nancy par Sarrebourg et Lunéville. J'y arriverai dans le plus bref délai possible avec tout ce que j'ai ici des vingt batteries d'artillerie du 1er corps, qui, par suite des pertes subies, ne peuvent rendre aucun service actuellement.

Le Major général au maréchal de Mac-Mahon et au général de Failly, à Saverne (D. T.).

Metz, 7 août, 9 heures du soir.

L'Empereur maintient les ordres qu'il vous a déjà envoyés et d'après lesquels vous devez vous retirer avec vos troupes sur le camp de Châlons.

Le maréchal de Mac-Mahon au Major général (D. T.).

Saverne, 7 août.

D'après quelques renseignements, les éclaireurs ennemis ont été envoyés dans la direction d'Ingwiller, près de la Petite-Pierre. Je me porterai demain avec tout le corps d'armée près de Sarrebourg.

---

(1) Aide de camp de l'Empereur.

Ravitaillement en munitions du 1ᵉʳ corps. (Journal du général Soleille, commandant l'artillerie de l'armée.)

La situation du corps Mac-Mahon était critique. Le 6ᵉ corps avait quitté le camp de Châlons en toute hâte et le maréchal Canrobert était déjà de sa personne à Nancy avec une grande partie de ses forces, prêt à couvrir la retraite du 1ᵉʳ corps. Il fallait, néanmoins, que le 1ᵉʳ corps fût prêt à battre et contenir l'ennemi qui le poursuivrait sans doute jusqu'à Nancy. Le général commandant l'artillerie de l'armée prit l'initiative de lui en fournir les moyens ; il dirigea sur Saverne, par le chemin de fer, toute la partie du grand parc de campagne qui se trouvait en voie de formation à Metz et en donna avis au général Forgeot par télégramme d'abord (nº 169), puis par la lettre suivante. (Voir page 647.)

Le convoi de munitions, formant un train spécial, partit de Metz le 7 au soir ; à Frouard, ce train fut arrêté par l'encombrement des voitures qui refluaient vers le nœud des lignes de la Lorraine et de l'Alsace. En même temps, le bruit se répandait que des coureurs ennemis étaient signalés sur la ligne et en menaçaient la sécurité. Le général commandant l'artillerie de l'armée expédia, le 8 au matin, le capitaine Anfrye, de son état-major, avec l'ordre de se rendre auprès du maréchal Canrobert à Nancy et de lui demander une escorte pour protéger le convoi. Cet officier s'arrêta d'abord à Frouard, dégagea le convoi, et le conduisit jusqu'à Nancy.

A Nancy, le capitaine Anfrye ne trouva plus le maréchal Canrobert, qui, par ordre supérieur, avait rétrogradé sur Châlons ; mais un télégramme du maréchal de Mac-Mahon lui prescrivit de ne pas dépasser Lunéville avec les voitures sur roues ; la voie étant libre, les caisses blanches furent expédiées à Sarrebourg.

C'est à Sarrebourg que le capitaine Anfrye rejoignit l'armée, à 11 heures du soir. Là, il apprit du général Forgeot que ce qui manquait surtout au 1ᵉʳ corps, c'étaient les attelages. Le Ministre de la guerre, prévenu de cette pénurie, dirigeait d'Auxonne sur Lunéville tous les chevaux disponibles ; il fallait donc retourner à Lunéville et y former un parc.

A Lunéville, on était en train d'exécuter de nouveaux ordres venus du grand quartier général et prescrivant d'évacuer Lunéville et de tout faire refluer jusqu'à Nancy. Ces instructions contradictoires pouvant compromettre le résultat de la mission qui lui était confiée, le capitaine Anfrye prit sur lui de s'arrêter à Blainville (à 12 kilomètres de Lunéville) de débarquer ses voitures à l'aide des employés de la gare et d'attendre au passage les attelages d'Auxonne qui arrivèrent à 7 h. 1/2 du soir ; il forma alors son parc, le dirigea sur Dombasle, sous la conduite d'un lieutenant du train, et expédia un sous-officier au général Forgeot pour lui rendre compte et prendre ses ordres.

Journée du 7 août.

2ᵉ CORPS.

a) Journaux de marche.

Journal de marche du 2ᵉ corps d'armée.

7 août.

Le mouvement de retraite, ordonné par le général Frossard, s'effectue pendant toute la nuit et la journée suivante.

La division Vergé ouvre la marche; elle est suivie de la division de Laveaucoupet.

La division Bataille, qui couvre la retraite, quitte le plateau d'OEting à minuit, et arrive à Puttelange vers 2 heures de l'après-midi; le 2ᵉ corps tout entier, moins la cavalerie, campe sur la rive droite du Moderbach; la division Vergé, arrivée vers midi, campe en arrière de la ville et à droite de la route de Metz.

La division de Laveaucoupet et la division Bataille s'établissent à gauche de la même route.

L'artillerie de la réserve, le parc du génie, qui ont suivi le mouvement de retraite, campent à Puttelange, derrière la ville, sur la rive gauche du Moderbach, dans les prés, à droite de la route de Metz; tandis que la division de cavalerie vient s'établir dans les prés de gauche.

La division Montaudon du 3ᵉ corps, qui était à Sarreguemines, vient camper à la gauche du 2ᵉ corps, près de la division de Laveaucoupet, couvrant la route de Faulquemont qu'elle prend le lendemain.

La brigade mixte du général Lapasset, du 5ᵉ corps, ralliée à Sarreguemines par le 2ᵉ corps, a suivi le mouvement général de retraite. Elle sert d'arrière-garde au corps d'armée et s'arrête à quatre kilomètres en avant de Puttelange.

Elle prend position à Ernestwiller, où elle n'aperçoit que les éclaireurs ennemis.

La brigade Lapasset présentait l'effectif suivant : 6,441 hommes disponibles; 962 chevaux, y compris le 3ᵉ lanciers.

Le général Frossard reçoit, dans la journée, l'ordre de l'Empereur d'effectuer sa retraite sur Metz, qui est désigné comme le point de concentration de l'armée du Rhin.

1re DIVISION.

7 août.

Après une marche de nuit assez difficile, mais exécutée avec beaucoup d'ordre, les troupes sont arrivées à Sarreguemines, vers 9 heures du matin, d'où elles ont été dirigées sur Puttelange, par ordre du général en chef.

La retraite depuis Sarreguemines est protégée par la brigade mixte du général Lapasset (3e corps d'armée). La 1re division arrive à Puttelange, à 2 heures de l'après-midi, et y établit son campement.

2e DIVISION.

7 août.

Le général de division occupe avec ses troupes le plateau d'Œting, pendant que tout le convoi, les ambulances, les réserves, l'artillerie, etc., descendent de ce plateau sur Sarreguemines et Puttelange. Il couvre ainsi la retraite du corps d'armée. Il ne conserve comme arrière-garde que les 67e, 23e, 8e de ligne; le 12e bataillon de chasseurs, un bataillon du 66e et une section d'artillerie, sous le commandement du général Bastoul, forment l'extrême arrière-garde.

Partie à minuit d'Œting, la 2e division opère sa retraite vers Sarreguemines et vient établir son camp, ainsi que tout le corps d'armée, à Puttelange, où elle arrive entre midi et 2 heures.

ARTILLERIE (3e *division*).

Journal de marche.

7 août.

7e *batterie du* 15e *régiment*. — On voyagea toute la nuit et, dans la matinée, on traverse Sarreguemines et l'on arrive à 4 heures du soir au bivouac de Puttelange.

8e *batterie*. — Arrivée à Sarreguemines à 9 heures du matin, après avoir voyagé toute la nuit. Départ à midi pour Puttelange. Arrivée à Puttelange à 4 heures. Le camp est établi à 5 heures.

11e *batterie*. — Le lendemain, à 9 heures, la batterie arriva à Sarreguemines avec les autres troupes de la 3e division. Après une halte de quelques heures au delà de la ville, toutes les troupes se rendirent à Puttelange et y campèrent jusqu'au matin.

Brigade Lapasset du 5ᵉ corps (1).

7 août.

A 4 heures du matin, la brigade mixte (elle prend cette qualification à partir de ce moment) lève le camp ; elle laisse défiler le 2ᵉ corps et reçoit ordre du général en chef de former l'arrière-garde, mission qu'elle remplit jusqu'au 11 août, jour de l'arrivée du 2ᵉ corps sous le fort de Queuleu.

Partie de Sarreguemines à 3 heures du soir, avec tous les vivres et toutes les voitures chargées du 5ᵉ corps, la brigade arrive à Ernestwiller, trois kilomètres en avant de Puttelange, où elle campe.

On n'aperçoit que les éclaireurs des colonnes ennemies ; notre convoi sert à nourrir le 2ᵉ corps.

La brigade rallie un escadron du 5ᵉ régiment de hussards et un autre du 12ᵉ chasseurs appartenant tous deux au 5ᵉ corps et qui ne l'ont pas suivi dans son mouvement sur Bitche, il en est de même pour les ambulances, les prévôtés, le trésor et tous les traînards.

Situation de la brigade : 180 officiers, 5,160 hommes de troupe, 861 chevaux.

Artillerie de la brigade Lapasset.

7 août.

7ᵉ *batterie du 2ᵉ régiment.* — A 3 heures du matin, la batterie reçoit l'ordre de suivre, avec la brigade Lapasset, le mouvement de retraite du 2ᵉ corps sur Metz. Pendant cette retraite, la brigade forme tout le temps arrière-garde et la batterie marche en queue de colonne, n'ayant derrière elle que le bataillon de chasseurs chargé de la protéger.

Partie de Sarreguemines à 2 heures du soir, la batterie arrive à Puttelange à 5 heures.

Réserve d'artillerie.

7 août.

Les six batteries de la réserve sont ralliées, le 7 au matin, sur les hauteurs en arrière de Sarreguemines. Elles se dirigent ensuite sur Puttelange, où elles arrivent dans la journée.

Parc d'artillerie.

7 août.

Le 7, la portion du parc campée à Forbach, est dirigée sur Metz par Pange, où elle campe le 7. La portion principale du parc part le 7 août de Lunéville et arrive le 10 à Metz.

---

(1) Momentanément réunie au 2ᵉ corps.

GÉNIE.

Le 6, au soir, à la tombée de la nuit, le 2ᵉ corps a commencé sa retraite et a marché toute la nuit. L'état-major du génie s'est retiré, par OEting et Sarreguemines, sur Puttelange où il est arrivé vers 1 heure, après une halte de quelques heures à Woutswiller.

Les compagnies ont suivi le même itinéraire.

Quant au parc, dont les voitures avaient été amenées en avant de Forbach en prévision de besoins possibles ; il s'est retiré par Folckling en suivant la route de Saint-Avold sur une certaine longueur. Dans cette retraite il a essuyé le feu des Prussiens. Deux chevaux, dont un probablement blessé, se sont échappés effrayés ; un troisième, qui ne pouvait plus marcher, a été laissé à Folckling. Pour remplacer ces trois chevaux, le parc en a pris quatre abandonnés dans le village par des réquisitionnaires, et il a continué sa retraite sur Sarreguemines, où il est arrivé le matin, et ensuite sur Puttelange, où il est arrivé le soir.

c) Opérations et mouvements.

Le maréchal Bazaine au Major général, à Metz.

Saint-Avold, 7 août, 12 h. 23 soir.

Votre dépêche pour le général Frossard n'a pas pu lui être transmise. Je vais essayer de communiquer par Puttelange.

Le général Frossard au maréchal Bazaine, à Saint-Avold (D. T.).

Puttelange, 7 août.

Je suis à Puttelange ; tout le 2ᵉ corps va y être réuni dans quelques heures ; il y arrive par fractions. Toute mon artillerie et la cavalerie y sont déjà. Je vais grouper et remettre en ordre les divisions. Je trouve la division Montaudon établie ici, elle y augmentera l'encombrement.

Ne croyez-vous pas préférable de la porter en avant ?

Si j'avais eu votre soutien deux ou trois heures plus tôt, je n'aurais pas quitté Forbach ; j'ai été tourné par Wehrden.

Le maréchal Bazaine au Major général, à Metz.

Saint-Avold, 7 août, 4 h. 55 soir.

Le général Frossard est à Puttelange, y concentrant les trois divisions de son corps d'armée.

Le Major général au général Frossard.

Metz, 7 août, 5 heures du soir.

Je vous envoie le capitaine Vosseur, de l'état-major général, dans le but d'avoir de vos nouvelles d'une manière précise. L'Empereur désire savoir si vous avez pu opérer votre retraite sur Puttelange, avec toutes les troupes de votre corps, qui se trouvaient à Sarreguemines.

L'intention de Sa Majesté est que vous vous dirigiez sur Châlons, où l'Empereur concentre l'armée, rive gauche de la Marne, après l'avoir ralliée sous Metz.

Rendez-moi compte de votre situation et de ce que vous allez faire et indiquez-moi surtout, approximativement, la direction que vous vous proposez de suivre.

Le général Frossard au maréchal Bazaine.

Puttelange, 7 août.

J'ai reçu, par votre dépêche, la confirmation de l'ordre de concentration sur Metz, que m'avait déjà donné le Major général.

Les généraux Metman et Montaudon, qui étaient à Puttelange avec moi, vont se conformer aux ordres détaillés que vous leur donnez pour ce mouvement.

Mes divisions, réunies ici toutes les trois, moins les pertes et les disparus, sont en voie de reconstitution. Je commencerai aussi demain matin le mouvement sur Metz, mais je suivrai la route dite de Nancy à Sarreguemines, qui passe par Gros-Tenquin.

La brigade Lapasset est à Puttelange; elle suivra mon mouvement en faisant l'arrière-garde du 2ᵉ corps. Demain soir lundi, je porterai mon quartier général à Gros-Tenquin.

Note du général Saget (1).

Puttelange, 7 août.

Sur la demande du général commandant l'artillerie du corps d'armée, les batteries divisionnaires resteront aujourd'hui au parc du corps d'armée, pour reconstituer leurs approvisionnements.

A partir de demain 8, MM. les Généraux commandant les divisions pourront faire prendre au parc leurs batteries, pour les établir sur les emplacements qu'ils auront choisis.

---

(1) Chef d'état-major du 2ᵉ corps.

Ordre de mouvement pour le 8 août.

Demain, 8 août, le 2ᵉ corps se portera en arrière, en suivant la route de Sarreguemines à Metz.

Le mouvement commencera à 3 heures du matin par l'artillerie de réserve, qui ira s'établir à Altroff, à 3 kilomètres à gauche de ladite route.

La 1ʳᵉ division viendra ensuite en se faisant précéder de ses bagages et se mettra en marche à 3 h. 1/2. Elle campera à Gros-Tenquin.

La 2ᵉ division, dans le même ordre, partira à 4 heures pour aller prendre son campement à Leinstroff.

La 3ᵉ division, également dans le même ordre, se mettra en mouvement à 4 h. 1/2 et s'arrêtera à Erstroff.

La cavalerie se mettra en route à 5 heures et campera à Altroff, avec l'artillerie de réserve. Elle sera précédée de ses bagages.

Le quartier général et les services administratifs s'établiront à Gros-Tenquin et Bertring, leurs bagages précéderont ceux de la cavalerie.

La brigade Lapasset, qui suit le mouvement du 2ᵉ corps, formera l'arrière-garde, en se faisant précéder de ses bagages. Elle se mettra en marche à 6 heures et bivouaquera en arrière de Hellimer.

On marchera militairement, en rétablissant l'ordre dans les divisions, et en s'attachant à faire cesser la confusion inévitable qui a eu lieu aujourd'hui.

Au campement, on s'établira suivant toutes les règles, en se gardant et s'éclairant du côté où l'ennemi peut venir.

L'intendant militaire du corps d'armée prendra ses dispositions pour que les vivres, qui ont été commandés dans les différents villages de cette route, puissent être distribués aux troupes.

Afin de rendre moins longues les colonnes de bagages et la route étant suffisamment large, les voitures des convois marcheront sur deux files.

Le commandant du corps d'armée partira à 5 heures.

Le directeur du parc de Lunéville au général Soleille, à Metz (D. T.).

7 août, 4 heures du soir.

Lunéville évacué par la cavalerie. J'ai demandé des ordres au général Gagneur; pas de réponse. Si je n'ai pas de réponse à 7 heures du soir, je conduis le parc à Nancy, par une marche de nuit me rapprochant du 2ᵉ corps et mettant le parc en sûreté.

Le général Soleille au colonel Brady, à Metz (D. T.).

Metz, 7 août (n° 180).

Dirigez sur Metz tout le reste du parc du 2ᵉ corps, par voies ferrées pour la partie non attelée et aussi, s'il est possible, pour la partie attelée.

3ᵉ DIVISION.

Ordre de mouvement pour le 8 août.

Demain, 8 août, le 2ᵉ corps se portera en arrière, en suivant la route de Sarreguemines à Metz.

Le mouvement commencera à 3 heures du matin.

La 3ᵉ division se mettra en route immédiatement après la 2ᵉ et se mettra en mouvement à 4 h. 1/2. Le réveil, le boute-charge et le rassemblement seront réglés en conséquence dans chaque corps. Dès le réveil, chaque corps fera reconnaître par un adjudant-major le chemin le meilleur pour venir entrer dans la colonne sur la route de Puttelange à Gros-Tenquin.

La 3ᵉ division marchera dans l'ordre suivant :

- Les sapeurs du génie ;
- Le 24ᵉ de ligne ;
- Le 40ᵉ de ligne ;
- L'ambulance ;
- Le trésor ;
- Les bagages du général ;
- Les bagages des corps ;
- Le convoi ;
- Le bataillon de chasseurs à pied ;
- Les deux batteries d'artillerie ;
- La mitrailleuse ;
- Le 2ᵉ de ligne ;
- Le 63ᵉ de ligne ;
- La cavalerie.

Le colonel Zentz commandera la 1ʳᵉ brigade en remplacement du général Doëns blessé à Spicheren.

Monsieur le prévôt de la division, assisté des vaguemestres des corps, sera spécialement chargé de la conduite du convoi. La cavalerie marchera derrière la 3ᵉ division.

L'extrême arrière-garde sera faite par la brigade Lapasset.

On marchera militairement en rétablissant l'ordre dans les divisions et en s'attachant à faire cesser la confusion inévitable qui a eu lieu aujourd'hui. Au bivouac, on s'établira suivant toutes les règles en se gardant avec soin et en s'éclairant du côté où l'ennemi peut venir.

Afin de rendre moins longue la colonne des bagages, et la route étant suffisamment large, les voitures du convoi marcheront sur deux files.

Chaque corps enverra en tête de colonne un officier qui marchera avec le général de division, ira avec le chef d'état-major reconnaître le bivouac et sera ensuite chargé de conduire son corps à son emplacement de bivouac.

Journée du 7 août.

3ᵉ CORPS.

a) Journaux de marche.

Journal de marche du 3ᵉ corps d'armée.

Sur l'ordre du maréchal Bazaine, la 1ʳᵉ et la 2ᵉ division se rendent sur le plateau de Guenwiller, où elles s'établissent le 7, à 5 h. 1/2 du soir (1).

1ʳᵉ DIVISION.
7 août.

A 6 heures du matin, la division, la 2ᵉ brigade en tête, arrive à deux kilomètres de Puttelange et y fait le café pour donner le temps à la 1ʳᵉ brigade de la rallier en entier. A 10 heures, la division campe sous Puttelange où viennent se reformer les divisions du 2ᵉ corps, puis la division Metman du 3ᵉ corps. La division Castagny évacue ce point et se porte à Marienthal.

La division occupe fortement les bois qui bordent les routes de Sarreguemines et de Saint-Avold.

---

(1) La 2ᵉ division exécuta seule ce mouvement de Puttelange sur Guenwiller, la 1ʳᵉ resta à Puttelange.

2ᵉ DIVISION.

7 août.

On se met en position pour s'opposer à la marche des Prussiens et protéger la retraite de quelques fractions du corps du général Frossard qui ont pris la route de Puttelange, puis on rentre, à la pointe du jour, au bivouac qui avait été laissé tendu.

Le général de Castagny se proposait, après trois ou quatre heures de repos, de se rendre à Sarreguemines.

Sur un ordre du maréchal Bazaine, la 2ᵉ division va camper sur le plateau de Guenwiller et l'occupe définitivement; départ de Puttelange à 8 h. 1/2; arrivée à Guenwiller à 5 h. 1/2 du soir. Pendant la journée, la division a pris une position défensive à Marienthal.

3ᵉ DIVISION.

7 août.

Le 7 août, au point du jour, la 3ᵉ division se met en route pour Puttelange, où elle arrive vers midi, avec environ 1200 isolés du 2ᵉ corps, qu'elle avait recueillis à Forbach.

Le 7 août au matin, tous les bagages et hommes de la 3ᵉ division, qui avaient, le 6 au soir, d'après les ordres de M. le général de division, quitté le campement de Marienthal, se présentèrent devant Forbach, pour le traverser et rejoindre la division. Y ayant été reçus à coups de canon et chargés par la cavalerie, ces isolés et impedimenta firent demi-tour et se dirigèrent sur Saint-Avold.

Dans cette retraite, cette fraction, poursuivie vigoureusement jusqu'à Merlebach, eut un officier blessé et perdit environ 154 hommes appartenant presque tous au 7ᵉ de ligne.

4ᵉ DIVISION.

7 août.

La division reste en position (1) et se tient prête à partir au premier ordre.

Les deux escadrons du 3ᵉ chasseurs sont remplacés par les trois escadrons du 10ᵉ régiment de même arme.

Le soir, la division reçoit l'ordre de se préparer à suivre un mouvement de retraite sur Metz qui doit commencer à 3 heures du matin.

---

(1) A Saint-Avold. Voir 8ᵉ fascicule : Journée du 6 août, p. 225.

Division de cavalerie.
7 août.

La division exécute les ordres donnés la veille (1).

A 8 heures du matin, rentrée à Saint-Avold de l'escadron du 4ᵉ dragons envoyé à Longeville pour garder la ferme de Longeville jusqu'à l'arrivée de la Garde.

A 5 heures du soir, rentrée de M. le capitaine d'état-major Vincent qui a accompagné la brigade Juniac à Haut-Hombourg. Le général de division est informé par cet officier que la brigade Juniac, arrivée à Haut-Hombourg, a reçu l'ordre de se diriger sur Forbach, où elle est arrivée à 5 heures du soir pour assister aux dernières péripéties de la lutte du 2ᵉ corps et y prendre part.

Ont disparu dans la nuit du 6 au 7 : 5ᵉ dragons : 1 officier, 6 cavaliers.

8ᵉ dragons : 1 officier, 1 brigadier fourrier, 1 brigadier et 7 dragons, plus un cheval d'officier et 2 chevaux de trait.

Les chevaux sont dessellés et les tentes dressées à la chute du jour.

Génie (état-major et réserve).
7 août.

Dès 3 heures du matin, les tentes sont abattues, les sacs faits et les voitures attelées. Vers le soir seulement, ordre est donné à la réserve de partir le lendemain, à 3 heures du matin, immédiatement après la 2ᵉ division (général de Castagny), pour aller à Bionville.

c) Opérations et mouvements.

Le maréchal Bazaine au général Montaudon.

Saint-Avold, 7 août (n° 40).

J'apprends par hasard que vous êtes à Sarreguemines ; si cela est vrai, mettez-vous en mouvement sur Puttelange en emmenant avec vous la brigade Lapasset, à moins qu'il ne croie pouvoir gagner Bitche.

Donnez-moi des nouvelles, si vous en avez, du 2ᵉ corps et de la brigade de dragons du général Juniac.

---

(1) Abattre les tentes une heure avant le jour, charger les voitures, avoir les chevaux sellés et bridés.

Le général Montaudon au maréchal Bazaine.

Puttelange, 7 août.

Je suis parti hier à 5 heures de Sarreguemines. Arrivé près de Grosbliederstroff, j'ai su par des renseignements, ainsi que par la direction des feux, que je ne pouvais, en passant par ce point, entrer en communication avec le général Frossard. J'ai pris ma direction sur Lixing; mais, la nuit arrivée, je me suis trouvé en arrière de la position de Spicheren, vers Bousbach, où je me suis arrêté jusqu'à 1 h. 1/2 du matin.

Ayant appris que le général Frossard battait en retraite sur Sarreguemines, je me suis dirigé sur Woustwiller pour appuyer sa gauche. Mais j'ai su en chemin qu'il battait en retraite sur Puttelange et comme le général de Castagny me fit savoir qu'il avait ordre de nous rallier, je me suis établi sur Puttelange qu'il venait d'occuper.

Le 2ᵉ corps vient d'arriver sur ce point.

Le général de Castagny au maréchal Bazaine, à Saint-Avold (D. T.).

Arrivée le 7 août à 3 heures du matin.

On évacue Forbach. Le général Metman, le seul avec qui j'ai pu communiquer, m'a appris que le général Frossard était parti depuis deux heures pour Sarreguemines et que toutes les troupes fraîches s'y rendaient aussi. Je vais à Puttelange prendre mes sacs; dois-je servir (1) Sarreguemines à 11 heures?

Le général de Castagny au maréchal Bazaine.

Puttelange, 7 août, 3 h. 30 matin.

J'ai l'honneur de vous rendre compte que le capitaine d'état-major Thomas, qui conduisait les bagages du général Frossard, m'a informé, lorsque je suis arrivé à Folckling, que je ne pouvais pas rejoindre Forbach, qui était évacué.

J'ai alors arrêté ma colonne, j'ai pris les dispositions, que j'ai expliquées au chef d'escadron Castex, de votre état-major général, puis je me suis décidé à envoyer deux officiers dans la direction de Forbach, pour tenter de prendre les ordres du général Frossard, sous le com-

---

(1) *Sic* sur l'original.

mandement duquel vous m'avez mis par votre ordre du 6 août, 6 h. 15.

Ces officiers n'ont trouvé que le général Metman, qui leur a dit qu'il était à Forbach depuis six heures; que le général Frossard était parti depuis deux heures dans la direction de Sarreguemines; que lui-même allait prendre la même route, déjà très encombrée; qu'au jour j'allais me trouver seul dans la position que j'occupais entre Folckling et Théding; que l'ennemi était très en force et que ce que j'avais de mieux à faire était de me replier sur Puttelange pour me diriger sur Sarreguemines.

La route entre Saint-Avold et Puttelange est complètement dégarnie; mon aide de camp n'a trouvé personne en la parcourant entre ces deux points, et quand il est arrivé à Puttelange porteur de votre dépêche, j'y arrivais de mon côté.

Je fais parvenir votre lettre au général Frossard par un espion. A l'instant le général Montaudon m'envoie un officier. Il sera ici dans une heure avec sa division. Je reste avec lui et j'attends vos ordres.

Le général de Castagny au général Frossard.

Puttelange, 7 août, 4 heures du matin.

M. le maréchal Bazaine m'avait mis sous votre commandement; je n'ai pu me mettre en communication avec vous; le général Metman m'a dit qu'il se dirigeait sur Sarreguemines; que tout le corps d'armée que vous commandez s'y dirigeait. Je suis revenu prendre mes sacs à Puttelange et maintenant je me dirigerai sur Sarreguemines, me mettant en route vers les 9 heures, à moins que le maréchal Bazaine, à qui j'ai écrit, ne me donne l'ordre de me porter sur un autre point.

Le maréchal Bazaine au général de Castagny.

Saint-Avold, 7 août.

D'après ce que vient de me dire le capitaine de Locmaria, le général Frossard se retirerait de sa personne sur Puttelange. Cependant, votre lettre de ce jour me dit qu'il se retire sur Sarreguemines. Je tiens à être fixé d'une manière absolue à cet égard et, dans le cas de l'affirmative, c'est-à-dire qu'il se retire sur Puttelange, dites au général Montaudon de conserver sa position de Guebenhausen, et d'y rester jusqu'à l'arrivée d'une division du 2e corps. Si, cependant, elle tardait trop à venir, il faudrait bien, dans l'après-midi, se retirer sur Marienthal.

Je ne parle là que de la division Montaudon, la vôtre faisant immédiatement son mouvement pour rallier Saint-Avold.

Tâchez aussi d'avoir des nouvelles de Sarreguemines, afin de faire remettre au général Metman, s'il y est, l'ordre ci-joint.

Le général de Castagny au maréchal Bazaine.

Puttelange, 7 août. Expédiée à 3 h. 1/2.

Je reçois votre ordre. Montaudon est en position à Guebenhausen, position que je connais et qui est très bonne.

Le général de Juniac vient de m'arriver avec un des régiments de dragons, il ne sait pas où est l'autre, ni où est l'autre brigade de sa division.

Le commandant de Crény arrive, en annonçant l'arrivée du général Frossard comme très probable.

Je me mettrai en route à 8 h. 1/2, si à cette heure je n'ai pas reçu d'autre ordre, et je détacherai le régiment sur le point que vous m'indiquez. Pas de nouvelles de l'ennemi.

Le général Metman au maréchal Bazaine, à Saint-Avold.

Bening, 7 août, 9 heures du matin (1).

Parti de Bening hier à 7 h. 30 soir, dépêche télégraphique du général Frossard; cherché toute la nuit général. Reparti ce matin de Forbach pour Puttelange. Les hommes sans vivres.

Le maréchal Bazaine au général Metman, à Puttelange.

Saint-Avold, 7 août.

Général, je vous prie de me donner, si vous le pouvez, des nouvelles du 60° de ligne qui est parti pour Forbach, le 5 au soir, par des trains spéciaux.

Si vous l'aviez avec vous, vous l'emmèneriez demain; il rejoindrait ultérieurement sa division; vous recevrez des ordres à ce sujet. Le général Decaen lui emmène ses équipages.

Donnez en même temps l'ordre à la brigade de dragons Juniac de se mettre en route, demain, pour rejoindre sa division à Saint-Avold, dès qu'elle le pourra, au plus tard à 7 heures du matin.

---

(1) Expédiée de la station de Farschwiller, vers 10 heures du matin.

Ce qui peut vous manquer de votre convoi administratif se trouvera demain à Faulquemont.

Le général Metman au maréchal Bazaine.

Puttelange, 7 août.

J'ai l'honneur de rendre compte à Votre Excellence que, suivant ses ordres, ma 2ᵉ brigade est partie hier, à 10 heures, pour aller occuper Mittenberg.

Moi-même, avec la 1ʳᵉ brigade, j'ai quitté le camp à midi et demi me dirigeant sur Bening-les-Saint-Avold par Guenwiller et Betting-les-Saint-Avold.

J'avais pris, d'après vos ordres, toutes mes dispositions pour camper sur les points les plus propres à la défense, lorsque j'ai reçu, à 7 h. 1/2, la dépêche télégraphique suivante : « Si le général Metman est encore à Bening, qu'il parte de suite pour Forbach ». Je me suis mis en route de suite pour Forbach, où je suis arrivé à 9 heures du soir. J'ai trouvé la ville évacuée et le maire m'a engagé à prendre la route de Forbach à Sarreguemines par laquelle s'était retiré le général Frossard. Après avoir fait 3 kilomètres sur cette route, sans apercevoir aucun camp, je me suis décidé à laisser reposer mes troupes, qui n'avaient plus de vivres, et ce matin, à 4 heures, j'ai pris la route de Puttelange, tous les renseignements que j'avais reçus m'ayant confirmé que vous aviez donné l'ordre à tout votre corps de se porter sur Sarreguemines.

Ayant trouvé un troupeau de bœufs abandonné par une division du 2ᵉ corps, et l'intendance ayant déclaré qu'elle était impuissante à nous rien donner, j'ai pris sur moi de faire distribuer, à chaque corps, de la viande sur pied en quantité suffisante.

J'ai reçu, à mon arrivée, votre dépêche, envoyée par la gare de Puttelange, et je me tiens prêt à tout événement.

Le général de Juniac au maréchal Bazaine, à Saint-Avold.

Puttelange, 7 août, 5 heures du matin.

Après votre dépêche, reçue à 3 heures à Haut-Hombourg, j'ai mis la plus grande rapidité à me rendre à Forbach ; à mon arrivée, à 4 heures, j'ai eu l'honneur de voir le général Frossard qui, après m'avoir félicité de ma prompte arrivée, m'a envoyé occuper les trois points de Morsbach, Bening et Merlebach. A la fin de la soirée et du combat qui s'était passé en partie en face de moi, j'ai conservé mes positions. Mais dans la nuit, ayant envoyé une reconnaissance sur

Forbach, j'ai appris que le général Frossard l'avait complètement évacué pour se diriger sur Sarreguemines, m'ayant oublié. Toutes les troupes étaient parties, et, me trouvant seul, observé par l'ennemi qui m'aurait enlevé à la pointe jour, ma position n'était plus tenable; j'ai fait monter à cheval à 1 heure du matin, dans le plus grand calme, pour dérober mon mouvement.

J'ai en même temps envoyé un adjudant pour prévenir les détachements de Bening et de Merlebach pour les rallier à moi. La brigade Arnaudeau se trouvait dans la même position que moi; nous prîmes ensemble la route de Puttelange, où je viens d'arriver à 5 heures du matin, me ralliant sur une division de votre corps d'armée. J'attends vos ordres. Les détachements que j'avais rappelés ne vont pas, je pense, tarder à me rejoindre. Mes hommes et mes chevaux sont épuisés de fatigue et de besoin.

Instructions écrites de la main du maréchal Bazaine, pour la marche en retraite sur Metz, après Spicheren.

(Sans date).

Directions à suivre par les colonnes.

La Garde, la route impériale de Longeville à Bionville, campant, le premier jour sur la rive gauche de la Nied française, le deuxième jour à Metz. (Départ à 3 heures du matin.)

La division Castagny suivra la même route que la Garde et campera, le premier jour à hauteur de Bionville, sur la rive gauche de la Nied allemande. (Départ à 4 heures du matin.)

La division Grenier suivra la marche de la division Castagny. (Au 4e corps, départ à 5 heures du matin.)

La division Metman suivra la route de Puttelange à Barst et à Faulquemont (route n° 5), et campera sur la rive gauche de la Nied allemande. (Départ à 3 heures du matin; s'arrêtera à Faulquemont.)

La division Decaen fournira l'arrière-garde, sans bagages (ces derniers marcheront avec ceux de la division Castagny), le bataillon de chasseurs formant son extrême arrière-garde, entre la cavalerie et la division.

La division de dragons et le 2e chasseurs formeront l'extrême arrière-garde avec une batterie à cheval.

La division Montaudon suivra la même route que la division Metman. (Même campement. Départ à 4 heures du matin.)

Dans la marche, on devra bien se faire éclairer, se flanquer, fouiller a lisière des bois, quand ça sera nécessaire prendre position, puis, dans le cas d'une attaque face à droite, la colonne de la route impériale (ou colonne de droite) se formera rapidement à droite en bataille, faisant occuper les positions militaires en avant de son front, etc.... la deuxième colonne (celle de gauche) se portant par des chemins latéraux derrière la première, afin de former une deuxième ligne.

Si l'attaque vient de la gauche, cela s'effectuera par un à gauche, pour la deuxième colonne, et la première fera porter en deuxième ligne les troupes nécessaires.

La cavalerie légère attachée aux divisions se tiendra au loin, sur le flanc extérieur des colonnes.

Nota. — Les troupes marcheront, autant que possible, par demi-peloton, pour faciliter les à droite et à gauche en bataille. Les voitures sur deux rangs, autant que possible.

Du maréchal Bazaine (autographe sans date).

Ordre.

Faire évacuer immédiatement, par le chemin de fer, sur Metz ou au moins sur Courcelles-sur-Nied, les blessés, les malades, les éclopés.

Le trésor, les bagages du quartier général marcheront immédiatement après la colonne de la Garde impériale.

L'artillerie et le génie de la réserve marcheront immédiatement après la division de Castagny, en avant des bagages de cette division.

Prévenir immédiatement les généraux Bourbaki, Rochebouët, Viala, Clérembault, Decaen, Castagny, Grenier de se trouver au quartier général, à 5 heures, cet après-midi.

Le général Manèque viendra avec la note remise au colonel.

P.-S. — Les troupes ont-elles touché leurs vivres?

Le maréchal Bazaine au général de Rochebouët.

Saint-Avold, 7 août.

Ordre.

Le général commandant l'artillerie mettra, demain matin, une batterie à cheval à la disposition du général commandant la division de cavalerie qui sera formée face à Saint-Avold, à la sortie de la ville, sur l'emplacement qu'occupait la réserve du génie contre la route de Longeville.

Dans l'ordre de marche, les batteries de la réserve prendront rang dans la colonne, immédiatement après les troupes de la division Castagny et en avant des bagages de la division.

Ordre.

7 août.

Par ordre du Maréchal, le parc d'artillerie continuera la route de Faulquemont jusqu'à Pange en passant par Mainvillers et prenant, à partir de là, l'ancien chemin des Romains. Il s'établira près de Pange, sur la rive gauche de la Nied française.

Ordre de mouvement pour le 8 août.

Saint-Avold, 7 août.

3ᵉ DIVISION.

Demain 8 août, à 3 heures du matin, vous quitterez les positions que vous occupez aujourd'hui, vous suivrez la route de Puttelange à Barst et à Faulquemont (route nº 5). Vous vous arrêterez à ce dernier point et vous camperez sur la rive gauche de la Nied allemande.

Les bagages, que vous avez encore avec vous, vous suivront immédiatement. Vous veillerez à ce que vos voitures marchent autant que possible sur deux rangs et que vos troupes marchent par demi-pelotons pour faciliter les à droite et les à gauche. Votre escadron de cavalerie légère se tiendra au loin, sur le flanc gauche de votre colonne, pour éclairer votre marche.

Vous faites partie d'une colonne gauche composée de votre division et de la division Montaudon qui marchera derrière vous précédée de ses bagages.

Le bataillon de chasseurs et la cavalerie légère de cette division formeront l'arrière-garde de cette colonne.

Parallèlement à elle et à droite, sur la route de Saint-Avold à Metz, marchera une autre colonne composée de la garde impériale, de la réserve d'artillerie et du génie, la division Castagny, la division Grenier (du 4ᵉ corps), la division Decaen et la division de cavalerie du 3ᵉ corps.

Dans la marche, on devra se faire éclairer avec soin, se flanquer, fouiller la lisière des bois, et prendre position quand ce sera nécessaire.

Dans le cas d'une attaque par la droite, la colonne de droite se formera rapidement, à droite en bataille, faisant occuper les positions militaires en avant de son front et prenant toutes ses mesures pour repousser vigoureusement l'ennemi.

La colonne de gauche se portera par les chemins latéraux derrière la première afin de former une seconde ligne.

Si l'attaque vient de gauche, la 2ᵉ colonne fera face à gauche et la 1ʳᵉ fera porter en deuxième ligne les troupes nécessaires. Les bagages seront arrêtés ; les voitures feront à droite et à gauche, les chevaux se faisant face, suivant les prescriptions du service en campagne.

P.-S. — Vos bagages ont été dirigés sur Faulquemont, vous les y trouverez en arrivant. Si, comme je le crois, cette dépêche vous trouve enfin et à Farschwiller, venez par une petite marche, ce soir, vous établir entre Puttelange et Barst, afin de précéder demain la division Montaudon dans la marche sur Faulquemont.

L'intendant du quartier général a l'ordre de vous envoyer des vivres, mais les moyens de transport lui manquent. Qu'avez-vous fait de votre convoi divisionnaire ? Où l'avez-vous laissé ? Ralliez-le à vous.

Le général Montaudon au général Metman.

Puttelange, 7 août.

Nous avons à parcourir demain, et de concert, une route longue avec de grands *impedimenta*. Veuillez serrer votre marche le plus possible de façon à ce que nous ayons la colonne la plus maniable possible entre les mains.

P.-S. — Ne s'arrêter qu'en massant sur un terrain découvert de manière à ce que nous ayons tout notre monde sous la main. Mais l'important est de gagner du terrain.

Ordre de mouvement pour le 8 août.

7 août.

4ᵉ DIVISION.

Demain matin, 8 août, à l'heure qui sera indiquée ultérieurement, la division quittera les positions qu'elle occupe, pour aller camper aux environs de Bionville, sur la rive gauche de la Nied allemande, en suivant la route de Longeville ; la division formera l'arrière-garde de la colonne de droite — sans bagages — ces derniers marchant avec ceux de la division Castagny, le 11ᵉ bataillon de chasseurs formera l'extrême arrière-garde entre la cavalerie et la division. La 4ᵉ division sera précédée, dans son mouvement, par la Garde impériale, la division Castagny et la division Grenier ; elle aura en arrière les dragons et les chasseurs. L'infanterie marchera par demi-pelotons pour faciliter les à droite et les à gauche.

La cavalerie légère de la division se tiendra au loin sur le flanc droit de la colonne pour éclairer la marche.

La division fait partie d'une colonne de droite, qui doit suivre la route impériale de Metz.

Parallèlement à cette colonne et plus à gauche, en allant à Metz, marchera la division Metman et, derrière elle, la division Montaudon, leurs bagages marchant entre les deux divisions.

Pendant la marche, chaque corps devra se faire éclairer avec soin, se flanquer, fouiller la lisière des bois et prendre position quand ce sera nécessaire.

Dans le cas d'une attaque par la droite, la colonne de droite se formera rapidement à droite en bataille et prendra toutes ses mesures pour repousser vigoureusement l'ennemi ; la colonne de gauche se portant par les chemins latéraux derrière la première, afin de former une deuxième ligne.

Si l'attaque vient de gauche, la 2e colonne fera face à gauche et la 1re portera en deuxième ligne les troupes nécessaires.

Dans les cas d'attaque pendant la marche, les convois de bagages s'arrêteront, les voitures feront à droite et à gauche, les chevaux se faisant face.

P.-S. — Demain matin, à 3 heures, les tentes devront être abattues, les voitures chargées et tout préparé pour se mettre en route en attendant, dans cette position, l'ordre de se mettre en route.

Nota. — Prière de faire prévenir le commandant du génie, Fargue.

Supplément à l'ordre de mouvement pour le 8 août.

7 août.

Division Decaen.

Les bagages de la division marcheront immédiatement après ceux de la division Grenier, au lieu de ceux de la division Castagny et seront suivis des bagages de la division de cavalerie du 3e corps. Les bagages de la division marcheront dans l'ordre suivant :

>Général de division ;
>État-major de la division ;
>Détachement du train des équipages militaires portant des vivres ;
>Sous-Intendant et administration ;
>Prévôté et escadron de cavalerie ;
>Payeur ;
>Bagages de la 2e brigade ;
>Bagages de la 1re brigade.

Enfin, après les bagages de la cavalerie, les services et corps de la division dans l'ordre suivant :

Ambulance ;
Mulets de cacolets ;
Voitures d'artillerie ;
Parc divisionnaire d'artillerie ;
Batterie de mitrailleuses ;
2º brigade, par la gauche ;
Une batterie de combat ;
Un bataillon de la 1re brigade (44e) ;
Une demi-batterie de combat ;
Dix paires de cacolets ;
Deux bataillons du 44e ;
Une demi-batterie de combat ;
11e bataillon de chasseurs à pied, avec 15 mulets de cacolets avec 1 brigadier.

Les tentes seront abattues à 3 heures du matin et la soupe mangée à 4 heures.

Les sacs et bagages seront chargés, prêts à marcher.

Les voitures, dans le convoi, marcheront sur deux de front, ainsi que les voitures d'artillerie.

Il n'y aura pas d'escorte pour le convoi.

Les soldats marchant avec les voitures devront avoir leurs armes et leurs munitions.

En cas d'attaque, les voitures doublées du convoi seront tournées de manière à ce que les chevaux soient tête à tête sur le milieu de la route et les caisses de voitures en dehors.

Le commandant de la 1re brigade s'assurera que les bagages du 60e, laissés au camp par le régiment, soient intercalés à leur place dans le convoi.

Le maréchal Bazaine au Major général, à Metz.

Saint-Avold, 7 août, 9 h. 35 soir.

Je viens de recevoir du général Frossard l'avis qu'il pourra commencer demain son mouvement de concentration sur Metz ; il prend la route de Nancy à Sarreguemines et mettra son quartier général le premier jour à Gros-Tenquin. La brigade Lapasset est avec lui, et suit son mouvement. Je vais donc commencer demain matin mon mouvement sur Metz.

La Garde viendra le premier jour sur la Nied française, mes divisions sur la Nied allemande, mon quartier général sera à Faulquemont.

Le maréchal Bazaine au général Frossard.

Saint-Avold, 7 août.

Le général de Ladmirault a reçu l'ordre direct de l'Empereur de se retirer avec tout son corps d'armée sous Metz. Il commence son mouvement demain matin, en partant de Boulay où il est en ce moment.

Notre gauche va ainsi se trouver complètement découverte ; il est urgent de se conformer aux ordres de l'Empereur et de concentrer l'armée sous Metz. J'ai pris toutes mes dispositions pour que le mouvement commence demain. Je vous ai envoyé, il y a un instant, un ordre du Major général à cet égard : veuillez me dire quand vous pensez pouvoir l'exécuter.

Le Major général au maréchal Bazaine, à Saint-Avold (D. T.).

Metz, 7 août, 9 h. 55 soir.

D'après quelques renseignements qui me parviennent, il se pourrait que vous fussiez attaqué demain pendant votre retraite.

Le capitaine Delauzon du 3e régiment de chasseurs. — Compte rendu.

Le capitaine chargé de faire la reconnaissance sur la route de Saint-Avold rend compte que, des renseignements qui lui ont été fournis, il résulte qu'un corps de l'armée prussienne, dont le nombre n'a pu être déterminé par ceux qui ont donné les renseignements, se trouve placé à Théding, à six kilomètres environ sur la droite de la route de Saint-Avold.

Au village de Hoste-Bas, vers 5 heures, seize uhlans ont été aperçus.

Les mêmes renseignements ont été donnés au village de Loupershausen.

A gauche de la route de Saint-Avold aucun renseignement n'a été donné.

Journée du 7 août.

4ᵉ CORPS.

a) Journaux de marche.

Journal de marche du 4ᵉ corps.

7 août.

Les bagages partent à 10 heures du soir pour Glattigny. On a reçu l'ordre de se rabattre rapidement sur Metz.

1ʳᵉ division. — Vient de Teterchen à Boulay, camper à l'embranchement des routes de Sarrelouis et de Bouzonville. Elle passe par Valmünster, Bettange et Éblange pour ne pas encombrer la route que doit suivre la 3ᵉ division en arrivant à Boulay.

2ᵉ division. — Quitte Boucheporn, sur l'ordre du maréchal Bazaine, pour rejoindre le 3ᵉ corps d'armée vers Saint-Avold.

3ᵉ division. — Se porte de Coume sur Helstroff; elle commence son mouvement à midi.

Cavalerie. — Toute la division se trouve réunie à Boulay. Deux pelotons sont mis le soir à la disposition du général de Cissey pour faire des reconnaissances en avant de son front.

Artillerie et génie. — Les réserves partent à minuit pour Glattigny où se trouve déjà le parc d'artillerie du corps d'armée venant de Metz.

Administration. — Le grand convoi du quartier général est dirigé dans la soirée sur Noisseville, près Metz, de manière à dégager la route.

1ʳᵉ DIVISION.

Le général de Cissey reçoit dans la matinée l'ordre de porter sa division le soir même à Boulay. Comme les renseignements fournis font toujours pressentir un mouvement en avant de l'ennemi, les *impedimenta* de notre colonne sont acheminés à l'avance sur Boulay.

La 1ʳᵉ division conserve, dans l'ordre de marche qui lui est prescrit par le général de Cissey, la possibilité de recevoir instantanément le choc de l'ennemi s'il se présente. Elle est couverte à sa gauche par la division de Lorencez (3ᵉ du 4ᵉ corps), qui va de Coume à Boulay, par une route à peu près parallèle à la nôtre. La droite de la division est couverte par la brigade de cavalerie de Montaigu, qui nous flanque très au loin.

La division suit la route de Teterchen à Boulay dans l'ordre ci-après :
- 1re brigade d'infanterie ;
- La compagnie de sapeurs du génie ;
- Deux batteries de combat, escortées par deux compagnies du 20e bataillon de chasseurs ;
- Un régiment de la 2e brigade ;
- Deux sections de combat (artillerie) ;
- Deux bataillons du 2e régiment de la 2e brigade ;
- Une section de combat (artillerie) ;
- Huit mulets de cacolets ;
- Un bataillon d'arrière-garde ;
- Un escadron d'arrière-garde (tiré de la brigade Montaigu).

Le bivouac de la division est installé à Boulay vers 6 heures du soir.

Toutefois, d'après de nouveaux ordres de mouvement, la 1re division doit continuer son mouvement de retraite vers la Nied pendant la nuit. Elle se remet donc en marche vers 2 heures du matin, après que les *impedimenta* des réserves du 4e corps et de la division elle-même, se sont mis en route.

Souvenirs inédits du général de Cissey.

..... Nous recevons des ordres pour aller coucher le soir même à Boulay. Je fais manger la soupe promptement et j'achemine tous les *impedimenta*; les renseignements parlant toujours de marche en avant de l'ennemi, je tiens à marcher en ordre de combat ; ma gauche est couverte par la division Lorencez qui se porte sur Boulay par une route à peu près parallèle à la mienne ; je fais couvrir ma droite par la brigade de cavalerie légère de Montaigu qui me flanque très au loin ; le reste de ma division marche sur la route dans l'ordre suivant :

Voir le document qui précède.

Nous commençons à installer le bivouac à 5 heures et, à 6 heures, tout est terminé. Nous avons à peine le temps de dîner que des ordres arrivent ; il faut continuer le mouvement de retraite et à 11 h. 1/2 du soir, la division doit se mettre en route. Pour tâcher d'éviter le long défilé à travers la ville, je fais reconnaître des chemins qui la contournent, mais nouvellement ouverts, ils sont totalement impraticables.

Grâce aux *impedimenta* de toutes sortes qui nous précèdent, nous ne pouvons nous mettre en mouvement qu'à 2 heures du matin.....

2e DIVISION.

La 2e division se porte à Saint-Avold et il est prescrit au général Grenier, par le maréchal Le Bœuf, major général de l'armée, de se placer exclusivement sous les ordres du maréchal Bazaine, qui est à Saint-Avold avec le 3ᵉ corps tout entier. Le maréchal fait prendre à la 2ᵉ division une position défensive sur les hauteurs dominant le village de Petit-Eberswiller et le chemin de fer. Mais quoique des Prussiens aient été vus à petite distance, on n'a pas d'alerte.

3ᵉ DIVISION.

Deux reconnaissances sont poussées le 7 au matin, l'une dans la direction de Merten, l'autre dans celle de Ham-sous-Varsberg ; elles sont fortes de deux compagnies d'infanterie et d'un demi-peloton de cavalerie.

A la date du 7 août, commence le mouvement du corps d'armée, réduit à deux divisions, pour se rapprocher de Metz. La 3ᵉ division quitte Coume à midi, traverse Boulay et vient bivouaquer au village d'Helstroff, à quatre kilomètres au Sud de Boulay. Le 65ᵉ est laissé à Boulay pour renforcer la 1ʳᵉ division qui se trouve en première ligne par rapport à l'ennemi.

De Coume à Boulay, la division marche en trois colonnes : l'artillerie est sur la route, ayant derrière elle le 2ᵉ bataillon de chasseurs ; la 1ʳᵉ brigade, marchant dans les terres, tient la droite ; la 2ᵉ brigade, engagée dans un terrain difficile, est à la gauche ; un escadron du 7ᵉ hussards éclaire les derrières.

La division, arrivée à Helstroff à 3 heures, campe en cercle autour de ce village.

Le quartier divisionnaire est à Helstroff.

DIVISION DE CAVALERIE.

Le 7 août, la brigade de dragons et l'état-major de la division partent de Boulay, à minuit ; la brigade de hussards à 1 heure du matin et se dirigent vers Metz, la 1ʳᵉ par la route d'Helstroff, la 2ᵉ par Volmérange, et vont bivouaquer le même jour, la 1ʳᵉ brigade à Lauvallier et la 2ᵉ à Silly (sur Nied).

c) Opérations et mouvements.

Le général de Ladmirault au Major général.

Boulay, 7 août, 2 heures du matin.

J'ai reçu les ordres que Sa Majesté m'a adressés. Je tiendrai les positions que j'occupe à Teterchen, Coume et Boucheporn.

Je suis en relations promptes avec le maréchal Bazaine par Boucheporn, déjà il m'a demandé le 43ᵉ de ligne ; j'exécuterai les ordres et injonctions qu'il m'enverra.

P.-S. — Toutes mes troupes sont en position ; je n'ai, à Boulay, que la brigade de dragons, les réserves d'artillerie et 1 bataillon du 65ᵉ pour les escorter quand elles devront marcher.

Le même au même (D. T.).

Boulay, 7 août, 5 h. 46 du matin.

Il est bien entendu que je dois retirer mon corps d'armée sur Metz. Aujourd'hui, 7 août, il sera rallié à hauteur de Boulay, ce point comme centre de mon premier mouvement. J'arriverai à Metz en trois jours pour y prendre position.

Le général de Ladmirault au maréchal Bazaine (D. T.).

Boulay, 7 août, 6 h. 8 du matin.

J'informe Votre Excellence que j'ai reçu l'ordre direct de l'Empereur de me replier sur Metz avec tout mon corps d'armée. Je donne des ordres à mes trois divisions pour qu'aujourd'hui, 7, elles viennent prendre position à Boulay.

Elles ne se porteront donc pas vers Saint-Avold.

Le général de Ladmirault à l'Empereur (D. T.).

Boulay, 7 août, 9 heures du matin.

J'ai reçu la dépêche que Votre Majesté m'a adressée pour me donner l'ordre de retirer mon corps d'armée sur Metz. J'en avais déjà accusé réception au Major général.

Mes ordres sont donnés et mes divisions seront aujourd'hui en position près de Boulay, à l'exception de la division Grenier, de Boucheporn, que le maréchal Bazaine a appelée à Saint-Avold par un ordre direct.

Le maréchal Bazaine au général de Ladmirault, à Boulay.

Saint-Avold, 7 août (nº 44).

J'ai reçu le même ordre de concentration que vous. Pour que rien ne soit livré au hasard, ne vous retirez pas trop vite et arrêtez-vous le premier jour sur les positions en arrière des Étangs, afin de couvrir le flanc droit de nos colonnes.

Ordre.

Saint-Avold, 7 août.

La division Grenier, du 4ᵉ corps, restera jusqu'à nouvel ordre à la disposition du maréchal Bazaine.

Signé : Le Bœuf.

Le général de Ladmirault au général de Cissey.

7 août.

Le convoi de vivres de la 1ʳᵉ division partira en même temps que les bagages des corps.

La général en chef recommande d'informer les troupes qu'elles auront sur leur gauche la division du général de Lorencez. Il importe qu'il n'y ait pas de malentendus cette nuit.

1ʳᵉ DIVISION D'INFANTERIE.

Ordre de mouvement.

7 août.

Cette nuit, les troupes établies à Boulay feront un mouvement dans la direction de Metz pour aller occuper une position voisine des Étangs.

On se conformera aux dispositions suivantes :

1° Le convoi de vivres, départ à 9 h. 30, ira se masser à 2 kilomètres de Boulay, escorté par sa compagnie de garde. Aussitôt massé il se mettra en route et s'arrêtera à Glattigny ;

2° Bagages particuliers des corps, des officiers sans troupes, trésor de la 1ʳᵉ division, réserves d'artillerie de la 1ʳᵉ division, matériel d'ambulances, départ à 10 heures, sous l'escorte de deux compagnies d'infanterie de la 2ᵉ brigade, qu'ils prendront à la sortie de Boulay (sous les ordres du capitaine de gendarmerie Kiener, qui l'arrêtera à Glattigny) ;

3° A minuit, compagnie et parc du génie de corps d'armée, trésor et ambulances du corps d'armée, réserve d'artillerie du corps d'armée (6 batteries), le tout escorté par quatre compagnies d'infanterie de la 2ᵉ brigade — deux devant, deux derrière — les quatre compagnies seront à la disposition du commandant de la réserve d'artillerie du corps d'armée ;

4° A 2 heures du matin, 2ᵉ brigade de la 1ʳᵉ division, moins le bataillon qui escorte les deux convois précédents. Elle tournera la ville par un chemin de ceinture qui lui sera indiqué par un capitaine d'état-major se tenant à l'embranchement ;

4° *bis* Le génie de la 1re division ;
5° Deux batteries de combat dont une à balles ;
6° Un régiment de la 1re brigade ;
7° Deux sections de combat ;
8° Un régiment de la 1re brigade ;
9° Dix mulets de cacolets ;
10° Une section de combat ;
11° Le bataillon de chasseurs à pied.

Les bataillons les plus rapprochés des batteries détacheront une compagnie à la garde de chaque batterie. L'escadron marchera avant la section d'artillerie d'arrière-garde et se portera à droite et à gauche de la route aussitôt qu'il pourra et laissera un peloton d'extrême arrière-garde.

Messieurs les officiers veilleront à ce que les armes ne soient pas chargées. Les troupes iront camper, la droite à partir de Cheuby et la gauche se prolongeant vers Vry. Les tentes seront dressées et les hommes prépareront le repas du matin.

On partira sans bruit en laissant les feux de bivouac allumés.

DIVISION DE CAVALERIE.

Ordre de mouvement.

7 août.

Cette nuit, les troupes qui sont à Boulay quitteront leur campement pour prendre la direction de Metz et occuper une position à hauteur des Étangs.

La cavalerie se conformera aux dispositions suivantes :

Ce soir, à 10 heures, tous les bagages des officiers et des corps partiront de Boulay, en même temps que ceux de la 1re division.

A minuit, la brigade de dragons se mettra en marche et s'engagera sur la route d'Helstroff, mais elle aura soin de s'y engager sans entrer dans la ville de Boulay.

A 1 heure du matin, la brigade de hussards partira à son tour et prendra la route directe de Metz, par Volmérange. On laissera toutefois au camp un escadron de hussards, qui sera mis à la disposition du général de Cissey, commandant la 1re division d'infanterie, qui doit quitter Boulay à 2 heures du matin.

La brigade de dragons, en arrivant à Helstroff, y trouvera la division de Lorencez, et le général de Gondrecourt prendra les ordres de cet officier général.

Après avoir dépassé les Étangs et arrivée à hauteur de Glattigny, la brigade de hussards choisira son bivouac du côté de Sainte-Barbe.

Contre-ordre est donné au 3e dragons qui devait partir de Boulay, le 7, à 4 heures du matin.

Le général Soleille au commandant Voisin (1).

Metz, 7 août.

Par ordre de l'Empereur, faites rétrograder sur Metz l'équipage de pont du 4ᵉ corps. Rendez compte de cet ordre au général Lafaille (2).

Le général Soleille au colonel Vasse-Saint-Ouen (3).

Metz, 7 août.

Malgré l'ordre de ce matin, je ne crois pas prudent d'éloigner tous les parcs de la première ligne du combat; j'aimerais mieux, pour le parc du 4ᵉ corps, laisser les choses dans l'état actuel, c'est-à-dire une portion à Metz et l'autre à Verdun. Il faudrait écrire alors au colonel Luxer de rester jusqu'à nouvel ordre à Verdun avec la portion restante du parc.

Journée du 7 août.

5ᵉ CORPS.

a) Journaux de marche.

Journal de marche du 5ᵉ corps d'armée.

Des mesures sont prises pour mettre en état de défense le sommet qui domine le fort (de la Petite-Pierre). Un fossé, jadis créé par Turenne, est rétabli. Le général en chef va reconnaître une position au Nord-Est de la Petite-Pierre.

L'ennemi ne se présente pas, mais est signalé à Erckartswiller; sa proximité et la difficulté de faire vivre dans cette place sans approvisionnements et sans eau 20,000 hommes épuisés par une marche de nuit de 30 kilomètres en montagne, déterminent le commandant du corps d'armée à évacuer la place.

---

(1) Sous-directeur du parc du 4ᵉ corps.
(2) Commandant l'artillerie du 4ᵉ corps.
(3) Chef d'état-major de l'artillerie de l'armée.

Une dépêche adressée par l'Empereur au général de Failly, à cette date, ne parvint pas à sa destination. Elle était ainsi conçue : « Retirez-vous, avec votre corps d'armée, sur le camp de Châlons ».

A 7 h. 1/2 du soir, le Major général adressa une nouvelle dépêche, en ces termes : « L'Empereur maintient les ordres qu'il vous a donnés et, d'après lesquels, vous devez vous retirer avec vos troupes sur le camp de Châlons ».

Puis une autre : « Le maréchal de Mac-Mahon arrive ce matin à Phalsbourg. Emmenez les 3,000 hommes qui se sont ralliés à la Petite-Pierre. L'Empereur réunit l'armée sous le même Maréchal, en arrière de la Marne.

« Un officier, parti de Metz hier au soir, doit vous joindre pour vous porter des instructions. Paris est très dévoué. Les Chambres seront réunies le 11. »

De son côté, le maréchal de Mac-Mahon avait annoncé sa défaite au général de Failly de la manière suivante : « J'ai été attaqué, hier matin 6 août, à 7 heures, par des forces considérables, dans la position de Fræschwiller. J'ai perdu la bataille et fait de grandes pertes. La retraite, commencée à 4 heures, s'est effectuée partie sur Saverne, partie sur Bitche. Je prends les ordres de l'Empereur et vous les ferai connaître ».

Le 5ᵉ corps, auquel se joignait à chaque heure un plus grand nombre de débris du 1ᵉʳ corps, campa autour de la Petite-Pierre, partie dans la place, partie sur la crête des Vosges.

Journal du capitaine de Lanouvelle, de l'état-major du 5ᵉ corps de l'armée du Rhin.

7 août.

On continue la marche, au milieu d'une nuit sombre et brumeuse qui finit par s'éclaircir. On devait suivre la crête des Vosges par Gœtzenbrück et Puberg jusqu'à la Petite-Pierre où le corps d'armée serait rassemblé et où on attendrait des nouvelles du 1ᵉʳ corps d'armée, ainsi que la division Lespart.

Un officier d'état-major, le commandant Perrotin, marchait en tête de colonne avec un guide du pays. Vers 1 heure du matin, la direction générale fut modifiée vers l'Est et bientôt nous descendions en Alsace. L'état-major prévint le général en chef que son intention première avait été modifiée, peut-être à cause du chemin de crête et que le corps d'armée allait déboucher, au point du jour, dans la plaine d'Alsace à Ingwiller. La tête de colonne arrivait à Wimmenau sur la Moder, à 3 heures du matin, lorsqu'elle fut arrêtée et redressée dans la direction de la Petite-Pierre par le Moosthal et Erckartswiller ; nous arrivâmes péniblement par ces chemins forestiers où, sur plusieurs points, on dût frayer la route à l'artillerie. Les débris de la division Ducrot arrivaient comme nous à la Petite-Pierre à 9 heures, les hommes des divers corps confondus marchaient tristes, silencieux, l'attitude fière, leur chef au milieu d'eux ; cette division fut ralliée et repartit dans la journée pour Phalsbourg.

Le général Ducrot qui venait de commander la division militaire à Strasbourg et qui connaissait parfaitement le pays, donna au général de Failly des renseignements et des conseils précieux dans le cas où nous devrions tenir la ligne des Vosges. Il fallait faire occuper fortement le passage d'Oberhoff sur la Zintzel (7 kilomètres au Sud de la Petite-Pierre), et tenir le chemin qui vient de Puberg au Nord, en même temps qu'on porterait la ligne de résistance vers l'Est jusqu'à la crête du contrefort sur lequel s'élève le fort actuel.

Le général de Failly reçut dans la journée, à une heure que je ne puis préciser, le télégramme suivant du Maréchal, qui était à Saverne : *Voir la fin du document qui précède.*

La consternation régnait à la Petite-Pierre. Le fort n'était pas armé et ne pouvait pas résister à une attaque sérieuse. Le fort de Lichtenberg, à 10 kilomètres environ au Nord-Est, n'avait que 25 hommes de garnison auxquels se joignirent une centaine de soldats du 1er corps ; il capitula après un bombardement de quelques heures.

La division de Lespart, sur laquelle on avait des inquiétudes sérieuses, nous rejoignit dans l'après-midi.

1re DIVISION.
7 août.

Arrivée à la Petite-Pierre de la tête de colonne, vers 9 heures du matin ; la gauche n'arrive que dans la journée.

Fatigue ; pluie ; terrains détrempés ; fuyards de Wœrth ; manque de distributions.

1re DIVISION (2e *brigade*).
7 août.

C'est en bon ordre que la brigade franchit, en 18 heures, la distance de Bitche à la Petite-Pierre en passant par Lemberg, Gœtzenbrück, Wimmenau et Erckartswiller. Avant d'atteindre cette dernière localité, elle prit rapidement et sans trouble d'utiles dispositions pour parer à une fausse alerte donnée par des cavaliers échappés au désastre de Reichshoffen, puis continua lentement sa marche vers la Petite-Pierre qu'elle atteignit le 7, vers 3 heures du soir. Elle campa au Nord de ce village, sur deux lignes déployées, au sommet d'escarpements boisés.

2ᵉ DIVISION.

7 août.

A la pointe du jour, on atteignit Lemberg. On y trouva le bataillon du 49ᵉ du commandant Paris laissé à Rohrbach, la veille, pour appuyer le 5ᵉ lanciers. On apprend, qu'après le départ de la division de l'Abadie, la cavalerie allemande, avec de l'artillerie, était venue menacer la gare du village, mais qu'une charge de lanciers et la bonne contenance de l'infanterie, qui avait trouvé là une occasion de faire éprouver quelques pertes à l'ennemi, avaient déterminé celui-ci à s'éloigner. Ce bataillon était le 7 en position avec le bataillon du 46ᵉ et une section d'artillerie pour couvrir le flanc de la colonne contre une attaque par la route de Rohrbach. D'après les ordres du général en chef, un autre bataillon du 49ᵉ alla relever celui du 46ᵉ; une section de la batterie Kramer remplaça la section d'artillerie appartenant à la division Goze. Ces troupes reçurent pour consigne de laisser filer toute la colonne et de prendre la gauche du 5ᵉ corps, après qu'il aurait dépassé Lemberg.

Le jour s'est levé, on rétablit de l'ensemble dans les corps; on marche rapidement, on traverse Gœtzenbrück, on est sur la crête des Vosges. On tourne bientôt au Sud-Est, pour descendre dans la vallée de la Moder, la route est tracée au milieu des bois; elle est bonne. Après avoir dépassé Wingen et, avant d'arriver à Wimmenau, on prend, au milieu d'un terrain sablonneux et couvert de taillis, un chemin où le tirage des voitures devient difficile; les caissons à deux roues portant les munitions de l'infanterie, quelques voitures à bagages des batteries d'artillerie, les voitures de réquisition affectées à l'ambulance ont de la peine à sortir de certains passages; il faut doubler les attelages et mettre des hommes aux roues pour les dégager. Les troupes marchant en avant de la division de l'Abadie allaient atteindre la crête qui sépare la vallée principale de la Moder du vallon qui descend de la Petite-Pierre, quand on signala la présence de l'ennemi campé dans la plaine en avant; on se préparait à combattre; ordre avait été donné de faire avancer l'artillerie, mais on reconnut bientôt qu'il y avait une méprise; une fausse alerte donnée par les fuyards du 1ᵉʳ corps.

La division, arrêtée un instant, poursuit son chemin et arrive à la Petite-Pierre, vers 3 heures après-midi, par une voie assez raide et assez rocailleuse. Le bivouac est donné par l'état-major général auprès de celui de la division Goze, déjà campée sur un plateau au Nord de la ville.

Le général de division prescrit des dispositions militaires pour se garder le jour et quelques mesures de plus, pour le cas d'une attaque de nuit.

L'artillerie de la division n'avait pas suivi l'infanterie dans sa marche à partir de Wimmenau ; elle avait trouvé à droite un très beau chemin pour se rendre à la Petite-Pierre.

La grande précipitation dans la marche du corps d'armée avait produit un grand allongement dans l'ensemble de la colonne qu'il formait.

Les officiers des corps, privés de leurs bagages, dans une localité n'offrant que des ressources insuffisantes, voient commencer les privations auxquelles la sollicitude de leur général de division n'a pu les soustraire tout à fait pendant le reste de la campagne.

On ne peut faire, ce jour-là, que des distributions très incomplètes.

Des débris du corps d'armée du maréchal de Mac-Mahon, passant par la Petite-Pierre, s'attachent à la division et exercent par leurs récits une influence des plus funestes.....

Division de cavalerie.
7 août.

Le général de la Mortière se retirant, suivant les ordres reçus, de Rohrbach sur Lemberg, le 5ᵉ lanciers fut alors placé en tête de colonne, suivit la route de Lemberg à Wimmenau, où il dut alors prendre un chemin de traverse dans les forêts et put enfin arriver à la Petite-Pierre à 9 h. 1/2 du matin.

Les escadrons du 5ᵉ hussards avaient marché avec le quartier général et les trois divisions d'infanterie.

Le 12ᵉ chasseurs, avec le général de Bernis, avait pris la queue de la colonne ; il arriva dans l'après-midi à la Petite-Pierre et bivouaqua à la sortie de la ville, à gauche de la route de Phalsbourg, à côté du 5ᵉ lanciers.

Division de cavalerie (1ʳᵉ brigade).
7 août.

La brigade attendit jusqu'à minuit sous les murs de Bitche que le 5ᵉ corps en entier eût défilé. Elle se mit alors en marche, éclairant ses derrières et couvrant sa retraite. Tous les bagages étaient restés à Bitche.

Le 5ᵉ corps prit la direction de Lemberg, d'Ingwiller et à deux ou trois kilomètres de cette localité, il se dirigea sur la Petite-Pierre, où la brigade elle-même arriva, vers les 3 heures de l'après-midi, après une marche des plus pénibles. Les hommes étaient à cheval depuis trente-quatre heures. Elle ne reçut de distribution d'aucune espèce, et le lendemain 8, elle se mit en marche conformément aux prescriptions de l'ordre suivant :

Ordre de mouvement.

Petite-Pierre, 7 août.

Réveil à 3 heures du matin sans sonnerie aucune, café à 3 h. 1/4 ; on aura soin de ne pas allumer de grands feux. Départ de la tête de colonne à 4 heures. Direction sur Phalsbourg par la route impériale passant par Ottwiller.

GÉNIE.

..... Dès son arrivée, le génie s'occupa d'organiser les moyens de défense de la position pour le cas où le 5e corps y séjournerait quelque temps et où l'ennemi, vainqueur de la veille, viendrait s'y attaquer.

c) Opérations et mouvements.

L'Empereur au général de Failly, à Bitche (D. T.).

7 août, 5 heures du matin.

S'il en est temps encore, retirez-vous sur Nancy.

Le Major général au général de Failly, à Bitche.

Dépêche portée par le capitaine de Salles, 7 août, 5 heures soir.

Je vous envoie le capitaine de Salles, de l'état-major général, pour avoir de vos nouvelles. L'Empereur n'en a pas reçu de vous depuis hier matin et désire savoir dans quelle situation vous vous trouvez à l'heure actuelle et aussi ce qui vous est advenu dans la journée d'hier. Je vous préviens en même temps que vous devez vous diriger sur le camp de Châlons avec tout votre corps d'armée. Faites-moi connaître la direction générale que vous vous proposez de suivre à cet effet.

Le général de Failly au Major général, à Metz (D. T.).

Lützelbourg, 7 août, 10 heures du soir.

Je suis à la Petite-Pierre avec la division Goze complète, une brigade de la division l'Abadie, 11 batteries, 11 escadrons de cavalerie. On annonce l'ennemi en force à Ingwiller, ses avant-postes à 6 kilomètres de moi. Je partirai demain à 4 heures pour Phalsbourg. Pas de nouvelles du maréchal Mac-Mahon. 3,000 soldats environ se sont ralliés à la Petite-Pierre. Demain je prendrai position entre Phalsbourg et Lützelbourg.

Dois-je laisser à la Petite-Pierre le commandant du fort avec ses 30 hommes?

Le général de Failly au général de L'Abadie, à Lixheim.

7 août.

On annonce que l'ennemi marche sur Sarrebourg par la vallée de la Sarre. Choisissez une position aux environs de votre camp et faites-vous garder aussi loin que vous pourrez.

Faites connaître, ..., au général Brahaut, qui est dans la direction de Bitche, que vous êtes avec trois brigades à Lixheim, 10 kilomètres de Sarrebourg, dans la direction de Bitche.

Le maréchal de Mac-Mahon est à Sarrebourg, avec au moins 20,000 hommes. J'y ai aussi la division Lespart.

Je vous envoie un peu de pain.

Ordre de marche pour le 8 août.

Artillerie de réserve avec un bataillon de la brigade Maussion; le train et l'ambulance accompagnés d'une compagnie.

La brigade Maussion, dans l'ordre déterminé par le général de division et disposée de façon à pouvoir faire face en arrière.

La division Goze aura une arrière-garde fortement constituée, ayant au moins une batterie d'artillerie.

Toutes les voitures du corps d'armée devront marcher sur deux de front, les intervalles observés. La colonne des voitures aura été constituée de façon à pouvoir faire face à gauche et être déployée..... Le mouvement ne commencera que quand les reconnaissances journalières auront été faites et que les officiers généraux en connaîtront le résultat.

Cavalerie. — Le 5e lanciers précédera la colonne et partira à 3 h. 1/2 pour éclairer la route, il sera suivi par le 12e chasseurs.

La cavalerie divisionnaire marchera autant que possible sur le flanc gauche et en dehors de la route pour éclairer le flanc.

En cas de passage d'obstacles, l'escadron de la division L'Abadie marchera en tête, celui de la division Goze en queue.

Il sera fourni demain matin au chef d'état-major général une situation sommaire de l'effectif de chaque troupe.

Les grand'gardes ou les troupes en position ayant de l'artillerie, la ramèneront, et, en arrivant dans la colonne, elles prendront la place assignée.

Les isolés, appartenant à la cavalerie légère, seront mis en subsistance et marcheront avec le 12ᵉ chasseurs. Les malades et les cavaliers ayant des chevaux indisponibles, marcheront avec le convoi.

Journée du 7 août.

6ᵉ CORPS.

a) Journaux de marche.

Journal de marche du 6ᵉ corps d'armée.

L'ordre donné au 6ᵉ corps de se rendre à Nancy est contremandé. Les troupes en route sont rappelées et tout le 6ᵉ corps rentre au camp de Châlons, moins la 4ᵉ division d'infanterie, qui est toujours à Paris.

1ʳᵉ DIVISION.

La division reçoit l'ordre de rentrer au camp de Châlons. Les dernières troupes de la 2ᵉ brigade, arrêtées à Toul et à Commercy, sont ramenées au camp par les mêmes trains.

La 1ʳᵉ brigade, embarquée à Nancy, rentre au camp de Châlons dans la nuit du 7 au 8.

2ᵉ DIVISION.

De minuit à 4 heures du matin, trois trains, partant de la gare de Mourmelon, emmènent le général de division et son état-major, le 9ᵉ de ligne et deux bataillons du 14ᵉ. En route, ces troupes reçoivent l'ordre de rétrograder sur le camp. Cet ordre parvient au général de division à Bar-le-Duc; les deux autres trains se trouvaient à Blesmes et à Châlons.

A 3 heures, la division se trouve de nouveau tout entière réunie au camp.

c) Opérations et mouvements.

Le Major général au Ministre de la guerre (D. T.).

7 août, 1 h. 1/2 matin.

L'Empereur donne l'ordre au maréchal Canrobert de rester au camp de Châlons et d'y rappeler les troupes qui en sont parties; j'invite le général commandant la subdivision de la Meurthe à renvoyer d'urgence au camp de Châlons, par les voies ferrées, la division d'infanterie qui est déjà arrivée à Nancy.

Le général du Barail a reçu l'ordre de partir aujourd'hui même de Lunéville, pour se rendre à Saint-Mihiel où il arrivera après-demain en trois étapes, couchant à Nancy et à Bernecourt.

Prenez des mesures pour que les sept escadrons de cette division, en route pour rejoindre, reçoivent les ordres nécessaires par leur changement de destination.

L'Empereur au maréchal Canrobert, au camp de Châlons (D. T.).

Metz, 7 août, 4 h. 50 matin.

Conservez les troupes que vous avez à Châlons. Rappelez celles qui sont en route et dites-moi quelles sont celles qui sont arrivées à Nancy.

Le Major général au Commandant de la subdivision de Nancy (D. T.).

Metz, 7 août, 7 h. 30 matin.

Quelles sont les troupes arrivées à Nancy venant du camp de Châlons? Répondez-moi sur-le-champ, et en même temps prenez vos dispositions pour les renvoyer au camp de Châlons.

L'Empereur au maréchal Canrobert (D. T.).

7 août, 8 h. 15 matin.

Rappelez à vous les troupes de votre corps d'armée qui sont à Nancy. Je vous envoie un officier pour expliquer ma position.

Le maréchal Canrobert au Major général (D. T.).

Camp de Châlons, 7 août, 8 h. 30 matin.

Toutes les troupes, parties hier du camp, ont reçu ordre d'y rentrer, sauf ma 1re division, déjà arrivée à Nancy sans artillerie. Dois-je la faire revenir ici (1)?

---

(1) En marge, au crayon rouge, de la main du maréchal Le Bœuf : *Oui.*

Le Major général au maréchal Canrobert (D. T.).

7 août, 1 h. 1/2 soir (n° 59).

Je donne l'ordre au général commandant à Nancy de renvoyer immédiatement, par voie ferrée, au camp de Châlons, votre 1re division.

Le général de Salignac-Fénelon (1) *au maréchal Canrobert.*

Sainte-Menehould, 7 août, 1 h. 45 soir.

Ai reçu votre télégramme officiel, et, par le télégraphe, l'ordre de rentrer au moment de mon arrivée ici ; je rétrograderai demain et serai au camp dans la journée.

Le commandant Caffarel (2) *au maréchal Canrobert, au camp de Châlons* (D. T.).

Bar-le-Duc, 7 août, 7 h. 13 soir.

Trois trains, forts de 1000 hommes, emportant : 9e bataillon de chasseurs à pied et 4e de ligne, sont partis de Nancy. Le premier, à midi et demi ; le deuxième, à 2 heures ; le troisième, à 4 h. 1/2. — Général Tixier partira après départ du 10e de ligne ; matériel pour les autres trains, non arrivé.

---

(1) Commandant la division de cavalerie du 6e corps.
(2) De l'état-major du 6e corps.

Journée du 7 août.

7ᵉ CORPS.

a) **Journaux de marche.**

1ʳᵉ DIVISION.

Notes sur les opérations de la 1ʳᵉ division d'infanterie du 7ᵉ corps (1).

Le 6 août, au soir, le général Conseil-Dumesnil réunit les débris de sa division dans le village de Reichshoffen et de là les mène à Niederbronn, où il arrive à 7 heures.

Sur une indication inexacte donnée au général par un officier supérieur de l'état-major du général commandant en chef, la division s'engage sur la route de Bitche.

A peine a-t-elle fait deux kilomètres dans cette direction, que, sur l'ordre de M. le Maréchal, elle rebrousse chemin pour prendre la route de Niederbronn à Bouxwiller et Saverne. La marche s'effectue de nuit; elle est d'autant plus pénible que les soldats, n'ayant rien mangé depuis vingt-quatre heures et ayant combattu toute la journée, sont épuisés. Cependant une partie de la division, composée de faibles portions de tous les régiments, ayant à sa tête le général Conseil-Dumesnil, effectue le chemin d'une seule traite et arrive à Saverne vers 2 heures du matin, le 7 août.

Le reste de la division, conduit par le colonel Chagrin de Saint-Hilaire, s'arrête au village de Steinbourg, pour se reposer, et ne reprend sa marche que le 7 au matin, pour arriver à Saverne entre 8 et 9 heures.

L'artillerie, qui n'a quitté Gundershoffen que tard dans la soirée du 6, n'atteint Bouxwiller que le 7, à 1 heure du matin; elle y fait une halte de deux heures et en repart, à 3 heures, pour Saverne.

---

(1) *Notes sur les opérations de la 1ʳᵉ division du 7ᵉ corps d'armée* (Douay) *depuis l'ouverture de la campagne de 1870 jusqu'à la capitulation de Sedan*, par le capitaine d'état-major Mulotte. Manuscrit de 80 pages, avec 5 croquis.

A peine arrivé à Saverne, le général Conseil-Dumesnil reçoit l'ordre de se porter immédiatement, avec ce qu'il a de troupes, sur Phalsbourg. Il se remet en route entre 10 et 11 heures du matin et parvient à Phalsbourg à 1 heure. Là, les troupes peuvent prendre quelque repos et recevoir enfin, après plusieurs jours, des distributions régulières de vivres.

Ignorant que la portion de la division, qui se trouvait avec le colonel de Saint-Hilaire, avait déjà gagné Saverne, le 7 août au matin, le général Conseil-Dumesnil n'avait pas pu lui communiquer l'ordre de continuer sa retraite jusqu'à Phalsbourg. Ces troupes reçoivent du maréchal de Mac-Mahon la mission de couvrir la retraite du 1er corps et d'arrêter l'ennemi, si celui-ci fait mine d'accélérer la poursuite. A cet effet, elles prennent position sur les collines qui se trouvent au Nord du canal de la Marne au Rhin et du village de Steinbourg, entre ce village et celui de Saint-Jean-des-Choux. Cette position domine les pays environnants et permet à des troupes forcées de l'abandonner, de se replier derrière le canal.

L'ennemi ne se montre pas.

Le 1er corps a atteint en grande partie, soit Saverne, soit Phalsbourg. Le 5e corps, de son côté, se dirige sur Sarrebourg par Puttelange, Sarre-Union et Fénétrange, en suivant la vallée de la Sarre. En conséquence, le colonel de Saint-Hilaire quitte sa position défensive pour marcher sur Phalsbourg et rejoindre le reste de la division. Il arrive dans cette ville le 8, à 3 heures du matin. Le général Conseil-Dumesnil en est déjà reparti, dès 1 heure du matin, à la suite de la division Ducrot, du 1er corps.

2e DIVISION (2e *brigade*).

7 août.

Départ à 10 h. 1/2 du matin du camp de Modenheim pour Altkirch : la 2e brigade, avec la réserve d'artillerie et les bagages, par la route de Dannemarie.

Par suite d'erreurs dans la mise en marche des diverses colonnes, la 2e brigade, la gauche en tête, suit la route d'Altkirch ; elle est suivie par la réserve d'artillerie et l'artillerie divisionnaire, ainsi que par la cavalerie et les bagages.

Pendant la route, la cavalerie reçoit l'ordre de marcher derrière la colonne. A Brunstatt, le général de division, qui marche à l'arrière de la colonne, envoie l'ordre de se couvrir à gauche par des flanqueurs, que l'on est obligé de faire rentrer par suite des difficultés du terrain.

Itinéraire. — Camp de Modenheim, pont de Riedisheim, Riedisheim, faubourg de Mulhouse, Brunstatt, Zillisheim, Illfurth, Tagolsheim, Wallheim, Altkirch. — *Pas de grande halte.*

Ordre de marche. — 89ᵉ de ligne ayant un bataillon d'avant-garde, artillerie divisionnaire, cavalerie pendant quelques kilomètres, réserve d'artillerie du 7ᵉ corps, 6ᵉ bataillon de chasseurs, bagages de la 2ᵉ division et de la cavalerie, 53ᵉ de ligne.

Campement. — En arrivant, la colonne campe dans la prairie, à l'Ouest de la ville, entre Altkirch, l'Ill, le moulin de Saint-Morand et la route de Kembs.

A la suite de nouvelles reçues par le général de division, l'ordre est donné, à 7 heures du soir, que les régiments se tiennent prêts à partir à 4 heures du matin, le lendemain. En outre, les tentes seront reployées, les sacs faits et les voitures tenues prêtes à partir.

A 9 h. 1/2 du soir, on prend les dispositions suivantes :

Le bataillon de chasseurs garnira immédiatement les vignes et les carrières au Nord d'Altkirch ;

Deux bataillons du 89ᵉ, sous les ordres du colonel, iront s'établir sur la place, devant la halle d'Altkirch ; le 3ᵉ bataillon prendra position derrière l'église avec une batterie de 4 ;

Le 53ᵉ s'installera sur le plateau où se placera l'artillerie (réserve et artillerie divisionnaire), à deux kilomètres à l'Ouest d'Altkirch, sur la route de Belfort.

DIVISION DE CAVALERIE.

7 août.

Le général commandant la 1ʳᵉ brigade, le 4ᵉ hussards partent de Mulhouse, pour Huningue, en reconnaissance.

Le général de division, le 8ᵉ lanciers partent de Mulhouse pour Altkirch.

Le 4ᵉ lanciers part de Mulhouse pour Dannemarie.

Le 8ᵉ lanciers détache du bivouac d'Altkirch un escadron en grand'-garde et envoie deux escadrons en reconnaissance sur la route de Kembs, sur un avis erroné du passage du Rhin par les Prussiens.

Les troupes réunies à Altkirch prennent une position défensive.

Journal de route du lieutenant-colonel Claret, chef d'état-major de l'artillerie du 7ᵉ corps d'armée.

7 août.

L'ordre est donné de lever le camp assis la veille sur les emplacements reconnus par l'état-major de l'artillerie. Le 7, les troupes arrivaient passer la nuit à Altkirch et même à Dannemarie, où l'on préparait les fourneaux de mine pour faire sauter le viaduc, si la nécessité venait à l'exiger, en même temps tout le matériel du chemin de fer était ramené, pour être garé sous Belfort où nous rentrions le 8

b) Organisation.

Le général Coffinières au général Doutrelaine.

Metz, 7 août.

J'ai l'honneur de vous informer que, sur la proposition du général commandant le 7ᵉ corps d'armée, le Ministre a décidé que les compagnies du 2ᵉ régiment du génie attachées à ce corps seront réparties ainsi qu'il suit :

Au quartier général, 12ᵉ compagnie de sapeurs ;
A la 1ʳᵉ division, 2ᵉ compagnie de sapeurs ;
A la 2ᵉ, 4ᵉ compagnie de sapeurs ;
A la 3ᵉ, 3ᵉ compagnie de sapeurs (1).

c) Opérations et mouvements.

L'Empereur au général Douay, à Mulhouse (D. T.).

Metz, 7 août, 5 h. 1/2 matin.

Si vous le pouvez, envoyez une division à Strasbourg pour défendre la place. Gardez les autres à Belfort.

Le général F. Douay au Major général et au maréchal de Mac-Mahon.

Mulhouse, 7 août, 9 h. 10 matin.

Je pars pour Belfort avec la division Liébert. J'y serai concentré demain matin. On me signale de nouveau la présence de l'ennemi sur les bords du Rhin. Le 4ᵉ hussards va en reconnaissance jusqu'à Huningue et sera demain à Altkirch. Je suis sans nouvelles de la division Conseil-Dumesnil, dirigée sur Haguenau, et des troupes de Lyon.

Le général Félix Douay au général Cambriel.

7 août.

Le général Cambriel partira avec le 4ᵉ régiment de hussards en reconnaissance sur Huningue (2) ; il suivra la grande route de Mulhouse, à droite du chemin de fer.

---

(1) Celle-ci non encore arrivée d'Algérie.
(2) *Au crayon* : Départ fixé à 11 heures du matin par le commandant en chef.

Il s'arrêtera d'abord au village de Bartenheim, enverra une reconnaissance sur Huningue, un ou deux escadrons à son choix ; avec les autres escadrons, il se dirigera sur Jettingen, où il sera rallié par la reconnaissance venant d'Huningue. Il reprendra alors la route d'Altkirch, avec liberté de manœuvrer pour prendre son bivouac, quand il le jugera convenable. Il arrivera à Altkirch demain.

Il fera toutes les réquisitions nécessaires pour faire vivre ses hommes et ses chevaux et il lui est recommandé, tout en faisant bien et vite, de ne pas les surmener. Si cela est possible, il rendra compte au général en chef par télégraphe.

Journée du 7 août.

GARDE IMPÉRIALE.

a) **Journaux de marche.**

Journal de marche du corps de la Garde.

La Garde va bivouaquer sur le plateau qui domine Longeville-les-Saint-Avold. Le quartier général s'installe à Longeville.

La division de cavalerie, partie de Marange à 3 heures du matin, bivouaque provisoirement à Zimming et se remet en marche vers midi pour Longeville.

Le départ de Courcelles a lieu dans l'ordre suivant :
La division Deligny, à 4 h. 1/2 du matin ;
La division Picard, à 6 h. 1/2 du matin ;
La colonne du quartier général (section du génie, parc d'artillerie, bagages du quartier général, convoi de l'administration), à 8 h. 1/2.

Le régiment du 3ᵉ grenadiers (deux bataillons) escorte la colonne du quartier général, placée sous les ordres du général Pé de Arros et rallie la 2ᵉ division après l'arrivée de la colonne à Longeville-les-Saint-Avold.

En route, le général Pé de Arros reçoit l'ordre de faire rétrograder sur Pange, par Fouligny, les arabas (1) et *impedimenta* de toute nature

---

(1) Nom qu'on donnait aux chariots du pays.

et de ne conserver que la réserve d'artillerie, le parc et la section du génie avec les grenadiers ; le parc d'artillerie rétrograde sur Courcelles-sur-Nied.

Le quartier général est établi au château de Longeville-les-Saint-Avold.

Du bivouac de Longeville-les-Saint-Avold on apercevait, en arrière de Saint-Avold et dans les bois, des nuages de poussière indiquant la présence des Prussiens.

Dans la nuit, une alerte, sans cause connue, met dans une certaine agitation le camp. L'on s'attendait à être attaqué.

Division Deligny.

7 août.

La division quitte Courcelles-Chaussy à 3 heures du matin pour se rendre à Longeville-les-Saint-Avold, point de jonction des routes de Forbach et de Boulay.

Elle a marché dans l'ordre suivant :

Avant-garde :

Peloton de cavalerie ;
Deux compagnies du 1er bataillon du 1er voltigeurs ;
25 sapeurs.
A 500 mètres en arrière :
Les quatre compagnies restant du 1er bataillon du 1er voltigeurs ;
Le restant de la compagnie du génie, avec un mulet chargé d'outils ;
Une section d'artillerie.

Colonne :

Deux bataillons du 1er voltigeurs ;
Le restant de la batterie qui a fourni la section d'avant-garde ;
La batterie de mitrailleuses ;
Trois bataillons du 1er voltigeurs ;
2e voltigeurs ;
Six caissons légers, à munitions d'infanterie ;
La 2e batterie de canons de 4 ;
Section légère d'ambulance ;
2e brigade, moins le 1er bataillon du 4e voltigeurs ;
Huit caissons légers, à munitions d'infanterie ;
Réserve d'artillerie ;
Trésor et postes ;
Équipages régimentaires.

Arrière-garde :

Un bataillon du 4e voltigeurs.

Le bivouac a été établi, à 11 heures du matin, en arrière de Longeville. Les batteries d'artillerie, avec deux bataillons du 4e voltigeurs ont campé sur le plateau qui commande le défilé de Boucheporn.

2e BRIGADE (GARNIER).
7 août.

La division quitte Courcelles pour se porter en avant; elle arrive à 11 heures du matin près de Longeville-les-Saint-Avold. Les troupes sont installées provisoirement; la 2e brigade occupe les hauteurs comprises dans l'angle formé par les routes de Longeville à Metz et à Faulquemont. Il nous arrive, dans l'après-midi, des nouvelles, vraies cette fois, du 1er et du 2e corps. Le soir, on aperçoit dans la direction de Carling des feux de bivouacs, qui, d'après le dire d'habitants du pays, sont des feux prussiens.

Les troupes bivouaquent sur les mêmes emplacements que pendant le jour, avec l'ordre de se tenir prêtes à partir au premier signal. Les bagages reprennent la route de Metz et sont dirigés sur Pange.

DIVISION PICARD.

La division quitte son bivouac à 6 h. 1/2 du matin et arrive à Longeville-Auberge vers 1 heure. Elle est établie en arrière du gros village de Longeville, sur deux croupes qui dominent ce village; la 1re brigade, avec l'artillerie, sur la plus basse et plus rapprochée, prolongeant la position de la division de voltigeurs, qui est à cheval sur la grand'route et dont la vieille route nous sépare, la 2e brigade en arrière sur la plus élevée. On se garde militairement, on s'éclaire surtout du côté de Boucheporn; on ne dresse pas les tentes. On donne l'ordre de renvoyer tout le convoi sur la route de Pange et de faire filer tous les *impedimenta*. On s'attend à être attaqué; aucune attaque n'a eu lieu et on en est quitte pour une fausse alerte dans la nuit.

2e BRIGADE (LE POITEVIN DE LA CROIX).

La brigade débouche sur le pont du village (de Courcelles-Chaussy) à 7 h. 40, suivant l'artillerie divisionnaire et le train d'artillerie et prend la route de Saint-Avold pour aller à Longeville, village à 5 kilomètres de Saint-Avold, où elle doit recevoir de nouveaux ordres.

Bionville, fort village sur la Nied allemande, à 6 kilomètres de Courcelles.

9 heures : Raville, sur la Nied;
9 h. 12 : Fouligny, sur la Nied;

10 h. 20 : Marange, commencement d'une pente assez raide;
10 h. 55 : point culminant;
12 heures : la brigade débouche sur un plateau qui domine Longeville.

Ordre donné de faire filer en arrière le parc d'artillerie, toutes les voitures de réquisition, les voitures de bagages régimentaires, excédant le strict nécessaire, jusqu'à Fouligny. Chacun des généraux divisionnaires doit conserver ses bœufs, ses ambulances, caissons légers et faire les distributions pour trois jours. On s'attend à partir vers 6 heures du soir.

Aucun ordre n'étant arrivé, le général fait placer un bataillon de grand'garde au point (sic) de gauche qui forme comme un bastion avancé et détache des petits postes et sentinelles doubles sur la route en avant et sur la lisière des bois. Le 2ᵉ grenadiers envoie une compagnie de grand'garde en avant, entre elle et le bataillon du 3ᵉ.

A 10 du soir, le général de division donne l'ordre de se mettre en route le lendemain à 3 h. 3/4, la brigade formant tête de colonne.

Ordre de marche. — Compagnie du génie, 3ᵉ grenadiers, artillerie divisionnaire, 2ᵉ grenadiers.

Toutes les troupes bivouaquent la nuit sur le plateau.

Division de cavalerie Desvaux.

La Garde va bivouaquer sur le plateau qui domine Longeville-les-Saint-Avold. Le quartier général s'installe à Longeville.

La division de cavalerie, partie de Marange à 3 heures du matin, bivouaque provisoirement à Zimming et se remet en marche vers midi pour Longeville.

Le départ de Courcelles a lieu dans l'ordre suivant :

La division Deligny, à 4 heures 1/2 du matin.

La division Picard, à 6 heures 1/2 du matin.

La colonne du quartier général (section du génie, quartier général, batterie de réserve, parc du génie, parc d'artillerie, bagages du quartier général, convoi de l'administration) à 8 heures 1/2.

Le régiment du 3ᵉ grenadiers (2 bataillons), escorte la colonne du quartier général placée sous les ordres du général Pé de Arros et rallie la 2ᵉ division après l'arrivée de la colonne à Longeville-les-Saint-Avold.

En route, le général Pé de Arros reçoit l'ordre de faire rétrograder sur Pange par Fouligny, les arabas et *impedimenta* de toute nature et de ne conserver que la réserve d'artillerie, le parc et la section du génie avec les grenadiers; le parc d'artillerie rétrograde sur Courcelles-sur-Nied.

Le quartier général est établi au château de Longeville-les-Saint-Avold.

Du bivouac de Longeville-les-Saint-Avold on apercevait, en arrière de Saint-Avold et dans les bois, des nuages de poussière indiquant la présence des Prussiens.

Dans la nuit, une alerte, sans cause connue, met dans une certaine agitation le camp ; l'on s'attendait à être attaqué.

c) **Opérations et mouvements.**

Le Major général au Colonel commandant la place de Thionville.

Metz, 7 août, 4 h. 1/2 matin.

Faites rétrograder sur-le-champ le bataillon de chasseurs à pied de la Garde sur la place de Metz, par voie ferrée.

Le Commandant de place au Major général.

Thionville, 7 août, 7 h. 25 matin.

Le bataillon de chasseurs à pied de la Garde impériale partira ce matin, à 9 heures, par le chemin de fer pour Metz.

Le général Bourbaki au chef d'escadron d'état-major Leperche (1).

7 août.

A l'arrivée des troupes, dites que l'on mange, que l'on dorme et que l'on prévienne les soldats qu'ils ne s'absentent pas, parce que l'on fera un petit mouvement très probablement dans la journée ou dans la soirée.

Le général Bourbaki au général Picard.

Longeville-les-Saint-Avold, 7 août.

Ordre.

La division Picard s'établira à gauche de la vieille route allant de Longeville-Auberge à Longeville-les-Saint-Avold, à mi-côte dans un champ de trèfles, sa gauche se prolongeant vers Boucheporn, aussi loin que ce sera nécessaire pour que la division soit établie convenablement ; la droite à hauteur de la brigade Brincourt.

---

(1) Aide de camp du général Bourbaki.

Le convoi restera sur le plateau en s'approchant le plus possible des bivouacs de la division. Ce convoi sera installé sur la gauche de la route et laissera le côté droit entièrement libre pour le convoi de la division Deligny. Aucune voiture ne stationnera sur la route.

On emploiera le temps de la grand'halte à faire des distributions.

Les troupes seront alignées, autant que possible, en vivres de campagne et pain ou biscuit jusqu'au 11 inclus et en avoine jusqu'au 9.

Le général d'Auvergne (1) *au général Desvaux.*

7 août, 11 3/4 matin.

Les deux divisions d'infanterie de la Garde et le quartier général de la Garde seront établis à Longeville. La division Deligny s'y trouve déjà. La division Picard ne saurait tarder d'y arriver.

Le général Desvaux au général Bourbaki.

Entre Zimming et Boucheporn, 7 août.

L'officier envoyé à Boulay me rapporte la lettre ci-jointe du général commandant le 4ᵉ corps d'armée (2). Il en résulte que demain la division n'aura plus aucune troupe sur sa gauche. En avant de moi et à ma gauche le pays a des vallées très boisées et je crois qu'un bataillon d'infanterie me serait très utile pour la sécurité de nos bivouacs pendant la nuit.

J'ai eu l'honneur de vous envoyer ce matin une lettre pour vous faire savoir que, conformément à votre dépêche n° 26 et le billet de votre aide de camp du même jour, j'étais dans le voisinage de Zimming, où je devais recevoir des ordres. Si je dois coucher dans cette position, je ferai venir mes bagages, laissés à Marange.

Le général de Ladmirault au général Desvaux.

Boulay, 7 août.

Les divisions de mon corps d'armée avaient effectivement reçu l'ordre de se porter vers Saint-Avold; le maréchal Bazaine m'avait donné ses instructions à cet effet. Postérieurement à sa dépêche, j'ai reçu directement de l'Empereur une dépêche, signée Napoléon, qui me prescrivait

---

(1) Chef d'état-major général de la Garde.
(2) Voir la pièce suivante.

de rallier mes trois divisions et de me diriger sur Metz. Aujourd'hui, 7 août, mes trois divisions seront en position à Boulay; demain, 8 août, elles seront assez rapprochées de Metz, et, le 9 août, elles seront sous les murs de cette place, pour y attendre de nouveaux ordres. Ainsi, en faisant face à la Sarre, Saint-Avold n'aura aucune troupe sur sa gauche. Tels sont les renseignements que je puis vous donner en ce qui me concerne.

Ordre de mouvement pour le 8 août.

Demain, 8 août, les généraux commandant les divisions feront battre la diane à 2 heures.

La cavalerie se mettra en route à 3 heures du matin et se dirigera sur Courcelles-Chaussy, sur la rive gauche de la Nied française.

Le général Desvaux s'éclairera, pendant la marche, sur son front et sur son flanc droit; il recommandera aux cavaliers de ne pas entrer dans les bois, mais de les contourner en cherchant à apercevoir s'il n'y a personne. La colonne de cavalerie sera suivie de ses bagages; le général y laissera l'arrière-garde qui lui paraîtra nécessaire.

La section du génie, du quartier général, et le parc du génie viendront ensuite.

L'infanterie suivra.

La division Picard se mettra en route à 3 h. 3/4; elle suivra la même route.

La section du génie de la 2ᵉ division;
Un régiment de la 2ᵉ division;
Une batterie d'artillerie divisionnaire;
Un régiment;
Deux batteries d'artillerie divisionnaire;
Un régiment;
La réserve de munitions d'infanterie;
Les réserves des trois batteries;
Les bagages des officiers;
Un régiment;
Les bagages du quartier général.

La division Deligny se mettra en route à 4 h. 1/2; elle suivra la même route.

La division Deligny :
La compagnie du génie;
Deux régiments d'infanterie;
Deux batteries d'artillerie;
Un régiment;

Une batterie d'artillerie ;
Les quatre batteries de réserve ;
Les parcs divisionnaires ;
Les bagages des officiers ;
Un régiment d'arrière-garde.

Les ambulances marcheront à la tête des bagages de chaque division.

Un régiment de cavalerie sera mis à la disposition du général Deligny pour flanquer sa colonne sur la droite et faire l'extrême arrière-garde.

Chaque division d'infanterie marchera par section à distance entière, de manière à pouvoir s'établir en bataille le cas échéant.

Une compagnie par bataillon marchera sur le flanc droit de la colonne, de manière à pouvoir, selon l'occurrence, servir immédiatement de tirailleurs ou de flanqueurs.

Le général Desvaux fera flanquer la colonne des grenadiers, à droite, par quelques hommes d'un régiment de cavalerie légère. Ces flanqueurs seront en très petit nombre, 12 ou 15 suffisent ; ils seront à 1200 ou 1500 mètres, de manière à pouvoir avertir de tout ce qu'ils verraient.

Si l'on était attaqué, le général Desvaux se porterait tout de suite sur un terrain propre à la charge et en échelons derrière l'infanterie, qui se serait formée en bataille.

Chaque général de division aura soin de faire sortir un régiment entier de sa colonne et de le mettre en arrière de sa ligne de bataille, de manière à former une deuxième ligne, qui servira de réserve.

Les voitures marcheront sur deux de front ; en cas d'attaque, les conducteurs tourneraient leurs chevaux nez à nez et offriraient le fond des voitures à l'ennemi.

Aussitôt que possible, on gagnerait un point favorable pour livrer le combat qui s'offrirait.

Ordre à la 1re division d'infanterie.

Longeville-les-Saint-Avold, 7 août, 4 h. 1/4.

Le parc d'artillerie, toutes les voitures de réquisition, les voitures de bagages régimentaires excédant le strict nécessaire, partiront ce soir à 4 heures et reprendront la route suivie aujourd'hui jusqu'au village de Fouligny. De là, ce convoi se dirigera sur Pange, où des ordres seront donnés pour la continuation du mouvement.

S'il n'était adressé aucun ordre avant demain, à 10 heures du matin, le convoi se remettrait en route sur-le-champ et se dirigerait sur Metz. Le train des équipages suivra, bien entendu, ce mouvement. Chacun des généraux divisionnaires conservera ses bœufs, ses ambulances, ses caissons légers de munitions d'infanterie et fera faire les distributions utiles, de façon que ses troupes reçoivent les vivres pour trois jours, car nous ne sommes pas sûrs d'en faire de nouvelles avant ce laps de temps. On s'assurera, dans l'infanterie, que les hommes ont cinq à six paquets de cartouches dans leur poche à cartouches.

Les généraux de division auront soin de faire filer les bagages deux heures avant le départ des troupes.

On mettra en route, en même temps, tous ceux des hommes qui paraîtront fatigués. Les chevaux de main suivront la même route que le convoi dont il vient d'être question.

Même ordre à la 2e division d'infanterie et à la division de cavalerie.

Note pour la 1re division d'infanterie (du général commandant cette division).

Longeville, 7 août.

Demain 8 août, réveil à 2 heures, on abattra les tentes à la sonnerie du boute-charge, et les officiers d'état-major de la division feront prendre l'ordre de marche.

On recommande aux généraux de brigade de se garder pendant la nuit, comme si c'était en face de l'ennemi.

Les grand'gardes n'auront pas de tentes et les feux de bivouacs seront éteints.

P.-S. — Prière au colonel des voltigeurs d'indiquer au capitaine du génie le mouvement.

Du général Desvaux. — Ordre de la division (n° 18).

Bivouac de Longeville, 7 août.

Les voitures de réquisition partiront ce soir, à 4 heures, et reprendront la route suivie aujourd'hui, jusqu'au village de Fouligny ; de là, ce convoi se dirigera sur Pange, où des ordres seront donnés pour la continuation du mouvement.

S'il n'était adressé aucun ordre avant demain, à 10 heures du matin, ce convoi se remettrait en route sur-le-champ et se dirigerait sur Metz ; le train des équipages suivra ce mouvement.

La division conservera ses bœufs et son ambulance ; des distributions seront faites pour que les troupes soient alignées en vivres de toute sorte jusqu'au 10 inclus. Les hommes à pied et les voitures qui portent leurs bagages marcheront avec le train des équipages militaires.

Du général Desvaux. — Ordre de la division (n° 19).

Bivouac de Longeville, 7 août.

Le régiment de chasseurs sera détaché à la division Deligny ; le colonel se mettra ce soir en rapport avec le général commandant cette division, pour prendre ses ordres.

Un peloton de 30 guides sera mis à la disposition du général Picard ; le chef de peloton ira prendre les ordres de ce général.

Demain, 8, réveil à 2 heures. Boute-selle et boute-charge de manière à rompre comme il suit :

Les guides à 2 h. 1/2 ;
La grosse cavalerie à 2 h. 3/4 ;
La 2e brigade à 3 h. 1/4.

On se dirigera sur Courcelles-Chaussy, sur la rive gauche de la Nied française. Le colonel des guides éclairera en avant et sur le flanc droit de son régiment. Les éclaireurs ne pénétreront pas dans les bois ; ils devront les tourner en cherchant à apercevoir s'il n'y a pas quelqu'un.

L'arrière-garde de la 2e brigade et le flanquement à droite de cette brigade et de celle de la grosse cavalerie seront faits par un escadron de dragons. Les flanqueurs seront à longue distance les uns des autres et, en moyenne, à 700 ou 800 mètres du flanc droit de la colonne.

L'ambulance de la division marchera à la gauche des régiments, entre l'arrière-garde et le dernier régiment.

Une batterie à cheval marchera entre le régiment des guides et la grosse cavalerie. L'autre batterie marchera entre les lanciers et les dragons.

Le général Bourbaki au général Pé de Arros.

7 août.

Je vous prie d'exécuter sur-le-champ le mouvement que je vous ai fait pressentir par une lettre écrite en mon nom par mon aide de camp.

En conséquence, vous prendrez dès à présent, les mesures nécessaires pour que les arabas et *impedimenta* de toute nature, dont se compose la colonne que vous commandez, se dirigent par Fouligny sur le village de Pange.

La réserve d'artillerie, le parc et la section du génie, les deux bataillons de grenadiers qui vous ont accompagné, votre état-major et celui du génie doivent seuls venir me rejoindre au bivouac dans le voisinage de Longeville-Auberge.

Le colonel de Vassoigne (1) prendra le commandement du convoi. Il s'arrêtera à Pange. S'il n'y avait pas d'ordres donnés, demain matin avant 10 heures, le convoi continuerait sa route sur Metz.

Il sera perçu des vivres pour toute la durée de la route. Des achats ou réquisitions de toute nature seront faits en cas de besoin.

P.-S. — Veuillez prévenir le général de Villers.

Journée du 7 août.

RÉSERVE DE CAVALERIE.

a) Journaux de marche.

Division du Barail.

Jusqu'au 7, les régiments complètent leur outillage et s'occupent de remettre leurs chevaux en bon état. Ceux du 2ᵉ chasseurs d'Afrique sont fatigués encore de leur récente expédition dans le sud de la province d'Oran et auraient besoin de quelques jours de repos et d'une nourriture abondante.

Quelques hommes, appartenant à la garde nationale mobile, accompagnent la division et y remplissent des emplois de secrétaires, ordonnances, conducteurs de voitures, etc.

Par suite de l'échec éprouvé le 6 août par le 1ᵉʳ corps, la division reçoit l'ordre de se rendre à Saint-Mihiel, en faisant étape à Nancy et à Bernecourt. Elle se met immédiatement en route et arrive le soir même à Nancy.

Division de Bonnemains.

A 4 heures du matin, la division occupait, à Saverne, le bivouac qu'elle avait quitté le 4 au soir.

Les batteries d'artillerie, attachées à la division, avaient perdu cinq

---

(1) Directeur du parc.

mitrailleuses et une pièce de 4 sur les 12 pièces. Ces six pièces ne furent jamais remplacées.

A 6 h. 1/2 du soir, la division quitte son bivouac et prend la route de Phalsbourg, elle marche derrière une division d'infanterie. Cette marche de nuit est des plus pénibles.

Division de Forton.

La division prend position à Marienthal en s'éclairant du côté des villages de Guenwiller et de Seingbouse, qu'elle fait reconnaître ; elle rentre le même jour au bivouac de Folschwiller (1).

c) Opérations et mouvements.

Le Major général au général du Barail, à Lunéville (D. T.)

Metz, 7 août, 9 h. 10 matin.

Partez aujourd'hui pour Saint-Mihiel avec votre division. Vous devrez arriver, ce soir, à Nancy, demain à Bernecourt et après-demain, à Saint-Mihiel.

Ordre de la 1re division de réserve de cavalerie.

Lunéville, 7 août.

La 1re division de réserve de cavalerie et les 5e et 6e batteries du 19e régiment d'artillerie à cheval partiront aujourd'hui, à 1 heure de l'après-midi, pour aller coucher à Nancy.

Un peloton de la 1re brigade accompagnera le général de division et sera rendu à 1 h. 1/2 devant l'hôtel des Vosges.

On emportera l'orge pour le repas des chevaux de ce soir et de demain matin.

---

(1) Les 7e et 8e batteries du 20e d'artillerie, destinées à la division de Forton, débarquent le 7 août à Metz.

Journée du 7 août.

RÉSERVE GÉNÉRALE D'ARTILLERIE.

c) Opérations et mouvements.

Le Major général au général Canu, à Nancy (D. T.).

Dimanche, 7 août, 7 h. 10 matin.

A la réception de cette dépêche le général Canu, commandant la réserve, fera mettre en marche, par les voies de terre, quatre batteries de 12 montées. Le lieutenant-colonel du régiment marchera avec ces quatre batteries.

Les batteries feront aujourd'hui la première étape, pour arriver demain, à Metz, le plus tôt possible.

Le général Canu au Major général, à Metz.

Nancy, 7 août, 12 h. 57 soir.

Les quatre batteries de 12 du 13ᵉ régiment sont parties et seront, ce soir, à Pont-à-Mousson, à 6 heures.

Le Major général au général Canu, à Nancy (D. T.).

7 août.

Tenez vous prêt à partir, après-demain matin, 9 août, avec toutes les batteries qui vous restent pour vous rendre, par la voie de terre et en une seule colonne, à Châlons.

Le Major général au Général commandant l'artillerie.

(Dépêche portée), 7 août.

J'ai l'honneur de vous prier de donner immédiatement des ordres pour que l'équipage de pont de réserve de l'armée soit dirigé de Toul sur Châlons par le canal de la Marne au Rhin, sous la conduite de ses pontonniers. Quant aux 12 batteries de la réserve d'artillerie encore à Nancy, elles y resteront en attendant des ordres

L'équipage de pont du 3ᵉ corps resté à Metz et ses attelages deviendront disponibles.

P.-S. — Il est indispensable que ce mouvement commence dès aujourd'hui et s'accomplisse dans le plus bref délai possible.

Le général Soleille au général Mitrecé, à Toul (D. T.).

7 août.

Faites diriger sur Châlons, par les voies fluviales les plus courtes, l'équipage de pont de réserve qui se trouve à Toul et, par les voies ferrées, le matériel de l'armée qui pourrait s'y trouver.

Le même au même (D. T.).

Metz, 7 août (n° 190).

Par suite de la concentration qui va avoir lieu à Châlons, par ordre de l'Empereur, évacuez sur Châlons tout ce que vous avez à Toul appartenant au grand parc. Vous irez vous-même vous établir de votre personne à Châlons ; vos dépôts devront être établis sur la rive gauche de la Marne.

Le général Soleille au Général Susane (D. T.).

Metz, 7 août (n° 189).

Par suite de la décision que vient de prendre l'Empereur de concentrer l'armée à Châlons, n'envoyez plus rien à Toul et dirigez sur Châlons tous les approvisionnements nécessaires au réapprovisionnement de l'armée.

RENSEIGNEMENTS

Rapport du lieutenant de gendarmerie (6ᵉ légion. — Compagnie du Haut-Rhin. — Arrondissement de Saint-Louis) au Ministre.

7 août.

..... La nuit dernière, entre minuit et 1 heure du matin, on a remarqué, de Saint-Louis, des feux allumés sur un coteau situé à trois kilomètres et en face de Huningue ; en même temps, j'ai entendu, de minute en minute, une petite détonation qui semblait faire l'effet de petits pétards.

Renseignements pris à Bâle et à Huningue, il paraît que des troupes allemandes, en nombre inconnu, sont arrivées hier soir à Lörrach (Bade) et sont campées entre cette ville et le Rhin. On présume que c'est une fraction de troupe envoyée en éclaireurs par l'armée allemande, réunie derrière la Forêt-Noire.

Hier on a fait courir à Bâle le bruit que, la nuit dernière, un pont serait jeté sur le Rhin, sans préciser l'endroit, pour effectuer le passage des troupes allemandes. Ceci n'est pas confirmé. Cependant les Suisses ont augmenté leurs postes sur la frontière badoise.

Ce matin, j'ai suivi le Rhin de Huningue à Kembs (14 kilomètres), et, arrivé dans cette commune, j'ai appris par la douane et le brigadier de gendarmerie d'Ottmarsheim que ce matin, à 2 heures, un train badois, venant du côté de Fribourg, avait amené environ 500 hommes de troupes allemandes à Rheinweiler, situé à deux kilomètres du Rhin et en face de Niffer ; le train est reparti de suite du côté de Fribourg.

Le Vice-Consul de France, à Bâle, au Ministre des affaires étrangères.

Bâle, 7 août.

On est en train de miner le grand pont de Bâle, ce travail doit être terminé demain lundi ; des feux de signaux (tonneaux de goudron montés sur de hautes perches) sont placés sur tous les points élevés qui dominent la ville. La garnison suisse est aujourd'hui de 5,000 hommes.

Des personnes arrivant de Rheinweiler (rive droite) me déclarent, (ce que je savais déjà depuis le retour d'un émissaire), que toute la ligne du bord du Rhin est pleine de Würtembergeois et Badois.

X... à Samuel, chef d'escadron, à Metz.

Huningue, 7 août, 2 h. 40 soir.

80,000 à 100,000 hommes doivent entrer en France, on croit, entre Mulhouse et Huningue.

Le Sous-Préfet de Schlestadt au Major général.

Schlestadt, 7 août.

Une démonstration nouvelle a eu lieu cette nuit à Lörrach ; ce matin des troupes ennemies ont fait un à droite, elles paraissent remonter vers la Kinzig.

Le Sous-Préfet de Saverne au Major général, à Metz (D. T.).

Saverne, 7 août, 7 h. 5 soir.

Le maire Marckolsheim télégraphie : Prussiens arrivés au Sponeck, nombre inconnu, se promenant en nombre sur la rive badoise; nouvelle apportée par un brigadier de la rive badoise.

Le Sous-Préfet de Schlestadt au Major général, à Metz (D. T.).

Schlestadt, 7 août, 7 h. 5 soir.

J'ai vu un individu de Marckolsheim qui doit aller demain voir M. Jung, capitaine d'état-major, qui arrivera ce soir à Strasbourg. On dit qu'une armée remontant jusqu'à Kehl, venant de Francfort, passerait derrière la Forêt-Noire et pourrait débarquer cette nuit par le Sponeck, Rhinau, Schœnau et Obenheim. Dans mon arrondissement, la surveillance est établie.

Le même au même (D. T.).

Schlestadt, 7 août, 9 h. 50 soir. Expédiée à 10 h. 5.

Je reçois de Marckolsheim la dépêche suivante : Les Prussiens débarquent au Limbourg ; armée entre Limbourg et Sponeck. Ce sera probablement le dernier télégramme, la place de Schlestadt est fermée mais nos moyens de défense sont bien faibles : nous ferons notre devoir.

Le même au même (D. T.).

Schlestadt, 7 août, 11 h. 11 soir. Expédiée à 11 h. 50.

Je reçois, du maire Sundhausen, la dépêche suivante : Clochers, rivages riverains illuminés par lumière électrique.

Le même au même (D. T.).

Schlestadt, 7 août, 11 heures soir. Expédiée le 8 août à 4 h. 20 matin.

Une armée passe le Rhin à hauteur du Limbourg. Dans toute la longueur du fleuve, les rives sont éclairées par la lumière électrique placée sur les hauteurs et dans toute la longueur de mon arrondissement, depuis Marckolsheim jusqu'à Daubensand, éclairant ainsi la route.

La journée du 8 août en Lorraine.

GRAND QUARTIER GÉNÉRAL.

a) Journaux de marche.

Journal de marche de l'armée du Rhin.

Le 1ᵉʳ corps se porte à Sarrebourg.
Le 5ᵉ rejoint le 1ᵉʳ à Sarrebourg.
Le 2ᵉ corps, se repliant sur Metz, se porte à Gros-Tenquin.
Le 3ᵉ opère son mouvement de retraite dans la direction de Courcelles-Chaussy, de manière à couvrir la marche du 2ᵉ.
Le 4ᵉ se retire vers Glattigny.
La 1ʳᵉ division (de Cissey) quitte ses positions en avant de Boulay et va camper sur les pentes qui dominent le village des Étangs.
La 2ᵉ (Grenier) est détachée auprès du 3ᵉ corps d'armée.
La 3ᵉ (Lorencez) se porte d'Helstroff à Pont-à-Chaussy, sur la rive gauche de la Nied.
La Garde impériale se porte à Maizery et Colligny.
La division du 6ᵉ corps, qui avait été envoyée à Nancy, rejoint les autres divisions à Châlons.
Le 7ᵉ corps reste à Belfort.
La 1ʳᵉ division de la réserve de cavalerie fait étape à Bernécourt. La 2ᵉ division se porte à Sarrebourg (1). La 3ᵉ division à Pont-à-Mousson (2).

c) Opérations et mouvements.

L'Empereur au Ministre de la guerre (D. T. Ch.).

Metz, 8 août, 10 h. 35 matin. Expédiée le 8 à 11 h. 30 matin (n° 21585).

Faire des efforts surhumains pour envoyer du biscuit à Metz pendant

---

(1) En réalité à Blâmont.
(2) En réalité à Solgne et Luppy.

trois jours. Je désire que le corps d'armée du maréchal Canrobert soit rappelé à Paris, et que les neuf bataillons de la Garde nationale mobile soient envoyés à Verdun.

NAPOLÉON.

En marge, au crayon : Faire tout le possible pour Metz ; l'armée s'y concentre et Châlons se dégage.

L'Empereur au Ministre de la guerre (D. T.).

Metz, 8 août, 1 heure soir. Expédiée le 8 août à 1 h. 50 soir (n° 21668).

L'ennemi ne paraît pas avoir fait de mouvements.
Notre armée se concentre.

Le Major général au général de Failly, au maréchal de Mac-Mahon et au commandant Vanson (1), *à Sarrebourg* (D. T.).

Metz, 8 août, 7 h. 30 soir.

Oui, prenez les mesures nécessaires pour diriger sur Toul tous les éclopés qui sont à Sarrebourg (2). Pendant qu'ils s'y reposeront, on les réarmera (3).

Que la retraite soit continuée par le maréchal de Mac-Mahon et par le général de Failly dans la direction qui est suivie en ce moment ; mais les troupes des deux corps Mac-Mahon et de Failly ne devront pas dépasser Nancy, sans ordre de l'Empereur.

---

(1) Le commandant Vanson, du grand quartier général, envoyé par le Major général en mission auprès du maréchal de Mac-Mahon.

(2) Dans un télégramme daté de Sarrebourg, 8 août, 5 h. 5 du soir, le commandant Vanson rendait compte du désir du maréchal de Mac-Mahon d'expédier sur le camp de Châlons 3,000 ou 4,000 éclopés.

(3) Par télégramme du 8 août, 8 heures du soir, le Major général chargeait le Ministre de la guerre de ce soin.

Journée du 8 août.

1er CORPS.

a) Journaux de marche.

Journal de marche du 1er corps d'armée.

Le 8, à 6 heures du matin, tout le 1er corps arrive à Sarrebourg et va bivouaquer en avant de la ville; les 1re et 3e divisions, sur la rive droite de la Sarre; les 2e et 4e divisions et la division Conseil-Dumesnil sur la rive gauche; la cavalerie s'installe sur les bords de la Sarre, entre la rivière et le chemin de fer. La division de cavalerie Bonnemains et la division de cavalerie Duhesme, sauf la brigade Septeuil, vont encore coucher le même jour à Blâmont.

Des distributions régulières de vivres (viande et pain) et de fourrages sont faites aux troupes au moyen de réquisitions.

Dans la journée arrive le 5e corps, qui s'est retiré de Bitche sur Sarrebourg après la bataille de Frœschwiller. Il va prendre position sur la rive gauche de la Sarre, au Nord de Sarrebourg, où se trouvait déjà la division Guyot de Lespart, du même corps.

Une partie des troupes du 1er corps, arrêtée la nuit à Phalsbourg, où le passage de l'artillerie de réserve avait occasionné un encombrement, a bivouaqué sous les murs de cette place et n'arrive à Sarrebourg que dans la journée du 8. Celles des troupes qui, à partir de Niederbronn, avaient pris les directions de Bitche et de la Petite-Pierre, rejoignent également à Sarrebourg la division de cuirassiers de Bonnemains.

La désorganisation du 1er corps est telle qu'il n'est pas possible de compter sur lui en cas d'une nouvelle rencontre de l'ennemi, avant qu'il n'ait été pourvu aux vacances existant dans les cadres et que les hommes n'aient pu être munis des effets de campement de première nécessité, qu'ils ont perdus le 6 août. Le Maréchal décide en conséquence qu'on continuerait la retraite sur *Châlons (camp de Châlons)*, où se trouvent de nombreux approvisionnements de toutes sortes et où les renforts pourront être amenés facilement par les chemins de fer, pour recompléter les effectifs.

Cette marche s'opérera en appuyant vers le Sud, pour éviter le trouble que jetterait, dans les troupes désorganisées, l'apparition de l'ennemi.

Souvenirs inédits du maréchal de Mac-Mahon.

Le 8, à 6 heures du matin, tout le corps était réuni à Sarrebourg, où il s'établit au bivouac. Les divisions Duhesme et Bonnemains gagnèrent Blâmont.

Dans la journée, je fus rejoint par le 5ᵉ corps et par quelques détachements qui, sous la direction du général Ducrot, avaient pris, après avoir quitté Niederbronn, la route de la Petite-Pierre.

Le général de Failly, en apprenant la perte de la bataille de Frœschwiller, s'était mis en marche pour rejoindre le 1ᵉʳ corps. Il ne laissa à Sarreguemines que la brigade Lapasset, qui ne put le rejoindre, et se dirigea sur Metz.

Dans la soirée, je reçus une dépêche de l'Empereur, disant que, désormais, le général de Failly recevrait directement les ordres du quartier général et qu'il eût à se diriger sur Châlons.

Le même jour, un aide de camp de l'Empereur apporta l'ordre aux 1ᵉʳ et 5ᵉ corps de continuer leur mouvement sur Châlons, mais de ne pas dépasser Nancy, sans de nouvelles instructions.

Cet officier avait amené avec lui un nombre de trains suffisant pour ramener tous les indisponibles de ces deux corps. Ils furent dirigés sur le camp de Châlons. J'envoyai avec eux un de mes officiers pour les y installer.

1ʳᵉ DIVISION (DUCROT).

1ʳᵉ brigade (WOLFF).

Notes du général Wolff. – Arrivée de ma brigade à Sarrebourg.

J'arrivai à Sarrebourg dans la matinée, et j'y trouvai mon divisionnaire, le général Ducrot, que je n'avais pas revu depuis que je l'avais rencontré dans le Gross-Wald, et qui s'était dirigé sur la Petite-Pierre, au lieu d'aller à Saverne.

Ma brigade, réunie à ce moment à l'autre brigade de la division, fit successivement étape :

Le 9 août à Domèvre ;
Le 10 août à Lunéville, où elle fut assaillie par une pluie battante, toute la journée et toute la nuit ;
Le 11 août à Haussonville ;
Le 12 août à Neuviller-sur-Moselle ;
Le 13 août à Vendeléville ;
Le 14 août à Neufchâteau.

3ᵉ DIVISION (L'HÉRILLER).

Départ de Phalsbourg à midi et arrivée à Sarrebourg à 6 heures du soir. La division prend immédiatement position parallèlement et en avant du chemin de fer, à gauche de la ville. On s'attend à une attaque de l'ennemi, et les précautions sont prises en conséquence.

Les hommes sont fatigués, harassés. Ils viennent de livrer une grande bataille, de faire une retraite longue et rapide, sans prendre pour ainsi dire un instant de repos, souvent sans nourriture. Ils n'ont plus ni tentes, ni havresacs, et, par surcroît de malheur, le temps est affreux.

Au départ de Phalsbourg, nous sommes assaillis par un orage épouvantable. C'était le prélude de pluies torrentielles que nous n'avons cessé de recevoir chaque jour pendant notre longue retraite sur Châlons.

c) Opérations et mouvements.

Le Major général au maréchal de Mac-Mahon.

Metz, 8 août, 2 h. 1/2 matin.

Failly est à la Petite-Pierre avec la division Goze complète, une brigade de la division l'Abadie, onze batteries, onze escadrons de cavalerie et 3,000 de vos soldats qui se sont ralliés au fort.

Il va partir, à 4 heures du matin, pour Phalsbourg, avec l'intention de prendre position entre Phalsbourg et Lützelbourg. On lui annonce la présence de l'ennemi en force à Ingwiller, avec ses avant-postes à six kilomètres de lui.

Je fais connaître à Failly que vous êtes à Phalsbourg.

L'ennemi passe le Rhin, en force, au-dessus de Schlestadt.

Le maréchal de Mac-Mahon au Major général (D. T.).

Sarrebourg, 8 août, 5 h. 45 matin. Expédiée à 9 h. 35.

Je n'ai pas mon chiffre ; il se trouve dans une malle séparée de nous momentanément. Ne puis traduire les termes suivants de votre dépêche du 7 août, à 9 heures du matin : 1508 0529 0203 9627 5606 1806 2719 2002 6803 (1).

Écrivez-les avec le chiffre du ministre de l'intérieur, qui se trouve chez M. le sous-préfet de Sarrebourg, et envoyez-les-moi le plus tôt possible.

---

(1) Traduction : *Avec vos troupes sur le camp de Châlons.*

Le Major général au maréchal de Mac-Mahon, à Sarrebourg.

Metz, 8 août, 10 h. 1/2 matin.

Je répondrai à la dépêche de ce matin en vous faisant expliquer, par un officier, les instructions que vous n'avez pu déchiffrer; continuez votre mouvement sur Nancy.

Le Maréchal de Mac-Mahon au Major général, à Metz.

Sarrebourg, 8 août, 11 h. 15 matin.

Nous avons consommé la plus grande partie des munitions d'artillerie et des cartouches d'infanterie à la bataille du 6. Nous n'avons jamais reçu de parc de campagne et sommes, par suite, dans une situation fâcheuse. Je demande qu'il nous soit envoyé 42 caissons de 4 rayés de campagne et 10 caissons de cartouches modèle 1866; toutes ces voitures devraient être attelées au moins de deux chevaux, être embarquées aujourd'hui, au plus tard à 6 heures du soir, et se diriger vers Blâmont, où je serai demain. Dans le cas où cette mesure ne serait pas applicable, envoyez-moi la moitié de ce que je vous demande en caissons de 4 et les 10 caissons de cartouches; enfin des marmites, dont les deux tiers de mes hommes manquent (1).

Ravitaillement en munitions.

Le général Soleille au général Forgeot, à Sarrebourg (D. T.).

Metz, 8 août, 7 h. matin.

J'avais dirigé sur Saverne les munitions dont vous aviez besoin, mais en raison de la présence des rôdeurs ennemis, les trains n'atteignent plus Sarrebourg. J'écris à l'inspection principale de la compagnie de l'Est, à Nancy, de tâcher de conduire vos poudres jusqu'à Lunéville. Si elle ne le pouvait pas, de les conduire jusqu'à Nancy. Dans tous les cas, appelez à vous le train FO chargé de vos poudres à la position que vous indiquez, en vous adressant directement à l'inspecteur principal de la Compagnie, à Nancy.

---

(1) *Annotation au crayon rouge, de la main du maréchal Le Bœuf:* « Il lui a été répondu. On lui a expédié plus que ce qu'il demande ».

Le même au même (D. T.).

Metz, 8 août, 8 h. 12 matin.

J'envoie le capitaine Anfrye pour vous conduire le convoi de munitions qui vous est annoncé. Cet officier a l'ordre de pousser aussi loin que possible.
Télégraphiez-lui en gare de Nancy (1).
(Télégramme analogue au général Forgeot.)

Le maréchal de Mac-Mahon au Major général, à Metz.

Sarrebourg, 8 août, 1 heure soir.

Blâmont n'étant pas sur le chemin de fer et l'artillerie du 1er corps devant être en partie, demain soir ou après-demain matin à Lunéville, je demande que les 42 caissons pour pièces de 4 et les 10 caissons de munitions d'infanterie soient dirigés sur Lunéville au lieu de l'être sur Blâmont (2).

Le Ministre de la guerre au maréchal de Mac-Mahon, à Sarrebourg (D. T.)

Paris, 8 août (n° 21771. D. 4 h. 4 soir, à Sarrebourg).

Je fais expédier ce soir, de Vincennes à la gare de Lunéville :
    42 caissons de 4 rayés de campagne ;
    10 caissons de cartouches modèle 1866.
Et d'Auxonne, à la même gare :
    Un détachement du train pour atteler à Lunéville ces caissons à quatre chevaux.
Veillez à la route de Lunéville à Blâmont.

---

(1) Le capitaine Anfrye télégraphia le 8, de Nancy (3 h. 10 soir), au général Soleille : « Le train F. V. est arrivé au général Forgeot sous lettre O. J'arrête à Lunéville, d'après dépêche du Maréchal, les autres convois et je pars prendre vos ordres ».
(2) En marge, au crayon rouge : « Le général Soleille répond que toutes les dispositions sont prises en vue de répondre au désir du maréchal Mac-Mahon ».

Le général Forgeot au général Soleille, à Metz.

Sarrebourg, 8 août, 11 h. 20 soir.

Le train des munitions O est arrivé à la gare d'Avricourt. On l'attend ici sous peu.

L'ordre est donné de passer à Sarrebourg toute la journée. Nous en profitons pour mettre un peu d'ordre dans notre matériel, qui a beaucoup souffert.

Les commandants de batterie s'occupent de leurs rapports sur l'affaire du 6.

Journée du 8 août.

2ᵉ CORPS.

a) **Journaux de marche.**

Journal de marche du 2ᵉ corps d'armée.

8 août.

En exécution des ordres reçus, le général Frossard poursuit son mouvement de retraite sur Gros-Tenquin. Dans le but d'assurer la sécurité de sa retraite et de pouvoir faire face à l'ennemi qui le suit, lentement il est vrai, il prend les dispositions suivantes :

La division Vergé reçoit l'ordre d'aller s'établir à Gros-Tenquin avec le quartier général.

La division Bataille à Leinstroff ;

La division de Laveaucoupet à Erstroff ;

Enfin la cavalerie avec l'artillerie de réserve à Altroff, à 3 kilomètres à gauche de la route.

Le mouvement commence à 3 heures du matin par l'artillerie de réserve, elle est suivie par la 1ʳᵉ division, puis par la 2ᵉ et la 3ᵉ division ; la cavalerie ferme la marche.

La brigade Lapasset, qui forme l'extrême arrière-garde, a ordre de prendre position à Hellimer.

Chacune des divisions marche dans l'ordre suivant :

Le convoi ;
La prévôté ;

Les bagages de l'état-major et des corps dans l'ordre de marche;
L'ambulance;
Le trésor;
Le bataillon de chasseurs à pied;
La 2ᵉ brigade;
Les réserves d'artillerie;
Un régiment de ligne de la 1ʳᵉ brigade;
Les trois batteries de combat;
Le second régiment de la 1ʳᵉ brigade.

Arrivée à Gros-Tenquin, la division Vergé s'établit dans une forte position dominante, à gauche et en avant du village.

La divison Bataille prend position entre Leinstroff et Gros-Tenquin, en avant du village et à la droite de la route.

La division de Laveaucoupet arrive vers midi à Erstroff et prend, sur la droite de la route, une bonne position militaire appuyée par des bois.

La brigade Lapasset campe en arrière du village d'Hellimer et met une grand'garde à l'entrée du village, du côté de Puttelange.

On aperçoit distinctement les feux nombreux des bivouacs de l'ennemi, qui campe à peu de distance de l'arrière-garde du corps d'armée. Aussi le général Frossard, frappé des lenteurs et de l'encombrement que les convois et les bagages des divisions ont occasionnés la veille sur la route, pensant en outre qu'il pourrait, dans la journée du lendemain, être suivi de près et peut-être attaqué par l'ennemi, ordonne que tous les *impedimenta* prendront les devants.

En conséquence, à 8 h. 1/2 du soir, la réserve et les bagages de l'artillerie quittent le village d'Altroff sous l'escorte d'un escadron du 12ᵉ dragons et se dirigent par Gros-Tenquin sur Arraincourt et de là sur Remilly.

A 10 heures du soir, le convoi du corps d'armée, débarrassé de ses bagages, continue son mouvement de retraite.

La division Vergé, qui occupe une forte position en avant de Gros-Tenquin, a l'ordre de couvrir le mouvement du corps d'armée et ne doit se mettre en marche que lorsque toutes les troupes auront défilé derrière elle.

3ᵉ DIVISION (DE LAVEAUCOUPET).

7 août.

Le 2ᵉ corps continue son mouvement de retraite en suivant la route de Sarreguemines à Metz.

Le mouvement commence à 3 heures du matin par l'artillerie de réserve qui va s'établir à Altroff, à 3 kilomètres à droite de la route.

La 1re division vient ensuite, en se faisant précéder de ses bagages, et se met en marche à 4 heures; elle campe à Gros-Tenquin.

La 2e division, dans le même ordre, part à 5 heures pour aller prendre son campement à Leinstroff.

La division de Laveaucoupet, qui avait l'ordre de partir à 4 h. 1/2, ne peut, à cause de l'encombrement, entrer dans la colonne qu'à 6 heures; elle marche dans l'ordre suivant:

> Le convoi;
> La prévôté;
> Les bagages des corps et de l'état-major dans l'ordre de marche;
> L'ambulance;
> Le trésor;
> Le 10e bataillon de chasseurs à pied;
> Le 2e de ligne;
> Le 63e de ligne;
> Les réserves de l'artillerie;
> Le 40e de ligne;
> Les trois batteries de combat;
> Le 24e de ligne, formant l'arrière-garde de la division.

La division de cavalerie, dans laquelle est rentrée momentanément la cavalerie divisionnaire, forme l'arrière-garde du corps d'armée et a l'ordre d'aller camper à Altroff, avec l'artillerie de réserve.

La brigade Lapasset, du corps de Failly, forme l'extrême arrière-garde et a l'ordre de s'établir à Hellimer.

La division de Laveaucoupet, malgré la fatigue des jours précédents, marche en bon ordre et arrive de 11 h. 1/2 à midi à Erstroff, sur la gauche de la route, et s'établit au bivouac, dans une bonne position militaire.

Le quartier général du corps d'armée, qui la suit, va s'établir à Gros-Tenquin.

A 3 heures de l'après-midi, on annonce l'approche de l'ennemi. Le 24e de ligne, le 40e et un bataillon du 63e de ligne, établis près de la route, prennent les armes, pendant que des reconnaissances sont poussées au loin. Elles constatent que c'est une fausse alerte; à leur rentrée, vers 4 heures, tout rentre dans le calme.

Des vivres avaient été commandés par l'administration dans les villages voisins du bivouac; mais la troupe n'en peut toucher qu'une quantité insuffisante.

Un ordre spécial du 8 accorde une indemnité de 0 fr. 80 par homme en sus de la solde de guerre, jusqu'à ce qu'il soit possible d'assurer les vivres de campagne. Malheureusement, le pain est si rare que l'on n'en peut acheter qu'une faible quantité et à des prix très élevés.

MM. Arnaud, médecin-major de 2ᵉ classe ; Sabathier, aide-major de 1ʳᵒ clase ; Lory, adjudant en 2ᵉ des hôpitaux et 11 infirmiers rentrent de Spicheren et Etzling, après avoir laissé les blessés en arrière aux ambulances prussiennes.

Le général Doëns, que nous avions pu ramener jusqu'à Sarreguemines, le 7, n'ayant pu, à cause de ses souffrances, suivre le mouvement de retraite, est resté dans cette ville et tombé avec elle au pouvoir de l'ennemi.

A 10 heures du soir, le convoi, l'ambulance, le trésor, les réserves de l'artillerie, les bagages des corps et des états-majors, sont mis en route sous les ordres du capitaine d'état-major Durieux, secondé par le capitaine Wambergue, prévôt de la division.

Cette mesure est générale pour tout le corps d'armée et a pour but d'éviter les lenteurs et l'encombrement que produisent les bagages dans les colonnes.

Les *impedimenta* de la division marchent toute la nuit, par une pluie battante, en passant par Morhange et Baronville, et arrivent à Thonville, où doit venir camper la division, dans la journée du 9.

Brigade mixte Lapasset.

Journal de marche.

Départ à 5 heures du matin. Arrivée à Hellimer à midi. Les reconnaissances ennemies en viennent aux mains avec les nôtres.

c) **Opérations et mouvements.**

Le Major général au général Frossard.

Metz, 8 août.

Les 3ᵉ et 4ᵉ corps ainsi que la Garde, placés sous le commandement du maréchal Bazaine, ont commencé ce matin à se replier de Saint-Avold sur Metz pour s'y concentrer afin d'être, sur ce point, prêts à se diriger sur Châlons.

L'Empereur vient de décider, en ce moment même, que ces trois corps ne marcheront pas sur Châlons, en raison des nouvelles qu'on a reçues cette nuit de l'ennemi, mais qu'ils formeront à Metz les éléments d'une forte armée destinée, soit à arrêter celle du prince Charles, soit à se jeter sur le flanc ou les derrières de celle qui paraît devoir pénétrer par Saverne.

L'Empereur ordonne, en conséquence, qu'avec votre corps d'armée, qui fera partie de l'armée formée à Metz, vous vous portiez sur cette place, par la ligne la plus directe, en vous conformant aux instructions que vous avez dû recevoir du maréchal Bazaine, de manière que votre corps ne contrarie pas le mouvement des autres corps d'armée.

Le maréchal Bazaine doit avoir ses forces réunies sous Metz dans la journée de demain, 9 août. Sa Majesté espère que votre corps pourra y être rendu le même jour, ou s'en rapprocher à petite distance.

Ordre du 2ᵉ corps.

Au camp, 8 août.

Le corps d'armée continuera, demain 9 août, son mouvement rétrograde d'après les dispositions suivantes.

Pour éviter les lenteurs et l'encombrement que produit la présence des bagages dans les colonnes, les bagages de tous les corps partiront dès ce soir, à 10 heures au plus tard, et se dirigeront respectivement sur les points autour de Brulange, qui seront indiqués ci-après pour le campement des divisions.

Le quartier général sera établi à Arraincourt. La 2ᵉ division, débarrassée ainsi de ses bagages, se mettra en marche à 3 heures du matin et ira camper à Brulange.

La 3ᵉ division partira également à 3 heures et ira bivouaquer à Thonville, à 1 kilomètre au Nord de Brulange, en passant par Morhange et Baronville.

La brigade Lapasset, dont les *impedimenta* auront été mis en marche ce soir, à 10 heures, et qui a plus de chemin à parcourir, partira à 2 heures pour aller à Suisse-Basse, en deçà de la rivière, 1 kilomètre avant d'arriver à Brulange.

L'artillerie de réserve, moins une batterie à cheval qui restera attachée à la division de cavalerie, partira ce soir à 9 heures et ira camper à Holacourt, 2 kilomètres au delà de Brulange.

Le parc du génie, avec la compagnie de sapeurs qui en dépend, se mettra en mouvement, ce soir même, à minuit, et s'établira sur ce même point.

La division de cavalerie, avec sa batterie d'artillerie à cheval, se mettra en mouvement à 3 heures, en se dirigeant sur Gros-Tenquin et s'y arrêtera pour laisser défiler la brigade Lapasset, et la 1ʳᵉ division d'infanterie, qui formera l'arrière-garde du corps d'armée, ira bivouaquer à Holacourt.

La division de cavalerie, après avoir été à l'extrême arrière-garde, campera près de la brigade Lapasset, à gauche de la route.

Les voitures et les services administratifs partiront dès ce soir; l'ambulance du grand quartier général marchera à la suite de la 3ᵉ division d'infanterie et s'arrêtera à Arraincourt.

Le général de Valabrègue au commandant du 2ᵉ corps.

Altroff, 8 août, dans la soirée.

J'ai envoyé des reconnaissances : 1° sur Sarralbe par Insming et Guéblange ; 2° sur Albestroff et Munster ; 3° sur Petit-Tenquin, pour me relier avec les avant-postes de la brigade Lapasset.

Les renseignements fournis par ces reconnaissances, d'accord avec ceux des habitants des différents villages situés en avant de notre position, signalent de l'infanterie ennemie, en assez grande quantité, à Puttelange et de grosses forces de cavalerie à Sarralbe, où ces dernières seraient arrivées de très bonne heure. Les éclaireurs ennemis ont été vus en avant d'Hilsprich ; l'infanterie prussienne serait arrivée à Puttelange à 11 h. 1/2 du matin.

Rien n'a été vu sur la route d'Albestroff et de Munster.

J'ai fait couvrir mon front par des avant-postes et une grand'garde occupe Lening.

Conformément aux ordres que m'a apportés le capitaine de Germiny, je fais partir ce soir, avec la réserve d'artillerie, lorsqu'elle se mettra en mouvement, les bagages et le convoi de ma division et je me tiens prêt à suivre la même direction.

La rentrée du capitaine Saint-Étienne, que j'avais envoyé vers Petit-Tenquin et les avant-postes d'Hellimer, me permettent de compléter ces renseignements en les confirmant et, en ajoutant qu'au dire des habitants, il y aurait un camp entre Remering et Richeling.

J'ajouterai enfin que, d'après un autre habitant, la contrée au Nord de la route de Puttelange à Gros-Tenquin aurait été fouillée presque toute la journée par de nombreux petits partis de cavalerie ennemie qui se sont montrés à Marienthal, Barst et Lanning s'enquérant de la position des camps français.

P.-S. — On me rend compte à l'instant de la rentrée, au 7ᵉ régiment de dragons, d'un cavalier dont le cheval avait été tué à la bataille de Forbach et qui est parti de ce point hier, revêtu d'habits bourgeois qui lui avaient été donnés dans une maison où il s'était réfugié. Au moment où cet homme a quitté Forbach, l'armée prussienne était campée sur nos emplacements.

Le capitaine Perrodon, du 10ᵉ chasseurs à cheval, au général Lapasset.

Ernestwiller, 8 août.

J'ai l'honneur de vous rendre compte des circonstances qui m'ont placé sous vos ordres.

Avant-hier matin, nous avons reçu du général Metman, commandant la 3ᵉ division du 3ᵉ corps d'armée à laquelle nous sommes attachés, l'ordre de faire une reconnaissance. En rentrant nous rencontrâmes une brigade de la division avec laquelle nous nous rendîmes à Forbach.

Le 7 août, la division Metman quittant Forbach, nous avons reçu du général Arnaudeau, commandant la 1ʳᵉ brigade de la division (1), l'ordre de suivre la route de Sarreguemines avec les bagages. En arrivant nous nous trouvâmes seuls et nous nous sommes placés sous les ordres du colonel commandant le 3ᵉ régiment de lanciers.

Une compagnie du 7ᵉ bataillon de chasseurs à pied, laissée en grand'garde et de la même division et du même corps, se trouve avec nous.

Journée du 8 août.

3ᵉ CORPS.

a) **Journaux de marche**.

Journal de marche du 3ᵉ corps d'armée.

Le 8 août, le 3ᵉ corps reçut l'ordre de porter son quartier général à Faulquemont et de s'établir sur la rive gauche de la Nied allemande, où il prit les dispositions suivantes : la 1ʳᵉ division à droite de Pont-Pierre ; la 3ᵉ à Faulquemont ; la 2ᵉ à Fouligny ; la 4ᵉ de Landonvillers à Vaudoncourt (2). Cette position n'était que provisoire et avait pour but de donner au 2ᵉ corps le temps de se rallier complètement. Il existait en arrière, sur la Nied française, une ligne de défense tout indiquée, couvrant Metz d'une façon effective et permettant de rallier rapidement les détachements et les réserves qui ne cessaient d'arriver par le chemin de fer.

---

(1) Le général Arnaudeau commandait la 2ᵉ brigade de la 3ᵉ division du 3ᵉ corps.
(2) En réalité, à l'Ouest de Bionville.

Journal de marche du quartier général du 3ᵉ corps.

Le quartier général est transporté à Faulquemont :
La 1ʳᵉ division se rend à droite de Pont-Pierre ;
La 2ᵉ division se rend à Fouligny ;
La 3ᵉ division se rend à Faulquemont ;
La 4ᵉ division se rend de Landonvillers à Vaudoncourt.

1ʳᵉ DIVISION (MONTAUDON).

Journal de marche.

La division part en 2ᵉ échelon derrière la 3ᵉ division (Metman) couvrant les deux convois et formant l'arrière-garde. Elle se dirige, par Barst, sur Faulquemont et campe à Vahl-les-Faulquemont, sur la rive gauche de la Nied allemande, en face du village de Pont-Pierre (1).

2ᵉ DIVISION (DE CASTAGNY).

Départ de Guenviller pour Fouligny, distance : 24 kilomètres ; départ à 4 heures du matin ; arrivée à 5 heures du soir.

Pendant la marche, la division a occupé défensivement les positions de Longeville et des hauteurs de Marange.

3ᵉ DIVISION (METMAN).

Le 8 août, la division part de Puttelange à 4 heures du matin pour se rendre à Faulquemont, où elle arrive à 1 h. 1/2 après midi. La route suivie est par Barst, Biding, Val-Ebersing.

---

(1) « Le 8 août, le 2ᵉ corps va camper à Gros-Tenquin, et ma division part à 4 heures du matin, pour aller s'établir à Faulquemont, son flanc droit couvert par des escadrons du 3ᵉ régiment de chasseurs qui fouillent les bois des environs, sans apercevoir la trace d'un seul uhlan.

A 4 heures du soir, nous plantons nos tentes près du petit hameau de Vahl-les-Faulquemont, et j'occupe les crêtes qui dominent la Nied allemande et le village de Pont-Pierre. J'établis là, comme poste avancé, le 18ᵉ bataillon de chasseurs à pied. » (Général Montaudon. *Souvenirs militaires*, page 84.)

4ᵉ DIVISION (DECAEN).

Debout à 3 heures du matin, la division ne se met en route qu'après les divisions Castagny du 3ᵉ corps et Grenier du 4ᵉ. En tête marchent les bagages, l'ambulance, les cacolets et les réserves d'artillerie.

Le 11ᵉ bataillon de chasseurs forme l'arrière-garde.

Le mouvement s'effectue par Longeville-les-Saint-Avold, pour aller camper à Bionville (sur la Nied allemande).

La division, après avoir pris position vers le milieu du jour en arrière de Longeville, n'arrive à Bionville qu'à la tombée de la nuit, par une pluie battante, et l'encombrement des routes par les différentes colonnes ne permet pas à certains corps de s'établir au bivouac avant 3 heures du matin.

DIVISION DE CAVALERIE (DE CLÉREMBAULT).

D'après les ordres de M. le maréchal Bazaine commandant le 3ᵉ corps, à la pointe du jour, les tentes sont abattues, les voitures chargées et les chevaux sellés pour se mettre en marche.

L'ordre de marche est ainsi réglé : division Castagny (2ᵉ division) et ses bagages; division Grenier (2ᵉ du 4ᵉ corps) et ses bagages; bagages de la division Decaen (4ᵉ division du 3ᵉ corps), bagages de la division de cavalerie du 3ᵉ corps; division Decaen (4ᵉ division du 3ᵉ corps); division de Clérembault (cavalerie du 3ᵉ corps) ayant à sa disposition une batterie à cheval de la réserve.

D'après un ordre verbal du maréchal Bazaine, le parc administratif et les bagages de la division de cavalerie sont mis en route à 5 heures et acheminés sur Bionville par Faulquemont.

A 7 heures du matin, la 1ʳᵉ brigade (de Bruchard), 2ᵉ chasseurs, état-major et deux escadrons du 10ᵉ chasseurs, vient prendre position à la sortie de Saint-Avold, après avoir quitté le bivouac de Saint-Avold, aux abords de la gare.

La 3ᵉ brigade (de Juniac) qui s'était rendue le 6 de Saint-Avold à Haut-Hombourg, et de Haut-Hombourg à Forbach et qui avait rétrogradé, le 7, de Forbach sur Puttelange rallie à Saint-Avold, le 8 à 7 heures du matin, venant de Puttelange.

Les 2ᵉ et 4ᵉ dragons (brigade de Maubranches) quittent à 7 heures du matin leur bivouac de la route de l'Hôpital à Saint-Avold, pour venir s'établir à la sortie de cette localité, sur la route de Longeville.

A 6 heures du matin, le défilé de l'infanterie commence par la division de Castagny, partie à 4 heures du matin de Macheren; se succèdent ensuite, le parc d'artillerie du 3ᵉ corps, la division Grenier, la division Decaen. A midi la division de cavalerie monte à cheval, l'artillerie à cheval qui lui est adjointe prend position sur une hauteur dominant les routes de Carling et de l'Hôpital ; à 2 heures la division de cavalerie s'ébranle, formant l'arrière-garde du 3ᵉ corps rétrogradant pour se concentrer sous les murs de Metz ; les uhlans, par petits groupes isolés, suivent tous les mouvements de la colonne, à environ quatre kilomètres de la colonne. A 4 h. 1/4, arrivée à Longeville ; la division Decaen a pris position sur les hauteurs qui dominent cette localité pour protéger la retraite de la colonne, elle suit le mouvement de la division de cavalerie et vient prendre position sur le plateau situé au-dessus du village.

Les hommes des deux divisions sont autorisés à mettre à profit la halte faite sur le plateau pour préparer le café.

Deux escadrons de uhlans viennent reconnaître le village de Longeville, mais sans y entrer, pendant la station des divisions Decaen et de Clérembault sur le plateau.

L'apparition de ce parti ennemi ne retarde nullement la marche rétrograde du 3ᵉ corps.

La nuit arrive et avec elle la pluie ; les troupes d'infanterie gagnent leurs bivouacs ; la colonne ralentie par ses *impedimenta* s'allonge, les troupes piétinent sur place ; le bivouac à Bionville est changé et la division reçoit l'ordre d'aller camper derrière et à côté de la division Castagny, derrière les villages de Fouligny et de Raville, l'obscurité de la nuit et la pluie n'ayant qu'imparfaitement permis de reconnaître un terrain convenable ; le commandant Scellier de Lample ayant reconnu qu'un bivouac convenable existe à Bionville sur la rive gauche de la Nied allemande et que sur cet emplacement se trouve le sous-intendant en mesure de ravitailler la division, le général de Clérembault se décide à se placer sur ce bivouac pour assurer des moyens de subsistances aux 5ᵉ et 8ᵉ dragons qui n'ont touché ni vivres, ni fourrages depuis quarante-huit heures et dont toutes les avances sont épuisées.

Les corps de la division commencent à arriver sur le terrain du bivouac à minuit ; leur installation, retardée par l'obscurité et par la pluie, n'est terminée qu'à 1 h. 3/4.

Le 8ᵉ dragons a seul ses bagages ; les officiers des 2ᵉ, 4ᵉ et 8ᵉ dragons sont obligés de s'installer au bivouac sous leurs tentes et sans provisions, dans une ville où toutes les ressources alimentaires sont épuisées.

Réserve d'artillerie.

8 août.

Le 3ᵉ corps et la division Grenier du corps Ladmirault évacuent Saint-Avold. La réserve d'artillerie quitte le bivouac de Valmont à 6 heures du matin et entre dans la colonne à la suite de la division Castagny, se dirigeant sur Bionville. Une batterie de 12, la 11ᵉ du 11ᵉ (capitaine Ducher) est mise à la disposition du général Decaen qui est chargé de protéger la retraite avec la division de cavalerie du général de Clérembault. On attache à cette dernière division la 1ʳᵉ batterie à cheval du 17ᵉ (capitaine de Maillier).

En route, au-dessus de Longeville-les-Saint-Avold on change l'itinéraire de la réserve d'artillerie et on la dirige sur Arriance, par Guinglange; les troupes arrivent au bivouac à 3 heures du soir et sont surprises à leur arrivée par un orage très violent, qui rend impossible tout travail pendant près d'une heure. A 10 heures du soir, la batterie Maillier rallie la réserve. Elle n'a pas eu à tirer dans la journée; la retraite du 3ᵉ corps s'est d'ailleurs effectuée sans qu'on ait eu un coup de fusil à tirer. On a simplement aperçu de loin les uhlans qui suivaient les colonnes.

Génie.

Renseignements sur les marches, opérations militaires et travaux exécutés par le service du génie du 3ᵉ corps.

8 août.

Départ à 4 h. 1/2. La réserve reçoit, à Longeville-les-Saint-Avold, l'ordre de se rendre à Faulquemont.

c) Opérations et mouvements.

Le maréchal Bazaine à l'Empereur.

8 août.

Le parc du 3ᵉ corps est dirigé vers Pange, passant par Fouligny, Raville (route n° 1); tous les *impedimenta* (services administratifs) inutiles sont dirigés de Saint-Avold sur Courcelles-sur-Nied, en passant par Faulquemont et Han-sur-Nied.

Les divisions Castagny, Montaudon et Metman se concentrent sur Puttelange; dès que tout le monde aura rallié, elles se mettront en route sur Saint-Avold, en s'échelonnant.

La division de Forton retournera à Pont-à-Mousson.

La marche de concentration sur Metz se fera : la Garde formant le premier échelon, prenant la route de Bionville à Courcelles-Chaussy ; puis viendront les divisions du 3ᵉ corps, qui seront dirigées par des routes latérales à la ligne d'opérations (route impériale n° 3).

Le premier jour, on viendra camper sur la rive gauche de la Nied, si la journée se passe bien, et la deuxième journée sous Metz.

Le Major général au maréchal Bazaine.

Quartier impérial, 8 août.

Par ordre de l'Empereur, le général Frossard, qui, en ce moment, est avec son corps d'armée en marche de Puttelange, sur la route de Puttelange à Nancy, reçoit l'avis itératif qu'il doit se porter sur Metz pour joindre son corps aux trois corps que vous y amenez de Saint-Avold. Il est invité à marcher de telle façon qu'il ne contrarie pas les mouvements des troupes qui sont avec vous. L'Empereur attend de vos nouvelles.

Le maréchal Bazaine au Major général, à Metz.

Faulquemont, 8 août, 8 h. 50 soir.

J'arrive à l'instant à Faulquemont, après avoir installé à Fouligny, sur la Nied allemande, les 2e et 4e divisions du 3e corps, les 1re et 3e divisions étant à Faulquemont. Le 4e corps est en seconde ligne aux Étangs, sur la rive gauche de la Nied française, et la Garde est bivouaquée sur la rive gauche de la Nied française, sa droite vers Pange. Tout s'est passé avec ordre, très militairement, sans un coup de fusil ; l'ennemi s'est borné à faire occuper Saint-Avold par le 15e de uhlans. Les troupes sont très fatiguées, et il est indispensable qu'elles fassent séjour sur leurs positions. La Garde doit-elle rentrer demain à Metz ?

Le Major général au maréchal Bazaine, à Faulquemont (D. T.).

Metz, 8 août, 10 h. soir.

Faites rentrer la Garde demain à Metz, si vous n'en avez aucun besoin. Mais, s'il y a apparence de lutte, gardez-la. En tous cas, donnez l'ordre à Ladmirault de continuer à vous couvrir. Vous seul avez des ordres à donner. Faites donc ce que les circonstances vous inspireront. Il est possible que nous ayons une bataille à livrer sous Metz dans deux ou trois jours. L'ennemi paraît se concentrer en attendant des renforts qui sont en marche.

Failly est à Phalsbourg sans être inquiété ; Mac-Mahon à Blâmont (1).

---

(1) Il n'y avait encore à Blâmont, le 8 août, que les divisions de cavalerie Duhesme et de Bonnemains, qui avaient poussé jusque-là, au lieu de s'arrêter à Sarrebourg.

Tous deux se retirent sur Nancy. Les nouvelles de Paris sont très bonnes. Éclairez-vous très au loin avec votre cavalerie. Tâchez d'enlever quelques uhlans, pour avoir des nouvelles de l'ennemi.

Le même au même (D. T.).

Reçue le 9 août à 3 h. 30 matin.

Séjournez à Faulquemont pour rester lié avec le général Frossard. Conservez la Garde, en lui indiquant une position qui lui permette de vous appuyer efficacement au besoin. Un nouvel avis qui m'arrive m'indique que l'ennemi est en marche sur notre gauche.

Donnez l'ordre au général Ladmirault de rester en position sur votre gauche pour la couvrir.

J'écris directement aux généraux Bourbaki et Ladmirault pour éviter tout malentendu. J'écris également au général Frossard, par un de ses officiers, de rester en communication constante avec vous et de se conformer à vos ordres. Donnez-leur vos instructions sans tarder.

Tâchez de concentrer le plus tôt possible sous Metz les 2e, 3e, 4e corps et la Garde, qui sont tous placés sous vos ordres et doivent s'y conformer strictement. Faites-vous éclairer très au loin par votre cavalerie légère.

Le maréchal Bazaine au général Montaudon.

Longeville, 8 août, 8 h. 1/2 matin.

Vous camperez ce soir sur la rive gauche de la Nied allemande, votre extrême droite à hauteur de Pont-Pierre, que vous ferez garder, et votre gauche à Faulquemont. Vous aurez également des postes au delà du chemin de fer, sur la rive droite de la Nied. Vous camperez, suivant la nature du terrain, en ordre de colonne par bataillon à distance entière, ou sur deux lignes déployées par brigade, la seconde ligne à 500 ou 600 mètres de la première. Si le terrain le permet, je préférerais cette seconde disposition, votre artillerie serait campée autant que possible en arrière de votre seconde brigade.

P.-S. — Le général Frossard établit ce soir son quartier général à Gros-Tenquin, en arrière de votre droite; mettez-vous en relations avec lui. La division de dragons de mon corps d'armée ira camper ce soir entre Vahl-les-Faulquemont et Guessling.

La division Metman aura sa droite près de Faulquemont, en suivant le cours de la Nied.

Mon quartier général sera à Faulquemont.

Le général Montaudon au maréchal Bazaine.

8 août.

Conformément à vos prescriptions, je me suis retiré aujourd'hui, avec ma division, de Puttelange sur Faulquemont.

Mes premières troupes sont arrivées à hauteur de Pont-Pierre vers 4 heures; à 5 heures, toute la division était campée comme vous me l'avez ordonné.

D'après ce que m'a rapporté mon arrière-garde et d'après les renseignements qui m'arrivent de toutes parts, une colonne prussienne (infanterie et cavalerie) m'aurait suivi et serait à huit kilomètres environ. Cette colonne ramasserait les traînards de tous les corps.

Sur mon flanc droit s'étend une crête qui domine tous les environs et dont la longueur est d'environ trois kilomètres. Ce coteau forme une très belle position, dont le flanc droit s'appuie à une colline boisée et le flanc gauche à la Nied et à Pont-Pierre.

Afin de me couvrir à droite, j'ai placé un bataillon sur la crête, entre Pont-Pierre et la grand'route, et deux compagnies à l'autre extrémité.

Afin de savoir au juste ce qui se passe, j'ai envoyé sur la route que nous avons suivie un escadron en reconnaissance.

La marche d'aujourd'hui a assez fatigué les troupes de la division, déjà épuisées par les marches de nuit et les alertes des jours précédents; aussi vous prierai-je de vouloir bien donner, si cela est possible, un jour de repos à la division.

Le général Montaudon au général Metman

8 août.

Il résulte des renseignements donnés par mon arrière-garde et par les habitants du pays, qu'une colonne prussienne nous a suivis. Elle serait en ce moment à huit kilomètres.

Je n'ai pu connaître encore sa force; une reconnaissance que je viens d'envoyer me la fera connaître peut-être.

Il se peut donc que je sois attaqué sur mon flanc droit; si le Maréchal, commandant le 3e corps, ne vous a rien prescrit de particulier, je vous prierai, le cas échéant, de prendre vos dispositions de manière à me rejoindre rapidement, afin que nous puissions donner à l'ennemi une sérieuse leçon.

Il paraîtrait aussi que Saint-Avold est occupé par l'ennemi.

Je vous prie de me tenir au courant, de votre côté, de tout ce que vous pourriez apprendre.

Le maréchal Bazaine au général de Castagny.

Longeville, 8 août, 8 h. 1/2.

Lorsque vous aurez quitté les positions où vous faites grand'halte ce matin, vous vous dirigerez sur Fouligny et, après avoir passé la Nied allemande, sur le pont de Raville, vous vous établirez sur la rive gauche de cette rivière, en faisant tête de colonne à gauche et établissant votre campement entre Raville et Guinglange ; vous camperez, suivant la nature du terrain, en ordre de colonne, par bataillon à distance entière, ou sur deux lignes déployées par brigade, la seconde ligne à 500 ou 600 mètres de la première.

Si le terrain le permet, je préférerais cette deuxième disposition.

Votre artillerie sera campée en arrière de votre 2e brigade, autant que possible.

Vous aurez à votre droite la division Metman, campée entre Créhange et Faulquemont, et à votre gauche la division Decaen, campée de Bionville à Vaudoncourt.

Vous jetterez sur la rive droite de la Nied allemande les grand'gardes et avant-postes nécessaires à votre sûreté, et vous en règlerez vous-même la force et les emplacements.

Le général de Castagny au maréchal Bazaine.

Camp de Raville, 8 août, 8 h. 1/2 soir.

J'ai l'honneur de rendre compte à Votre Excellence que ma division était campée, à 8 h. 1/4, sur les hauteurs situées entre les deux villages de Raville et de Guinglange, face à la Nied.

Voici les renseignements que l'on m'a donnés sur la présence de l'ennemi à Boulay ; ils sont très authentiques, venant de la sœur d'un chef d'escadrons de carabiniers, qui les tient d'une personne qui a vu aujourd'hui le fait suivant :

Treize uhlans se sont présentés à Boulay ; ils ne sont pas descendus de cheval, se sont promenés avec ostentation dans la ville, en ayant l'air de narguer les habitants, et, en sortant, l'un d'eux a tiré en l'air un coup de feu.

Voilà tout ce qu'il y a de vrai dans les forces prussiennes qui ont envahi Boulay.

Le maréchal Bazaine au général Metman.

Longeville, 8 août, 8 h. 30.

Vous camperez ce soir entre Faulquemont, que vous n'occuperez cependant pas et Créhange, sur la rive gauche de la Nied allemande. Faites étudier à l'avance les moyens de communication d'un côté à l'autre du chemin de fer, de manière à pouvoir rapidement conduire vos troupes sur l'emplacement de leur bivouac. Vous pourrez étendre votre gauche jusqu'à la hauteur d'Elvange.

Vous camperez suivant les facilités que présentera le terrain, en ordre de colonne par bataillon à distance entière, ou sur deux lignes déployées par brigade, la deuxième ligne à 500 ou 600 mètres de la première. Si le terrain le permet, je préférerais cette deuxième disposition. Votre artillerie sera campée en arrière de votre 2ᵉ brigade, autant que possible.

Vous jetterez sur la rive droite de la Nied allemande les grand'gardes et avant-postes nécessaires à votre sûreté ; vous occuperez surtout dans de bonnes conditions Flétrange, Elvange et le chemin qui, par la rive droite, va de Flétrange à Créhange et Faulquemont.

Vous aurez à votre droite la division de Montaudon dont la gauche sera à Faulquemont ainsi que mon quartier général.

Le maréchal Bazaine au général Decaen.

Longeville, 8 août, 8 h. 1/2.

Lorsque votre colonne arrivera à Fouligny, vous suivrez la rive droite de la Nied allemande jusqu'à Bionville, où vous traverserez cette rivière. Immédiatement après l'avoir dépassée, vous vous établirez sur la rive gauche, face en dehors, entre la route de Vaudoncourt, mettant une portion de votre division sur Raville, où viendra la gauche du général de Castagny.

Vous camperez suivant la nature du terrain, en ordre de colonne par bataillon à distance entière, ou sur deux lignes déployées par brigade, la deuxième ligne à 500 ou 600 mètres de la première.

Si le terrain le permet, je préférerais cette deuxième disposition. Votre artillerie sera campée en arrière de votre 2ᵉ brigade, autant que possible.

Vous jetterez sur la rive droite de la Nied allemande les grand'gardes et avant-postes nécessaires à votre sûreté et vous en réglerez vous-même la force et les emplacements, et surtout en gardant les points de passage de Bionville, Morlange, Bannay et Varize, en avant de votre gauche, en face de Vaudoncourt.

Le général de Ladmirault établit ce soir son quartier général aux Étangs (1).

Mon quartier général sera à Faulquemont.

Ordres du lieutenant-colonel de Maucourant, commandant l'artillerie de la 4e division (Decaen) du 3e corps, pour la marche du 8 août.

8 août, 6 h. 1/4 matin.

D'après les ordres du général commandant la division, l'ordre de marche des diverses fractions de l'artillerie de la division sera réglé comme il suit :

Lorsque les bagages de la division auront défilé, et à la suite de l'ambulance et des mulets de cacolets viendra :

Le parc divisionnaire, marchant la gauche en tête, sur deux voitures de front et dans l'ordre suivant :

1° Réserve de la 8e batterie : voitures à bagages, forge, deux chariots, deux caissons, un affût de rechange ;

2° Réserve de la 10e batterie. Même ordre ;

3° Réserve de la 9e batterie. Même ordre ;

4° Réserve des munitions d'infanterie, marchant la gauche en tête : 1° cinq caissons à quatre roues ; 2° quatorze caissons légers à deux roues, numéros 14 et 1.

A la suite du parc divisionnaire, la 8e batterie, marchant la gauche en tête sur deux voitures de front.

Après la 8e batterie, passeront les 85e et 80e régiments qui seront suivis de la 10e batterie (batterie de combat), marchant la gauche en tête et sur deux voitures de front.

Après la 10e batterie passera un bataillon du 44e qui sera suivi d'une section de combat de la 9e (celle de gauche), marchant sur deux voitures de front.

Cette section sera suivie de dix paires de cacolets et deux bataillons du 44e, après chacun desquels viendront les deux autres sections de la 9e, suivies des chasseurs à pied.

En cas de mise en batterie, MM. les officiers d'artillerie réclameront une escorte de bataille marchant immédiatement en avant ; cette escorte sera proportionnée à l'importance de l'artillerie mise en position.

---

(1) C'est à Glattigny que le général commandant le 4e corps établit le 8, son quartier général.

D'après l'ordre du général Decaen, la 9ᵉ batterie marchera par sections ; une section à la suite de chacun des trois bataillons du 44ᵉ.

Le capitaine Caillet, suivi d'un brigadier, partira avec le général de division.

Il n'y a pas encore d'heure fixée pour le départ.

La section de la 10ᵉ batterie doit se retirer avec le 85ᵉ et elle rejoindra alors sa batterie.

Le général de Clérembaull au maréchal Bazaine.

8 août, minuit.

Il est onze heures et demie du soir, j'arrive par une pluie battante à mon bivouac de Biouville.

Par la nuit, j'ai marché devant moi et je me suis trouvé à Bionville ; je n'ai pu rétrograder, mes chevaux étaient éreintés, surtout la brigade de Juniac qui, la veille, était restée vingt et une heures à cheval et qui, partie ce matin de Puttelange, à 3 heures, vient d'arriver au bivouac, ayant de l'avoine pour les chevaux, mais pas de vivres pour les hommes depuis hier.

J'ai ordonné au 2ᵉ dragons, qui est aligné à deux jours, de donner un jour au 5ᵉ ; j'ai donné même ordre au 4ᵉ pour le 8ᵉ. Demain matin, l'intendant, étant à Bionville, alignera ces régiments à deux jours de vivres.

J'ai à vous rendre compte que, pendant le repos, au sommet de la montée de Longeville, mon artillerie, qui avait des ordres de son général, m'a échappé, si bien que, lorsque je me suis mis en route après l'infanterie, vers 6 heures du soir, je ne l'ai plus trouvée. Elle a dit qu'elle allait à Illange (?) ; je crois qu'on m'a dit ce mot.

L'infanterie faisant des repos longs et bien fréquents, j'ai mis onze heures et demie pour faire dix-huit kilomètres ; je ne réclame pas, c'était aujourd'hui urgent et nécessaire, mais je solliciterais de Votre Excellence, quand ce ne sera pas utile, de me laisser arriver de manière à quitter le bivouac et y arriver de jour.

P.-S. — Je loge chez M. Sidot, route de Raville.

Comme il est minuit passé, qu'il y a treize kilomètres et que mes chevaux sont éreintés, j'aurai l'honneur de vous adresser ce rapport demain matin de bonne heure.

Le général de Bruchard, qui commandait l'extrême arrière-garde, m'a rendu compte qu'un peloton de 20 à 25 Prussiens avait suivi sa colonne jusqu'ici.

Le maréchal Bazaine au général de Rochebouët, commandant l'artillerie du 3ᵉ corps.

Longeville, 8 août, 8 h. 1/2.

Faites quitter la colonne Castagny par vos réserves, au coude de la route au-dessus de Longeville, où s'embranche le chemin de communication nº 15 ; suivez le chemin par Bambiderstroff, Vigneulles-Haute, Vigneulles-Basse, Dorvilier, Guinglange, Hémilly, Arriance où vous bivouaquerez ce soir.

Mon quartier général sera à Faulquemont.

Le même au général Viala, commandant le génie du 3ᵉ corps.

Longeville, 8 août, 8 h. 1/2.

Je vous prie de prendre les mesures nécessaires pour que les compagnies du génie de la réserve et ses bagages prennent, avant d'arriver à Longeville, la route de Faulquemont, où sera établi ce soir mon quartier général et le vôtre, et où camperont vos réserves.

Journée du 8 août.

4ᵉ CORPS.

a) Journaux de marche.

Journal de marche du 4ᵉ corps d'armée.

Le quartier général du corps d'armée part à 2 heures du matin de Boulay pour Glattigny.

1ʳᵉ *division*. — Quitte ses positions en avant de Boulay pour camper sur les pentes qui dominent le village des Étangs.

2ᵉ *division*. — Détachée avec le 3ᵉ corps d'armée.

3ᵉ *division*. — Se porte d'Helstroff sur la rive gauche de la Nied à Pont-à-Chaussy.

Artillerie. — Les réserves campent entre Glattigny et les Étangs.

Génie. — A Glattigny avec l'ambulance.

1ʳᵉ DIVISION (DE CISSEY).

A 7 heures du matin, la division est arrêtée au village des Étangs sur la Nied, où le général de Cissey peut établir son bivouac dans une assez bonne position militaire. La Garde impériale est à notre droite, sur le bord de la Nied.

Souvenirs inédits du général de Cissey.

8 août.

Nous marchons en retraite sur Metz où l'armée entière doit se concentrer. A 7 heures du matin, ma division est arrêtée aux Etangs où je l'établis au bivouac dans une assez bonne position militaire ; la Garde impériale est campée à ma droite ; nous logeons dans une espèce de vieux château dont la propriétaire, antiprussienne avant tout, met tout ce qu'elle possède à notre disposition.

Le quartier général du corps d'armée est en arrière de nous à Glattigny.

2ᵉ DIVISION (GRENIER).

A 3 heures du matin, la 2ᵉ division prend les armes. Le mouvement vers Metz étant résolu, les forces réunies à Saint-Avold et aux environs se mettent en marche par deux routes, celle de Longeville et celle de Faulquemont. La 2ᵉ division s'engage à la suite de la division Castagny et précédant la division Decaen et la cavalerie, sur la route de Longeville, formant partie de la colonne de droite. Les deux colonnes doivent se servir mutuellement de réserve, suivant qu'elles auraient à prendre position à gauche ou à droite pour faire face aux Prussiens.

A 7 ou 8 kilomètres de Saint-Avold, après avoir dépassé le bourg de Longeville-les-Saint-Avold, sont des collines dominant fortement la route de Metz et le chemin qui relie Faulquemont. Le maréchal Bazaine, qui, de sa personne, était au château de Longeville, fit prendre position sur la crête à la division Castagny, et sur les pentes à la 1ʳᵉ brigade de la 2ᵉ division, en même temps qu'il se servait de la 2ᵉ brigade pour couper la route et la défendre en arrière du chemin de Faulquemont dans la vallée.

Après avoir fait le café dans ces positions de combat, la division ayant fait filer le convoi de bagages derrière elle, ses bagages propres et ceux de la division Decaen, se replie dans la position supérieure qu'évacue la division Castagny. Elle s'y masse pendant que la division Decaen opère son mouvement en arrière et, après avoir occupé la position à mi-côte, vient la remplacer en 1ʳᵉ ligne sur la crête. Le maréchal

Bazaine fait, par ordre écrit, évacuer la place par la 2ᵉ division avec injonction de remplacer le général Castagny dans ses positions de Morhange.

Au moment de les occuper, l'ennemi ne s'étant pas porté sur nos derrières d'une manière sérieuse ni prononcée, la 2ᵉ division a ordre de continuer sa route vers Bionville et de camper au delà de ce village, vers la ferme de Plappecourt.

La colonne de droite de l'armée se remet donc en marche tout entière. La division Castagny tourne vers Faulquemont au village de Fouligny, la division Grenier se porte sur Bionville où l'ont précédée ses bagages, et enfin elle campe, à 11 heures du soir, en arrière de la division Decaen qui arrive après elle entre Bionville et la ferme de Plappecourt, à hauteur d'une maison isolée appelée le château du Prince.

Le campement, pris dans la nuit, dans des terrains détrempés par un orage, est mal disposé pour laisser reposer les troupes.

3ᵉ DIVISION (DE LORENCEZ).

La division quitte Helstroff, à 3 heures du matin et se porte sur Silly-sur-Nied en passant par Varize, Vaudoncourt, Courcelles-Chaussy et Pont-à-Chaussy. Elle s'établit sur les hauteurs entre Silly et Glattigny.

2ᵉ Brigade (BERGER).

Journal de marche.

A 4 heures du matin, notre division était en marche pour se rendre à Courcelles; à peine avions-nous formé les faisceaux que l'ordre nous fut donné d'aller avec ma brigade occuper la ferme de Béville qui se trouvait de l'autre côté d'un ruisseau assez encaissé et que ma cavalerie eut beaucoup de peine à traverser. Pendant cette journée de marche, on signala la présence de l'ennemi sur la route de Metz à Saint-Avold; on envoya des reconnaissances de cavalerie qui ne purent donner aucune nouvelle des Prussiens.

DIVISION DE CAVALERIE (LEGRAND).

La brigade de hussards part de Boulay à minuit, la brigade de dragons à une heure du matin, et se dirigent vers Metz; la 2ᵉ par la route de Helstroff, la 1ʳᵉ par Volmérange; elles vont bivouaquer le même jour : la 1ʳᵉ brigade à Lauvallier et la 2ᵉ à Silly.

c) Opérations et mouvements.

Le maréchal Bazaine au général Grenier.

Longeville, 8 août, 8 h. 1/2 matin.

Après avoir passé la Nied allemande à Bionville, vous continuerez à marcher sur Courcelles-Chaussy, vous prendrez le chemin de grande communication n° 13, pour vous rendre à Landonvillers.

M. le général Ladmirault établissant ce soir son quartier général aux Étangs (1), vous rentrez sous son commandement direct et vous y enverrez prendre ses instructions pour l'établissement de votre brigade.

Le général commandant la division de cavalerie au général de Ladmirault.

Lauvallier, 8 août.

J'ai l'honneur de vous rendre compte que la brigade de hussards est installée à Lauvallier, sur la route de Metz, à 6 kilomètres en arrière de Glattigny. Il y a de l'eau en quantité suffisante.

J'ai ici un poste chargé du transport des dépêches.

Ordre. — Le général de Ladmirault au général Legrand, à Lauvallier.

Glattigny, 8 août.

Messieurs les commandants des divisions recommanderont la plus grande vigilance aux postes, pendant la nuit. Les bataillons, les régiments qui occupent les bivouacs et positions ne doivent pas avoir les armes chargées ; les grand'gardes et postes avancés, seuls, peuvent les avoir. Toutes les précautions seront prises et les recommandations seront faites pour éviter une alerte.

La 1re division a aujourd'hui sur sa droite la 3e division (Lorencez); leurs avant-postes se touchent. La 1re et la 3e division donneront des indications à leurs grand'gardes pour qu'il n'y ait point de méprises.

La 3e division (Lorencez) a sur sa droite des corps de la Garde impériale et du 3e corps d'armée (maréchal Bazaine). Les avant-postes de ces corps d'armée se touchent ; donner les mêmes recommandations que ci-dessus.

---

(1) Le général Ladmirault établit son quartier général à Glattigny.

Ce soir, si ce n'est déjà fait, les corps dirigeront sur Metz leurs réserves de vivres qui rejoindront la réserve générale, sur la route des Étangs à Metz, en un point nommé Lauvallier, très rapproché de Metz, où ils resteront en ayant soin de dégager la route.

Demain 9 août, le réveil aura lieu à 3 heures du matin, mais il ne sera fait ni sonneries, ni batteries.

Messieurs les officiers et les troupes ploieront les tentes, les bagages seront préparés et, à 3 h. 1/2, ils quitteront les bivouacs pour se diriger sur Metz.

Les bagages de la 1re division, arrivés à un point de la route nommé Petit-Marais, se dirigeront sur Sainte-Barbe pour de là gagner Saint-Julien près de Metz, où ils se placeront en dehors de la route. A la même heure, le 20e bataillon de chasseurs à pied prendra la route de Metz et, arrivé au point nommé Petit-Marais, se dirigera sur Sainte-Barbe, prendra la direction de Vry, qu'il occupera jusqu'à ce que toute la colonne ait défilé. Là, il rencontrera des pelotons de hussards qui seront partis le matin en reconnaissance. Ces pelotons resteront avec le bataillon pour fournir des reconnaissances qui s'avanceront au loin sur la route de Bouzonville.

A 4 heures, le trésor de chaque division et celui du quartier général partiront, chacun sous l'escorte d'une compagnie, pour rentrer à Metz par la route directe.

A 3 h. 1/2, les bagages de la 3e division (Lorencez) quitteront le bivouac pour rejoindre la grande route des Étangs à Metz, passant par les points indiqués : maison isolée, Retonfey et Petit-Marais. Là, ils rejoindront la grand'route qui conduit à Metz et passe près de Noisseville ; ils se dirigeront sur Metz.

A 4 heures, les troupes commenceront à quitter leur bivouac en ayant soin de prendre leurs précautions et de bien se faire éclairer en arrière dans la direction de Boulay. Les troupes de la 1re division suivront la route jusqu'au point indiqué Petit-Marais, gagneront Sainte-Barbe pour prendre la grand'route qui conduit à Metz et s'arrêteront à Saint-Julien.

Les troupes de la 3e division, en suivant le même chemin que leur convoi, viendront prendre la route des Étangs à Metz, au point indiqué Petit-Marais.

De cette façon, les troupes de la 1re et de la 3e division voyageront sur deux voies différentes.

En arrivant près de Metz, des officiers d'état-major indiqueront aux troupes les directions qu'elles devront suivre.

Le parc du génie, avec sa compagnie, prendra la route des Étangs à Metz et quittera son bivouac à 4 heures du matin.

Les réserves d'artillerie, ainsi que le parc, suivront la compagnie du génie et seront escortées par deux compagnies du 57e qui couvrent leur bivouac.

Demain, à 3 heures du matin, la brigade de cavalerie enverra un escadron à Vry pour pousser des reconnaissances sur la route de Bouzonville.

A la même heure, M. le général de Cissey fera faire par ses hussards une reconnaissance dans la direction de Boulay.

Les ambulances des divisions marcheront en tête des troupes, en mettant quelques cacolets à l'arrière-garde. L'ambulance du quartier général partira, à 3 h. 1/2 du matin, pour prendre la route de Metz et y attendre les troupes, en ayant soin de ne pas s'arrêter sur la route.

A 4 heures, la brigade de dragons viendra au point Petit-Marais et y trouvera le commandant en chef qui lui indiquera la direction à prendre.

d) Situation et emplacements.

CORPS.	OFFICIERS.	SOUS-OFFICIERS ET TROUPE.	TOTAUX.	CHEVAUX.	EMPLACEMENTS.
État-major général........	32	»	32	75	Glattigny.
1re division.............	317	8,270	8,587	653	Aux Étangs.
2e —	315	7,909	8,224	665	A l'Ouest de Bionville.
3e —	313	9,733	10,046	694	Silly.
Division de cavalerie......	189	2,359	2,548	2,424	Lauvallier.
Réserve d'artillerie........	33	990	1,023	1,054	Aux Étangs.
Réserve du génie.........	4	136	140	77	Glattigny.
Train des équipages......	7	348	355	422	Id.
Force publique..........	5	85	90	65	Id.
Trésor et postes.........	17	31	48	31	Id.
Service des subsistances, des hôpitaux, du campement.	?	?	?	?	
TOTAUX........	1,232	29,861	31,093	6,160	

Journée du 8 août.

5ᵉ CORPS.

a) Journaux de marche.

Journal de marche du 5ᵉ corps d'armée.

D'après les ordres de l'Empereur, qui prescrivent de se retirer sur le camp de Châlons, le général de Failly juge qu'il est inutile, actuellement, de se rendre à Phalsbourg, ce qui allongerait son trajet d'un jour. Il décide que le 5ᵉ corps prendra la route de la Petite-Pierre à Sarrebourg, par Ottwiller.

En conséquence le corps, suivi des débris du 1ᵉʳ, part de la Petite-Pierre, à 5 heures du matin, par une pluie battante. Arrivé à Ottwiller, le général en chef, frappé de l'extrême privation qu'impose à tous l'abandon des bagages à Bitche, conçoit le projet d'envoyer vers cette place un détachement, avec mission d'essayer de ramener ces bagages.

Le commandant Perrotin, de l'état-major général du corps, part en conséquence d'Ottwiller avec une avant-garde de deux escadrons du 5ᵉ hussards commandés par le colonel Flogny, de ce régiment, et qui doivent être suivis et appuyés par le 12ᵉ chasseurs et le 5ᵉ lanciers. Cette colonne doit essayer de faire une pointe sur Bitche, par Lorentzen, Montbronn et Lemberg, y prendre le convoi, si c'est possible, et revenir ensuite sur Sarrebourg.

Partant d'Ottwiller vers 6 h. 1/2, cette cavalerie va rejoindre la route qui mène à Lorentzen au Nord. Mais elle ne peut arriver jusqu'à ce point. Les têtes de colonnes de l'armée du prince Frédéric-Charles, qui ont franchi la frontière de Volmunster à Sarreguemines dans la journée du 7, ont déjà envoyé de gros détachements pour occuper les défilés des Vosges de ce côté.

Près de Lorentzen, sur la route de Bitche à Sarrebourg, l'avant-garde du 5ᵉ hussards rencontre des avant-postes de cavalerie prussienne. Nos cavaliers les chargent avec vigueur et leur tuent plusieurs hommes et chevaux.

Mais de l'infanterie étant signalée, notre cavalerie ne peut aller plus loin dans la direction de Bitche et se voit forcée de renoncer à sa tentative. Elle revient à Sarrebourg, où elle arrive à minuit et demi, après une marche forcée.

La perte de notre train auxiliaire et de la plus grande partie du personnel de nos services administratifs, laissés à Sarreguemines et Bitche, rend les approvisionnements des plus difficiles pendant la route.

L'intendance est obligée de recourir aux réquisitions de pain et de viande dans tous les villages traversés.

Les différents détachements de la colonne s'échelonnent sur la route, de façon à ne pas épuiser les mêmes centres de population, pendant la grand'halte consacrée à la soupe. On passe à Schalbach et à Bickenholtz.

La tête de la colonne du 5ᵉ corps commence à arriver à Sarrebourg, vers 4 heures de l'après-midi, après avoir parcouru, par des chemins de traverse, une étape de 32 kilomètres environ.

Les troupes sont campées en grande partie au Nord-Est de la ville, à Lixheim, sur des hauteurs qui dominent ce village situé à 6 kilomètres. Elles s'y établissent militairement, avec ordre aux avant-postes de se garder avec la plus grande vigilance.

La grande majorité du 1ᵉʳ corps se trouve déjà réunie à Sarrebourg et campe également autour de la ville. Le maréchal de Mac-Mahon, qui s'y trouve aussi de sa personne, confirme les ordres de l'Empereur pour se porter sur le camp de Châlons, et donne pour instruction au général de Failly de gagner ce camp, en lui laissant la route de Nancy pour le 1ᵉʳ corps, et en prenant la gauche de ses colonnes pour couvrir sa retraite. La division de Lespart rallie le 5ᵉ corps dans la soirée.

Les distributions se font avec beaucoup de difficultés. Les magasins de la ville renferment quelques approvisionnements, mais les distances sont grandes jusqu'aux différents camps. Les divisions Goze et l'Abadie, campées près de Lixheim, obtiennent des vivres par réquisition.

Extrait du journal du capitaine de Lanouvelle, de l'état-major du 5ᵉ corps de l'armée du Rhin.

8 août.

Le corps d'armée se mit en route à partir de 4 heures du matin, par une pluie battante, dans la direction de Sarrebourg, en deux colonnes, l'une, composée de deux divisions d'infanterie, par Ottwiller, Veckerswiller, Schalbach, Bickenholtz, Lixheim où elle fit étape le 8 ; l'autre, comprenant la cavalerie, le reste de l'infanterie et l'artillerie de réserve par Ottwiller, Drulingen, Weyer, Hirschland, Rauwiller, Sarraltroff, Sarrebourg où elle campa au Nord de la ville.

Pendant la grand'halte de cette dernière colonne à Hirschland, le général commandant le corps d'armée décide que la division de cavalerie et deux batteries d'artillerie à cheval, prises dans la réserve, partiraient à midi, dans la direction de Bitche, par Lorentzen (8 kilomètres Est de Sarre-Union), pour reprendre et escorter le convoi qui avait été laissé dans cette place. Je n'ai pas de détails sur cette expédition qui ne réussit pas, et il y a contradiction dans mes notes au sujet de son retour : je lis d'une part que la cavalerie aurait couché le 8 au soir à Montbronn (6 kilomètres Ouest de Lemberg), et d'autre part qu'elle nous a rejoints dans la nuit du 8 au 9 août. J'ai lieu de croire que cette dernière indication est exacte et que Montbronn figure sur mon carnet comme le point que la cavalerie devait essayer d'atteindre le 8 au soir, et où dans la nuit le convoi lui serait amené de Bitche, escorté par le 6ᵉ hussards qui avait été envoyé sur notre flanc droit, c'est-à-dire au Nord de notre route, dès le matin.....

1ʳᵉ DIVISION (GOZE).

Départ à 6 h. 1/2 pour Lixheim, où l'on arrive vers 3 heures. On campe sur la route de Sarre-Union que l'on dit occupé par l'ennemi.

2ᵉ BRIGADE (NICOLAS).

Le 8, dès 4 heures du matin, le 5ᵉ corps, dont l'infanterie se composait des trois brigades Saurin et Nicolas de la 1ʳᵉ division, de Maussion de la 2ᵉ division, après bien des hésitations sur la direction à suivre, fut engagée sur la route d'Ottwiller, et de là sur Lixheim par Siewiller, Schalbach, où se fit la grand'halte, et Bickenholtz ; des hauteurs de ce dernier village, on distinguait vers la gauche, dans la plaine, le mouvement de retraite des troupes de Mac-Mahon.

En arrivant à Lixheim, des dispositions de combat furent prises en prévision d'une attaque de l'ennemi, dont la présence était signalée sur notre droite vers Fénétrange et Kirrberg. Les corps campèrent sur leurs positions autour de Lixheim, dont la grande place fut occupée par le convoi et les ambulances. La brigade, qui dans cette marche du 8 formait l'arrière-garde, s'établit en avant du Vieux-Lixheim, sur la route de Nancy. Dans la soirée, le bruit lointain du canon se fit entendre dans la direction du Nord.

2ᵉ DIVISION (DE L'ABADIE D'AYDREIN).

Journal de marche.

La portion du 5ᵉ corps, arrivée la veille à la Petite-Pierre, doit se porter sur Phalsbourg ; le mouvement commence de très bonne heure par la cavalerie, suivie du grand quartier général, des ambulances, des bagages et de la réserve d'artillerie que la division de l'Abadie d'Aydrein doit escorter. La division Goze fait l'arrière-garde. C'est le 88ᵉ qui fournit les compagnies d'escorte de la réserve. Le défilé des bagages, principalement ceux de la cavalerie, retarde le départ de la 2ᵉ division.

En route, le général en chef avait reçu l'ordre de se diriger sur Sarrebourg. On arrive à Ottwiller par une pluie battante, qui a commencé dès le moment où l'on s'est mis en marche; on apprend là que les dispositions du matin sont changées. Le grand quartier général, la réserve d'artillerie, le parc du génie, la réserve de mulets du train qui doit suivre désormais la réserve d'artillerie, les ambulances, prennent la route de Sarrebourg par Drulingen et y arrivent vers 3 heures de l'après-midi; les divisions de l'Abadie et Goze passeront la nuit à Lixheim. La cavalerie doit éclairer et couvrir la marche; en même temps, elle cherchera à faciliter le retour des bagages restés à Bitche. Un officier monté de chaque corps est envoyé pour les reconnaître, tous ces officiers partent d'Ottwiller sous l'escorte d'un escadron du 5ᵉ hussards, et les ordres du chef d'escadron Deshautschamps.

L'escadron divisionnaire va se ranger sous les ordres du colonel Flogny. Les compagnies du 88ᵉ chargées d'escorter la réserve d'artillerie rallient leur régiment.

La division quitte la route de Phalsbourg un peu avant d'arriver à Siewiller, et va faire la grand'halte à Schalbach, où des réquisitions de fourrage ont lieu; elle passe ensuite à Bickenholtz et campe, à 3 heures de l'après-midi, au Sud et près de Lixheim, des deux côtés de la grande route conduisant à Sarrebourg.

Le détachement du 68ᵉ, des détachements des 17ᵉ et 30ᵉ de ligne, tous composés des hommes de la réserve et destinés à la division Guyot de Lespart, ont suivi la division et campent avec elle.

Le 49ᵉ de ligne reçoit l'ordre de prendre en subsistance tous les hommes du corps d'armée du maréchal de Mac-Mahon, qui ont rallié ou rallieront la division.

Lorsque la tête de colonne commençait à descendre vers Lixheim, on aperçut une troupe assez nombreuse sur la grande route de Sarrebourg. Le général de l'Abadie la fit reconnaître avant de choisir son campement. C'étaient des hommes appartenant au 1ᵉʳ corps.

A peine était-on au bivouac, que la nouvelle d'un engagement dans le voisinage est donné au général de division; on pense de suite à la réserve d'artillerie en marche sur Sarrebourg. Bien que l'on n'entende aucune détonation pouvant donner créance au rapport qui vient d'être reçu, des dispositions sont prises, le chef d'état major, envoyé aux renseignements pousse jusqu'à Rauwiller, où les habitants lui affirment que l'ennemi n'a pas paru, et n'a pas été signalé dans les environs. Pendant ce temps, le général de l'Abadie avait concerté quelques mesures de défense avec le général Goze, dont la division venait d'arriver au Nord de Lixheim. La brigade Saurin passe la nuit au Nord de ce village, la brigade Nicolas va à Alt-Lixheim, sur la route de Nancy. Les bagages de cette division parquent sur la grande place du village.

Des distributions ont lieu, sur des réquisitions faites à Lixheim et à Bickenholtz. Pendant la marche, les habitants étaient venus généreusement offrir du pain et des rafraîchissements aux soldats.

D'après les ordres du général en chef, le général de l'Abadie prévient le général Brahaut, qui doit se trouver avec sa cavalerie à Lorentzen, de sa présence et de celle de la division Goze à Lixheim. Mais cet officier général n'y était plus. Après avoir réuni le 5ᵉ lanciers et le 12ᵉ chasseurs à Hirschland, dans la matinée, il s'était avancé avec eux et deux batteries à cheval de la réserve mises à sa disposition, jusqu'en vue de Mackwiller. Là il rencontra le 5ᵉ hussards qui, de Durstel, avait poussé jusqu'à Lorentzen, où il avait eu un léger engagement avec la cavalerie allemande. Le colonel Flogny lui avait rapporté que des forces ennemies nombreuses étaient à Rohrbach, à Lorentzen et à Sarre-Union; que la route de Bitche n'était plus libre. Ces renseignements, recueillis aussi par un officier supérieur de l'état-major général du corps d'armée, avaient déterminé le général commandant la cavalerie à se replier le jour même sur Sarrebourg, où il était arrivé à minuit et demi. Le 12ᵉ chasseurs bivouaqua sur les promenades, le 5ᵉ lanciers bivouaqua sur la route, les cavaliers tenant leurs chevaux par la bride; les batteries à cheval rejoignirent la réserve.

La division Guyot de Lespart, partie à 10 heures du matin de Phalsbourg, arriva le même jour à Sarrebourg à la suite du 1ᵉʳ corps d'armée, qui avait pris la même ligne de retraite.

On avait rendu compte au général en chef de l'alerte qui avait été donnée à l'arrivée à Lixheim et on lui avait demandé ses ordres. La réponse ne fixant pas d'heure pour le départ du lendemain, le général de l'Abadie crut devoir hâter l'arrivée à Sarrebourg, et décida qu'on lèverait les camps à 3 h. 1/2 du matin. Il en donna avis au général Goze pour qu'il suivît le mouvement.

Division de cavalerie (Brahaut).

Le 5ᵉ corps avait ordre de quitter la Petite-Pierre à 3 h. 1/2 du matin, pour se porter à Saverne. Mais, au moment du départ, un contre-ordre le dirigea sur Sarrebourg. Le 5ᵉ lanciers partit en avant-garde avec le général de la Mortière, suivi, à quelque distance par le général de Bernis, avec le 12ᵉ chasseurs, en passant par Ottwiller, Weyer, Hirschland, Rauwiller.

Les quatre escadrons du 5ᵉ hussards, réunis, se portèrent par

Aswiller sur Durstel, pour éclairer et couvrir le flanc droit du corps d'armée.

Le général de division, avec son état-major, s'était joint au général en chef, qui lui donna l'ordre, en arrivant à Ottwiller, de rallier le 5e lanciers et le 12e hussards qui étaient déjà à plusieurs lieues en avant, et de faire à leur tête une grande reconnaissance sur Rohrbach, pour couvrir la marche du convoi de bagages du 5e corps qui devait sortir de Bitche et se diriger sur Sarrebourg.

Le général de division avait ordre de passer la nuit à Lorentzen. Le colonel Flogny, du 5e hussards, recevait de son côté l'ordre de prendre part à cette reconnaissance, en continuant sa route de Durstel sur Rohrbach.

Le général de division partit en toute hâte, pour rejoindre le 5e lanciers et le 12e chasseurs. Le 12e chasseurs fut arrêté à Hirschland et le 5e lanciers à Rauwiller d'où il revint à Hirschland ; c'est dans ce dernier village que le général de division forma sa colonne qui fut soutenue par deux batteries à cheval, mises sous ses ordres. L'artillerie fut placée entre les deux régiments, le 12e chasseurs en tête et le 5e lanciers en queue. Le général de division se dirigea ainsi jusqu'en vue de Mackwiller, où il rencontra le 5e hussards, qui s'était porté jusqu'à Lorentzen où il avait trouvé de la cavalerie ennemie, avec laquelle il avait eu un léger engagement. D'ailleurs, tous les renseignements recueillis, et particulièrement ceux de M. le commandant Perrotin, de l'état-major général, qui avait été envoyé spécialement par le général en chef pour faire sortir le convoi de Bitche, annonçaient la présence de forces nombreuses à Rohrbach, à Lorentzen et vers Sarre-Union.

La route de Bitche n'était plus libre et il fallait renoncer à l'espoir de faire sortir le convoi de bagages. Le général de division réunit alors le 5e hussards à sa colonne et se remit en marche par Bœrendorf sur Sarrebourg, où il arriva à minuit et demi. La brigade de Bernis put bivouaquer à la porte de la ville, sur les promenades. Mais, faute d'emplacement, le 5e lanciers dut passer la nuit sur la route, les hommes tenant les chevaux par la bride.

Les deux batteries d'artillerie rejoignirent la réserve d'artillerie à laquelle elles appartenaient.

1re brigade (DE BERNIS).

Ainsi qu'il était prescrit dans l'ordre précédent, la division de cavalerie (5e lanciers, 12e chasseurs) se mit en route vers 5 heures du matin. Arrivé à Ottwiller, le général de Bernis qui, avec le 12e chasseurs, devait pousser une reconnaissance dans la direction de Durstel, reçut contre-ordre et continua sa route avec le reste de la division sur

Sarrebourg. Arrivé à Hirschland, le général Brahaut reçoit l'ordre de se porter avec ses deux régiments et deux batteries sur Lorentzen et Rohrbach pour favoriser la sortie du convoi laissé dans Bitche.

Il rencontre vers Berg deux escadrons du 5e hussards, sous le colonel Flogny, qui venaient d'avoir, vers Diemeringen, un engagement avec un régiment de cuirassiers prussiens, et juge inutile d'aller plus loin, le but de l'expédition étant manqué. La division arrive à Sarrebourg vers une heure du matin.

Réserve d'artillerie.

Le 8 août, le corps quitta à 2 heures du matin la Petite-Pierre, passa par Drulingen et arriva, vers 3 heures, à Sarrebourg. Le commandant de la place de Bitche n'ayant rien fait suivre de ce qui lui avait été laissé, le général Brahaut partit de Drulingen avec sa division et les deux batteries à cheval de la réserve d'artillerie sans caissons, pour faire une reconnaissance destinée à dégager Bitche s'il y avait moyen, mais cette reconnaissance ne produisit pas de résultats satisfaisants, et les deux batteries n'arrivèrent à Sarrebourg qu'à 2 heures du matin, ayant marché vingt-quatre heures.

Réserve du génie.

Le 8, le 5e corps continua son mouvement de retraite : les 1re et 2e divisions d'infanterie et la division de cavalerie viennent à Lixheim, le quartier général avec la réserve d'artillerie et le parc du génie à Sarrebourg ; la 3e division d'infanterie se réunit à Phalsbourg.

c) Opérations et mouvements.

Le Major général au général de Failly (D. T.).

Metz, 8 août, 2 heures matin.

Magenta arrive ce matin à Phalsbourg. Emmenez les 3,000 hommes qui se sont ralliés à la Petite-Pierre. Laissez à la Petite-Pierre le commandant et la garnison du fort.

L'Empereur réunit l'armée sous Metz et marche sur Châlons, en arrière de la Marne. Un officier (1), parti de Metz hier soir, cherche à vous joindre pour vous porter des instructions.

Paris très dévoué, Chambre réunie le 11.

---

(1) Le capitaine d'état-major de Salles, attaché au grand quartier général, 4e section. Cet officier adresse de Nancy, le 8 août, à 4 h. 20

Le général de Failly au général de l'Abadie.

8 août.

L'avis donné par le maréchal Mac-Mahon ne s'est pas justifié, mais il peut se réaliser; veillez avec soin, couchez en position, partez demain à 6 heures, comme nous en sommes convenus. Vous toucherez des vivres ce soir, vers 10 heures, je l'espère, et je pense que vous en toucherez de nouveau à votre arrivée à Sarrebourg, et je vous avertis qu'il serait possible que Sarrebourg ne fût pour vous qu'une grand'halte. (Confidentiel.)

Journée du 8 août.

6ᵉ CORPS.

c) Opérations et mouvements.

Le maréchal Canrobert au Major général, à Metz (D. T.).

Camp de Châlons, 8 août, 5 h. 40 matin. Expédiée à 7 h. 45 matin.

L'officier que m'avait annoncé l'Empereur n'est pas encore venu. Vous me laissez sans nouvelles. Je m'en plains à vous.

Le Major général au maréchal Canrobert (D. T.).

Metz, 8 août, 8 heures matin.

J'étais absent; j'ignore ce dont était porteur l'officier que devait vous envoyer l'Empereur. Les nouvelles ne sont pas bonnes; Mac-Mahon, battu, en retraite sur Nancy; Failly, intact, en retraite sur le même point; Bazaine, avec toute l'aile gauche, en retraite sur Metz.

L'ennemi vient de franchir le Rhin au-dessus de Schlestadt.

L'ennemi qui a battu Mac-Mahon a ses premiers coureurs vers Lützelbourg. La concentration sur Châlons peut devenir difficile.

---

du matin, au général Jarras, aide-major général à Metz, le télégramme suivant : « N'ai pu arriver qu'à 4 heures Nancy; vais continuer chemin de fer jusqu'à Sarrebourg, les trains ne vont pas plus loin.

« Général de Failly serait Lützelbourg. »

Le général Soleille au colonel Chatillon (1), *à La Fère*
(D. T.).

Metz, 8 août (n° 199).

Dirigez sur Metz, par voie ferrée, si c'est possible, la portion du parc attelée, mais assurez-vous que cette voie peut la recevoir; dans tous les cas, marchez avec prudence.

Le même au même (D. T.).

Metz, 8 août (n° 201).

Le 6e corps, qui était dirigé sur Nancy et que vous deviez rejoindre, rétrograde sur Paris. Votre destination sera donc Paris, mais vous pouvez attendre à La Fère les ordres du maréchal Canrobert, à la disposition duquel vous vous tiendrez. Cette dépêche annule l'ordre de venir à Metz, que je vous ai envoyé ce matin, 8 août.

d) Situation et emplacements.

CORPS.	OFFICIERS.	SOUS-OFFICIERS ET TROUPE.	TOTAUX.	CHEVAUX.	EMPLACEMENTS.
État-major général........	30	49	79	85	
1re division..............	310	10,254	10,564	592	En route de Nancy sur le camp de Châlons.
2e —	288	8,346	8,634	611	Camp de Châlons.
3e —	296	8,105	8,401	630	Id.
4e —	291	7,936	8,227	584	A Paris; artillerie et génie au camp.
Division de cavalerie.....	256	3,433	3,689	3,325	1re et 2e brigade, au camp de Châlons; 3e brigade, à Paris.
Réserve d'artillerie (parc compris).	47	1,577	1,624	1,577	Les 8 batteries au camp; le parc à La Fère, sauf la 1re colonne en route pour le camp de Châlons.
Réserve du génie.........	»	39	39	61	Camp de Châlons.
Force publique...........	5	83	88	60	Id.
Services administratifs.....	74	13	87	33	Id.
TOTAUX.....	1,597	39,835	41,432	7,558	

(1) Directeur du parc du 6e corps.

Journée du 8 août.

7ᵉ CORPS.

a) Journaux de marche.

1ʳᵉ DIVISION (CONSEIL-DUMESNIL).

Notes sur les opérations de la 1ʳᵉ division d'infanterie du 7ᵉ corps, par le capitaine d'état-major Mulotte.

Le 1ᵉʳ corps et la partie de la 1ʳᵉ division du 7ᵉ qui se trouve avec le général Conseil-Dumesnil, atteignent Sarrebourg le 8, à 10 heures du matin; la 1ʳᵉ division du 7ᵉ corps forme l'arrière-garde de la colonne pendant la marche.

Près de Sarrebourg, le maréchal de Mac-Mahon prescrit au général Conseil-Dumesnil de prendre position, avec sa division, derrière la ligne ferrée fortement en déblai à l'endroit où elle se croise avec la route de Phalsbourg à Sarrebourg. La 1ʳᵉ brigade sera placée à droite du viaduc de la route; la 2ᵉ à gauche. La division est chargée de la mission de défendre cette position, en cas d'attaque de la part des Allemands.

Le général Conseil-Dumesnil fait connaître au Maréchal qu'il n'a avec lui qu'une petite partie de sa division, sans artillerie et presque sans munitions, et qu'il lui serait impossible d'opposer une résistance sérieuse à une attaque de l'ennemi. Sur ces renseignements, le général en chef renonce à ce projet et fait établir la 1ʳᵉ division sur la colline qui se trouve du côté de la gare de Sarrebourg et qui domine le terrain environnant. Dans cette position, la 1ʳᵉ division sert pour ainsi dire de grand'garde au reste de l'armée, campé dans la plaine.

Le 8, le colonel Chagrin de Saint-Hilaire rejoint le général Conseil-Dumesnil, avec les portions de troupes de la division qui avaient marché avec lui depuis la retraite de Frœschwiller. D'autres débris de la division qui, en quittant le champ de bataille, s'étaient jetés sur les routes de Bitche et de la Petite-Pierre, arrivent également le 8 à Sarrebourg.

L'artillerie, qui, comme nous l'avons dit, n'avait abandonné les hauteurs de Gundershoffen que tard dans la soirée du 6, était arrivée à Bouxwiller, à 1 heure du matin, le lendemain. Après un repos de deux heures, elle en était repartie, à 3 heures, pour Saverne, puis elle s'était portée vers midi sur Phalsbourg. Là, elle s'était établie en dehors de la ville, sur les glacis, et s'était déjà remise en route le 7, à 11 heures du soir.

A son arrivée à Sarrebourg, le général Conseil-Dumesnil trouve son artillerie déjà installée dans cette localité.

La division est donc à peu près réunie, mais réduite de moitié. Les officiers surtout font défaut; le 47ᵉ de ligne n'a plus un seul officier supérieur.

M. Malet, le sous-intendant militaire, rejoint la division, le 8, à Sarrebourg. Le capitaine d'infanterie qu'on avait désigné pour faire son intérim en attendant son arrivée, a été fait prisonnier à Frœschwiller, au moment où les bagages de la 1ʳᵉ brigade ont été chargés par la cavalerie würtembergeoise.

2ᵉ DIVISION (LIÉBERT).

2ᵉ brigade (DE LA BASTIDE).

Départ d'Altkirch pour Belfort à 3 h. 1/4 du matin.

Ordre de départ :

Le 53ᵉ de ligne, sans batteries ni sonneries, se met en marche sur la route de Belfort et est suivi de deux batteries divisionnaires et de la réserve d'artillerie.

La batterie de 4, en position sur la place de l'église, évacue la ville d'Altkirch, ainsi que le 89ᵉ, qui suit la réserve d'artillerie, tandis que la batterie se met en position à la sortie de la ville. Dès le début du mouvement, le 6ᵉ bataillon de chasseurs quitte également sa position, en se couvrant par une compagnie de flanqueurs. Dès qu'il arrive sur la route, la batterie en position prend place entre lui et le 89ᵉ. La cavalerie suit le mouvement et chaque bataillon est flanqué par une compagnie. Ce flanquement ne dure que peu de temps.

Ordre de marche :

53ᵉ de ligne ;
Artillerie ;
89ᵉ de ligne ;
Une batterie de 4 ;
6ᵉ bataillon de chasseurs.

Grand'halte de 8 à 11 heures, près d'une ferme, après avoir passé la Largue (11 kilomètres).

A ce point, l'artillerie et la cavalerie prennent les devants ; la 2ᵉ brigade ne part qu'une heure après la 1re, qu'elle avait trouvée en partant de Dannemarie.

Itinéraire :

Même itinéraire que le 5 août, en sens inverse, avec la différence qu'arrivée à Pérouse, la brigade quitte la route pour aller prendre son campement au col des Perches, avec les dispositions suivantes :

Le 53e au-dessus du village de Fourneau; l'artillerie et le 89e, ayant leur gauche dans la direction de Pérouse.

Les deux régiments sont chacun couverts sur leur front par une redoute en construction.

Division de cavalerie (Ameil).

Les troupes d'Altkirch partent, à 3 heures du matin, pour Belfort, en envoyant leurs bagages en avant.

Les troupes de Dannemarie font le même mouvement et tiennent la tête de la colonne.

Le 4e hussards, après avoir accompli sa reconnaissance, se replie sur Altkirch, où il fait un repos, et rentre à Belfort en laissant un peloton dans chacun des villages entre Dannemarie et Belfort. Les corps rentrent au bivouac à Belfort : le 4e lanciers dans la prairie derrière l'hôpital; le 8e lanciers, le 4e hussards, dans le camp retranché.

Journal de route du lieutenant-colonel Claret, chef d'état-major de l'artillerie du 7e corps d'armée.

Avant le départ, le général commandant l'artillerie avait, d'après les ordres du commandant en chef, expédié par télégramme l'ordre de diriger le parc du corps d'armée sur Épinal. Il était naturel de songer à rejoindre, par derrière les Vosges, le corps en retraite du maréchal de Mac-Mahon.

Il n'en fut rien et l'on ne reçut aucun renseignement net, et pas même de nouvelles du sort de notre 1re division. Nous attendions vainement des ordres de marche aux demandes relatives à la direction à donner au parc. Le commandant en chef de l'artillerie invitait le général tantôt à l'envoyer à Vesoul, tantôt à Langres et même à Besançon; la détermination fut prise de le diriger sur Langres et d'y attendre, en le laissant sur trucs, des dispositions ultérieures; les nécessités des mouvements n'ont pas permis l'exécution de cette prescription. Nous sommes restés ainsi du 9 au 17 août.

c) Opérations et mouvements.

Le Ministre de la guerre au Major général, à Metz (D. T.).

Paris, 8 août, 12 h. 2 soir.

Les troupes de Rome ont commencé à débarquer ; je pense que le 35e et le 42e seront à Lyon dans deux jours. Quelle destination faudra-t-il donner, dans les circonstances actuelles, à la 3e division du 7e corps, que je devais diriger sur Belfort (1) ?

Le Général commandant le 7e corps au Ministre de la guerre et au Major général (D. T.).

Belfort, 8 août, 2 h. 54 soir.

Le conseil de défense de la place demande la convocation immédiate, à Belfort, de 15 bataillons de la garde nationale des départements voisins, partie du Doubs et des Vosges, Haute-Saône et Jura. Envoi des armes nécessaires pour 15 bataillons par Lyon et Besançon.

Appel aux volontaires de Belfort et des environs ; il faut absolument à Belfort, pour l'instruction de ces bataillons, deux bataillons d'infanterie de ligne, deux batteries d'artillerie, compléter une compagnie du génie et deux escadrons de cavalerie légère. Ces mesures de la plus grande urgence pour la défense de la place de Belfort et de son camp retranché en avant de la place.

J'appuie de toute mon autorité ces demandes qui sont d'extrême urgence.

Le Major général au général Douay, à Belfort (D. T.).

Metz, 8 août, 5 heures soir.

La division Liébert est-elle à Belfort ? Les quatrièmes bataillons sont désignés pour y être envoyés. Mais il faut avec eux une troupe solide ; j'insiste près du Ministre.

---

(1) *Annotation en marge* : « Maintenir à Lyon jusqu'à nouvel ordre. Elle y restera avec la division de Civita-Vecchia. »

Le général commandant en chef le 7ᵉ corps au Major général, à Metz (D. T.).

Belfort, 8 août, 8 h. 10 soir. Expédiée le 9 à 4 heure matin.

La division Liébert, qui a quitté Mulhouse hier matin, est arrivée à Belfort aujourd'hui.

La seconde partie de votre dépêche est mal transmise et incompréhensible pour moi.

Le général Douay au général Cambriel (D. T.).

Dannemarie, 8 août.

Revenez à Belfort ; laissez pour vous éclairer, à partir de Dannemarie, un peloton dans chaque village.

Journée du 8 août.

GARDE IMPÉRIALE.

a) Journaux de marche.

Journal de marche de la Garde impériale.

8 août.

La Garde, revenant sur ses pas, se rend de Longeville à Pont-à-Chaussy sur la rive gauche de la Nied ; le mouvement s'exécute dans l'ordre suivant :

La cavalerie se met en route, à 3 heures du matin, avec ordre de s'éclairer sur son flanc droit par des vedettes qui doivent contourner les bois pour examiner ce qui peut y avoir à l'intérieur, mais sans y pénétrer.

La division de cavalerie est suivie de ses bagages.

Suit la division Picard (section du génie, 1 régiment, 1 batterie d'artillerie divisionnaire, 1 régiment, 2 batteries, 1 régiment, réserve des munitions d'infanterie, réserve des 3 batteries, bagages des officiers, 1 régiment).

Section du génie du quartier général.

Bagages du quartier général.

Division Deligny (compagnie du génie, 2 régiments d'infanterie, 3 batteries d'artillerie, les 4 batteries de réserve, les parcs divisionnaires, les bagages des officiers, 1 régiment d'arrière-garde).

Le régiment des chasseurs de la Garde est mis provisoirement à la disposition du général Deligny, pour flanquer sa colonne sur la droite et former son extrême arrière-garde.

Les ambulances marchant à la tête des bagages de chaque division.

Chaque division marche par section, à distance entière, de manière à s'établir en ligne de bataille, le cas échéant. Une compagnie par bataillon marche sur le flanc droit pour servir à l'occasion de tirailleurs, de flanqueurs.

Le général Desvaux fait flanquer les grenadiers par quelques hommes de cavalerie légère, une trentaine d'hommes à 1,200 ou 1,500 mètres sur le flanc droit.

Le quartier général est établi au château de M. Sers, rive gauche de la Nied, à gauche de la route de Courcelles à Metz.

Le parc d'artillerie rentre de Courcelles-sur-Nied à Metz.

Division Deligny.

La division a battu en retraite, à 4 heures du matin, emmenant avec elle les quatre batteries de réserve du corps d'armée. Le régiment des chasseurs à cheval de la Garde lui a été adjoint pour éclairer son flanc droit, en prévision d'une attaque de l'ennemi.

On a bivouaqué à 11 heures à Pont-à-Chaussy, sur la rive gauche de la Nied française.

2º *Brigade* (Garnier).

L'ordre de retraite est donné à 2 heures du matin; la division se met en marche à 8 heures et vient s'établir à Pont-à-Chaussy. Le corps du maréchal Bazaine campe en avant de nous et sur notre droite. Le mauvais temps continue.

Division Picard.

Nous recevons l'ordre de nous porter en arrière; la cavalerie de la Garde part à 2 heures de la nuit. La division part à 3 h. 1/2 et arrive à Courcelles-Chaussy, puis à Pont-à-Chaussy à 10 heures du matin et s'établit au bivouac en arrière de la Nied française sur deux lignes, l'une déployée, l'autre par bataillon en colonne de division à distance entière, puis l'artillerie, le train, l'ambulance.

2ᵉ *Brigade* (Le Poitevin de La Croix).

La brigade, à 4 heures du matin, part et suit en sens contraire la route parcourue la veille : Morhange, Raville, Bionville. Elle est couverte sur sa droite par des compagnies de flanqueurs qui suivent les crêtes du versant Ouest de la vallée de la Nied. A Bionville, les compagnies rentrent et sont remplacées par des cavaliers. La brigade traverse Courcelles et pousse jusqu'à Pont-à-Chaussy, où elle arrive à 10 h. 25. Elle campe en bataille, la droite du 1ᵉʳ grenadiers à la route de Metz, la gauche du 2ᵉ à un petit bois, un bataillon du 2ᵉ en colonne. Des grand'gardes sont immédiatement placées en avant et sur la gauche.

Distribution de pain le matin, pour un jour. Distribution de viande pour la journée du lendemain. Ordre formel du général de division que les corps touchent le total général de leurs bons et fassent la répartition chez eux.

Division de cavalerie (Desvaux).

A 2 h. 1/2 du matin, la division exécute un mouvement de retraite sur la route de Saint-Avold à Metz, en se faisant éclairer en avant et sur son flanc droit par deux escadrons. Le bivouac est établi près du village de Courcelles, sur la rive gauche de la Nied.

Artillerie.

La réserve revient à Courcelles-Chaussy et le parc rentre à Metz.

c) Opérations et mouvements.

Le général Bourbaki au Major général.

8 août.

Si, comme je le suppose, aucune modification n'est apportée aux ordres que j'ai reçus de M. le maréchal Bazaine, je me mettrai en route et j'arriverai demain matin à Metz. La Garde impériale, animée du meilleur esprit, se trouve aussi dans d'excellentes conditions sanitaires. Je viens de donner, dans un ordre du jour, un récit succinct des événements récents, afin de mettre un terme aux bruits exagérés qui circulent.....

Si Votre Excellence veut envoyer au-devant de moi un des officiers de l'état-major général pour m'indiquer le terrain réservé aux troupes sous mes ordres et prescrire à M. l'Intendant de la Garde, qui est déjà rendu à Metz, de faire parquer les convois de réquisition sur les emplacements affectés à leurs divisions respectives et de faire remplir de pain ou de biscuit et de vivres toutes les voitures vides, je lui en serai très reconnaissant.

Afin de rendre libre aussitôt que possible la route suivie par le corps d'armée, j'ai prescrit, dès hier, aux *impedimenta* de se porter sur Pange et de continuer aujourd'hui leur route sur Metz, où ils doivent être arrivés en ce moment.

Réponse au rapport et ordre de mouvement.

8 août.

. . . . . La Garde impériale partira demain, 9 août, pour Metz. Elle marchera dans l'ordre suivant :

1° Le grand convoi de l'administration ;

2° La division de cavalerie avec tous ses éléments, moins les régiments des guides et des chasseurs, qui seront détachés à dater de demain matin, d'une manière permanente : les chasseurs à la division Deligny, les guides à la division Picard.

3° Les troupes et services du quartier général comprenant :
  La section et le parc du génie ;
  Les bagages ;
  Le trésor et les postes ;
  Le train régulier des équipages militaires ;
  L'ambulance du quartier général ;
  L'artillerie de réserve.

4° La division Deligny avec tous ses éléments ;

5° La division Picard avec tous ses éléments, et dont l'arrière-garde comprendra :
  Une brigade d'infanterie ;
  Le régiment des guides et deux batteries d'artillerie.

La diane sera battue à 4 heures ; les heures de départ seront fixées à 5 heures pour la cavalerie ;

6 heures, pour les troupes et les services du quartier général, dont le point de rassemblement sera entre la route et le camp des batteries de réserve. Toutes les voitures de cette fraction de la colonne seront rendues sur cet emplacement et placées dans l'ordre de marche à 6 heures moins un quart au plus tard.

7 heures, pour la division Deligny ; 8 h. 1/2, pour la division Picard. L'artillerie marchera par section ; les voitures régimentaires, celles des cantinières et autres voitures légères marcheront deux de front.

Le grand convoi de l'administration partira à 4 heures. La colonne, ayant à la droite le corps Ladmirault, n'aura pas besoin d'avoir de flanqueurs.

MM. les généraux de division donneront les ordres nécessaires pour que les moyens de transport pour les vivres qui leur sont spécialement affectés, soient réunis dans le voisinage de leur bivouac. Ils s'entendront à cet effet avec M. le chef d'état-major général.

On s'assurera dans les corps que les hommes portent, dans la poche à cartouches, les six paquets qu'ils doivent conserver, et qu'ils sont en mesure de retirer facilement du sac les quatre autres.

Il sera fait des théories dans les corps pour recommander aux hommes, lorsqu'ils sont en tirailleurs, de se tenir autant que possible à l'abri soit derrière un arbre, une pierre, un obstacle quelconque, soit en se couchant, et de tirer avec autant de calme que de précision. On devra leur recommander encore d'éviter de s'abandonner à la poursuite des tirailleurs ennemis, de tomber ainsi dans des embuscades. Des troupes postées à l'avance, dans un bois par exemple, peuvent causer beaucoup de mal à ceux qui exécutent la poursuite dans ces conditions.

L'artillerie continuera à étudier avec soin la configuration du terrain, afin de concourir le mieux possible au but proposé.

Toute troupe de cavalerie, quelque faible que soit son effectif, devra, quand elle charge isolément, se ménager toujours une réserve la garantissant elle-même d'une charge de flanc.

Dans la marche, afin d'éviter les à-coups qui se produisent et se propagent si facilement de la tête à la queue de la colonne, surtout quand la profondeur de la colonne est considérable, MM. les généraux, chefs de corps et commandants des bataillons, escadrons ou batteries, devront ménager entre leurs troupes respectives une distance suffisante pour éviter les temps d'arrêts fréquents qui occasionnent un surcroît de fatigue aux soldats.

Dès que cette distance sera jugée insuffisante, ils devront arrêter les éléments placés sous leurs ordres et ne les mettre en route de nouveau qu'après l'avoir accrue dans la proportion nécessaire. Ils auront également soin, chaque fois qu'une halte devra être de quelque durée, d'autoriser les hommes à déposer momentanément le sac.

Division Deligny.

Ordre.

Courcelles-Chaussy, 8 août.

Demain réveil à 5 heures.
Boute-charge à 6 heures.
Départ à 7 heures.

On adoptera, pour la marche, les dispositions prescrites dans l'ordre du 11 août, n° 14, avec cette modification que le 1er bataillon du 1er voltigeurs, de grand'garde aujourd'hui, restera en position jusqu'au départ de la colonne et partira le dernier. Au moment où les troupes se mettront en route, le général de division fera connaître l'emploi qui sera fait du régiment de chasseurs de la Garde mis à sa disposition et le rang qu'il occupera dans l'intérieur ou en dehors de la colonne.

Division de cavalerie.

Ordre de mouvement pour le 8 août.

La division de cavalerie partira demain, 9 août, pour Metz. Les régiments de chasseurs et de guides seront détachés, à dater de demain matin, d'une manière permanente : les chasseurs à la division Deligny, les guides à la division Picard.

Le réveil sera sonné à 4 heures et immédiatement, pour la brigade de France, boute-selle et boute-charge, de manière à pouvoir rompre à 5 heures.

L'artillerie et le général du Preuil (1) régleront leurs sonneries en raison de leur place dans la colonne.

Les colonels des régiments de chasseurs et de guides se mettront dès ce soir en relation avec les officiers généraux sous les ordres desquels ils doivent marcher, pour prendre leurs instructions.

La division de cavalerie marchera dans l'ordre suivant :

1° La 2e brigade ;

2° La 3e brigade ;

3° Les deux batteries entre les deux régiments de la brigade du Preuil moins une section de combat qui marchera après l'escadron d'avant-garde ;

4° L'ambulance, le train ;

5° Les bagages, hommes à pied et voitures régimentaires, dans l'ordre de marche et par deux de front.

Les bagages et voitures régimentaires des deux régiments détachés suivront leur régiment et marcheront dans l'ordre qui leur sera indiqué par les généraux commandant les divisions d'infanterie dans lesquelles ces régiments seront placés.

---

(1) Commandant la 3e brigade de la division de cavalerie de la Garde.

Journée du 8 août.

RÉSERVE DE CAVALERIE.

a) Journaux de marche.

1re DIVISION (DU BARAIL).

8 août.

Le 8, la division quitte Nancy à 5 heures du matin, traverse, à une distance de cinq kilomètres, le village de Champigneulles et arrive à Marbache, point de bifurcation de la route de Pont-à-Mousson et de la route de Saint-Mihiel. La colonne, jusque-là, s'est avancée par des pentes assez douces, en longeant sur sa gauche des bois et des exploitations de minerai de fer, et sur sa droite le chemin de fer de l'Est. A Marbache, elle s'engage dans une gorge un peu boisée, mais assez large, qui aboutit à un haut plateau découvert après un parcours de deux kilomètres. A Saizerais, elle trouve une bonne position, mais le village ne possède pas d'eau et la colonne ne pourrait y stationner sans se rejeter au Sud, vers Liverdun, sur la Moselle. La colonne rencontre ensuite la route de Toul à Pont-à-Mousson et elle traverse successivement les villages de Manonville et de Novéant, ce dernier à trois kilomètres seulement de Bernécourt. Elle arrive à son campement à midi, un peu fatiguée par les pentes un peu trop accusées de la route qu'elle a parcourue.

2e DIVISION (DE BONNEMAINS).

8 août.

Arrivée à Sarrebourg à 4 heures du matin. Départ à 2 heures de l'après-midi. Arrivée à Blâmont à 7 heures du soir.

3e DIVISION (DE FORTON).

La division, établie à Faulquemont le 5 au soir, a reçu l'ordre le 6, à 10 heures du matin, de se rendre à Folschwiller (route de Saint-Avold, 8 kilomètres). Elle y est arrivée le 6, à 3 heures du soir.

Le 7, à 5 h. 1/2 du matin, elle s'est mise en route pour Marienthal (route de Sarreguemines, 12 kilomètres). Arrivée vers 9 heures, elle est repartie dans la soirée, avec ordre de gagner, le plus tôt possible, Pont-à-Mousson. Elle est actuellement campée à Solgne et Luppy (21 kilomètres de Pont-à-Mousson).

La division n'a pris part à aucun engagement.

c) Opérations et mouvements.

Le général du Barail au Major général (D. T.).

Saint-Mihiel, 8 août, 6 h. 37 soir.

Reçois à 6 heures votre dépêche ordonnant de marcher immédiatement sur Metz.

Partirai à 9 heures, marcherai toute la nuit jusqu'à mon arrivée à Metz.

Je reçois à l'instant trois escadrons du 3ᵉ de chasseurs et les emmène.

Le chef d'escadron Clerc, commandant l'artillerie de la 3ᵉ division de cavalerie de réserve, au Général de division commandant en chef l'artillerie de l'armée.

Metz, 8 août.

J'ai l'honneur de vous informer qu'en exécution d'un ordre de la division de Metz, du 4 août, je suis campé avec mes deux batteries (7ᵉ et 8ᵉ du 20ᵉ régiment d'artillerie) en avant de la lunette d'Arçon, attendant de nouveaux ordres. La 8ᵉ batterie n'a pu débarquer qu'hier soir à 8 heures, ayant été dirigée jusqu'à Saint-Avold, par suite d'une erreur du chemin de fer.

Les deux batteries sont au complet.

Je suis très impatient de pouvoir rejoindre la 3ᵉ division de cavalerie de réserve, à laquelle je suis attaché; mais j'ignore encore sa position.

Annotation en marge : Restez à votre campement d'Arçon; le corps du maréchal Bazaine, aujourd'hui à Bionville, sera demain à Metz; vous rejoindrez votre division de cavalerie et prendrez les ordres du général Forton.

Journée du 8 août.

ARTILLERIE DE L'ARMÉE.

Journal du général Soleille.

.....L'Empereur venait de changer encore une fois son plan de campagne. Il se décidait à rester à Metz avec toute l'armée groupée en ce moment autour de lui.....

Le mouvement des troupes sur Châlons n'était pas commencé; la nouvelle résolution prise par l'Empereur n'apportait donc aucun changement dans les positions qu'occupaient les divers corps. Il n'en était pas de même du service des parcs d'artillerie; les ordres donnés le 7 août étaient déjà en cours d'exécution. Il fallut expédier des contre-ordres, ce qui entraîna une confusion déplorable et occasionna une sorte de mouvement de remous très préjudiciable à la concentration des munitions sur Metz, concentration qui était devenue une question capitale.

Une série de télégrammes, dont nous reproduisons les plus importants, furent adressés, dans la journée du 8 août, au général Susane, au Ministre de la guerre et au général Mitrécé à Toul.

Au général Susane (1).

Metz, le 8 août 1870.

Par nouvel ordre de l'Empereur, ce n'est plus Châlons, mais Metz qui devient le point de concentration de l'armée et de ses approvisionnements. Par conséquent, dirigez sur Metz, tant que la voie de Nancy sera libre, toutes les munitions et particulièrement les cartouches d'infanterie. Hâtez-vous de profiter de cette voie, qui a cessé d'être sûre pour les convois en deçà de Sarrebourg. Si la voie de Nancy était impossible, essayez des autres voies ferrées, par exemple de celle de Mézières.

Général Soleille.

---

(1) Directeur de l'artillerie au ministère de la guerre.

Au général Susane.

Metz, le 8 août 1870.

J'ai à Metz, dans les magasins de la place, 5,000,000 de cartouches modèle 1866. J'aurai à réapprovisionner les corps qui ont été engagés, notamment le 1er corps, et je ne connais pas encore leurs consommations. De plus, l'armée qui se concentre sous Metz sera environ de 150,000 hommes. Envoyez-moi, avant que la route de Nancy ne soit interceptée, et par d'autres voies, s'il est possible, tout ce que vous avez de disponible en fait de cartouches modèle 1866. Les parcs des 3e et 4e corps et de la Garde, qui n'ont pas été engagés, sont à peu près intacts.

Je vous ai parlé, dans une de mes dépêches d'hier, de l'approvisionnement en fusils modèle 1866; en envoyer un grand nombre dans ce moment-ci, n'est pas opportun, mais, avec votre consentement, je conserverai à Metz les 18,000 fusils qui s'y trouvent présentement et qui devaient être expédiés à destinations diverses.

Vu la précipitation des opérations de l'armement des places; vu l'insuffisance du fascinage et gazonnage, il est de la plus grande importance d'avoir un très grand approvisionnement de sacs de terre. Je vous prie d'autoriser le colonel de Girels à se procurer de la toile par achat direct. Dans le cas où la voie de Nancy viendrait à être interceptée, comme il nous faut des cartouches et des munitions à canon jusqu'au dernier moment, je vous signale Verdun comme pouvant recevoir un dépôt de munitions par voie ferrée. Ces munitions seraient en sûreté dans la place et seraient au moins une ressource pour les opérations ultérieures.

Général SOLEILLE.

Au général Mitrécé.

Metz, le 8 août 1870.

Conservez à Toul, en sûreté dans la place, le matériel qui y existe en ce moment. Ne plus rien expédier sur Châlons; faire rentrer à Toul, s'il en est temps encore, l'équipage de pont de réserve dirigé sur Châlons par le canal, et le mettre en sûreté dans la place. L'ennemi menaçant, par ses coureurs, les communications sur la route de Nancy, vous jugerez vous-même du parti à prendre pour sauvegarder, autant que possible, dans ces circonstances nouvelles, le matériel de l'artillerie.

D'après l'ordre émanant ce matin de l'Empereur, la base de concentration est Metz, mais la voie de fer qui y conduit est déjà peu sûre pour la circulation des convois; nos communications peuvent être complètement interrompues. Je vous laisse désormais maître d'aviser.

Général SOLEILLE.

La direction de Douai avait expédié à Toul 1,400,000 cartouches; le directeur général des parcs les achemina sans retard sur Metz. Le général Susane en promit de 5,000,000 à 6,000,000. Si les munitions à canons avaient afflué avec la même abondance, l'armée se serait trouvée dans de bonnes conditions.

c) Opérations et mouvements.

Le général Soleille au général Canu, à Nancy (D. T.).

Metz, 8 août (n° 491).

Rendez-vous, avec toute votre réserve, à Metz par la voie de terre. Faites une étape aujourd'hui.

Emmenez avec vous tout ce qui peut exister d'artillerie à Nancy, hommes et chevaux.

Le Ministre de la guerre au général Canu, à Nancy.

Paris, 8 août.

J'ai l'honneur de vous informer que les batteries 8 et 12 du 3ᵉ d'artillerie, organisées en batteries de montagne, attachées à la réserve générale d'artillerie de l'armée du Rhin, sont provisoirement arrêtées à Lyon.

Le général Soleille au général Mitrécé, à Toul (D. T.).

Sans date. — 8 août (?)

Par nouvel ordre de l'Empereur, le mouvement de concentration sur Châlons est arrêté; le nouveau point de concentration est Metz. En conséquence, dirigez sur Metz tout ce que vous aviez à Toul, tout ce que vous aviez à Châlons.

Hâtez-vous de profiter de la voie de Nancy tant qu'elle sera libre. Elle cesse de l'être déjà au delà de Lunéville.

Le général Mitrécé au général Soleille (D. T.).

Toul, 8 août, 5 h. 10 soir.

Aucun matériel du grand parc n'existe à Toul (1). J'envoie un officier pour y ramener l'équipage de pont. Je ferai partir d'abord moitié des troupes du parc pour Metz; l'autre moitié me semble indispensable à Toul, avec le sous-directeur et deux officiers, pour y mettre en sûreté le matériel que peut y amener le chemin de fer et qui ne pourrait pas passer outre.

J'attendrai la rentrée de l'équipage de pont, puis je partirai pour Metz avec le reste de mon état-major.

Le général Soleille au colonel Gobert, à Épinal (D. T.).

Metz, 8 août (n° 195).

L'ennemi a passé le Rhin et envoie des coureurs fort avant devant lui; faites évacuer vos parcs (2), par la voie ferrée, sur Langres.

Le même au colonel Artus (3), *à Auxonne* (D. T.).

Metz, 8 août (n° 196).

L'ennemi a passé le Rhin sur plusieurs points dans la haute Alsace. Gardez à Auxonne tout ce que vous avez.

Le même au colonel Hennet, à Vesoul (D. T.).

Metz, 8 août (n° 197).

L'ennemi a passé le Rhin et envoie des coureurs fort avant devant lui; faites évacuer votre parc (4), par la voie ferrée, sur Besançon.

---

(1) Réponse à un télégramme du général Soleille. (Voir Journal du général Soleille, page 919.)
(2) Le parc du 5e corps.
(3) Commandant le 2e régiment du train d'artillerie.
(4) Le parc du 7e corps.

Le Directeur du parc du 5ᵉ corps au Général commandant l'artillerie de l'armée du Rhin, à Metz.

Épinal, 8 août, 5 h. 28 soir.

En même temps que votre dépêche, qui me prescrit d'aller à Langres, on m'en communique une autre du général d'artillerie du 7ᵉ corps, qui ordonne au directeur de son parc d'arrêter son mouvement sur Langres, parce que la nouvelle du passage du Rhin est controuvée.

Je suspends mon départ jusqu'à de nouveaux ordres.

PLACES FORTES.

Journal de la défense de la place de Metz.

8 août.

Ordre est donné d'établir des ponts par groupes de trois sur tous les cours d'eau et leurs bras, en amont et en aval de Metz ; le travail sera exécuté, sous la direction du lieutenant-colonel Salanson, par les ingénieurs des ponts et chaussées de Metz et par ceux du chemin de fer, savoir :

Les trois ponts sur la Seille, en bas du ravin de Queuleu par le corps franc du chemin de fer ;

Les trois ponts du bras mort, ceux des deux bras du Saulny par M. Petsch, ingénieur des chemins de fer de l'Est, avec le concours du commandant Lallement.

Ces douze ponts seront construits aux frais de la compagnie de l'Est, sauf remboursement ultérieur par l'État. On met en réquisition des bateaux sur le bras mort, les chevalets de l'École régimentaire du génie, une partie de son matériel de radeaux, des bois pris au Saulny chez M. Goller, marchand de bois à Metz ; enfin l'arsenal du génie confectionne des chevalets, poutrelles et madriers, pour près de 100 mètres de pont.

A l'aval, l'ingénieur Léonard, aidé du commandant de génie de Villenoisy, jette un pont de chevalets, au droit de la lunette 195 de la Pyrotechnie, en y employant un matériel assez médiocre, pris par réquisition au service de l'artillerie. Deux autres ponts, l'un de radeaux, l'autre de chevalets, sont établis avec des arbres abattus sous l'île Chambière.

Sur le bras d'aval navigable, l'ingénieur Derame établit quatre ponts (1) sur culées et piles en pierres sèches avec du bois acheté au commerce dans l'île Chambière.

Il est également ordonné :

De compléter la communication du fort Queuleu avec la route descendant à la Seille par le château de Queuleu ;

De boucher les cheminées et fenêtres de magasins à poudre et d'en descendre les paratonnerres ;

De suspendre les travaux de chemin de fer, joignant la gare à l'arsenal d'artillerie et terminer le pont sur la Seille avec un tablier ordinaire ;

De faire, en amont du pont, un tunnage avec les bois coupés aux environs. On prend chez M. Gougué, marchand de bois, à côté du Pâté, des bois de chauffage pour le tablier de ce tunnage ainsi que pour les chaussées dans les prairies marécageuses de la Seille.

Le capitaine Boyenval a mission de charger les fourneaux du pont-barrage d'Ars et de préparer ceux des ponts sur le canal et le bras usinier.

Le directeur des fortifications transmet au commandant du génie l'ordre suivant du commandant supérieur : « Conformément aux lois et règlements qui régissent l'état de siège, je vous invite à mettre immédiatement en exécution les dispositions souscrites par les soumissionnaires, qui possèdent des constructions, clôtures ou dépôts de matériaux dans l'étendue des zones de servitudes de la place de Metz ». Le directeur des fortifications recommande également l'application des dispositions de l'article 245 du décret du 13 octobre 1853, pour faire disparaître, sur le terrain militaire et dans la zone des servitudes, tout ce qui peut offrir quelque couvert à l'ennemi et abréger ou faciliter ses travaux d'approche, notamment les haies vives et les arbres des plantations formant massif.

Le général Crespin, commandant la 5e division militaire, au Major général.

Metz, 8 août.

Je viens de recevoir du commandant d'armes de Phalsbourg la dépêche suivante :

« Phalsbourg ne possède que 450 hommes d'infanterie de ligne,

---

(1) Il semble, d'après les documents ultérieurs, qu'il y ait là une erreur de chiffre. Trois ponts seulement furent d'abord construits sur le petit bras navigable, en aval du pont suspendu. Le 13, le quatrième pont était encore en projet.

50 canonniers et 600 hommes de garde mobile, complètement incapables de participer à la défense. Il en résulte que la place n'est pas à l'abri d'une attaque de vive force. Je demande que la place ait son effectif normal de 2,500 hommes. »

En conséquence, j'ai l'honneur de prier Votre Excellence de pourvoir à la sûreté de la place de Phalsbourg, que je ne puis garnir avec les troupes sous mes ordres, dans la 5e division militaire.

Fort de Lichtenberg.

Le sous-lieutenant Archer, du 96e de ligne, commandant le fort de Lichtenberg, au maréchal de Mac-Mahon.

Lichtenberg, 8 août (n° 9).

J'ai l'honneur de rendre compte à Votre Excellence que, dans la soirée du 6, la nuit du 6 au 7 et toute la journée du 7, un assez grand nombre de militaires, appartenant aux différents corps des 1er et 5e corps d'armée, se sont réfugiés au fort de Lichtenberg placé actuellement sous mon commandement.

Le 7, à 3 heures du matin, M. le général Ducrot, commandant la 1re division du 1er corps, qui avait passé la nuit au fort, a emmené avec lui tous les militaires isolés qui m'étaient arrivés jusqu'à ce moment. Depuis, j'en ai reçu environ 209. Dans ce nombre se trouvent plusieurs hommes blessés, dont trois dangereusement ; les autres, après quelques jours de repos, pourront reprendre leur service.

J'ai fait établir une ambulance dans l'une des chambres du fort, au moyen des fournitures de troupe que j'ai à ma disposition ; je pourrais au moins recevoir une quarantaine de blessés ; mais il n'y a pas de médecins, celui d'Ingwiller, situé à 7 kilomètres du fort, et qui est chargé de la visite sanitaire du détachement, ne pouvant venir régulièrement, par suite de l'occupation de ce dernier village par l'ennemi.

Des troupes ennemies m'ayant été signalées dans la journée d'hier, se dirigeant sur Saverne, et ne sachant positivement où les différents régiments des 1er et 5e corps avaient reçu l'ordre de se concentrer, je n'ai pu laisser partir isolément des portions aussi faibles. D'ailleurs, d'après une dépêche télégraphique reçue hier au soir de M. le général commandant la 6e division militaire, le fort de Lichtenberg étant proclamé en état de siège, à partir de ce moment je ne puis laisser sortir aucun homme de la place, sans un ordre de l'autorité supérieure.

J'ai donc l'honneur de prier Votre Excellence de vouloir bien me faire connaître quelles sont ses intentions au sujet des militaires qui se sont réfugiés au fort depuis trois jours. Actuellement, tous les sous-officiers, caporaux et soldats concourent au service de la place pour la défense du fort et ceux disponibles sont mis à la disposition de l'artillerie pour achever les travaux qui avaient été commencés depuis peu.

Avant l'arrivée de ces militaires isolés, la garnison du fort se composait de la 2e section de la 1re compagnie du 4e bataillon du 96e de ligne (1 officier, 1 sergent, 4 caporaux et 22 soldats), et d'un détachement de 5 hommes du 5e d'artillerie, commandé par un maréchal des logis, pour le service des pièces. Si le renfort qui m'a été prêté par les militaires réfugiés au fort m'était enlevé, par suite du départ de ces derniers, je prierais Votre Excellence de me faire connaître si le fort de Lichtenberg doit demeurer avec une garnison relativement très faible, dans les circonstances actuelles.

Ci-joint des états nominatifs, par régiment, des militaires réfugiés au fort. Jusqu'à ce jour, j'ai assuré leur nourriture au moyen du biscuit de réserve, car pour le pain, il est impossible de s'en procurer une quantité suffisante, et pour la viande, j'ai envoyé des réquisitions au maire qui me procure tout le bétail et autres denrées qui me sont nécessaires.

Quant à la solde, je ne puis leur en donner, n'ayant pas d'argent à ma disposition.

M. Mazoyer, sous-lieutenant au 17e, est arrivé hier matin au fort; plus de la moitié de sa compagnie, avec une partie du cadre, a également rejoint au fort.

M. Brun, chef de musique du 18e, m'est arrivé hier matin.

Inventaire des pièces d'artillerie, des munitions de guerre et des approvisionnements existant actuellement dans le fort.

	8 août.
Obusiers de 15	3
Canons obusiers de 12 léger	4
Obus de 15 léger	420
Boîtes à balles de 12 léger	30
Boulets sphériques de 12	320
Obus sphériques de 12	240
Boîtes à balles de 12	40
Poudre en barils pour bouches à feu lisses	1,700 kilos.
Cartouches modèle 1866 pour chassepôts	45,023
Coffres à munitions pour l'approvisionnement des pièces	260
Biscuit d'approvisionnement	67,000 kilos.
Bois, environ	1,000 kilos.

RENSEIGNEMENTS

Le Sous-Préfet de Schlestadt au Major général, à Metz.

Schlestadt, 8 août, 9 h. 42 matin.

Nous avons été l'objet d'une fausse alerte. Marckolsheim, Sundhausen, dont je fais attaquer les postes télégraphiques, me répondent : le premier, que les Prussiens sont encore au Sponeck et en grand'garde, et les douaniers ont tous été rappelés à Brisach ; que quelques Prussiens ont passé en bateau, qu'alors ils ont perdu la tête, n'ayant pas d'armes. Le second n'a rien appris, mais je crains que les feux de la montagne forêt Noire qui ont été vus depuis Marckolsheim et Obenheim n'aient été signe réjouissance. Le maire Sundhausen affirme cependant avoir vu foyer lumière sur tous les points culminants.

Le Sous-Préfet de Mulhouse au maréchal Canrobert, au camp de Châlons.

Mulhouse, 8 août, 4 h. 30 soir.

Pas de nouvelles de l'armée ; notre territoire dans le Haut-Rhin est encore intact ; agitation extrême à Mulhouse pendant que 7º corps nous abandonne ; citoyens crient aux armes et me demandent des fusils.

Le Ministre de la justice à l'Empereur (D. T.).

Je signale à Votre Majesté la dépêche suivante de Vienne :

Havas-Paris, 8 août, 3 h. 40 soir.

« *Nouvelle Presse*, chroniqueur militaire croit que armée prince royal, après bataille de Wœrth, se dirigera vers Sarreguemines, pour arriver à temps à la bataille principale..... »

Le Ministre de la guerre au Major général (D. T.).

Paris, 8 août. Dép. 4 h. 45 (nº 21769).

Le préfet de Colmar me fait savoir qu'il n'y a rien encore en deçà du Rhin, qu'il est probable que les forces se portent sur Saverne par la rive droite et qu'il y aurait, suivant lui, intérêt à prévenir le maréchal Mac-Mahon.

Un Agent de Luxembourg au Major général.

Luxembourg, 8 août, 9 h. 30 soir.

Aujourd'hui lundi, habitants de Trèves prévenus, me dit-on, de l'arrivée pour demain, mardi 9 août, de 40,000 hommes destinés à remonter la Sarre par toutes les voies, de manière à être mis en ligne, demain, pour fin de la journée.

On ne peut dire les numéros de ces régiments. Le général Steinmetz, réputé entreprenant, commande l'armée de la Sarre.

Le prince Frédéric-Charles commande l'armée du Centre et se trouverait, depuis dimanche soir, à Sarrebrück. Il commande l'armée de Mayence et toutes les troupes expédiées sans cesse, par trains de grande vitesse, d'au delà du Rhin, et même de Berlin.

L'armée du Sud, commandée par le prince royal, forme l'autre aile.

Le Roi aurait transporté aujourd'hui son quartier général à Kaiserslautern et se rendrait à l'armée du Centre.

Ce matin sont arrivés 5,000 bœufs à Trèves, destinés à suivre l'armée.

Tactique de l'armée prussienne est de noyer et écraser l'armée française par des masses supérieures en nombre.

Le général Douay, commandant le 7° corps, au Major général.

Belfort, 8 août.

Un Français, venu de Bâle, y a entendu dire que les Prussiens devaient, dans la nuit du 6 août, jeter un pont sur le Rhin. (Dépêche télégraphique du sous-préfet de Mulhouse.)

Le 6 août, vers 9 h. 1/2 du soir, un train ordinaire et paraissant fort chargé, a descendu la ligne badoise. Ce train transportait probablement des troupes, car le 7 août au point du jour, le village de Rheinweiler était encombré de troupes qui s'occupaient de faire des tranchées du côté de Niffer. Des troupes ennemies descendent des coteaux du grand-duché de Bade, du côté du petit Kembs (Klein-Kembs) et d'Istein. (Renseignement fourni par le capitaine des douanes de Kembs, le 7 août, corroboré par une dépêche du maire de Niffer.)

La journée du 9 août.

GRAND QUARTIER GÉNÉRAL.

a) Journaux de marche.

Journal de marche de l'armée du Rhin.

Par décret impérial, le maréchal Bazaine est nommé commandant en chef des 2e, 3e et 4e corps. Le général Decaen est nommé commandant du 3e corps. Une fraction de l'état-major général est désignée pour constituer l'état-major général du commandant en chef des trois corps ci-dessus (1).

L'ordre est donné à ces trois corps et à la Garde d'occuper sur la Nied française une position défensive, s'étendant, la droite à Pange, la gauche aux bois de Hayes et de Cheuby. Une deuxième position défensive est indiquée sous Metz, rive droite de la Moselle, comme position de retraite, la gauche à la Moselle, la droite au chemin de fer de Metz à Nancy.

Le 1er et le 5e corps continuent leur mouvement de retraite sur Châlons. Le 1er corps se rend à Blâmont (2), sa division de cavalerie se porte à Lunéville (3). Le 5e corps dirige son quartier général, sa 1re et sa 2e division à Réchicourt-le-Château, sa 3e division et sa division de cavalerie à Cirey (4).

---

(1) Voir page 139.
(2) Et Domèvre, où se trouvent la 1re division et la réserve d'artillerie.
(3) Sauf la brigade de Septeuil qui se trouve, le 9, à l'Est de Domèvre.
(4) La division de cavalerie du 5e corps est, en réalité, à Badonviller.

Le 2ᵉ corps, le 3ᵉ, le 4ᵉ et la Garde marchent sur la Nied, pour s'y concentrer en occupant les positions suivantes : le 2ᵉ corps, à Brulange (1), le 3ᵉ à Pont-à-Chaussy, sa 4ᵉ division à Bionville (2), le 4ᵉ corps, son quartier général au château de Gras ; sa 1ʳᵉ division entre Glattigny et Cheuby ; sa 2ᵉ à l'Ouest de Glattigny ; sa 3ᵉ entre Cheuby et les hauteurs en avant de Sainte-Barbe. La Garde impériale, du village de Mont à la Tuilerie (3).

Les divisions d'infanterie du 6ᵉ corps reçoivent l'ordre de se concentrer à Metz.

Le 7ᵉ corps a sa 1ʳᵉ division (Conseil-Dumesnil) à Blâmont avec le 1ᵉʳ corps et sa 2ᵉ à Belfort (4).

La 1ʳᵉ division de la réserve de cavalerie arrive à Saint-Mihiel, la 2ᵉ à Lunéville, la 3ᵉ arrive à Metz et s'installe à Montigny-les-Metz.

La réserve générale d'artillerie, venue de Nancy, arrive tout entière à Metz.

Notes du général Coffinières.

9 août.

L'Empereur se rend à Faulquemont dans la pensée qu'une bataille pourra s'engager sur la Nied, du côté des Étangs.

Le maréchal Canrobert et le général Changarnier arrivent à Metz (5).

La 1ʳᵉ brigade du 6ᵉ corps (maréchal Canrobert) arrive dans la nuit.

Le général Decaen remplace le maréchal Bazaine dans le commandement du 3ᵉ corps.

b) Organisation et administration.

Le Maréchal Bazaine au général de Ladmirault.

9 août.

Par décret impérial en date du 9 août 1870, M. le maréchal Bazaine, commandant du 3ᵉ corps de l'armée du Rhin, a été nommé au commandement en chef des 2ᵉ, 3ᵉ et 4ᵉ corps de cette armée.

---

(1) Autour de Remilly.
(2) A Silly-sur-Nied et Pont-à-Chaussy.
(3) Du village de Mont à la ferme de Béville.
(4) 3ᵉ division à Lyon, division de cavalerie à Belfort et Lyon.
(5) Le général Changarnier était arrivé le 8 août, dans la soirée.
(M. Piétri à M. Changarnier, avocat à Autun, D. T. Metz, 9 août.)

Son état-major est composé de la manière suivante :

Le général de brigade Manèque, chef d'état-major général ;

Le lieutenant-colonel de Kleinenberg, sous-chef d'état-major général ;

Le chef d'escadron Tiersonnier, les capitaines Adorno de Tscharner, de Locmaria, Costa de Serda, Foucher, de Vaudrimey-Davout, attachés à l'état-major général.

Le commandement ou la direction des différents services du commandement en chef des 2e, 3e et 4e corps est confiée, savoir :

Le commandement de l'artillerie à M. le général de division de Rochebouët ;

Le commandement du génie à M. le général de division Vialla ;

La direction des services administratifs à M. l'intendant militaire Friant.

Par décret en date du même jour, M. le général de division Decaen, commandant la 4e division d'infanterie du 3e corps d'armée, a été appelé au commandement du 3e corps, en remplacement de M. le maréchal Bazaine ; M. le général Decaen entrera en fonctions aujourd'hui 9 août.

c) Opérations et mouvements.

L'Empereur au Major général, à Metz (D. T.).

Faulquemont, 9 août, 9 h. 20 du matin.

Le général de Ladmirault ne peut et ne doit pas changer de position.

La division Grenier de son corps l'a rallié ce matin.

Tout le 3e corps va s'établir sur la rive gauche de la Nied française.

La Garde va s'établir à Colligny, Puche et Ogy.

Que le général Ladmirault s'établisse militairement, sa droite à hauteur des Étangs, sa gauche à Glattigny, et qu'il fasse exécuter les ouvrages de campagne nécessaires.

Qu'il fasse, en outre, observer Sainte-Barbe et toutes les routes venant de la frontière et aboutissant sur sa gauche.

Cabinet du Major général, à Metz.

9 août.

Le maréchal Bazaine va occuper demain une première position défensive, sur la rive gauche de la Nied française ; cette position présente une ligne brisée dont la partie de droite faisant face à l'ennemi, sur la ligne des hauteurs qui s'étendent sur la rive gauche de la Nied française, depuis Pange jusqu'au village des Étangs. La partie de gauche en retour et presque en équerre sur la partie de droite, s'étendra du village des Étangs jusqu'à Glattigny, faisant face aux bois des Hayes et de Chcuby. Le développement de la position sera d'environ 12 kilomètres. Les bois de Hayes et de Cheuby devront être occupés fortement jusqu'à leur lisière du côté de l'ennemi.

Le 3ᵉ corps garnira la partie de droite et le 4ᵉ corps garnira la partie de gauche. Les troupes de ces deux corps formeront deux lignes avec des réserves en troisième ligne.

La Garde impériale, comme réserve générale, prendra position sur la hauteur qui s'étend entre le château de Maizery et le village de Silly, à cheval sur la grande route de Metz à Saint-Avold.

Si l'ennemi attaque demain matin, c'est sur cette première position défensive que l'armée recevra la bataille.

Le Maréchal commandant en chef arrêtera, aussitôt que possible, toutes les dispositions nécessaires pour que le génie et l'artillerie des 3ᵉ et 4ᵉ corps et même de la Garde impériale rendent le plus possible inabordables à l'ennemi le front et les deux flancs de la position, au moyen de travaux adaptés aux formes du terrain.

S'il arrivait que l'armée fût forcée de quitter cette première position défensive, sur la rive gauche de la Nied, le Maréchal commandant en chef lui ferait opérer sa retraite sur le camp retranché de Metz, de manière à venir occuper, comme seconde position défensive, la position très belle qui se trouve en avant des forts de Queuleu et de Saint-Julien.

Dans ce cas, le général de Ladmirault appuierait sa gauche vers la Moselle, il aurait sa droite à la grande route de Metz à Sarrelouis.

Le 3ᵉ corps se lierait par sa gauche au corps du général de Ladmirault, il aurait sa droite à la grande route de Metz à Strasbourg.

Le général Bourbaki lierait sa gauche à la droite du 3ᵉ corps, l'appuyant à la grande route de Metz à Strasbourg, il aurait sa droite vers le chemin de fer de Metz à Sarrebrück, occupant fortement la hauteur de Haute-Bévoye et le télégraphe de Mercy.

Le général de Ladmirault gagnerait la seconde position défensive en avant du fort Saint-Julien en faisant passer ses colonnes par les villages de Noisseville, Nouilly et Mey.

Le 3ᵉ corps gagnerait ses emplacements sur la seconde position défensive par la grande route de Metz à Sarrelouis, par la grande route de Metz à Saint-Avold et par les chemins qui relient entre elles ces deux grandes routes.

Le général Bourbaki viendrait prendre ses emplacements sur la deuxième position défensive à la Haute-Bévoye par Ogy, Marsilly, Ars-Laquenexy, Mercy-lez-Metz.

Le Maréchal commandant en chef indiquera, aussitôt que possible, au général Forton qui est en marche de Pont-à-Mousson sur Metz, l'emplacement qu'il devra occuper, soit en arrière de notre première position défensive, soit en arrière de la deuxième.

S'il arrivait que le général du Barail, qui est en ce moment en marche de Saint-Mihiel sur Metz, fût arrivé demain, dans la journée, à proximité de Metz, le Maréchal commandant en chef qui en serait avisé, lui indiquerait l'emplacement qu'il aurait à occuper avec sa division.

Sur la première, comme sur la deuxième position défensive dont il s'agit ci-dessus, l'infanterie sera disposée, autant que possible, sur deux lignes, avec de fortes réserves en troisième ligne.

Si le général Frossard, comme il y a tout lieu d'espérer, peut gagner a première position défensive sur la Nied française, en temps opportun, il prendra l'emplacement que le commandant en chef jugera le plus convenable et, dans ce cas, le Maréchal commandant en chef arrêterait les dispositions nécessaires pour que ce corps prît sur la deuxième position défensive, c'est-à-dire sous Metz, l'emplacement qui a été assigné ci-dessus à la Garde impériale; et, dans ce cas, le Maréchal commandant en chef assignerait à cette Garde un emplacement où il l'aurait dans sa main comme réserve générale.

L'artillerie du général Canu se tiendra sur le point où elle se trouve en ce moment (grande route de Metz à Sarrelouis et à Sarrebrück), à la disposition du Maréchal commandant en chef.

Les dispositions qui précèdent ne peuvent être et ne seront considérées, par M. le Maréchal commandant en chef, que comme des indications générales dont il pourra tenir compte dans les limites qui lui paraîtraient convenables.

(Sans signature).

Journée du 9 août.

1er CORPS.

a) Journaux de marche.

Journal de marche du 1er corps d'armée.

Blâmont, 9 août.

Le 1er corps quitte Sarrebourg à 4 heures du matin.

La 1re et la 3e division suivent un chemin de traverse qui remonte la rive droite de la Sarre, et laisse la grande route de Blâmont à droite; elles passent par Lorquin et Cirey. Les 2e et 4e divisions et la division Conseil-Dumesnil suivent la grande route, ainsi que l'artillerie de réserve et la cavalerie.

Vers 10 heures du matin, les têtes de colonnes arrivent à Blâmont. L'artillerie de réserve et la 1re division s'établissent à Domèvre sur Vezouse, en avant de Blâmont; le reste de l'infanterie s'installe entre Domèvre et Blâmont, la cavalerie Septeuil en arrière de Blâmont. La division Bonnemains et les deux brigades de la division Duhesme se portent à Lunéville où elles couchent le 9.

Le 5e corps se met en route en même temps que le 1er et va camper à Réchicourt, en suivant des chemins de traverse au Nord de la grande route de Sarrebourg à Blâmont.

Distribution de pain et de viande.

Extrait des souvenirs inédits du maréchal de Mac-Mahon.

Le 9 août, le 1er corps vint coucher à Blâmont, la cavalerie à Lunéville.

c) Opérations et mouvements.

Le maréchal de Mac-Mahon au Major général, à Metz (D. T.).

Blâmont, 9 août, 11 h. 30 matin.

J'arrive à Blâmont avec nos cinq divisions d'infanterie; hier soir, l'ennemi n'avait qu'une division de cavalerie en avant de Sarre-Union. J'arriverai demain à Lunéville. Il peut être opportun de prescrire au général de Failly de faire sauter quelques ponts du chemin de fer. Il serait possible d'obtenir de nos populations de rompre, pendant la nuit, le chemin de fer au pouvoir de l'ennemi.

Le maréchal de Mac-Mahon au Général commandant l'artillerie du 1er corps.

Au quartier général, à Blâmont, 9 août.

Ordre de mouvement.

Demain 10 août, les troupes du 1er corps quitteront leurs bivouacs, à 4 h. 1/2 du matin, pour aller coucher à Lunéville.

Les corps établis à Blâmont suivront la grande route, et se mettront en mouvement dans l'ordre ci-après :

Brigade de Septeuil;
Génie;
Division du 7e corps, général Conseil-Dumesnil;
3e division.

La 1re et la 4e division, sous les ordres du général Ducrot, prendront une route de traverse qui longe à gauche la route de Blâmont à Lunéville, et passe entre cette route et la forêt de Mondon.

L'artillerie de réserve établie à Domèvre sur Vezouse et toutes les voitures appartenant aux batteries divisionnaires qui ne marchent pas avec leurs divisions respectives, partiront à l'heure qui sera fixée par M. le général Forgeot.

Journée du 9 août.

2e CORPS.

a) Journaux de marche.

Journal de marche du 2e corps.

9 août.

La division Bataille prend la tête de la colonne, à 3 heures du matin; elle est suivie immédiatement par la division de Laveaucoupet; la brigade Lapasset vient ensuite; elle avait quitté le village d'Hellimer, sans être trop inquiétée par l'ennemi, qui se montrait en force à 4 kilomètres en arrière du village et dont les éclaireurs vinrent seuls escarmoucher, pendant les premiers moments de la marche, avec les cavaliers d'arrière-garde de la brigade. La division de cavalerie qui forme l'extrême arrière-garde du corps d'armée, quitte Altroff, à 2 heures du matin, et arrive à 5 h. 1/2 à Gros-Tenquin, où elle attend que la division Vergé ait défilé à son tour.

Le général Frossard se met en route de sa personne derrière la 2e division.

Après avoir dépassé le village de Berig d'un kilomètre, on trouve à droite un chemin de grande communication qui, passant par Landroff, va rejoindre la grande route à Brulange et abrège ainsi de 4 kilomètres.

Le commandant du 2ᵉ corps prend ce chemin avec la brigade Valazé, couvrant ainsi le flanc droit du corps d'armée pendant sa marche jusqu'à Brulange. Là, il apprend que les Prussiens ont cessé de le suivre et qu'ils ont pris la route de Pont-à-Mousson.

Ce renseignement est confirmé, à son arrivée à Remilly, par les rapports des paysans et des habitants.

A Brulange, la colonne formée par le corps d'armée rejoint les convois partis la veille au soir. Ceux-ci reçoivent aussitôt l'ordre de continuer leur marche sur Remilly.

Les divisions campent autour de Remilly au fur et à mesure qu'elles arrivent; la division de cavalerie s'établit au bivouac dans la prairie qui s'étend au pied du village, à 7 heures du soir. L'artillerie de réserve et le parc du génie vont jusqu'à Lemud, au delà.

La nuit du 8 au 9 a été affreuse; la pluie n'a cessé de tomber à torrents et la division Vergé, n'exécutant pas l'ordre donné, a quitté ses bivouacs et est descendue sur la route qu'elle a encombrée. Il en résulte une certaine confusion dans la marche des colonnes; mais l'ordre se rétablit pendant la route. Les troupes n'avaient pas eu de distributions régulières et complètes depuis trois jours; à Puttelange, l'administration ne pouvant assurer le service des vivres, avait fait donner un supplément de solde, 0 fr. 80, par homme et par jour; malgré ces circonstances fâcheuses, malgré la privation de nourriture, de sommeil, malgré une nuit passée sans abris contre le mauvais temps, le 2ᵉ corps exécuta dans cette journée, sans laisser un homme ni une voiture en arrière, une marche forcée de 32 kilomètres.

3ᵉ DIVISION (DE LAVEAUCOUPET).

Le 2ᵉ corps d'armée, débarrassé de ses bagages, continue son mouvement de retraite.

La 2ᵉ division prend la tête de colonne à 3 heures du matin.

La 3ᵉ division doit la suivre immédiatement et la 1ʳᵉ division marchera après la 3ᵉ.

A 3 heures du matin, la division de Laveaucoupet se forme sur la route, dans l'ordre de marche suivant :

    Le 24ᵉ de ligne ;
    Le 40ᵉ de ligne ;
    Le 2ᵉ de ligne ;
    L'artillerie ;
    Le 63ᵉ de ligne, d'arrière-garde.

La colonne se met en mouvement; mais en arrivant à Gros-Tenquin, elle est obligé de s'arrêter, la division Vergé ayant quitté ses positions et encombré la route.

Ce n'est que vers 7 heures que la division parvient à démarrer du village de Gros-Tenquin.

La marche est lente et pénible ; les chemins sont détrempés et les hommes, dont plusieurs ont perdu leurs sacs avec les vivres de réserve et leurs tentes, dans les journées des 6 et 7 août, se trouvent, après une nuit passée à la belle étoile, sous une pluie battante, d'autant plus fatigués que, depuis le 6, les distributions ont presque complètement manqué.

La division rencontre le convoi parti la veille (à Brulange), s'établit en colonne serrée à gauche de la route, en arrière de la division Bataille, arrêtée pour faire le café et fait, comme cette dernière, une grand'halte de deux heures.

Elle se remet en route à midi 1/2 à la suite de son convoi, poussant ainsi au delà du point où elle devait primitivement s'arrêter et va camper en avant de Remilly.

L'administration distribue une ration de biscuit et une ration de viande.

Brigade mixte Lapasset du 5ᵉ corps.

L'ennemi étant en force à 4 kilomètres de Hellimer, la brigade mixte part à 1 heure du matin et arrive à Aubécourt à 8 h. 1/2 du soir, sans engagement sérieux.

c) Opérations et mouvements.

Le Major général au général Frossard.

Metz, 9 août, 3 heures du matin.

J'ai reçu votre rapport et je le mettrai sous les yeux de l'Empereur. Je donne des ordres (1) pour qu'on expédie du sucre, du café, du riz et du sel sur la gare de Remilly où se trouve accumulé déjà du biscuit. Je suis prévenu que des forces considérables peuvent, dès ce soir, arriver sur notre gauche. Il est donc essentiel qu'en continuant à opérer notre retraite en bon ordre, vous marchiez aussi vite que possible pour permettre au 3ᵉ corps, à la Garde et au 4ᵉ corps qui forme l'extrême-gauche de venir le plus tôt possible prendre position sous Metz. Restez

---

(1) Le Major général envoya à cet effet, à l'Intendant général, le capitaine Sabouraud, aide de camp du général Frossard, qui lui fit connaître la situation du 2ᵉ corps.

lié avec le 3ᵉ corps qui séjournera aujourd'hui à Faulquemont. Prenez les ordres du maréchal Bazaine.

Restez en communication constante avec le maréchal Bazaine.

Le maréchal Bazaine au général Frossard, à Gros-Tenquin.

Faulquemont, 9 août, 8 h. 30 matin.

Vous avez dû recevoir, du Major général, l'ordre de séjourner sur vos positions. Ce matin je dirige votre convoi sur Gros-Tenquin.

Le Major général me prévient qu'il est possible que nous soyons attaqués aujourd'hui, et indique notre gauche comme le point choisi par l'ennemi.

M. le général de Ladmirault est campé aux Étangs, sur la rive gauche de la Nied française; la Garde est dans les environs de Pange, également sur la rive gauche.

Mes quatre divisions du 3ᵉ corps sont établies sur la rive gauche de la Nied allemande, se reliant à M. le général de Ladmirault.

Quant à vous, mon cher Général, si l'attaque devenait vraiment sérieuse, comme vous devez, ainsi que nous, rallier Metz le plus tôt possible, il serait bien que vous vinssiez vous établir à Han-sur-Nied et à Remilly.

Il est probable que je porterai aujourd'hui mon quartier général à Courcelles-Chaussy.

Le même au même.

Faulquemont, 9 août.

L'Empereur vient de venir à Faulquemont et donne des ordres formels et pressants pour que vous gagniez, aussi rapidement que possible, Han-sur-Nied et Remilly, et, si vous le pouvez, après un repos, venir même, pendant la nuit, à Courcelles-sur-Nied. Sa Majesté autorise que l'on prenne des voitures de réquisition, partout où l'on pourra en trouver, pour porter les sacs des hommes.

Les nouvelles que l'on a de l'ennemi font croire à une concentration de ses forces et il aurait l'intention de nous attaquer dans nos positions. Ses efforts se porteraient plutôt vers la droite.

Le général Frossard au Major général (D. T.).

Remilly, 9 août.

Je suis arrivé ici à 3 heures avec mon corps d'armée en bon ordre et la brigade Lapasset. Mes hommes sont fatigués, mais ardents. Je partirai demain matin pour la concentration devant Metz, où j'irai occuper la position de Mercy-le-Haut.

Je demande qu'on y fasse diriger des vivres à l'avance.

Du général Frossard, commandant le 2ᵉ corps.

Ordre de mouvement.

Demain, 10 août, le 2ᵉ corps terminera son mouvement de concentration en avant de Metz (14 kilomètres).

Pour éviter l'encombrement, le parc d'artillerie de réserve qui est à Lemud et le parc du génie se mettront en marche à 2 heures du matin. A la même heure, toutes les voitures des services administratifs partiront de Remilly.

Les bagages des corps voyageront en tête de leurs divisions respectives.

La 3ᵉ division ouvrira la marche à 4 heures précises, elle accélérera son mouvement de telle sorte que la 1ʳᵉ division, qui la suit, puisse partir à 5 heures.

La 2ᵉ division se mettra en marche à 6 heures, la brigade Lapasset à 7 heures.

La division de cavalerie à 7 h. 1/2.

L'ambulance du quartier général, le trésor et les bagages du quartier général marcheront entre la 1ʳᵉ et la 2ᵉ division.

L'arrière-garde sera fixée comme dans la marche d'aujourd'hui.

Le corps d'armée s'arrêtera et campera sur la position de Mercy-le-Haut sur la route de Strasbourg. Des vivres y seront réunis.

Journée du 9 août.

3ᵉ CORPS.

a) Journaux de marche.

Journal de marche du 3ᵉ corps d'armée.

9 août.

Le 9 août, le quartier général du 3ᵉ corps fut transporté à Pont-à-Chaussy ; la 1ʳᵉ division à Pange en avant de Colligny ; la 3ᵉ de Mont à

Pont-à-Chaussy ; la 2ᵉ à Pont-à-Chaussy ; la 4ᵉ à la hauteur de Silly ; la cavalerie derrière la 4ᵉ division et l'artillerie derrière la cavalerie (1).

1ʳᵉ DIVISION (MONTAUDON).

Le maréchal Bazaine, commandant le 3ᵉ corps, arrive en personne à Faulquemont à 6 heures du matin. La division reçoit l'ordre de partir à 9 heures pour Pange (2), passant devant la 3ᵉ division qui, ce jour-là, doit couvrir la retraite.

La 2ᵉ brigade part d'abord (3) avec le convoi, puis l'artillerie et enfin la 1ʳᵉ brigade. Arrivée à Many, une fausse indication fait continuer la division sur Remilly et la jette en ce point sur le 2ᵉ corps qui lui barre le chemin, et coupe la 1ʳᵉ brigade et le convoi jusqu'à 2 heures du matin.

Le 3ᵉ chasseurs à cheval a reçu l'ordre, au départ de Faulquemont, de se porter rapidement sur Gros-Tenquin où le convoi du 2ᵉ corps est compromis. Il rallie le convoi, le ramène à Remilly, après un léger engagement de cavalerie où il a un officier blessé et où il fait 8 prisonniers.

A 2 heures du matin la division est réunie à Sanry-sur-Nied (4).

2ᵉ DIVISION (DE CASTAGNY).

La division va de Fouligny à Urville, près Pont-à-Chaussy. Départ à 1 heure du soir, arrivée à Mont à 7 heures.

3ᵉ DIVISION (METMAN).

Le 9 août, la division va de Faulquemont à Mont, village situé sur la hauteur en arrière de Pange. La Garde impériale, les 2ᵉ, 3ᵉ et 4ᵉ corps

---

(1) Voir pour les emplacements exacts des éléments du 3ᵉ corps les journaux de marche qui suivent.

(2) Il ne s'agissait à ce moment que de replier toutes les troupes de la division sur la rive gauche de la Nied allemande.

(3) D'après les *Souvenirs militaires du général Montaudon*, la division « prend les armes vers 2 heures de l'après-midi... » (Page 85.)

(4) D'après les *Souvenirs du général Montaudon*, une brigade bivouaqua à 11 heures du soir près de Sanry-sur-Nied, et l'autre à quelques kilomètres en arrière (page 85). Voir à ce sujet : Journée du 9 août, page 110.

sont réunis autour de ce point. Dans la marche du 9, la division formant l'arrière-garde a dû laisser passer devant elle tous les convois et toutes les troupes et elle n'est arrivée à Mont qu'à minuit.

1re brigade (DE POTIER).

Le 9 août la division quitte Faulquemont pour se rendre à Pange, où elle arrive à la nuit, et vient camper à 2 heures du matin sur la Nied, à gauche de la route de Pange à Chaussy.

4e DIVISION (DECAEN).

Repos le matin. Reconnaissance par le général de divison qui doit disposer ses troupes de manière à observer les abords de la Nied dans la direction de Boulay.

Dans l'après-midi, la division reçoit l'ordre de continuer son mouvement de retraite sur Metz, et d'aller camper à Silly-sur-Nied.

La 2e brigade part à 3 heures et prend position en arrière de Silly.

La 1re, avec l'artillerie, la cavalerie et les bagages de l'administration, ne part qu'à 8 heures du soir. Ces dernières troupes campent à Pont-à-Chaussy.

DIVISION DE CAVALERIE (DE CLÉREMBAULT).

Les troupes touchent du pain, du biscuit et de la viande pour les hommes; de l'avoine et de la paille pour les chevaux.

Un sous-officier par brigade est envoyé pour chercher les bagages à Faulquemont; ces derniers rallient entre midi et demi et une heure.

A 1 h. 45, ordre de lever immédiatement le camp, d'aller s'installer à cheval sur la route de Metz à Silly-sur-Nied.

La division rompt à 3 h. 1/2; dès sa sortie de la ville, elle se heurte à la division Decaen qui suit la même direction.

Les corps arrivent à Pont-à-Chaussy à 5 heures; l'emplacement du bivouac est changé et établi à Pont-à-Chaussy sur le côté droit de la route se rendant à Metz, à hauteur de la réserve d'artillerie.

Les bagages n'arrivent qu'à 9 h. 1/2; comme la veille, les officiers ne peuvent dîner que fort tard et sont obligés de perdre ainsi le bénéfice d'une petite nuit de repos que les fatigues des jours précédents rendaient indispensable.

Ordre de lever le camp le 10 août, à 3 heures du matin et de faire exécuter, à 2 heures, une reconnaissance par la brigade de chasseurs.

Réserve d'artillerie.

La réserve d'artillerie quitte le bivouac d'Arriance à 10 heures pour se rendre à Pont-à-Chaussy près des Etangs, où se trouve le général de Ladmirault, qu'on suppose devoir être attaqué par sa gauche. Après plusieurs ordres et contre-ordres, la réserve d'artillerie finit par camper en dessus de Pont-à-Chaussy, près du parc du château d'Urville, faisant face à Boulay.

Renseignements sur les marches, opérations militaires et travaux exécutés par le service du génie du 3ᵉ corps.

9 août.

Le matin, la compagnie de chemins de fer met la gare de Faulquemont hors de service et obstrue la voie en y échouant une locomotive et trois wagons; puis elle fait sauter le pont de Herny et commence les travaux de destruction du pont de Remilly, qui sont interrompus par l'ordre de M. le général Frossard.

L'état-major du génie va s'établir, dans l'après-midi, à Pont-à-Chaussy et reconnaît les positions sur la rive droite de la Nied française. La réserve couche à Courcelles-Chaussy.

c) Opérations et mouvements.

Le Major général au maréchal Bazaine, à Faulquemont (D. T.).

Metz, 9 août, 2 h. 45 matin. Expédiée à 3 h. 30 matin.

Séjournez à Faulquemont pour rester lié avec le général Frossard. Conservez la Garde, en lui indiquant une position qui lui permette de vous appuyer efficacement au besoin. Un nouvel avis, qui m'arrive à l'instant, m'indique que l'ennemi est en marche sur notre gauche.

Donnez l'ordre au général Ladmirault de rester en position sur votre gauche pour la couvrir. J'écris directement aux généraux Bourbaki et Ladmirault pour éviter tout malentendu. J'écris également au général Frossard, par un de ses officiers, de rester en communication constante avec vous et de se conformer à vos ordres. Donnez-leur vos instructions sans tarder. Tâchez de concentrer le plus tôt possible sous Metz le 2ᵉ, 3ᵉ, 4ᵉ corps et la Garde qui sont tous placés sous vos ordres et doivent s'y conformer strictement.

Faites-vous éclairer très au loin par votre cavalerie légère.

Le même au même (D. T.).

Metz, 9 août, 5 h. 20 matin.

Avez-vous reçu mon télégramme de cette nuit qui vous prévient d'une attaque possible ?

Répondez-moi sur-le-champ et faites-moi connaître les dispositions que vous prenez.

Le maréchal Bazaine au Major général, à Metz (D. T.).

Faulquemont, 9 août, 6 h. 15 matin.

Oui, j'ai reçu votre télégramme de cette nuit et, depuis 1 h. 1/2, j'expédie des ordres partout.

Le 3ᵉ corps doit défendre les positions qu'il occupe sur la rive gauche de la Nied, le général de Ladmirault couvrant sa gauche et devant avoir une division vers Glattigny.

La Garde reste sur la rive gauche de la Nied française, et le général Bourbaki a l'ordre de faire reconnaître tous les passages afin de se porter, où besoin sera, sur le front d'attaque, selon les circonstances.

Je ne le fais pas passer immédiatement sur la rive droite, parce qu'il peut être utile également au général de Ladmirault.

J'ai prévenu le général Frossard qui est à Gros-Tenquin, dans le cas d'une attaque sérieuse, de venir sur Guessling, afin de pouvoir prendre demain sa direction sur Metz, tout en concourant à couvrir le peu de voie ferrée qui nous reste dans cette direction et sur laquelle se trouve appuyée notre droite.

Il est probable que dans la journée j'établirai mon quartier général à Courcelles-Chaussy.

Le même au même (D. T.).

Faulquemont, 9 août, 7 h. 55 matin.

Je viens de m'entendre avec le général Vialla pour inutiliser le parcours de la voie ferrée entre Saint-Avold et Faulquemont.

On va faire sauter un pont de 4 mètres de portée, en passage supérieur, situé à 1600 mètres seulement au delà de la ville.

On obstruera en outre la voie, en échouant quelques wagons de ballast.

Le Major général au maréchal Bazaine en marche de Saint-Avold sur Metz.

9 août, 10 h. 1/2 matin. Dépêche portée par le commandant de l'Espée, parti à 11 h. 1/2.

Par ordre de l'Empereur, le général Frossard, qui en ce moment est en marche de Puttelange, sur la route de Puttelange à Nancy, reçoit itérativement l'avis qu'il doit se porter sur Metz, afin de s'y joindre aux forces que vous allez y amener. Il est invité à marcher de manière à ne pas contrarier vos mouvements.

L'Empereur attend de vos nouvelles.

Le Major général au maréchal Bazaine.

Metz, 9 août.

J'ai l'honneur d'envoyer à Votre Excellence, par deux officiers de mon état-major, les instructions de l'Empereur concernant les dispositions à prendre en prévision d'une attaque prochaine de l'ennemi (1). Je vous prie de vouloir bien me faire connaître, par le retour de ces officiers, les renseignements que vous avez pu recueillir depuis ce matin.

Le maréchal Bazaine au général Montaudon.

Faulquemont, 9 août.

Ce matin, après la soupe mangée à 9 heures, vous changerez l'emplacement actuel de vos troupes de manière que toute votre division soit placée sur la rive gauche de la Nied allemande, observant et gardant les points de passage en avant de votre front.

Vous viendrez établir votre quartier général à Faulquemont et vos troupes devront être placées de la manière la plus militaire possible pour la défense de votre ligne et, en même temps pour vous relier, par votre gauche, avec la division Metman qui aura son quartier général à Hémilly.

Faites reconnaître immédiatement, par votre état-major, les positions que vous croirez devoir occuper pour le but que je vous indique, et,

---

(1) Pour ces instructions, se reporter à la page 139.

vôtre mouvement fait, envoyez un de vos officiers rendre compte à mon chef d'état-major de vos positions.

Vous ne laisserez à Faulquemont, tout en en gardant le passage, que, au plus, un régiment avec un peu de votre cavalerie pour vous tenir en relations avec le général Frossard, qui est toujours à Gros-Tenquin.

Le maréchal Bazaine au général Decaen.

Pont-à-Chaussy, 9 août.

Le mouvement qui s'exécute sur toute la ligne, pour passer sur la rive gauche de la Nied française, est la conséquence du projet pris par l'ennemi, qui, effectivement, paraît se diriger en grande force sur notre droite.

L'Empereur est venu de sa personne à Faulquemont pour s'assurer que ce mouvement serait exécuté ce soir; il faut donc faire tous vos efforts pour venir vous établir aux points qui vous ont été assignés et, comme vous avez peu de distance à parcourir, il me semble qu'en faisant manger la soupe à 4 heures, vous avez parfaitement le temps d'être campé avant la nuit. Surtout faites filer vos impedimenta et qu'ils aillent s'établir en arrière de vos campements; on les retrouvera là.

Le général Decaen au maréchal Bazaine, à Faulquemont (D. T.).

Position en face de Bionville, Marange et Boulay, 9 août, 10 h. 30 matin.

Je vous prie en grâce de ne pas me faire faire de mouvement aujourd'hui. Les hommes sont rendus de fatigue, la soupe n'est pas mangée, et il faudrait encore y renoncer ce soir. Enfin, j'ai dit à M. Duverney, chef d'escadron (1), l'état moral que j'ai constaté. Hier, arrivé à 11 h. 1/2 du soir, avec une pluie battante, manquant de moral (j'ai le regret de vous le dire); il leur faut un peu de repos et de la soupe ce soir. De plus, arrivé hier soir à onze heures, j'ai dû, ce matin de bonne heure, aller rectifier les emplacements pris sans y voir. Ils n'ont donc pu se reposer.

J'attends vos ordres.

---

(1) Appartenant à l'état-major du 3ᵉ corps.

Le colonel de Sansal, commandant le 3ᵉ régiment de chasseurs à cheval, au Général commandant la 1ʳᵉ division du 3ᵉ corps.

Rapport sur l'exécution de la mission, confiée le 9 août 1870, au 3ᵉ régiment de chasseurs, de rechercher, sur la route de Gros-Tenquin, un convoi destiné au 2ᵉ corps, de faire rétrograder ce convoi et d'assurer sa direction sur le village de Morhange.

J'ai l'honneur de vous rendre compte de l'exécution de l'ordre qui m'enjoignait de rechercher un convoi qui appartenait au 2ᵉ corps et d'assurer soit sa rétrogradation sur Faulquemont, soit sa marche sur Morhange, direction du corps auquel il appartenait.

Parti de Faulquemont, vers 10 h. 1/2 du matin, avec tout mon régiment, j'arrivai un peu avant midi à hauteur du village d'Altroff, village distant d'environ deux kilomètres de Gros-Tenquin, sur lequel le convoi avait été dirigé. Tous les renseignements obtenus en route m'avaient signalé le convoi comme ayant au moins deux heures d'avance; les informations que je pris à Altroff m'indiquèrent de plus que le convoi, n'ayant point rencontré à Gros-Tenquin le 2ᵉ corps, avait pris la direction de Morhange pour se mettre sur ses traces. Une douzaine de voitures retardataires étaient seules restées à Altroff, et Gros-Tenquin, me disait-on, n'en contenait plus une seule.

Dans ces circonstances, je fis immédiatement mettre en route les voitures retardataires et jugeai à propos de les suivre avec ma colonne, ne dirigeant sur Gros-Tenquin qu'un seul escadron qui devait, après s'être assuré qu'il n'y restait personne, me rallier à quelques kilomètres de là.

L'escadron dirigé sur Gros-Tenquin avait une avant-garde qui, à peine entrée dans le village, fut vigoureusement attaquée par un peloton ennemi composé de uhlans et de cuirassiers, commandés par un officier.

M. le sous-lieutenant du Gardier, qui commandait le peloton de chasseurs, a donné l'exemple de beaucoup de vigueur et d'énergie; tous les chasseurs rivalisèrent d'entrain, et l'ennemi fut culbuté en un clin d'œil. L'escadron vint d'ailleurs servir de soutien, pas assez tôt cependant pour que tout l'honneur ne restât au peloton d'avant-garde. Ce peloton a tué 7 hommes à l'ennemi, lui a fait 7 prisonniers et s'est emparé de 9 chevaux.

M. le sous-lieutenant du Gardier, seul, servant de but à l'attaque des Prussiens, a été blessé de trois coups de lance et a dû, ne pouvant plus suivre la colonne, être laissé chez le curé de Gros-Tenquin.

Le commandant du détachement cite comme s'étant particulièrement distingués :

M. le sous-lieutenant du Gardier, blessé de trois coups de lance;

Le maréchal des logis Larrieu, qui a tué le uhlan qui avait blessé son officier et a mis en fuite d'autres assaillants;

Le maréchal des logis Veyrent, qui a déjà abattu plusieurs Prussiens depuis l'ouverture de la campagne;

Les chasseurs Le Noc, déjà médaillé, Champel et Maleval.

Après cette rencontre, l'escadron rejoignit la colonne, qui continua sa marche sur Morhange, puis sur Remilly, où elle rencontra enfin le convoi qu'elle cherchait depuis le matin. Laissant ce convoi au 2e corps, établi à Remilly, le 3e chasseurs est arrivé à son bivouac à 11 heures du soir.

Je dois signaler que, pendant la plus grande partie du trajet, j'ai eu l'occasion de reconnaître des vedettes et des détachements prussiens qui surveillaient, particulièrement à l'abri des bois, tous les mouvements de la route.

Division Decaen.

Ordre de mouvement.

Bionville, 9 août.

A 3 heures, la 2e brigade sera prête à marcher avec ses bagages, pour aller prendre un campement à Silly-sur-Nied, sa droite appuyée à Silly et sa gauche dans la direction de la route de Metz à Boulay, ce qui rendra sa direction parallèle à peu près à la Nied française; elle aura environ sept kilomètres à parcourir. Le sous-intendant militaire de la division s'occupera immédiatement d'assurer ses vivres, à dater de demain matin, par des moyens de transport. Les bagages de cette brigade la suivront immédiatement. Elle campera en colonne par bataillons à distance entière.

La 1re brigade restera provisoirement sur le terrain qu'elle occupe et y fera la soupe; toutefois, elle prendra l'emplacement qui avait été désigné pour la 2e brigade, et le général de Brauer s'en informera immédiatement auprès du général Sauglé-Ferrière; il commencera à établir son nouveau campement aussitôt que la 2e brigade sera partie.

Le quartier général de la division sera établi, à partir de 3 heures, à la ferme de Itzing (1), placée immédiatement en arrière de la 1re brigade.

La 1re batterie de combat à marcher sera dirigée par le colonel Maucourant et marchera immédiatement après la 2e brigade, avant les

---

(1) 2 kilomètres au Nord-Ouest de Bionville.

bagages, avec 15 mulets de cacolets, qui seront immédiatement chargés.

La cavalerie de la division campera immédiatement entre la 1re brigade et le quartier général, et près de ce dernier point.

Le sous-intendant et tous les services administratifs se rendront immédiatement en arrière de la 1re brigade, autour d'un arbre isolé qui lui a été indiqué. Il choisira même en arrière le terrain qui lui conviendra le mieux.

Du général de Berckeim. — Ordre de mouvement.

Bivouac d'Arriance, 9 août.

La réserve d'artillerie quittera aujourd'hui son bivouac d'Arriance pour se rendre à Pont-à-Chaussy, en passant par Berlize, Maizeroy et Chevillon. L'ordre de la marche sera le suivant :

Les deux batteries de combat du 4e ;
La batterie de combat du 11e ;
Les quatre batteries de combat du 17e ;
Les réserves, dans le même ordre.

La batterie Lécrivain commencera son mouvement à 9 h. 1/2.

Commander un brigadier et deux hommes à cheval du 17e pour servir d'escorte au convoi du sous-intendant, qui emporte les vivres qu'on n'a pas pu distribuer ce matin.

Journée du 9 août.

4e CORPS.

a) **Journaux de marche**.

Journal de marche du 4e corps d'armée.

Le quartier général se transporte de Glattigny au château de Gras.

La 1re division remonte des Étangs vers Glattigny et prend position entre ce village et Cheuby.

La 2e division arrive à minuit et campe en réserve derrière la droite de la 1re division d'infanterie, à l'Ouest de Glattigny.

La 3e division prend position entre Cheuby et les hauteurs en avant de Sainte-Barbe.

L'artillerie, les réserves, près du château de Gras.

La cavalerie à droite et à gauche du château de Gras, le long du chemin du Petit-Marais à Sainte-Barbe.

L'administration dans le fond de la vallée, près du village de Vantoux; elle monte ses fours de campagne.

1re DIVISION (DE CISSEY).

Séjour au bivouac des Étangs. Nous voyons arriver plusieurs divisions sur notre droite.

2e DIVISION (GRENIER).

A 5 heures du soir, départ de la 2e division pour Glattigny, où elle va reprendre sa place dans le corps d'armée du général de Ladmirault, qu'elle avait quitté momentanément. A 11 h. 1/2, dans la nuit, elle reprend son campement derrière la 1re division du 4e corps, entre Petit-Marais et Glattigny.

3e DIVISION (DE LORENCEZ).

La division part, à 3 heures du matin, de Silly pour se rendre à Chieulles, en passant par Maison-Isolée, Retonfey, Petit-Marais. Arrivée à ce point, elle reçoit du général en chef l'ordre de se porter à Sainte-Barbe, où on annonçait une attaque de l'ennemi. Elle prend position face au bois de Cheuby, sur deux lignes : la première à 800 mètres du bois; l'artillerie à gauche, sur la hauteur qui domine Avancy, Vigy et Vry. Le village de Cheuby, placé à la droite, est mis en état de défense. La 1re division (général de Cissey) est à la droite de la division; l'ennemi ne se présente pas.

DIVISION DE CAVALERIE (LEGRAND).

Le 9 août, la brigade de dragons détachée à Silly se porte au Petit-Marais.

Le jour même, la 1re brigade se porte à la ferme de Châtillon, pour revenir ensuite au Petit-Marais.

c) Opérations et mouvements.

Le Major général au général de Ladmirault (D. T.).

9 août, 3 heures du matin.

Un avis qui me parvient à l'instant me prévient que l'ennemi se concentre sur notre gauche et que nous pourrions être attaqués, par des forces considérables, ce soir ou demain matin. En conséquence, prenez sans tarder les instructions du maréchal Bazaine, sous les ordres duquel vous êtes placé, et attendez-les avant de faire aucun mouvement. Le Maréchal est à Faulquemont où il doit séjourner pour rester lié avec le général Frossard, qui se trouve à droite du Maréchal. Éclairez-vous très au loin, en avant et à gauche, avec votre cavalerie, pour avoir des nouvelles de l'ennemi et empêcher que l'ennemi en reçoive de nous. La Garde impériale reste en réserve en arrière du Maréchal : si vous êtes attaqué, employez beaucoup votre artillerie, car l'ennemi en fait grand usage. Veillez surtout du côté de Vry.

Le général de Ladmirault au Major général.

Sainte-Barbe, 9 août, 10 h. du matin.

Déjà mon camp était levé, mes troupes en marche et mes convois arrivés aux portes de Metz, lorsque l'ordre de Votre Excellence m'est arrivé de prendre des positions défensives et de me préparer à recevoir une attaque.

Malgré des embarras de toute sorte, à 8 heures les troupes étaient placées, occupant le terrain depuis Glattigny jusqu'au delà du village de Sainte-Barbe, observant la route de Metz à Bouzonville et la route de Boulay près les Étangs. Les bois et les hauteurs ont été occupés et la position me paraîtrait assez avantageuse pour recevoir une attaque et la repousser.

Malheureusement, les troupes me manquent et ma droite se trouve tout à fait découverte, laissant ainsi libre la vallée de la Nied à hauteur de Silly-sous-Bois.

Hier, 8 août, des troupes de la Garde y ont assis leur bivouac; mais, aujourd'hui, elles se sont repliées je ne sais dans quelle direction. Depuis cinq jours je manœuvre avec deux divisions seulement; la 2ᵉ division (général Grenier) a été prise par M. le maréchal Bazaine et est restée avec lui sans que je puisse avoir de ses nouvelles. J'ai cherché à me mettre en relation avec M. le maréchal Bazaine ; j'ai envoyé hier un officier à son quartier général : il n'est point encore revenu. Je me regarde donc comme parfaitement isolé avec deux divisions seulement.

Depuis cinq jours mes troupes sont en marche : la journée d'hier, 8 août, a été très pénible par suite d'un orage qui nous a inondés d'eau. La pluie n'a cessé de tomber en abondance pendant toute la nuit; les hommes sont restés debout, sans sommeil, mais pouvant faire de grands feux.

Les chevaux de la cavalerie et les attelages de l'artillerie sont horriblement fatigués ; ils ont passé la nuit du 8 au 9 août dans des bourbiers profonds.

Dans cet état de choses, les troupes de mon corps d'armée ont le plus grand besoin de repos et d'un bivouac tranquille. Il vaudrait mieux, pour mon corps d'armée, se retirer sous les murs de Metz que de rester exposé à supporter seul les attaques de l'ennemi.

J'ajouterai que si je ne suis pas renseigné sur les positions des troupes sur ma droite, je n'en possède réellement aucune information sur ma gauche.

Cette nuit, j'ai poussé très loin mes avant-postes ; j'en avais jusqu'à 6 kilomètres dans deux directions différentes. Boulay a été reconnu ce matin : nulle part on n'a signalé de troupes prussiennes, si ce n'est quelques détachements d'éclaireurs. Les habitants et les voyageurs ont fait les mêmes observations.

Le général de Ladmirault au maréchal Bazaine.

Sainte-Barbe, 9 août.

J'ai reçu votre lettre datée de Faulquemont, que m'a apportée M. le lieutenant-colonel d'état-major Grangez du Rouet. J'ai cherché, pendant plusieurs jours, à me mettre en relation avec vous, sans pouvoir y réussir, les distances étaient trop grandes. Je me suis relié, le mieux que j'ai pu, avec les troupes du 3e corps et de la Garde. Aujourd'hui, 9 août, j'occupe les positions dominantes de Glattigny jusqu'au delà de Sainte-Barbe. J'occupe de plus en avant une forte position aux Étangs qui bat le pont de la Nied, et qui est reliée fortement avec les positions de Glattigny. Le côté faible pour moi serait à droite, entre Glattigny et Silly-sur-Nied. Je n'ai pu faire occuper cette trouée, ne disposant que de deux divisions, la division Grenier n'ayant pu me rejoindre ; mais je suis rentré en relation avec le général Bourbaki qui se rapproche le plus de la vallée de la Nied, je l'ai prié de se rallier à ma droite ; il m'a promis son concours. Je puis donc y compter.

Aujourd'hui, 9 août, la reconnaissance faite par le 2e hussards, que j'avais dirigé au delà de Boulay, a été attaquée inopinément par un grand détachement de uhlans prussiens. Le capitaine Jouvenot, qui commandait l'escadron a été tué d'une balle ; M. le sous-lieutenant Carrelet a été blessé, mais a pu continuer à rester à cheval. Deux hussards ont été tués et un autre blessé (1).

---

(1) Une reconnaissance d'un demi-escadron est envoyée sur Boulay, 40 hussards du 4e escadron, commandés par M. le capitaine Jouvenot, y prennent part. A Volmérange, un homme du pays prévient le capi-

Cette reconnaissance, qui s'était avancée assez loin, n'a pu découvrir aucune troupe d'infanterie.

Le général de Ladmirault au Major général, à Metz.

Quartier général au château de Gras, 9 août.

J'ai l'honneur de vous informer que je me suis établi avec mes deux divisions entre Glattigny et Sainte-Barbe, en occupant fortement la position des Étangs, qui commande le pont sur la Nied. Je me suis mis en relation avec le général Bourbaki, commandant la Garde impériale, pour faire appuyer ma droite, qui se trouvait complètement découverte.

Quant à la 2e division (Grenier), qui m'était annoncée pour aujourd'hui, elle ne m'est point encore signalée.

Ce matin, j'ai fait diriger une reconnaissance au delà de Boulay. Elle a été attaquée inopinément par un fort détachement de uhlans. Le capitaine commandant l'escadron (2e hussards), M. Jouvenot, a été tué, avec lui deux hussards ; M. le sous-lieutenant Carrelet a été blessé, ainsi qu'un hussard. La reconnaissance n'a aperçu aucune troupe d'infanterie, mais les habitants affirment qu'il y en a vers Coume et Teterchen.

Toutes mes dispositions sont prises pour recevoir une attaque qui pourrait avoir lieu ce soir ou demain, et mes recommandations sont faites pour exercer la plus grande vigilance pendant la nuit.

Le Major général au 4e corps (sic).

Metz, 9 août.

Le corps du général Ladmirault s'étendra à gauche, de la Moselle au ravin de Nouilly et Vallières.

---

taine que les Prussiens sont signalés à Boulay. M. le capitaine-commandant Jouvenot divise sa troupe en deux fractions, laisse l'une en troupe de soutien, avec M. Gautier, capitaine en deuxième et Hainglaise sous-lieutenant, et pointe, avec l'autre fraction, sur 40 uhlans qui, la lance en arrêt et de pied ferme, s'apprêtaient à lui barrer la route de Sarrelouis. Il fait une trouée dans la ligne ennemie et la met en déroute, mais tombe percé de trois coups de lance et meurt instantanément. Le sous-lieutenant Carrelet, qui l'accompagnait, est blessé grièvement, ainsi que les hussards Romain, Peuchot et Poquet. 3 chevaux, 5 lances, 4 pistolets restent entre les mains du 4e escadron, dont la belle conduite est annoncée à la division par un ordre du général de Cissey. » (*Historique du 2e hussards.*)

Le quartier général au château de Grimont.

La 3ᵉ division (Lorencez), quartier général à Châtillon (1). La division en avant de Châtillon, sur le coteau marqué 216, à cheval sur la route de Bouzonville par Kédange.

La 1ʳᵉ division (de Cissey), quartier général à Mey, les troupes en avant de la cote 261, route de Bouzonville par Burtoncourt, descendant au ravin de Nouilly par un petit bois et un four à chaux.

La 2ᵉ division (Grenier), quand elle arrivera, sera en réserve vers le fort Saint-Julien.

La cavalerie, dans le fond de prairies, entre le bois de Grimont et la route de Bouzonville par Kédange. Le génie va lui faire des rampes pour aller à la Moselle. Déjà se trouve là la brigade de cavalerie légère, arrivée le matin.

Le convoi vient de s'établir près de l'eau, sur un coteau entre Mey et Vantoux. Une compagnie du 15ᵉ, qui escortait le trésor, était en ville sur la place d'armes. Elle appartient à la division Lorencez ; elle a donc été dirigée immédiatement, après la soupe mangée, à hauteur de Châtillon où arrivera demain sa division.

Tout ce qui précède a été vu et entendu avec le lieutenant-colonel Saget, sous-chef d'état-major général du 4ᵉ corps, qui est retourné auprès du général Ladmirault pour lui en rendre compte.

Le 4ᵉ corps reste aujourd'hui dans la position qu'il occupe à quelques lieues de Metz.

Le général de Ladmirault au général commandant la division de cavalerie.

Château de Gras, 9 août.

Note.

La plus grande vigilance est recommandée à tous les postes de grand'-gardes, postes avancés et sentinelles pour éviter toute surprise. MM. les officiers préviendront leurs hommes de se méfier des alertes. Les hommes de l'intérieur du camp ne devront pas avoir leurs armes chargées, et, en cas d'alerte, les cavaliers et artilleurs devront se saisir des bridons et se porter à la tête de leurs chevaux sans s'occuper de les harnacher. Demain le réveil aura lieu à trois heures du matin, sans sonneries ni tambours ; le café sera préparé à la même heure. Les tentes et les bagages des hommes seront ployés et les sacs disposés à être chargés ; mais les hommes auront eu soin d'en retirer toutes les cartouches pour les mettre dans leurs poches ou dans leurs musettes.

---

(1) 1 kilomètre au Nord de Saint-Julien.

En cas d'attaque, les sacs seront disposés, réunis par compagnies et placés sous la garde des hommes malingres. A trois heures, la cavalerie sellera, l'artillerie harnachera ses chevaux et les pièces seront attelées.

Si le combat s'engage, MM. les généraux de division et de brigade prêteront l'attention la plus grande au point menacé, pour lui porter rapidement tout l'aide et tous les renforts possibles.

MM. les généraux commandant les divisions devront diriger leur artillerie sur les points les plus efficaces.

M. le général commandant l'artillerie fera appuyer les attaques par l'artillerie de réserve.

La réserve de cartouches de chaque bataillon sera placée à proximité.

Demain matin, à trois heures et demie, des reconnaissances seront poussées dans la direction de Bouzonville par la division de Lorencez et dans celle de Boulay par la division de Cissey. Agir avec beaucoup de prudence et de circonspection.

Le général de Lorencez au général de Ladmirault.

Sainte-Barbe, 9 août.

Les reconnaissances dirigées en avant et sur le flanc gauche de la position ne signalent nulle part la présence de l'ennemi.

Je viens de visiter les avant-postes : aucun incident ne s'y est produit cette nuit.

Les officiers chargés du service des renseignements s'accordent à dire que les Prussiens sont en force à Bouzonville, Teterchen, Ottonville, Coume et Boucheporn, avec peu de monde à Boulay, et que leurs mouvements semblent annoncer l'intention de se porter sur Saint-Avold.

L'ennemi paraît vouloir considérer le pays qu'il occupe comme lui appartenant; il y fait exécuter la loi prussienne sur le recrutement; les hommes de 18 à 40 ans sont enlevés à leurs foyers et dirigés sur l'intérieur. De 200 à 400 jeunes gens de la ville de Boulay ont quitté leur famille pour échapper à cette obligation et étaient ce matin aux avant-postes de la 1re division. Les vivres requis pour l'armée prussienne sont payés sur-le-champ et les officiers acquittent exactement leurs dépenses.

Les officiers chargés du service des renseignements (un dans chaque corps de la division) s'acquittent de leur mission avec autant de dévouement que d'intelligence; malheureusement ils ne sont pas montés et il est douteux qu'ils puissent résister longtemps aux fatigues d'un tel service. D'un autre côté, il y aurait intérêt, au point de vue de la transmission rapide des renseignements et de l'étendue de leurs explorations, qu'un cheval leur fut attribué. J'ai l'honneur de vous en faire la demande.

Le général Laffaille (1) *au colonel Luxer.*

Sainte-Barbe, 9 août.

J'ai l'honneur de vous inviter à diriger, dans le plus bref délai possible, toute la partie disponible du parc du 4ᵉ corps, sur le village de Sainte-Barbe que vous occuperez aujourd'hui.

Vous voudrez bien envoyer, quelques heures à l'avance, un officier qui recevra les instructions nécessaires pour l'établissement de votre parc.

Journée du 9 août.

5ᵉ CORPS.

a) Journaux de marche.

Journal de marche du 5ᵉ corps d'armée.

Avant le départ de Sarrebourg des 1ᵉʳ et 5ᵉ corps, tout le matériel roulant du chemin de fer de Strasbourg reçoit l'ordre de se replier sur Nancy.

Afin de pouvoir vivre plus facilement dans son mouvement de retraite, sans trop épuiser le pays, le 5ᵉ corps est partagé en trois colonnes.

La division Goze, la brigade Maussion de la division l'Abadie, l'artillerie de réserve et les ambulances sont dirigées sur Lunéville par Réchicourt.

La division Lespart et la cavalerie doivent suivre les routes de Cirey et de Baccarat.

Le général de Failly marche avec la colonne de droite, qui doit se rendre, le 9, à Réchicourt.

---

(1) Commandant l'artillerie du 4ᵉ corps.

L'ordre de départ avait été donné, la veille au soir, pour 4 h. 1/2 du matin, de Lixheim, pour les divisions Goze et L'Abadie. Le 1ᵉʳ corps devant s'écouler d'abord par la route de Nancy et le chemin de fer, le départ du 5ᵉ de Sarrebourg n'a lieu qu'à 7 heures, afin de ne pas gêner le mouvement du 1ᵉʳ.

Le temps devient très mauvais; la pluie ne cesse de tomber et rend la marche très pénible.

Parties à 7 heures du matin de Sarrebourg, les troupes de la fraction principale du 5ᵉ corps arrivent à Réchicourt, vers 2 heures de l'après-midi, après avoir parcouru une distance de 25 kilomètres par une pluie battante, et traversé les villages de Bebing, Heming et Gondrexange (division Goze).

Les employés de l'administration, ayant devancé la colonne, rassemblent avec peine des vivres. Le pain est acheté chez l'habitant lorsqu'on peut en trouver. La viande sur pied et les fourrages sont trouvés plus facilement lorsque les maires des villages environnant le gîte d'étape peuvent être prévenus à temps. Ce mode de vivre fut le seul qui put être employé par le 5ᵉ corps pendant toute la durée de cette triste campagne.

Quelques heures après son arrivée à Réchicourt, le général de Failly reçoit du Major général des instructions qui lui prescrivent de marcher sur Nancy, au lieu de continuer sa route sur le camp de Châlons.

Dans la soirée une reconnaissance est faite sur une locomotive par un officier de l'état-major dans la direction de Dieuze. Cet officier apprend par les habitants et les employés du chemin de fer, que des partis de cavalerie ennemis ont déjà été signalés près de Dieuze et que de fortes colonnes marchent sur Château-Salins (1).

Journal de marche du 5ᵉ corps, rédigé par le capitaine de Piépape.

Le général en chef reçoit du Major général les instructions suivantes qui lui sont apportées par le capitaine d'état-major de France, à Réchicourt, où s'est transporté ce jour-là le corps d'armée (2) :

---

(1) Le Journal de campagne du capitaine de Lanouvelle dit, au contraire, que le commandant Perrotin ne rapporta aucune nouvelle de l'ennemi. Le Journal de marche du capitaine de Piépape place cette reconnaissance au 10 août.

(2) Le Journal de marche du 5ᵉ corps rédigé par le colonel Clémeur, et approuvé par le général de Failly en 1873, mentionne l'arrivée de ces

« L'ennemi est entré à Sarralbe et paraît se diriger sur Nancy où il peut être dans cinq jours.

« Vous êtes probablement instruit de ce mouvement par vos renseignements particuliers et dans ce cas vous aurez pris des mesures pour dérober votre corps à l'ennemi. Quoi qu'il en soit, l'Empereur maintient l'ordre qu'il vous a donné de vous diriger en toute hâte sur Nancy et c'est vers ce but que doivent tendre tous vos efforts, en forçant votre marche s'il est nécessaire.

« C'est seulement dans le cas où vous vous verriez devancé à Nancy par l'ennemi, que, pour ne pas vous mettre dans la nécessité de lutter contre des forces supérieures, vous devriez, tout en continuant votre marche, prendre une direction plus à gauche, vers Langres par exemple. Cette éventualité venant à se réaliser, vous auriez à le faire connaître à l'Empereur par le télégraphe en faisant passer votre dépêche par Paris. Je ne saurais, du reste, vous trop recommander de me tenir au courant plusieurs fois par jour, si c'est nécessaire, de vos mouvements, de ce qui vous arrive et des renseignements qui vous parviennent.

« A Nancy, l'Empereur vous appellera à Metz et vous indiquera votre retraite soit sur Châlons soit sur Paris. »

. . . .

Extrait du Journal du capitaine de Lanourelle, de l'état-major du 5ᵉ corps de l'armée du Rhin.

9 et 10 août.

Le 1ᵉʳ corps prit la grande route et arriva le soir à Blâmont, le lendemain 10 à Lunéville et Marainviller.

Le 5ᵉ corps forma plusieurs colonnes sur les routes latérales, savoir :

1° Division Lespart, l'ambulance, par Imling, Lorquin, Bertrambois, à Cirey, le 9 au soir ;

Par Badonviller, à Baccarat le 10 au soir ;

2° Divisions Goze et l'Abadie, artillerie de réserve, mulets de cacolets ;

Quartier général par Héming et Réchicourt le 9 au soir ;

Par Avricourt, Embermesnil, à Lunéville le 10 ;

3° La division de cavalerie Brahaut, retardée par son expédition de la veille, eut l'ordre d'arriver au moins à Lorquin le 9, à Baccarat le 10 au soir, où elle rejoignit la division Lespart.

---

instructions, à Lunéville, le 10 août seulement. Cette version semble erronée, ainsi qu'il résulte de la lecture du rapport du capitaine de France. (Voir Journée du 9 août, page 119.)

Il est facile de remarquer qu'entre Sarrebourg et Heming, de même qu'entre Marainviller et Lunéville, la même route a été suivie par le 1er corps et par la colonne principale du 5e corps encadrant celle du 1er corps et notre cavalerie marchait avec celle qui était la plus éloignée de l'ennemi.

Pendant ces premières journées, le maréchal de Mac-Mahon paraît s'être borné à donner des ordres au 1er corps, qu'il dirigea par Lunéville et Neufchâteau et de là au camp de Châlons, déclarant qu'il ne pouvait, avant quinze jours, conduire à l'ennemi ses troupes désorganisées et manquant de tout.

Le général de Failly consultait le Maréchal avant de donner ses ordres au 5e corps.

De Sarrebourg, la direction générale de la retraite nous fut indiquée sur Nancy : de Réchicourt où nous étions le 9 août, la colonne principale pouvait s'y rendre par Einville, où nous aurions couché le 10, arriver à Nancy le 11 et se porter soit dans la direction de Toul, soit dans celle de Pont-à-Mousson le 12 août, où la liaison se serait faite avec l'armée de Metz. Mais on était préoccupé des entreprises possibles de la cavalerie ennemie du côté de la Seille. Le 9 août, de Réchicourt, le commandant Perrotin fut envoyé en reconnaissance sur une locomotive dans la région des Étangs jusqu'à Dieuze : il n'en rapporte aucune nouvelle de l'ennemi, qui d'ailleurs ne nous suivait pas depuis le 7 août.

Le général de Failly, subordonnant toutefois sa marche à celle du maréchal de Mac-Mahon, les troupes du 5e corps se trouvèrent souvent avec celles du 1er corps : l'effet produit par ce contact avec des troupes qui avaient été très éprouvées par les journées du 4 et du 6 août fut démoralisant pour le 5e corps.

1re DIVISION (GOZE).

Départ à 5 heures pour Sarrebourg; en arrivant dans cette ville, on reçoit l'ordre de pousser jusqu'à Réchicourt-le-Château.

2e *brigade* (NICOLAS).

Le 9, la colonne se dirigea par Reding sur Sarrebourg où la précédait celle de Mac-Mahon. La population semblait frappée de stupeur à la vue de la retraite précipitée de l'armée française, et surtout de l'approche de l'ennemi, dont les coureurs se montraient dans le voisinage. Un bataillon du 86e prit un instant position à la gare en vue de la défendre, et d'y détruire le viaduc, ainsi que les communications télégraphiques; il rejoignit la brigade à Heming, où se fit la grand'halte; la colonne, en quittant ce village, s'engagea dans un chemin de moyenne communication qui passe à Neuf-Moulin, Landange et Saint-Georges, elle se trouva ainsi couverte sur son flanc droit par les nombreux étangs, particulièrement celui de Gondrexange, qui couvrent cette contrée, où elle dérobe enfin sa marche en s'engageant dans la forêt de Réchicourt, au delà de laquelle elle campe près du village de Réchicourt-le-Château. La brigade s'établit au Nord de ce village, dans l'ordre habituel, sur une seule ligne déployée de bataillons en colonne de division à demi-distance, et à intervalle de déploiement. Elle eut beaucoup à souffrir dans ce bivouac, assis sur des terres déjà détrempées et que les pluies torrentielles de la nuit rendirent plus incommodes encore. Des officiers et soldats de toutes armes, dépourvus de tentes, cherchèrent un refuge dans le village, dans lequel régna alors une certaine confusion.

2ᵉ DIVISION (DE L'ABADIE D'AYDREIN) (1).

On arrive à Sarrebourg de très bonne heure, le 9. Des détachements appartenant à la division Guyot de Lespart avaient suivi la division de l'Abadie depuis Sarreguemines ; ils rejoignirent leurs corps respectifs. On apprit à Sarrebourg que les communications avec Bitche étaient coupées et qu'il avait été impossible de ramener les bagages que la cavalerie, envoyée la veille, avec des officiers montés de tous les corps, avait essayé de faire revenir. On franchit la Sarre et l'on alla camper à Réchicourt-le-Château, couvert par le canal Saint-Louis et les nombreux étangs qui avoisinent celui de Gondrexange. On eut aussi alors la certitude de ne plus être rallié par la brigade Lapasset, et la division fut réduite pour le reste de la campagne aux forces suivantes, approximativement :

---

(1) Manuscrit portant la date : Wiesbaden, 22 mars 1871.

	OFFICIERS.	TROUPE.	MULETS.	CHEVAUX.	VOITURES.
État-major général................	2	4	»	12	»
Corps d'état-major................	6	7	»	15	»
14ᵉ bataillon de chasseurs à pied....	18	495	1	9	»
49ᵉ de ligne......................	57	1,484	»	17	»
88ᵉ de ligne......................	64	1,563	»	20	»
État-major du génie...............	1	1	»	2	»
Génie............................	4	76	»	16	2
État-major de l'artillerie..........	1	2	»	2	»
Artillerie. 5ᵉ batterie du 2ᵉ régiment..	4	146	»	120	19
8ᵉ batterie du 2ᵉ régiment..	4	140	»	121	18
Détachement du train......	1	42	»	69	20
5ᵉ hussards (1 escadron)..........	7	103	»	105	»
Intendance militaire..............	2	3	»	6	»
Hôpitaux.........................	7	28	»	6	10
Subsistances.....................	2	9	»	2	»
Transports.......................	2	69	20	69	10
Trésor et postes.................	2	3	»	4	1
Totaux......	181	4,175	21	595	80
Restés avec le général Lapasset.					
État-major général................	1	2	»	6	1
Corps d'état-major................	1	1	»	2	»
14ᵉ bataillon de chasseurs à pied....	3	95	»	»	»
84ᵉ de ligne......................	66	1,644	»	36	11
97ᵉ de ligne......................	62	1,822	»	37	11
7ᵉ batterie du 2ᵉ régiment.........	4	141	»	122	19
Aumônier.........................	1	»	»	»	»
Totaux......	138	3,705	»	203	42
Restés à Bitche.					
Prévôté..........................	1	15	»	9	»
Divers corps.....................	3	34	»	61	30
Total......	4	49	»	70	30
Total général de la division...	323	7,929	21	868	152

Division de cavalerie (Brahaut).

Les escadrons du 5ᵉ hussards rallient le quartier général du 5ᵉ corps et les divisions d'infanterie auxquelles ils étaient attachés.

Le général de division reçut l'ordre de prendre une route différente de celle que suivait le gros du 5ᵉ corps et il n'eut plus sous son commandement direct que les huit escadrons du 5ᵉ lanciers et du 12ᵉ chasseurs, avec les généraux de la Mortière et de Bernis.

Le départ eut lieu à 5 h. 1/2 du matin. La colonne suivit la route de Lorquin jusqu'à Badonviller, où les 8 escadrons furent établis au bivouac (1).

La division Guyot de Lespart, qui avait pris la même direction, s'arrêta à Cirey.

Génie du 5ᵉ corps.

Le 9, le 5ᵉ corps, à l'exception de la 3ᵉ division d'infanterie qui se rend à Cirey, vient à Réchicourt. Avant de quitter Sarrebourg, le génie fit enlever les appareils télégraphiques du bureau de la ville et de la gare et, n'ayant pas de poudres à sa disposition, ni dans le parc du génie, ni dans la réserve d'artillerie, il donna l'ordre au chef d'équipe de la station d'enlever et de jeter dans la rivière les traverses et les rails sur toute la longueur du pont sur la Sarre aussitôt que tout le matériel roulant aurait été dirigé sur Nancy.

c) Opérations et mouvements.

Le général de Failly aux généraux Brahaut et de Lespart.

Réchicourt, 9 août.

Vous devez arriver dans la journée de demain, 10 courant, à Baccarat ; c'est là que je vous adresse cette lettre pour vous indiquer votre itinéraire du 11.

La colonne du 5ᵉ corps, formée de la cavalerie de la division Lespart et des ambulances, se dirigera de Baccarat à Gerbéviller, par Magnières et Moyen. Là, elle recevra de nouveaux ordres ; faute d'ordres, marcher

---

(1) Arrivée à Badonviller vers 3 heures de l'après-midi, d'après le Journal de marche de la 1ʳᵉ brigade (de Bernis).

vers Bayon, le lendemain. Les sous-intendants assureront les vivres de la colonne.

Les divisions Goze et L'Abadie seront demain à Lunéville.

Le Directeur du parc d'artillerie du 5ᵉ corps au Général commandant l'artillerie, à Metz (D. T.).

Épinal, 9 août, 5 h. 48 soir.

En exécution de vos ordres, je pars pour Langres. Le chemin de fer ne pouvant transporter qu'une partie de mon matériel, le reste et le personnel partent par étapes. Tout le parc se réunira à Langres le 14 août; j'y serai demain soir.

Journée du 9 août.

6ᵉ CORPS.

a) **Journaux de marche.**

3ᵉ DIVISION (LA FONT DE VILLIERS).

La division reçoit l'ordre de se tenir prête à partir; dans l'après-midi le départ commence; elle s'embarque à la gare du petit Mourmelon pour Metz, dans l'ordre suivant : 1ʳᵉ brigade, 2ᵉ brigade, 5ᵉ batterie du 14ᵉ d'artillerie, la réserve des cartouches d'infanterie, la compagnie du génie, le payeur, la gendarmerie, l'ambulance, 6ᵉ et 7ᵉ batteries. L'embarquement commence à 1 heure et le premier train part à 2 h. 30.

c) **Opérations et mouvements.**

Le Major général au maréchal Canrobert, au camp de Châlons (1).

Metz, 9 août.

Faites partir sur-le-champ, par le chemin de fer, une de vos divisions

---

(1) Le maréchal Canrobert s'était rendu à Metz. (Voir la dépêche suivante.)

pour Metz. Que l'administration du chemin de fer mette tous ses moyens à votre disposition. Faites emporter avec cette division le plus de vivres possible. L'Empereur compte que cette division pourrait être ici demain matin.

Le maréchal Canrobert au Général chef d'état-major général du 6ᵉ corps, au camp de Châlons (D. T.).

Metz, 9 août, 8 h. 55 matin.

Vous avez dû recevoir l'ordre de l'Empereur de diriger immédiatement sur Metz une division d'infanterie; désignez la 3ᵉ, La Font de Villiers.

Accusez réception ici.

Le Major général au Commandant du camp de Châlons (D. T.).

Metz, 9 août, 5 h. 3 soir.

Faites embarquer, sans retard, la division d'infanterie qui est attendue à Metz par l'Empereur. Adressez-vous à l'inspecteur principal du chemin de fer et au chef de gare de Mourmelon; il y a urgence (1).

Le Major général au général Coffinières, à Metz.

Metz, 9 août.

La 1ʳᵉ brigade de la division, qui vient en ce moment de Châlons à Metz, sera rendue à destination, la nuit prochaine, à 3 heures du matin. Prenez les dispositions nécessaires pour que des officiers d'état-major ou de la place désignent aux troupes de cette brigade, à l'arrivée de chaque train, les emplacements qu'elles auront à prendre sur le front de Saint-Privat, où vous avez désiré qu'il y eût des troupes. La division dont il s'agit sera là, dans tous les cas, jusqu'au moment où on jugerait devoir la porter sur un autre point. Demander un ou deux officiers d'état-major, si ces officiers ne sont pas indispensables.

---

(1) D'après un ordre du général La Font de Villiers, l'infanterie de la 3ᵉ division devait s'embarquer en six trains le 9, de midi 30 à 10 heures du soir, et six trains le 10, de 1 h. 50 du matin à 4 h. 40 du soir. L'artillerie, l'ambulance et la compagnie du génie devaient suivre le mouvement de l'infanterie.

Le général Soleille au maréchal Canrobert.

Metz, 9 août.

Le parc de votre corps d'armée est aujourd'hui complètement attelé à La Fère.

Dans l'incertitude où je me trouvais des mouvements du 6⁰ corps, j'ai prescrit au directeur de ce parc d'attendre vos ordres à La Fère et de vous rendre compte de la situation (1).

Vous pouvez donc, dès aujourd'hui, Monsieur le Maréchal, l'appeler à vous et lui assigner la position que vous jugerez la plus convenable.

Journée du 9 août.

7ᵉ CORPS.

a) **Journaux de marche**.

Division Liébert.

2ᵉ *brigade* (de la Bastide),

Séjour au camp des Perches.
La brigade travaille à la construction des redoutes.

Division de cavalerie (Ameil).

Pas de mouvements.
Le 4ᵉ hussards reçoit ses pelotons échelonnés depuis Dannemarie et prend comme grand'garde les villages d'Offémont, Roppe, Bessoncourt et Pérouse.

---

(1) La première colonne du parc s'était mise en route, le 6 août, pour le camp de Châlons, et avait fait étape à Laon où elle attendait de nouveaux ordres.

Sur les cinq compagnies du train qui devaient atteler le parc, quatre étaient complètement dépourvues d'ustensiles de campement. (Le lieutenant-colonel Moulin à l'Intendant du 6ᵉ corps, 9 août.)

Le 4e lanciers occupe, comme grand'garde, les villages d'Andelnans et Bavilliers avec deux pelotons.

Le 8e lanciers établit deux pelotons en grand'garde aux villages de Chèvremont et Vezelois.

c) Opérations et mouvements.

Le général Douay au Major général (D. T.).

Belfort, 9 août, 9 h. 53 matin.

Je répète ma dépêche de cette nuit. La division Liébert, partie hier de Mulhouse, est arrivée aujourd'hui à Belfort. La dernière partie de votre dépêche a dû être mal transmise : elle est incompréhensible pour moi.

Le général Douay au Major général, à Metz (D. T.).

Belfort, 9 août, 12 h. 25 soir.

Le parc du 7e corps est à Épinal. Le général Soleille a envoyé à Vesoul l'ordre de le diriger sur Besançon ; je fais surseoir ; j'aurais plutôt pensé à le diriger sur Langres. J'attends vos ordres (1).

Le Colonel commandant le parc d'artillerie du 7e corps au général Soleille.

9 août.

Dimanche 7 août j'ai reçu du général Liégeard le télégramme suivant : « Mouvement de retraite ; dirigez immédiatement votre parc sur Épinal. »

Au reçu de cette dépêche, je pris les mesures nécessaires pour faire partir le matériel, partie par voie de terre, partie par les voies ferrées ; lundi à midi, je partis par le chemin de fer avec un convoi, laissant à Vesoul M. le commandant Bonnefin qui devait faire terminer le chargement et venir me rejoindre dans la soirée à Épinal.

En arrivant à Épinal, je trouvai un télégramme de M. le commandant Bonnefin qui me prévenait que, par suite d'un ordre que vous m'aviez adressé à Vesoul, tout le parc devait être évacué sur Besançon ; il s'est alors dirigé sur cette place avec tout ce qui restait à Vesoul.

Le parc du 7e corps se trouve ainsi coupé en deux parties à très

---

(1) Le Major général répond le même jour : « Si vous devez faire partir le parc d'artillerie qui est à Épinal, dirigez-le sur Langres. »

grande distance ; j'ai ici 124 voitures et deux compagnies du train. Le commandant Bonnefin est à Besançon avec 26 voitures du parc, une compagnie du train, l'équipage de pont et la compagnie du train qui lui est attachée.

Si tout le parc doit être réuni à Besançon, presque tout mon matériel étant encore chargé sur le chemin de fer, j'ai l'honneur de vous prier, mon Général, de me donner l'ordre de partir immédiatement pour cette place ; dans le cas contraire, je désirerais que M. le commandant Bonnefin vînt me rejoindre avec la portion du parc détachée à Besançon.

C'est dans le but d'éviter des mouvements toujours difficiles et pénibles que je vous demande une décision à cet égard ; dans les circonstances actuelles je pense que l'équipage de pont pourrait sans inconvénient rester à Besançon (1).

Le général Doutrelaine au Ministre de la guerre.

Belfort, 9 août.

..... Sur l'ordre de l'Empereur, le général Douay vient de replier sa 2ᵉ division sur Belfort, où nous sommes arrivés hier, 8 août ; je m'y trouve avec mon état-major au complet, la 12ᵉ et la 4ᵉ compagnie du 2ᵉ régiment du génie.

Les 9 voitures du parc du 7ᵉ corps sont arrivées ; mais je n'ai toujours ni chevaux, ni sapeurs-conducteurs, ni harnachement.

Quant à la compagnie du génie qui doit être attachée à la 3ᵉ division du 7ᵉ corps (division Dumont), j'ignore si elle a rejoint cette division à Lyon.

Journée du 9 août.

GARDE IMPÉRIALE.

a) **Journaux de marche.**

Journal de marche de la Garde impériale.

Changement de bivouac, en arrière, à partir de 2 heures, après-midi.

---

(1) *En marge, au crayon :* Télégraphié de réunir son parc auprès de lui.

La division Deligny s'établit à la Tuilerie, à cheval sur la route de Courcelles-Chaussy, Metz.

La division Picard, à gauche de la division Deligny, en s'étendant jusqu'à la ferme de Béville, mise en état de défense et confiée au général de La Croix avec trois bataillons de grenadiers et une batterie d'artillerie. Les deux divisions ont avec elles leur artillerie et leur cavalerie divisionnaires. (Les régiments de chasseurs et de guides attachés définitivement à la 1re et à la 2e division.)

Par ordre du général commandant en chef la Garde :

Le général Deligny fait occuper par le 1er voltigeurs et une batterie le village de Mont, à l'extrême droite, dominant la vallée de la Nied française.

La division Desvaux, moins la cavalerie divisionnaire, au village de Maizery.

L'artillerie de réserve, à cheval sur la route de Courcelles-Chaussy à Metz, près du point de croisement de cette route avec le chemin conduisant de Pange à Vigy et Bettlainville.

Le quartier général s'établit à Maizery, l'escadron d'escorte à côté. Le reste du quartier général, immédiatement en arrière de la réserve d'artillerie.

Les voitures d'administration et *impedimenta*, disposés le plus près possible des deux côtés de la route.

On se garde et on s'éclaire dans un rayon suffisant. Le général Picard se tient en communication avec le corps Ladmirault, dont la droite occupe les Étangs.

Le quartier général est à Maizery.

Le bataillon de chasseurs à pied, qui avait été détaché à Thionville, rejoint la division à la Tuilerie, à 10 heures du soir, par la route de Metz.

Division Deligny.

Continuant son mouvement de retraite, la division a quitté, à 2 heures de l'après-midi, le bivouac de Pont-à-Chaussy, pour s'établir à deux kilomètres en arrière de Landremont, à cheval sur la route de Metz à Forbach.

Le 1er voltigeurs occupe la position de Mont avec une batterie d'artillerie ; le 2e voltigeurs, l'artillerie, le génie, l'ambulance, les services administratifs, à droite de la route et en arrière du bois de Vellize ; la 2e brigade, à gauche, sur deux lignes, commandant la vallée de la Nied. Le régiment de chasseurs à cheval de la Garde est attaché à la division d'une manière permanente. Le bataillon de chasseurs à pied, qui avait été détaché à Thionville, rallie la division à 10 heures du soir, arrivant par la route de Metz, et campe en arrière du 2e voltigeurs.

2e brigade (Garnier).

Dans l'après-midi du 9 août, les troupes changent de position ; la Garde est placée sur le plateau de Landremont, la division de voltigeurs, à cheval sur la route de Saint-Avold. Le 3e corps se trouve en avant et à gauche de la Garde ; le 2e corps en arrière et à droite, face à la Nied.

La division reste dans cette position le 9. Le temps est affreux ; les soldats sont dans la boue jusqu'à mi-jambe.

Division Picard.

La division quitte le bivouac de Pont-à-Chaussy, vers 3 h. 1/2 de l'après-midi, pour venir occuper la position suivante : La droite de la ligne à la gauche des voltigeurs, sur un plateau dominant un peu, à l'Ouest du village de Silly-sur-Nied ; la gauche à la ferme, mise en état de défense et confiée au général de La Croix avec trois bataillons de grenadiers et une batterie d'artillerie ; le centre couvert en partie par les bois de Silly, descendant dans le vallon de Béville et s'appuyant au bois, qui y finit en pointe.

Immédiatement, une reconnaissance d'un peloton de guides est envoyée du côté des Étangs et reconnaît la position des troupes du corps Ladmirault. Les deux divisions de la Garde forment un angle dont le saillant est dirigé vers le village de Silly, la droite à Landremont, la gauche à Béville. La cavalerie est à Maizery. En avant et sur la droite de la Garde se trouve tout le corps Bazaine, s'étendant de Pange aux Étangs, en arrière de la Nied française. Le corps Ladmirault est en avant et à gauche de la Garde, des Étangs à Glattigny et Libaville.

Le régiment des guides, adjoint depuis le 8 à la division, par ordre du général en chef, rallie la division le 9.

2e brigade (Le Poitevin de La Croix).

Vers 10 heures du matin, le général commandant en chef recommande de se tenir prêt à prendre les armes ; on doit continuer néanmoins les distributions ordonnées. L'installation et le service ordinaire du camp ne doivent subir aucune modification. On recommande seulement de ne pas trop s'éloigner.....

La brigade reçoit l'ordre de lever le camp pour aller prendre position sur un emplacement peu éloigné. A 4 heures, elle se met en route et arrive entre la route de Metz à Saint-Avold et celle de Metz à Boulay. Le 2e régiment est campé en seconde ligne, en arrière d'un bois.

Un bataillon du 1er grenadiers, deux bataillons du 3e, une batterie d'artillerie, occupent la ferme de Béville, qui forme le point d'appui de gauche de la ligne.

Le général de La Croix prend le commandement de ces troupes, disposées dans l'ordre suivant : un bataillon du 3e grenadiers; un bataillon du 1er en avant de la ferme; la batterie à gauche, protégée par le 2e bataillon du 3e.

Le général fait mettre, par les soldats du génie, la ferme en état de défense. On ferme la porte, qu'on étaye solidement; on ferme les issues au moyen de madriers; on fait des banquettes avec des tonneaux, pour pouvoir tirer par dessus les murs.

Division de cavalerie (Desvaux).

En attendant des ordres ultérieurs, les tentes restent pliées et les chevaux à la corde toute la matinée.

A 2 heures après midi, la division se rend auprès du village de Maizery, près de l'ange, et s'établit au bivouac pour y passer la nuit.

Par ordre du général en chef, les régiments des guides et de chasseurs sont détachés d'une manière permanente : le premier dans la 2e division d'infanterie de la Garde, le deuxième dans la 1re division d'infanterie. La division reste donc réduite désormais à deux brigades.

Artillerie de la Garde.

La réserve campe à Saint-Agnan.

c) Opérations et mouvements.

Le Major général au général Bourbaki.

Metz, 9 août, 3 heures du matin.

Un avis, qui m'arrive à l'instant, m'indique que l'ennemi concentre des forces considérables pour nous attaquer de front et sur notre gauche. Je télégraphie au maréchal Bazaine que l'Empereur vous laisse à sa disposition, et j'invite le Maréchal à vous donner des instructions afin qu'au besoin vous puissiez servir de réserve et d'appui efficace aux trois corps, qui peuvent être attaqués ce soir ou demain matin. Mettez-vous sur-le-champ en relation avec le Maréchal et éclairez-vous sur votre gauche à l'aide de votre cavalerie. J'ai mis votre lettre d'hier sous les yeux de Sa Majesté.

Si vous êtes attaqué, je vous enverrai votre bataillon de chasseurs à pied, qui est revenu de Thionville.

Le maréchal Bazaine au général Bourbaki.

9 août.

Vous avez dû être prévenu directement, par M. le Major général, de rester dans vos positions pour la journée d'aujourd'hui et de vous tenir prêt à appuyer, suivant les circonstances, soit du côté du général Ladmirault, la gauche de ma ligne, soit mon centre, entre les deux Nied.

Faites reconnaître tous les passages de la Nied française qui existent en avant de votre front, afin de pouvoir prendre rapidement position si cela devenait nécessaire.

1° Pont de Pange;
2° Pont du chemin de fer en construction entre Mont et Châtillon;
3° Pont de Courcelles, gué du moulin, à 300 mètres;
4° Pont en bois, à 1800 mètres des bois de Silly, avec les prés de Landonvillers;
5° Le pont neuf, près des Étangs, à 800 mètres.

M. le général Ladmirault avait, hier soir, son quartier général aux Étangs, et il doit y rester; je ne sais pas encore l'emplacement de ses divisions. Faites-le-lui demander directement et mettez-vous en rapport avec lui.

La division Decaen, 4e de mon corps, doit, d'après les ordres que j'ai donnés ce matin, être placée sa gauche près de Landonvillers, sa droite à Vaudoncourt, faisant ainsi face, par un ordre en crochet, au confluent des deux Nied.

La division Castagny (2e) continue mon ordre de bataille sur la ligne de défense de la Nied et a son quartier général à Raville.

La division Metman (3e), placée à droite et dans les mêmes conditions, a son quartier général à Remilly.

La division Montaudon (1re) occupe Faulquemont, avec sa droite à Pont-Pierre.

Tenez-moi au courant de ce que vous apprendrez du côté du général Ladmirault. Si je quitte Faulquemont, je vous en ferai prévenir immédiatement.

Il est possible que j'établisse mon quartier général à Courcelles-Chaussy dans la journée.

Le maréchal Bazaine au général Bourbaki.

9 août.

L'Empereur vient de venir à Faulquemont et, d'après ses ordres, nous devons nous établir sur la rive gauche de la Nied française. Vous devez occuper, à partir de Colligny comme centre, les positions qui vous paraîtront convenables pour pouvoir vous porter rapidement (ou une portion de votre corps) soit vers le général de Ladmirault, dont le quartier général est à Glattigny, soit vers notre droite, qui sera à Courcelles-sur-Nied. Ainsi que je vous l'ai dit ce matin, le quartier général sera à Pont-à-Chaussy.

Le général Bourbaki au Major général, à Metz.

Au quartier général à Courcelles-Chaussy, 9 août, 10 h. 1/4 matin.

J'ai l'honneur de rendre compte à Votre Excellence de la position que je me propose de faire occuper, dans quelques heures, par la Garde impériale. J'établirai ma gauche à la ferme de Béville, au Sud du village de Glattigny, ma droite au Sud de la Tuilerie qui se trouve au Sud-Ouest du village de Silly. Je me ferai protéger, sur mon extrême droite, en occupant le village de Mont, qui domine la rive droite de la Nied française.

La cavalerie et la réserve d'artillerie seront disposées en arrière de l'infanterie; les voitures de toutes sortes seront tenues aussi près que possible de la route de Courcelles-Chaussy à Metz.

Je suis en communication avec le corps de Ladmirault, qui occupe par sa droite le village des Étangs. Le corps du maréchal Bazaine est dans le voisinage de Bionville, sur la rive gauche de la Nied allemande. Je n'ai pu communiquer directement avec le Maréchal, mais j'ai envoyé un officier d'état-major qui, ne l'ayant pas rencontré près de Bionville et sachant qu'il s'était porté de sa personne sur Faulquemont, a continué sa route dans cette direction.

Je prescris d'exécuter toutes les reconnaissances nécessaires pour que je sois au courant de ce qui se passe et que je me tienne en relation constante avec M. le maréchal Bazaine et le général de Ladmirault.

Nos troupes constituent un ensemble de forces très respectable, mais il me tarde qu'elles occupent une étendue de terrain moins considérable. Une concentration plus prononcée nous mettrait à même de rendre d'excellents services.

Je demande à Votre Excellence de vouloir bien faire diriger sur la position que j'occupe tout le personnel administratif de la Garde impériale, qui se trouve à Metz en ce moment, et toutes les voitures qui ont été dirigées sur cette ville. Je tiendrais notamment à ce que le bataillon de chasseurs à pied de la Garde cessât d'être détaché à Thionville et vînt me rejoindre.

Les moyens d'assurer la subsistance des troupes placées sous mes ordres me font défaut. Le départ de quelques habitants et l'épuisement des approvisionnements des villages de Courcelles-Chaussy et des environs me mettent dans l'impossibilité d'assurer des distributions régulières. J'ai l'honneur de prier Votre Excellence de me renvoyer, en même temps que mes voitures d'administration, quatre jours de biscuit, quatre jours de lard et quatre jours de riz, sel, sucre et café. La condition essentielle de toute opération est de posséder les vivres indispensables pour quelques jours.

En même temps que je ferai occuper par les troupes de la Garde la position indiquée ci-dessus, j'établirai, dans deux heures, mon quartier général sur la route de Courcelles-Chaussy à Metz, au coude de la route où se trouve la Tuilerie.

D'après les avis que je reçois, l'ennemi ne continuerait pas à se porter en avant; quelques cavaliers seulement seraient entrés à Boulay et à Longeville-les-Saint-Avold.

P.-S. — M. le lieutenant-colonel Grangez, sous-chef d'état-major général du corps de Bazaine, arrive à l'instant même (11 heures du matin); il m'apporte des nouvelles du Maréchal, qui est à Faulquemont et qui viendra peut-être aujourd'hui à Courcelles-Chaussy.

Ordre de mouvement de la Garde impériale.

Pont-à-Chaussy, 9 août.

La Garde impériale changera de bivouac aujourd'hui à 2 heures pour occuper les positions suivantes :

La division Deligny s'établira à la Tuilerie, à cheval sur la route de Courcelles-Chaussy à Metz; la division Picard à la gauche de la division Deligny, en s'étendant jusqu'à la ferme de Béville. L'une et l'autre division camperont sur deux lignes : elles auront avec elles, bien entendu, leur artillerie et leur cavalerie divisionnaires; elles feront garder soigneusement les bois qui sont en avant de leur front. La division Deligny fera occuper par un régiment et une batterie le village de Mont, à l'extrême droite, qui domine la vallée de la Nied française.

La division Desvaux, moins la cavalerie divisionnaire, s'établira au Sud du village de Maizery, de façon à profiter du voisinage du rû de l'Étang et de son affluent pour abreuver ses chevaux.

La réserve de l'artillerie sera placée à cheval sur la route de Courcelles-Chaussy à Metz, près du point de croisement de cette route avec le chemin conduisant de Pange à Vigy et Bettlainville.

Le général commandant en chef et l'état-major général de la Garde s'installeront à la Tuilerie ; l'escadron d'escorte campera dans le voisinage ; le reste du quartier général se placera immédiatement en arrière de la réserve d'artillerie ; le trésor et la poste s'installeront dans le voisinage de la route de Courcelles-Chaussy à Metz, à l'intersection de cette route avec le chemin d'Ogy à Flanville.

Les voitures d'administration et autres, les *impedimenta* de toute nature, seront disposés le plus près possible et des deux côtés de la route de Courcelles-Chaussy à Metz. Les troupes du génie exécuteront, s'il y a lieu, les travaux nécessaires pour faciliter le passage des voitures de toute sorte, leur permettre de parquer et de déparquer facilement.

Toutes les mesures devront être prises par MM. les généraux commandant les divisions pour se garder et s'éclairer dans un rayon suffisant. M. le général Picard devra se tenir en communication fréquente avec le corps de Ladmirault, dont la droite occupe les Étangs.

M. le général Deligny fera pousser des reconnaissances jusqu'aux villages de Vaudoncourt et de Varize d'une part, et dans la direction de Bionville de l'autre. Les reconnaissances exécutées vers Bionville ne devront être poussées que jusqu'à la distance nécessaire pour se mettre en relation avec M. le maréchal Bazaine.

Des recommandations particulières seront faites aux officiers appelés à opérer les reconnaissances, pour rendre un compte détaillé des avis ou renseignements qu'ils se seront procurés et pour prendre toutes les précautions usitées, afin de prévenir les surprises pendant leur marche.

Division Deligny.
Ordre.

9 août.

La 1re divison d'infanterie de la Garde et le régiment de chasseurs à cheval qui lui est attaché changeront de camp aujourd'hui à 2 heures, pour se transporter à une très faible distance. On sonnera le boute-charge à une heure et demie, pour partir à 2 heures.

Du général Desvaux. — *Ordre de la division* (n° 20).

Bivouac de Courcelles, 9 août, midi.

La division de cavalerie marchera dans l'ordre suivant :

La brigade de France rompra la première, à 2 heures moins un quart.

Elle va, dès à présent, masser toutes ses voitures le long de la route, en faisant des passages pour gagner cette route au premier signal.

La brigade du Preuil suivra immédiatement la brigade de France, en laissant intercaler l'artillerie entre ses deux régiments.

Enfin, l'ambulance, les voitures de l'état-major et les voitures régimentaires avec les hommes à pied.

A l'arrivée au bivouac, distribution de viande pour le 9 août.

Le général Bourbaki au général de France, commandant la 2ᵉ brigade de la division de cavalerie de la Garde.

Ordre général. 9 août.

A dater d'aujourd'hui le régiment de chasseurs à cheval de la Garde sera détaché d'une manière permanente à la division Deligny et le régiment des guides à la division Picard.

Journée du 9 août.

RÉSERVE DE CAVALERIE.

a) Journaux de marche.

DIVISION DU BARAIL.

La division part de Bernécourt à 5 heures du matin, en traversant dans le village la route de Toul à Verdun; elle arrive à Beaumont (Meurthe) et y laisse sur sa droite la route de Pont-à-Mousson et de Metz. Le village est dans une bonne position défensive. A Rambucourt, c'est-à-dire à 1500 mètres plus loin, elle entre dans le département de la Meuse; elle quitte alors les hauts plateaux, dits de la Haye, sur lesquels elle s'avance depuis la veille et descend dans la vallée de la Woëvre, si riche en champs d'avoine et en pacages. A 1500 mètres, elle laisse sur sa gauche une route départementale venant de Saint-Dizier. A 500 mètres au delà, elle traverse le village de Bouconville, dont la sortie longe un grand étang de plusieurs hectares de superficie. Après avoir marché près de 4 kilomètres, elle traverse la route de Commercy à Étain, qui s'enfonce dans une gorge boisée à 300 mètres sur la droite. A 600 mètres plus loin elle traverse le village d'Apremont, où la route quitte la vallée pour s'engager dans des coteaux boisés qu'elle parcourra jusqu'à 800 mètres de Saint-Mihiel. Elle arrive dans cette localité à 9 h. 1/2, ayant fait ainsi 25 kilomètres et elle campe sur le bord de la Meuse, après avoir entièrement traversé la ville.

DIVISION DE BONNEMAINS.

Départ de Blâmont à 2 heures du matin. Arrivée à Lunéville à 7 heures.

DIVISION DE FORTON.

La division est partie ce matin des camps de Luppy et Solgne pour Pont-à-Mousson (22 kilomètres). A l'entrée de Pont-à-Mousson, le général a reçu une dépêche de Son Excellence M. le Major général enjoignant d'aller à Metz. La division vient d'y arriver (28 kilomètres).

c) Opérations et mouvements.

Le Major général au général du Barail, à Saint-Mihiel (D. T.).

Metz, 9 août, 8 h. 15 matin.

Vous quitterez, demain, 10 août, Saint-Mihiel pour vous rendre à Metz en trois jours, en faisant étape à Vigneulles et à Gorze. La distance de Gorze à Metz étant très courte, je compte que vous y arriverez le 12 de bonne heure.

Accusez-moi réception de cette dépêche.

Le général du Barail au Major général, à Metz.

Saint-Mihiel, 9 août, 6 h. 37 soir.

Reçois à 6 heures votre dépêche ordonnant de marcher immédiatement sur Metz. Partirai à 9 heures, marcherai toute la nuit jusqu'à mon arrivée à Metz. Je reçois à l'instant trois escadrons du 3º de chasseurs et les emmène.

Le Major général au général de Forton, à Pont-à-Mousson.

Metz, 9 août, 6 heures matin.

Au reçu de la présente, marchez immédiatement sur Metz avec votre division. Ne perdez pas un instant.

Le général de Forton au Major général, à Metz (D. T.).

Pont-à-Mousson, 9 août, 9 h. 20 matin.

Arrivé en vue de Pont-à-Mousson à 9 heures moins un quart. J'ai reçu la dépêche qui me prescrit de me diriger sur Metz. Je me mets en route sur l'heure, mais ma division a déjà fait 20 kilomètres ce matin; je n'arriverai que tard à Metz. Je n'ai qu'un jour de pain et d'avoine sans foin.

Journée du 9 août.

RÉSERVE GÉNÉRALE D'ARTILLERIE.

a) Journaux de marche.

Journal des opérations du général Soleille.

9 août.

La réserve générale d'artillerie ne pouvant rester plus longtemps sans danger à Nancy, ordre fut donné au général Canu de la conduire à Metz, sans perdre une minute. La réserve générale se mit en route sur-le-champ, et, le 9 août, les seize batteries qui la composaient campaient à Chambière.

Les relations si fréquentes du général commandant l'artillerie de l'armée avec le général Mitrécé, directeur général des parcs, touchaient à leur fin. Suivant de près le maréchal de Mac-Mahon en retraite sur Châlons, l'ennemi allait occuper Nancy, Frouard, et couper notre principale communication avec Toul. L'Historique de ces relations ne contient plus qu'un certain nombre de faits que nous allons résumer et qui se rapportent à la période qui précédera l'investissement de l'armée de Metz.

Le général Mitrécé prit le commandement supérieur et la direction des services militaires de la place de Toul, de concert avec le commandant de la place et les commandants de l'artillerie et du génie, il ordonna toutes les mesures propres à préparer une défense vigoureuse. Les troupes du grand parc, les dépôts de cavalerie et la garde nationale mobile composaient tout le personnel dont il disposait. Le général commandant l'artillerie de l'armée, l'avait laissé maître des mesures à prendre pour sauvegarder le matériel. Il usa de cette latitude pour diriger l'équipage de pont de réserve vers Châlons, par le canal. Cet équipage n'était qu'un embarras à Toul : il pouvait devenir fort utile à l'armée de réserve. Le 13, le Ministre de la guerre enjoignit au général Mitrécé de se retirer sur le camp de Châlons avec tout ce qu'il pourrait emmener de son personnel et de son matériel, ne laissant à Toul que ce qui appartenait à la place. Un dernier télégramme du 18 août apprit au général commandant l'artillerie de l'armée que le directeur général des parcs était à Châlons.

b) **Organisation et administration.**

Le Ministre de la guerre au général Soleille, à Metz.

Paris, 9 août.

J'ai donné hier matin l'ordre d'expédier d'urgence à Metz, de la Rochelle, 1,200,000 cartouches modèle 1866 ; de Vitry-le-François 500,000 ; de Douai toutes les cartouches à balle disponibles dans la partie du grand parc, soit environ 4 millions. C'est donc un approvisionnement de 5 à 6 millions, qui viendra s'ajouter à tout ce que vous avez. La poudrerie de Metz possède environ 200,000 cartouches, dont vous pouvez disposer. Enfin toute la fraction du grand parc, constituée à la Fère, est à votre disposition et vous pouvez en appeler, par dépêche, ce que vous jugerez nécessaire J'ajouterai qu'il a été envoyé directement au 1er corps d'armée 600,000 à 700,000 cartouches.

Pour les fusils modèle 1866, je pense qu'il serait suffisant d'en conserver 8,000 à Metz et que les 10,000 autres pourraient être plus avantageusement expédiés aux destinations indiquées.

Quant à faire un grand dépôt de munitions en arrière de Metz, le camp de Châlons me semble mieux indiqué que Verdun, où le chemin de fer s'arrête ; à Châlons, l'on disposera de la ligne par Reims, Laon, Soissons, Mézières et Thionville, et vous pouvez faire venir promptement ce dont vous aurez besoin.

Enfin le colonel de Girels est tout autorisé à faire, pour la défense de Metz, les achats et dépenses nécessaires.

J'appelle votre attention sur la position du parc du 5e corps d'armée à Épinal.

Le général Mitrécé au général Soleille, à Metz (D. T.).

Toul, 9 août, 9 h. 10 matin.

J'accuse réception de votre dépêche d'aujourd'hui 7 h. 10 (1). Je reste en conséquence à Toul avec état-major et troupes du parc ; l'équipage de pont rentre (2).

---

(1) Ordre de rester à Toul avec l'état-major et les troupes du parc.
(2) Par dépêche de 10 h. 15 du matin, le général Mitrécé faisait connaître au général Soleille qu'il n'avait pas un seul attelage à Toul.

Renseignements sur les parcs (9 août).

DÉSIGNATION DES CORPS.	DATES.	RENSEIGNEMENTS.
1er Corps	9 août.	Le train O de munitions annoncé le 8 à la gare d'Avricourt. Manque de chevaux. On forme un parc à Lunéville. Ordre donné au général Mitrécé de garder à Toul les compagnies du train pour donner des chevaux au 1er corps.
2e Corps	7 août.	Ordre donné au colonel Brady de diriger sur Metz toute la portion du parc disponible à Lunéville. Le 10, le colonel Brady informe verbalement que le parc est épuisé ; il n'a plus que 600 coups de 4.
3e Corps	9 août.	Tout le parc est à Metz. Le 10, le colonel de Bar informe verbalement que 44 voitures, dont 6 caissons de 4 et 14 de 12, sont restées non attelées à l'arsenal.
4e Corps	8 août.	Une partie du parc à Metz, le reste à Verdun. Le 10, le général Lafaille a donné au colonel Luxer l'ordre de diriger le parc sur Sainte-Barbe. Le 9 : reste à Verdun 74 voitures, dont 54 de munitions ; seront arrivées le 12 au plus tard.
5e Corps	8 août.	Le colonel Gobert suspend l'évacuation du parc d'Epinal sur Langres (à la suite des ordres du général commandant l'artillerie du 7e au directeur du parc de ce corps, la nouvelle du passage du Rhin étant controuvée). Attend de nouveaux ordres. Le 10, part pour Langres. Y sera le 14.
6e Corps	8 août.	Ordre au colonel Chatillon de se tenir, avec son parc à La Fère, à la disposition du maréchal Canrobert. Le 11, le parc quitte La Fère pour se réunir au camp de Châlons.
7e Corps	9 août.	Le colonel Hennet a l'ordre de rester à Epinal. Le 10, il reçoit l'ordre d'aller à Langres.
Réserve générale.	»	A Toulouse.
Grand parc	7, 8, 9 août.	Le Ministre a fait expédier de Douai à Toul les munitions de 12 et de 4 et les cartouches 1866 disponibles pour la fraction S (?) du grand parc. (Télégramme du 7.) Le général Mitrécé n'a aucune portion du grand parc à Toul. (Télégramme du 8.) Il reste à Toul et y garde les compagnies.
Garde impériale.	7 août.	Retenu à Metz un tiers du parc (commandant des Essarts) ; les deux autres sont en avant. Le 10, parc complet avec le corps.

Situation du grand parc, le 9, à 7 heures du soir.

1. Partie mobile à Douai. Caisses blanches de 12 et 4 et cartouches 66, à Châlons.
1 *bis*. A La Fère. (La Fère et Douai reçoivent, pour 1 et 1 *bis*, les ordres du général Mitrécé.)
2. A Metz. A déjà fait au 1er corps des livraisons qui ont dû être réintégrées par la place de Metz.
2 *bis*. A Strasbourg. *Ibid.*
3. A Besançon.
3 *bis*. A Lyon.
4. Toulouse. Appelé à Vincennes.
4 *bis*. Rennes. Appelé à Vincennes. 1,400,000 cartouches 66 expédiées sur Toul.

Journée du 9 août.

RÉSERVE GÉNÉRALE DU GÉNIE (1).

c) Opérations et mouvements.

Le Ministre de la guerre confirme sa dépêche télégraphique, en date de ce jour, adressée au Major général et ainsi conçue :

Paris, 9 août.

Le grand parc du génie (250 hommes, 400 chevaux, 56 voitures) partira le 10 août de Versailles, voies ferrées, pour Metz.

---

(1) La réserve générale du génie se compose, à la date du 9 août, de :

2e compagnie de sapeurs (télégraphie) du 1er régiment : 5 officiers, 231 hommes de troupe, 131 chevaux ;

1re compagnie de sapeurs (mineurs) du 3e régiment : 4 officiers, 104 hommes de troupe, 17 chevaux ;

1re compagnie de sapeurs (chemins de fer) : 4 officiers, 124 hommes de troupe, 48 chevaux.

RENSEIGNEMENTS

Renseignements recueillis par le grand quartier général.

Le Ministre de la guerre au maréchal Le Bœuf, à Metz.

Paris, 9 août, 12 h. 25 soir.

Le Ministre des affaires étrangères me communique le télégramme ci-après :

« Bruxelles 9 août, 1 h. 20. Je tiens confidentiellement d'une personne, que j'ai lieu de croire bien renseignée, que l'état-major prussien a décidé d'attaquer très incessamment l'armée commandée par l'Empereur, et que les troupes destinées à cette attaque s'élèveront à 450,000 hommes. »

Un Agent de Luxembourg au Préfet de la Moselle et au duc de Gramont, à Paris (D. T.).

Luxembourg, 9 août (nº 1123).

Suivant les informations d'Allemagne, l'armée allemande entière, y compris la landwehr, se masse sur les frontières françaises. Tout est dégarni jusqu'en Silésie. La landsturm appelée. Le général Vogel de Falkenstein, venant des côtes du Nord, vient également vers les frontières françaises. Plusieurs lignes de chemin de fer ont leurs services ordinaires suspendus.

Le Préfet au Ministre des affaires étrangères (D. T.).

Metz, 9 août, 2 h. 10 soir. Expédiée à 4 heures soir (nº 28686).

X..... à Luxembourg me demande de vous transmettre la dépêche suivante : « Aujourd'hui lundi, habitants de Trèves prévenus, me dit-on, de l'arrivée pour demain mardi, 9 août, de 40,000 hommes destinés à remonter la Sarre par toutes les voies de manière à être mis en ligne demain, pour fin de la journée. On ne peut dire les numéros des régiments.

« Le général Steinmetz, réputé entreprenant, commande l'armée de la

Sarre ; le prince Frédéric-Charles commande l'armée du centre et se trouverait depuis dimanche soir à Sarrebrück. Il commande l'armée de Mayence et toutes ces troupes expédiées sans cesse par trains de grande vitesse d'au delà du Rhin et même de Berlin ; l'armée du Sud, commandée par le Prince royal, forme l'autre aile.

« Le Roi aurait transporté aujourd'hui son quartier général à Kaiserslautern et se rendrait à l'armée du centre.

« Ce matin sont arrivés cinq mille bœufs à Trèves destinés à suivre l'armée.

« Tactique de l'armée prussienne est de noyer et écraser l'armée française par des masses supérieures en nombre. »

Un Agent de Thionville au Major général.

Thionville, 9 août, 9 heures matin.

Il résulte des renseignements qui viennent de me parvenir que les mouvements de troupes continuent dans la direction de Cologne à Trèves. Ces manœuvres s'opèrent surtout la nuit, dans le silence le plus profond. Les troupes en question passent toutes par Saint-Vith, par Prüm, par Waxweiler pour se réunir à Trèves, d'où elles sont dirigées sur la Sarre, soit pour remplacer les pertes subies dans les derniers combats, soit pour se concentrer et envahir la France par Sierck ou Bouzonville.

Le 70e régiment d'infanterie prussienne est actuellement campé près de Sierck. D'autres troupes campent devant Bouzonville. Nulle part elles ne paraissent en nombre.

Je n'ai point encore de nouvelles du corps d'armée qui devait arriver à Trèves la nuit dernière.

J'attends le retour de deux de mes courriers qui doivent me rendre compte de ce qui se passe à Merzig, à Sarrebourg, à Sarrelouis.

Environ 4,000 sacs d'avoine ont été expédiés hier du camp de Wittlich dans la direction de Sarrelouis.

La ville de Trèves est encombrée de blessés prussiens et français, dit-on. A la demande des autorités de Trèves, le gouvernement luxembourgeois a envoyé, avant-hier, à Wasserbillig, plusieurs médecins et gardes-malades. Un train spécial a été mis à leur disposition par la Compagnie de l'Est. Arrivés à Wasserbillig, ils n'y ont trouvé aucun moyen de transport et ont gagné Trèves très péniblement. Pour comble de malheur, ils y ont été si froidement accueillis que plusieurs d'entre eux sont immédiatement rentrés à Luxembourg.

Wittlich, Trèves et Conz restent toujours dégarnis de troupes jusqu'à cette heure.

Thionville, 10 h. 1/2.

Le bruit court que le régiment campé devant Sierck vient de repartir. C'est le 70ᵉ; il est en garnison à Sarrelouis, où il ne reste plus que le 13ᵉ et le 53ᵉ; ce dernier doit être réduit à moitié.

L'un des courriers me prévient que les trois régiments se disposent à se diriger sur Metz par Boulay pour rejoindre le gros de l'armée prussienne.

Il est probable que l'apparition de plusieurs détachements du 70ᵉ de ligne près de Sierck et de Bouzonville n'était qu'une fausse manœuvre.

Entre Conz et Sarrelouis, il n'y aurait que de petits détachements, en ce moment, dont la mission consisterait à observer et à inquiéter la frontière. Le corps d'armée en avant hier et signalé hier (50,000 hommes) serait actuellement arrivé à Sarrebrück et se dirigerait sur Saint-Avold.

Le même au même.

Thionville, 9 août, 3 heures soir.

Il se confirme qu'il n'y a *plus de troupes* en ce moment entre *Trèves, Conz, Sarrebourg, Merzig, Sarrelouis*, et que la garnison de cette dernière place, qui se compose de trois régiments de ligne (13ᵉ, 53ᵉ et 70ᵉ), a reçu l'ordre, hier, d'aller rejoindre aujourd'hui le gros de l'armée prussienne dans la direction de Boulay ou de Saint-Avold.

Les troupes campées aux environs sont également parties et doivent s'être dirigées sur Saint-Wendel et Ottweiler.

On dit en Prusse que le Prince royal *évitera de se battre entre Metz et Nancy* pour s'avancer sur Paris, et que l'armée de réserve, conduite par le Roi de Prusse, saura bien s'emparer de Metz.

On m'assure que *Speicher, Prüm, Waxweiler* et *Bittburg*, ainsi que *Dockendorf*, sont encore occupés par des troupes assez nombreuses; mais on n'a pu me dire quelle direction elles doivent prendre. On croit qu'elles se dirigeront sur le Palatinat, plutôt que sur Metz. Il y a de la cavalerie et de l'infanterie. On dit que ces troupes font partie de l'un des corps d'armée commandés par le prince Frédéric-Charles.

On prend en ce moment des dispositions pour évacuer les blessés amenés à Trèves sur un autre point, par la raison que leur présence en cette dernière ville a pour effet de démoraliser les troupes de passage. Cette précaution tend à faire supposer qu'on s'attend à de nouveaux passages de troupes.

6 heures du soir.

A *Sarrelouis*, on a emporté la plupart des canons; les troupes sont parties, il n'y reste qu'*une compagnie de guerre* et quelques compagnies de landwehr.

1500 soldats de *Brunswick* sont arrivés hier à Birkenfeld pour se diriger sur le *Palatinat*.

Jusqu'au jeudi 11 août, il n'y aura que des trains de troupes sur la ligne de la Nahe; toutes ces troupes se dirigeraient sur le Palatinat.

Le bruit court que toute l'armée allemande *des provinces du Nord* est en marche pour se diriger sur Metz ou Paris.

Le *landsturm* serait appelé sous les armes.

Le même au même.

Thionville, 9 août, 10 heures soir.

Le bruit se répand de plus en plus à l'étranger que l'armée prussienne n'attaquera point Metz, qu'elle passera à côté pour pénétrer au cœur de la France.

150,000 hommes, venus du Nord, viendraient grossir l'armée d'invasion, et il en viendrait autant de l'Est.

Le Sous-Préfet de Thionville au Préfet de la Moselle, à Metz.

Thionville, 9 août.

Les Prussiens ont évacué Bouzonville, après avoir fait une réquisition de 100 sacs d'avoine. Ils ont aussi évacué Sierck, après y avoir bu et mangé, et annoncent l'intention d'y établir un campement. Un bataillon du 44e vient d'entrer à Thionville; avec cela nous sommes en mesure de parer à toute éventualité. Les femmes quittent la ville, mais le moral de la population masculine est bon.

M. X... au Ministre de la guerre (1) (D. T.).

Bruxelles, 9 août, 4 h. 55 soir.

Le général X... a transporté son quartier général à Namur. Les troupes qui sont sous son commandement resteront en deçà de la Meuse, mais si le général Comfal-Restenstein (2), libre de toute contrainte de débarquement, se dirigeait vers la France et faisait mine de vouloir tourner nos places de Thionville et de Metz, en violant la neutralité du Luxembourg et de la Belgique, l'armée belge se porterait aussitôt en avant pour l'arrêter. Le général X..., qui m'a exprimé sa douleur de ne pouvoir rien faire pour la France, m'a donné l'assurance qu'il s'oppo-

---

(1) Renseignements transmis aussi, le 10, par le Ministre des affaires étrangères à l'Empereur. (Paris, 10 août, 1 h. 20 soir.)

(2) Vraisemblablement, Vogel de Falkenstein.

serait énergiquement à tout passage des Prussiens. D'après le général X..., les deux corps d'armée du prince Frédéric-Charles et du Roi de Prusse seraient en marche pour rejoindre celui du Prince royal en Alsace; et, après avoir ramassé tous les corps qui sont au delà du Rhin, toute l'armée prussienne se masserait pour entrer en Lorraine par tous les passages des Vosges. Le général X... a grande confiance dans notre succès si l'armée française se concentre et agit par masses. Bien que concordant avec l'opinion du général X..., les renseignements que j'ai transmis cette nuit à Votre Excellence ne venaient pas de lui.

Renseignements recueillis par l'état-major, 1re section.

Gros-Tenquin, 7, 8 et 9 août.

Retraite sur Metz par Sarreguemines, Woustwiller, Puttelange, Gros-Tenquin.

Le 9, à Gros-Tenquin, on signale des patrouilles de cavalerie prussienne à Sarralbe et à Woustwiller, mais aucun corps de quelque importance n'existe nulle part.

A Gros-Tenquin, on amène 13 prisonniers appartenant aux *39e*, *40e*, *52e*, *77e* de ligne et aux grenadiers du corps n° *8* (aussi *1er* de Brandebourg). L'interrogatoire de ces prisonniers apprend, qu'outre les régiments auxquels ces hommes appartenaient, il y avait les *12e*, *47e*, *74e* et le *48e* de ligne. Ces régiments étaient une partie des troupes qui étaient en ligne du côté de Forbach seulement.

Tous ces régiments étaient au grand complet (à trois bataillons de 1000 hommes chacun).

Le *40e*, notre adversaire déjà le 2 août, et ayant pris position depuis à Ottweiler, était parti à 7 heures du matin et était entré en ligne vers 3 heures de l'après-midi (VIIIe corps d'armée, général de Gœben).

Le *39e* (appelé régiment de fusiliers du Bas-Rhin, pattes bleues) venait de huit lieues en arrière de Sarrebrück; il avait marché depuis 2 h. 1/2 du matin et était arrivé sur le terrain à 10 heures. Il avait été remplacé vers 3 heures par un régiment frais.

Le *52e* était parti de six milles allemands en arrière de Sarrebrück à 7 heures du matin, avait passé par Sarrebrück et, malgré cette longue étape, avait été dirigé en arrière de Forbach, où il était arrivé à 7 heures du soir, pour nous prendre à revers du côté de la Rosselle.

Le *77e* (pattes blanches) était parti d'Aschbach (aussi deux régiments d'infanterie hanovrienne) à 3 h. 1/2 du matin, avait passé à 1 heure le pont du chemin de fer de Sarrebrück et était entré en ligne vers 2 h. 1/2 (VIIe corps d'armée); ce régiment aurait beaucoup souffert.

Le régiment de grenadiers n° *8* (pattes blanches, au chiffre Frédéric-

Wilhelm III, dit aussi *1er* de Brandebourg, colonel de Lestocq, général de division de Stülpnagel, IIIe corps d'armée) venait de Weisskirchen. Parti à 4 h. 1/2 du matin, il n'était arrivé à Sarrebrück qu'à 4 heures du soir et avait remplacé le *40e* vers 6 heures. A beaucoup souffert : la seule compagnie de l'homme fait prisonnier aurait perdu la moitié de son monde.

Nota. — La comparaison des numéros de ces régiments avec l'état de l'armée prussienne, fourni par l'état-major général, établit avec certitude, qu'à la journée du 6 nous avions devant nous les IIIe, VIIe et VIIIe corps, sinon en entier, du moins en grande partie, car les nos *48, 52, 12* et *8e* grenadiers sont du IIIe corps ; les nos *39, 74, 77* sont du VIIe corps ; le no *40* est du VIIIe corps.

Ces forces sont indépendantes de celles qui ont attaqué le général Lavaucoupet à Spicheren.

Le Sous-Préfet de Schlestadt au maréchal Le Bœuf, à Metz (D. T.).

Schlestadt, 9 août, 7 h. 30 matin.

Je reçois des renseignements des bords du Rhin : tout paraît tranquille et on ne me signale aucun incident. La grande partie des soldats, qui était au Sponeck, n'y est plus.

Le capitaine Jung au maréchal Le Bœuf.

Nancy, 9 août, 10 heures matin.

Les troupes badoises, le 7 août, à 6 heures du matin à Haguenau ; à Hochfelden à 5 heures, et à Brumath 5 heures du soir. Passage du Rhin le 7 à 11 heures du soir à Limbourg et à Brisach. Un corps bavarois et un corps prussien, 60,000 hommes environ. Général Uhrich à Strasbourg prend les précautions nécessaires. Strasbourg investi le 8. Le commandant Dupetit-Thouars est avec ses hommes à Strasbourg. Son matériel est à Belfort. Les forces à Haguenau sont de 110,000 hommes, *source certaine*. Les ennemis se plaignent que nos médecins ne portent pas le brassard, comme le veut la convention de Genève, et s'exposent à être massacrés ; ils prient l'État-Major français d'envoyer des ordres en ce sens. L'objectif de réunion des deux corps d'armée ennemis est Bar-le-Duc. Les itinéraires donnés pour cela sur les cartes des officiers allemands. Ils doivent être le 10 ou le 11 à Lunéville. Sur toute la route des Vosges, Strasbourg à Saint-Dié par Schirmeck, seule route libre, hier grande quantité de traînards, j'ai fait réunir tout ce monde et fait transporter par voies rapides sur Nancy. Je prends sur moi de masser tous ces hommes isolés, qui ont perdu la tête. Parti de Strasbourg hier matin dans la nuit, je suis ici et achève de réunir le matériel du chemin de fer, artillerie et autres, éparpillés sur la route de Lunéville à Saint-Dié et restés là sans que quelqu'un donne seulement un ordre. Je rejoindrai, aussitôt mes chevaux reposés.

Le même au même (D. T. Ch.).

Nancy, 9 août, 12 h. 30 soir.

Le mouvement annoncé sur le Rhin et à Saverne s'est arrêté hier. L'armée du Prince royal se dirige sur Sarre-Union par tous moyens rapides, pour faire jonction avec prince Charles. Mac-Mahon est, dit-on, à Blâmont; désordre considérable à Nancy; matériel de siège garé à Lunéville; renvoyé à Châlons les hommes isolés et traînards consignés dans les casernes. Le commandant d'armes d'Épinal, désigné pour défense des Vosges, n'a que 1300 fusils, il réclame armes et munitions, ici on n'en a que faire?

BULLETIN DE RENSEIGNEMENTS DU 4ᵉ CORPS.

9 août.

Route par les Étangs et Boulay.

Deux reconnaissances de cavalerie ont été poussées, le 9 août, au delà de Boulay. La première, dès la pointe du jour, n'a vu aucun ennemi, la seconde dans la matinée, composée de trois pelotons du 2ᵉ hussards, a rencontré un escadron de uhlans à la hauteur du bois d'Ossonville et l'a chargé. Les Prussiens ont eu 7 hommes tués et plusieurs blessés, les pertes de notre côté ont été du capitaine commandant et 3 blessés. Après ce fait d'armes, les hussards sont rentrés au camp sans être inquiétés. Les renseignements reçus de Boulay par des courriers ont confirmé l'absence de tout rassemblement prussien jusqu'à Teterchen. Dans la matinée du 9, un officier prussien est entré à Boulay, pour faire le logement d'une troupe dont le chiffre n'est pas connu. Il avait avec lui des uhlans qui paraissaient n'avoir pas fait une longue route, car leurs chevaux étaient frais et presque point crottés malgré la boue du chemin. On pense qu'ils avaient passé la nuit à Ossonville.

Route d'Avancy, Gondreville, Éblange.

Une reconnaissance de cavalerie avait été poussée sur cette route le 8 au soir et n'avait rien signalé.

Route de Vigy, Bettlainville et Kedange.

Un courrier en voiture, envoyé le 8 à Bettlainville, a constaté que tout le pays était tranquille de ce côté.

Renseignements généraux.

Quelques uhlans ont été vus du village les Étangs. Tout le pays sur la rive droite de la Nied allemande est pris de panique; des voitures, chargées d'habitants qui émigrent, passent continuellement. Dans la nuit du 8 au 9, une douzaine de paysans ont été placés dans les bois autour du camp pour prévenir les surprises; ils gardaient les bois de Hayes, de Landonvillers et de Vigy. Ils n'ont vu aucune patrouille ennnemie.

Bulletin de renseignements du 7ᵉ corps.

Le général Douay au Major général, à Metz.

Belfort, 9 août.

Un Français, natif de Paris, ancien zouave ayant fait la guerre de Crimée, vient d'arriver à Belfort.....

De Fribourg à Lœrrach il estime qu'il y a six bataillons de chasseurs à pied bavarois et quatre ou cinq escadrons de la même nationalité. Ces troupes étaient toujours en reconnaissance sur les bords du Rhin. Elles marchaient sans leurs sacs qu'elles avaient laissés dans les villages.

Ce renseignement sur la quantité des troupes qu'il y a dans la vallée du Rhin m'a été confirmé par un espion et une dépêche télégraphique, que je reçois à l'instant, me dit que ces forces se sont repliées vis-à-vis Strasbourg et qu'il reste à peine quelques hommes à Müllheim.

Le Français de Schramberg (?) dit que sept à huit jours avant son départ, on avait concentré entre Hausach et Ulm les landwehrs badoises, württembergeoises et bavaroises. Il pense que cette concentration est actuellement terminée et qu'elle s'élève au chiffre de 120,000 hommes; mais ces landwehrs étaient mal armées, mal équipées et surtout très mal nourries; les hommes se plaignaient beaucoup et ne marchaient que contraints par la force. Toutes les populations déplorent la guerre et sont dans la plus grande anxiété sur son issue.....

On assurait qu'entre Rastatt et Offenbourg, il y avait une armée de plus de 100,000 hommes faisant face à Kiel. Le Français de Schramberg ne croit pas à ce chiffre, il le réduit à 50,000 hommes. Il a vu l'extrême gauche de ce corps à Lahr, il pense que ce sont tous des Badois et des Bavarois. Quant aux Württembergeois on se méfiait d'eux, et l'armée württembergeoise, depuis le commencement de la guerre, serait entre Mannheim et Francfort.....

La journée du 10 août.

GRAND QUARTIER GÉNÉRAL.

a) Journal de marche.

10 août.

Le 1er corps se porte à Lunéville ; sa division de cavalerie, à Nancy (1).
Le 5e corps se rend à Baccarat.
Le 2e corps arrive à Mercy-les-Metz.
Les 3e, 4e, et la Garde, conservent leurs positions sur la Nied.
La 3e division (Lafont de Villiers), du 6e corps, arrive à Metz ; les autres divisions reçoivent l'ordre de s'y rendre.
La 1re division de la réserve de cavalerie (Du Barail), arrive à Metz, après une longue marche de nuit, et est installée au Ban-Saint-Martin.
L'ordre est donné aux 2e, 3e, 4e corps, et à la Garde, de prendre, sous le canon de Metz, la 2e position défensive déjà indiquée.

Notes du général Coffinières.

10 août.

L'ennemi suit les traces de notre armée ; il s'avance sur Nancy et Pont-à-Mousson, dans le but évident de couper nos communications avec Paris. Le général en chef décide que notre armée se concentrera à Metz ; cependant, de crainte d'une attaque pendant ce mouvement, les forts de Saint-Julien et de Queuleu, qui avaient reçu quelques pièces, ont l'ordre d'être prêts à ouvrir le feu le matin.
Un grand nombre d'habitants de la Lorraine, les paysans, fuient devant l'invasion, et viennent se réfugier à Metz.
Le commandant supérieur donne des ordres pour qu'aucun étranger à la ville ne puisse y entrer, sans justifier qu'il porte, avec lui, *au moins* quarante jours de vivres.....

---

(1) En réalité, à Bayon.

b) Organisation.

Le Major général au maréchal Bazaine, commandant les 2e, 3e et 4e corps, à Metz.

10 août.

J'ai l'honneur de vous informer que, pour assurer les divers services de votre commandement, j'ai fait les désignations suivantes :

Chef d'état-major général, général de brigade Manèque ;
Commandant de l'artillerie, général de division de Rochebouët ;
Commandant du génie, général de division Vialla ;
Intendant, intendant militaire Friant.

J'ai désigné M. le colonel d'état-major alland, chef d'état-major de la 2e division d'infanterie de la Garde, pour remplacer M. le général Manèque comme chef d'état-major du 3e corps d'armée. Je vais pourvoir aussi au remplacement des autres chefs de service du même corps, et je vous ferai connaître incessamment les dispositions que j'aurai arrêtées.

Les cinq officiers d'état-major que j'ai mis hier à votre disposition, resteront définitivement à votre état-major général, savoir :

MM. le lieutenant-colonel Klein de Kleinenberg, sous-chef ;
    le commandant Tiersonnier ;
    le capitaine Adorno de Tscharner ;
    le capitaine Costa de Serda ;
    le capitaine Foucher.

M. le colonel Balland reçoit l'ordre de se rendre immédiatement à son nouveau poste.

Le Ministre de la guerre au Général commandant le 9e corps d'armée, à Lyon (D. T.).

Paris, 10 août.

Dirigez immédiatement, par voies ferrées, de Lyon sur Belfort, la 3e division du 7e corps, avec son artillerie et son génie.

Concertez-vous avec le chemin de fer, et rendez-moi compte (1).

---

(1) Avis envoyé par le Ministre au Major général et au général commandant la 6e division militaire à Strasbourg.

Le Major général aux Généraux commandant les 2ᵉ, 3ᵉ *et* 4ᵉ *corps.* — *Circulaire.*

Metz, 10 août.

J'ai fait camper à Chambière, et, par conséquent, en communication facile avec votre corps, votre parc de réserve. C'est là que vous pourrez lui adresser tous vos ordres.

c) Opérations et mouvements.

A l'Impératrice (D. T.).

Metz, 10 août, 1 h. 10 soir.

Je refuse les bataillons de mobiles. Je fais venir le corps de Châlons.
Le Ministre de la guerre doit s'occuper, surtout, d'armer les populations des campagnes, qui demandent des armes.
Formez des centres avec les 4ᵉˢ bataillons, à Paris, Châlons, Langres.
Mac-Mahon va reformer son corps à Châlons.

NAPOLÉON.

Le Major général au Ministre de la guerre, à Paris (D. T.).

Metz, 10 août, 2 h. 15 soir.

L'Empereur ordonne de continuer, sans interruption et sans aucune perte de temps, le mouvement de toutes les divisions du camp de Châlons sur Metz.
Que la Compagnie de l'Est fasse tous ses efforts pour hâter le mouvement, par tous les moyens possibles.
Je préviens le maréchal Canrobert; entendez-vous avec la Compagnie.

Le Ministre de la guerre au Major général, à Metz (D. T. Ch.).

Paris, 10 août, 4 heures soir.

Nous avons une division complète d'infanterie de marine : la voulez-vous ?
Elle est fortement constituée, mais sans artillerie.
Répondez.

Le Major général au Ministre de la guerre (D. T.).

Metz, 10 août.

Le mouvement des trois divisions Canrobert est commencé. Dès qu'il sera terminé, envoyez la division d'infanterie de marine, avec effets de campement, marmites, cartouches.

Le Ministre de la guerre au Major général, à Metz (Urgent). (D. T. Ch.).

Paris, 10 août, 4 h. 50 soir. Expédiée à 5 h. 10 (n° 4855).

La Chambre s'étant déclarée en permanence, regardez comme non avenue la dépêche télégraphique chiffrée (1) que je viens de vous adresser il y a une heure.

Le Major général au Ministre de la guerre (D. T. Ch.).

Metz, 10 août.

L'Empereur vous prie de diriger sur Metz le plus que vous pourrez de biscuit, havresacs, marmites et autres ustensiles de campement. L'Empereur compte prendre l'offensive sous peu de jours.

Le Major général au maréchal Bazaine, commandant en chef.

Metz, 10 août.

L'Empereur décide que l'armée occupera, demain 11, la deuxième position défensive qui a été indiquée hier au maréchal commandant en chef, position qui s'étend en avant des forts extérieurs de Metz, de la Seille à la Moselle.

Le Maréchal se conformera, dans la limite du possible, aux indications générales qui lui ont été données hier par l'Empereur, relatives aux emplacements à occuper, par les corps d'armée, sous Metz; il apportera, toutefois, à ces indications, les modifications suivantes : la

---

(1) Il s'agit de la dépêche par laquelle le Ministre proposait d'envoyer, à l'armée de Metz, une division d'infanterie de marine.

droite de la position, qui devait être occupée par la Garde impériale (général Bourbaki), le sera par le 2e corps (général Frossard).

La Garde impériale sera établie sur le point que le Maréchal commandant en chef jugera le plus convenable, en arrière, comme réserve générale.

Rapport du 10 août.

Le général Canu doit être établi, avec sa réserve d'artillerie, près de la Planchette, route de Sarrebrück, sur Metz. — Le faire prévenir, par ordre du Maréchal, qu'il doit marcher sur Metz, demain 11, en avant de la Garde impériale, et qu'il ait à prendre, sans retard, les ordre de M. le général Bourbaki, commandant la Garde impériale, pour l'heure de sa mise en route et le nouvel emplacement qu'il devra occuper.

La réserve d'artillerie du 3e corps laissera ses 4 batteries à cheval de combat avec la division de cavalerie, pour former l'extrême arrière-garde. Elle marchera sur Metz, avec toutes ses autres voitures, par la grande route de Sarrebrück, en arrière de la Garde impériale. Elle devra se mettre en route à 4 heures du matin et marcher, autant que possible, sur deux files de voitures.

M. le Maréchal monte à cheval à 5 heures, et porte son quartier général aux Bordes.

Les équipages du quartier général partiront à 3 heures du matin.

Le Major général au général Soleille (Lettre).

Metz, 10 août.

Je reçois à l'instant des nouvelles du maréchal Bazaine.

D'après le mouvement des éclaireurs prussiens, le Maréchal pense qu'il peut être attaqué demain matin sur les ailes et me signale surtout les bois de Saint-Julien comme étant le point de mire de l'ennemi.

Dans cette hypothèse, il y a lieu de se tenir sur ses gardes. Vous voudrez bien, en conséquence, prendre vos dispositions pour que les canonniers des forts ayant vue sur ce point, et particulièrement le fort Saint-Julien, soient demain matin à leur poste dès la pointe du jour, afin de soutenir au besoin le mouvement de concentration que l'armée pourrait avoir à effectuer en cas d'attaque.

Journée du 10 août.

1er CORPS.

a) Journaux de marche.

Journal de marche du 1er corps d'armée.

Lunéville, 10 août.

Les troupes quittent leurs bivouacs à 4 h. 1/2 du matin. La pluie, qui avait commencé à tomber le veille vers 8 heures du matin, n'a pas discontinué. Ce mauvais temps a augmenté la fatigue des troupes qui bivouaquent, depuis le 6, sans aucun abri.

Les 1re et 4e divisions, sous les ordres du général Ducrot, prennent une route de traverse qui longe à gauche la route de Blâmont à Lunéville, et passe entre cette route et la forêt de Mondon. Elles iront s'établir de l'autre côté de Lunéville, à hauteur de Rehainviller.

L'artillerie de réserve et toutes les voitures appartenant aux batteries divisionnaires qui ne marchent pas avec leurs divisions respectives se sont mises en route de très bonne heure, sous les ordres du général Forgeot, en suivant la grande route de Blâmont à Lunéville. Arrivées à Lunéville, elles s'installent au terrain de manœuvre.

Le reste du 1er corps suit la grande route de Blâmont à Lunéville, dans l'ordre ci-après : brigade de cavalerie Septeuil, génie, division Conseil-Dumesnil, 3e et 2e divisions du 1er corps. Ces troupes établissent leurs bivouacs entre Lunéville et Rehainviller, sur la gauche de la route de Bayon.

A l'arrivée des divisions d'infanterie, les divisions de cavalerie Bonnemains et Duhesme partent pour Bayon, où elles vont coucher le même jour. La brigade Septeuil campe dans le parc du château de Lunéville.

Distributions de vivres et de marmites dans la limite de l'approvisionnement du magasin de campement. La 3e division reçoit un certain nombre de tentes-abris.

Le 5e corps se porte le même jour de Réchicourt à Lunéville et campe sur le terrain de manœuvre.

L'intendance n'ayant pu assurer le service des vivres, le Maréchal autorise les généraux commandant les divisions d'infanterie et de cavalerie, ainsi que le général de division commandant l'artillerie, à requérir tout ce qui sera nécessaire aux troupes sous leurs ordres : au besoin, ils pourront déléguer leurs pouvoirs aux généraux de brigade et aux chefs de corps. Ces réquisitions devront être faites sur bons réguliers, remboursables ultérieurement.

Notes sur les opérations du 1er corps de l'armée du Rhin et de l'armée de Châlons. (Dictées par le maréchal de Mac-Mahon, à Wiesbaden, en janvier 1871.)

Le 10, le 1er corps vint bivouaquer à Lunéville.

L'intendance, dont un grand nombre des membres avaient été faits prisonniers à Frœschwiller, étant hors d'état d'assurer le service des vivres, l'ordre fut donné aux généraux de division de requérir, en se conformant aux formalités d'usage, tout ce qui serait nécessaire à leurs troupes. Ils étaient autorisés, au besoin, à déléguer leurs pouvoirs aux généraux de brigade et aux chefs de corps ; ils devaient, dès que le gîte d'étape du lendemain serait connu, y envoyer à l'avance des officiers pour procéder aux réquisitions. Celles-ci devaient avoir lieu sur bons réguliers, remboursables ultérieurement.

Les renseignements envoyés par toutes les autorités annonçaient que le gros de l'armée du Prince royal de Prusse se dirigeait sur Nancy et que son avant-garde était déjà arrivée à Château-Salins.

Le Maréchal, craignant d'être attaqué près de Nancy, où il n'y a pas de position favorable à la défense, et où il pouvait être coupé de sa ligne de retraite, prit la direction de Neufchâteau. Il invita l'administration du chemin de fer à lui préparer sur ce point tous les wagons dont elle pourrait disposer pour transporter les troupes à Châlons.

La pluie n'avait pas cessé de tomber depuis le départ de Sarrebourg, les hommes bivouaquaient dans des champs détrempés ; ils n'avaient ni effets de campement, ni effets de rechange, et depuis Frœschwiller ils n'avaient pas eu de repos. Leur santé commençait à s'en ressentir. Beaucoup d'entre eux étaient indisponibles. On forma de tous ceux qui étaient hors d'état de marcher un convoi qui fut dirigé de Lunéville sur Châlons par la voie ferrée (1).

---

(1) Le Major général envoya, à cet effet, le commandant Vanson à Nancy et le capitaine de France à Lunéville. (Ordre du 10 août.)

Souvenirs inédits du maréchal de Mac-Mahon.

10 août.

Dans la journée du 10, je fus informé que le gros de l'armée du Prince royal avait traversé les Vosges au Nord de Phalsbourg et que, d'après la marche de ses éclaireurs, il paraissait se diriger sur Nancy. Par suite, je crus devoir incliner ma marche un peu plus au Sud, de manière à venir reprendre le chemin de fer de Neufchâteau à Commercy près de Vaucouleurs. J'informai l'Empereur de ce mouvement et il l'approuva. Le 1er corps vint coucher à Lunéville et les deux divisions de cavalerie à Bayon.

c) Opérations et mouvements.

Le maréchal de Mac-Mahon au Ministre de la guerre (D. T. Ch.).

Lunéville, 10 août.

Conformément aux instructions du Major général, je me porte sur Châlons. Je coucherai le 11 à Bayon, le 12 à Colombey, le 13 à Gondrecourt, le 14 à Ligny, le 15 à Saint-Dizier, le 16 à Vitry, le 17 à Châlons.

Mes troupes sont si fatiguées que je resterai peut-être deux jours de plus en route.

Le général de Failly quittera Nancy après-demain. Cette ville sera évacuée. Tout ce qu'il y a à diriger sur le 1er corps devra être envoyé désormais à Châlons.

Les troupes d'infanterie ayant perdu leurs sacs, envoyer à Châlons les marmites, gamelles et tentes-abris nécessaires pour le corps.

Du maréchal de Mac-Mahon. — *Ordre de mouvement.*

Lunéville, 10 août.

La brigade de Septeuil, les divisions d'infanterie du 1er corps et la division Conseil-Dumesnil partiront demain matin pour coucher à Haroué, en passant par Bayon, route directe de Lunéville à Bar-le-Duc.

Le mouvement commencera par la 1re division, qui se mettra en route à 4 heures; il continuera dans l'ordre où sont campées aujourd'hui les divisions.

M. le général Ducrot laissera un officier à la sortie de Rehainviller, pour indiquer la route à suivre aux divisions suivantes. La route à prendre est celle de gauche.

Les divisions enverront demain, avant le départ, à la gare du chemin de fer, tous les hommes incapables de marcher ; ils seront placés sous la direction des sous-officiers et caporaux qui se trouveront dans le même cas.

Les vivres nécessaires aux divisions seront apportés par des voitures de réquisition. Les fourrages seront touchés, avoine et orge, à la manutention ; paille et foin, au parc des fourrages.

Le chauffage sera touché chez l'entrepreneur de chauffage, près de la gare.

Les corps devront faire connaître leurs besoins urgents en argent et, pour cela, ils enverront leurs officiers au château, où on fera une répartition des fonds disponibles.

Journée du 10 août.

2ᵉ CORPS.

a) Journaux de marche.

Journal de marche du 2ᵉ corps d'armée.

10 août.

Le 2ᵉ corps d'armée continue sa marche dans le même ordre. L'artillerie de réserve et le parc du génie quittent Lemud à 2 heures du matin ; à la même heure, le convoi et les bagages du 2ᵉ corps partent de Remilly. La division de Laveaucoupet ouvre la marche ; la division Vergé la suit ; la division Bataille vient après ; la brigade Lapasset ferme la marche, suivie par la division de cavalerie.

Le général Frossard, après avoir dépassé Ars-Laquenexy, établit le campement de son corps d'armée de la manière suivante : le quartier général au château de Mercy ; la division Vergé à Mercy-le-Haut, à cheval sur la route de Strasbourg, la gauche un peu en arrière de la crête et appuyée au château, la droite dans la direction de la ferme de la Basse-Bévoye ; la division Bataille à gauche de la 1ʳᵉ division, sa droite au château de Mercy, sa gauche au village d'Ars-Laquenexy et occupant les bois de Mercy et d'Ars; la division de Laveaucoupet en seconde ligne, derrière le centre, sa droite à la route de Strasbourg, sa gauche appuyée à l'étang de Mercy; la division de cavalerie (général de Valabrègue) s'établit un peu en arrière de l'extrême droite du corps d'armée, près de la ferme de la Haute-Bévoye.

L'artillerie de réserve et le parc du génie sont campés entre les fermes de la Haute et de la Basse-Bévoye, entre la cavalerie et la droite du corps d'armée.

La brigade Lapasset, partie d'Aubecourt à 6 h. 1/2 du matin, arrive à 11 h. 1/2 au village de Villers-Laquenexy, en vue de l'ennemi, mais sans qu'il y ait eu d'engagement. Ordre lui est donné de se préparer à recevoir l'ennemi; en conséquence, elle prend position, sa droite à Laquenexy, son centre à Villers, et sa gauche disposée selon la forme des crêtes et un peu en arrière, dans la direction de Pange.

Le général Lapasset fait travailler toute la nuit à fortifier sa ligne, dont la gauche se trouve très en l'air.

1re DIVISION (VERGÉ).

La division quitte la position de Remilly à 5 heures du matin pour aller s'établir à Mercy-le-Haut, où elle prend position vers 1 heure de l'après-midi.

2e DIVISION (BATAILLE).

Le corps d'armée termine son mouvement de concentration sur Metz et vient camper autour de Mercy-le-Haut.

Le grand quartier général est à Mercy-le-Haut (8 kilomètres de Metz).

La 2e division, qui a formé l'arrière-garde pour cette marche, s'arrête à Ars-Laquenexy et s'y établit, sa gauche appuyée à ce village, sa droite au château de Mercy-le-Haut.

La 1re division campe à sa droite; la 3e division et la division de cavalerie en seconde ligne.

3e DIVISION (DE LAVEAUCOUPET).

Le corps d'armée termine son mouvement de concentration sous Metz.

Pour éviter l'encombrement, l'artillerie de réserve, qui est à Lemud, et le parc du génie, se mettent en marche à 2 heures du matin; à la même heure, toutes les voitures des services administratifs partent de Remilly. A 3 heures, les *impedimenta* de la 3e division sont mis en route dans l'ordre habituel. A 4 heures, les troupes se mettent en marche dans l'ordre suivant :

2ᵉ régiment de ligne ;
63ᵉ régiment de ligne ;
10ᵉ bataillon de chasseurs ;
24ᵉ régiment de ligne ;
Artillerie ;
40ᵉ de ligne.

La cavalerie divisionnaire, réclamée au général Frossard la veille.
La 2ᵉ division suit le mouvement de la 3ᵉ.
La division de Laveaucoupet arrive, vers midi, au village d'Ars-Laquenexy, et s'établit en avant de Grigy, sa droite à la route de Metz à Strasbourg, en bataille, face au château de Mercy-le-Haut, où s'est placé le quartier général du corps d'armée.
Le quartier général de la division est établi à la Grange-aux-Bois, derrière l'aile gauche de la division.
L'administration distribue des vivres.
Les corps organisent des commissions pour se procurer les ustensiles de campement les plus indispensables, car les magasins de Metz ne les renferment pas.
Des tentes-abris et un certain nombre de couvertures sont distribuées aux corps qui les ont perdues. Cette mesure est d'autant plus appréciée, que le temps est couvert, et que, toute la nuit du 10 août, la pluie est tombée à torrents.

Brigade Lapasset.

Départ d'Aubecourt à 6 h. 1/2 du matin : arrivée à 11 h. 1/2 à Villers-Laquenexy, en vue de l'ennemi, mais sans engagement.
La brigade reçoit l'ordre de se préparer à combattre dans ses positions, en ayant sa droite à Laquenexy, son centre à Villers et sa gauche allant dans la direction de Pange.
Les troupes travaillent toute la nuit pour fortifier cette ligne et retrancher les villages.

Division de cavalerie (de Valabrègue).

Occupant le même poste que la veille (Remilly), la division de cavalerie, qui avait l'ordre de partir à 7 h. 1/2, quitte le village de Remilly à 9 heures : elle arrive au bivouac sous Metz, près de la ferme de la Haute-Bévoye, à 2 heures du soir. Elle s'y installe, occupant l'extrême droite du campement du 2ᵉ corps d'armée.

Réserve d'artillerie.

L'artillerie de réserve se dirige, avec le corps d'armée, sur Mercy-le-Haut, indiqué comme point de concentration. Les six batteries campent entre les fermes de la Haute et de la Basse-Bévoye, à droite de la route de Metz à Strasbourg, un peu au delà du village de Grigy.

La portion principale du parc arrive le 10 à Metz.

Réserve du génie.

Arrivée du corps d'armée à Mercy-le-Haut. Le parc et la réserve vont camper à la Haute-Bévoye.

c) Opérations et mouvements.

Le maréchal Bazaine au général Frossard, à Han-sur-Nied.

Pont-à-Chaussy, 10 août, 3 heures matin.

Je donne l'ordre et recommande de nouveau au général Montaudon de se tenir en relation avec vous. Faites tous vos efforts pour rallier Courcelles-sur-Nied et prendre position au-dessous, en passant par Villers-Laquenexy, afin de vous relier complètement avec Pange, qui est occupé par le général Montaudon. Je vous envoie l'extrait des instructions de l'Empereur, qui m'ont été adressées hier soir, ainsi qu'une carte des environs de Metz.

Faites-moi prévenir de tout ce qui peut survenir et de votre arrivée sur les positions indiquées.

Le général Frossard au maréchal Bazaine, commandant en chef (Lettre autographe).

Au quartier général de Mercy-le-Haut, 10 août.

J'ai reçu ce matin vos instructions, étant en route pour venir occuper la position de Mercy-le-Haut, devant Metz, et déjà trop engagé dans cette voie pour pouvoir les exécuter complètement.

Ce qu'il m'a été possible de faire, ç'a été d'arrêter sur la position de Courcelles-sur-Nied la brigade Lapasset, qui formait mon arrière-garde, et de l'établir, vers 10 heures, sur la hauteur entre Laquenexy et Villers, d'où l'on maîtrise la route venant de Remilly et la station du chemin de fer. Le général Lapasset a deux régiments d'infanterie, deux régiments de cavalerie et deux batteries d'artillerie ; il est en communication avec le général Montaudon.

Depuis, j'ai établi la division Bataille à 4 kilomètres à la droite du général Lapasset, entre le village d'Ars-Laquenexy et le château de Mercy-les-Metz, sur une très belle position. Ils pourront, de là, se porter très rapidement sur la gauche, pour entrer en action.

Quant à mes deux autres divisions d'infanterie, elles sont : 1° la division Vergé, à cheval sur la route de Strasbourg, à la droite du château de Mercy, et la division de Laveaucoupet en arrière, formant deuxième ligne.

J'occupe ainsi, sauf quelques rectifications qu'il sera nécessaire de faire, la droite de la seconde ligne de bataille, qui est tracée en rouge sur le dessin joint aux instructions que vous avez envoyées.

J'ajouterai que plusieurs de mes régiments étant excessivement fatigués, je n'aurais pas pu les faire placer en première ligne dès aujourd'hui. Il faut que je les laisse se reposer un peu et se pourvoir des ustensiles et des petites tentes qu'ils ont perdus dans leur combat du 6.

Journée du 10 août.

3e CORPS.

a) Journaux de marche.

Journal de marche du 3e corps d'armée.

10 août.

Le 3e corps conserva ces positions (Pont-à-Chaussy) pendant la journée du 10 août; c'est à ce moment que fut résolue la retraite de l'armée sur Verdun, puis sur Châlons pour rallier la 3e armée qui s'y formait et pour couvrir ainsi Paris. La perte de la bataille de Reichshoffen, les masses prussiennes qui, au lieu de poursuivre les corps de Failly et de Mac-Mahon, cherchaient à nous tourner par Nancy pour nous couper de Paris, déterminèrent l'Empereur à renoncer à l'offensive et à porter l'armée entière sur la rive gauche de la Moselle, mouvement qui aurait changé toutes les conditions de la campagne s'il eût été effectué plus rapidement et s'il n'eût été contrarié dans son exécution par des télégrammes venus de Paris. Ce passage fut préparé par une nouvelle concentration, sous la protection des forts de la rive droite, car on s'attendait à une attaque prochaine du corps de Steinmetz, qui s'avançait par les routes de Sarrelouis et de Sarrebrück.

1ʳᵉ DIVISION (Montaudon).

La 2ᵉ brigade, restée à Courcelles-sur-Nied, quitte son campement à 8 heures du matin et se porte sur Pange. On s'y arrête en attendant de connaître les emplacements où doit se former l'armée. Les 3ᵉ et 4ᵉ divisions du 3ᵉ corps sont arrivées, et la Garde est aussi campée sur les hauteurs, à droite de Pange.

A 10 heures, les troupes prennent position sur les hauteurs, la droite au village de Pange, qu'occupe la compagnie du génie; le bataillon de chasseurs, dans le bois de Pange; la 2ᵉ brigade, en arrière du village de Mont, où arrive la droite de la 3ᵉ division.

A minuit, arrive l'ordre de prendre les armes à 3 heures du matin et d'abattre les tentes. Un violent orage éclate, avec une pluie torrentielle qui dure toute la nuit.

A 2 heures du matin, la division reçoit l'ordre de partir pour Grigy (1).

3ᵉ DIVISION (DE CASTAGNY).

Séjour à Mont et Urville.

3ᵉ DIVISION (Metman).

Dans la marche du 9, la division, formant l'arrière-garde, a dû laisser passer devant elle tous les convois et toutes les troupes; elle n'est arrivée à Mont qu'à minuit.

Le 10, séjour à Mont.

---

(1) « Le 10 août, dans la matinée, à la suite d'une nouvelle conférence entre l'Empereur et le Maréchal, les 2ᵉ, 3ᵉ et 4ᵉ corps sont concentrés sur les hauteurs qui dominent la Nied française et le village de Pange; la Garde forme réserve en arrière. En prévision d'une attaque possible de la part des Prussiens, les troupes prennent des positions défensives, et les instructions sont données comme si on devait livrer bataille. Nous restons ainsi, toute la journée, sous une pluie torrentielle.

« Dans la soirée, les ordres et les contre-ordres se succèdent. A minuit, je dois tenir, prêts à partir en éclaireurs, mes escadrons du 3ᵉ chasseurs; pendant plusieurs heures, les chevaux sellés et bridés, cavaliers en tête, restent immobiles sous la pluie, et trempés jusqu'aux os. Enfin, à 2 heures du matin, je reçois l'ordre de faire abattre les tentes et de me mettre en route sans bruit de tambours, pour aller camper à Grigy, près Metz. » (Général Montaudon, *Souvenirs militaires*, page 86.)

4ᵉ DIVISION (DECAEN).

La 1ʳᵉ brigade, et toutes les troupes campées à Pont-à-Chaussy, viennent prendre position en avant de la 2ᵉ brigade.

La division reste en position.

Rien à signaler.

(La 2ᵉ brigade était établie, depuis la veille, en arrière de Silly.)

DIVISION DE CAVALERIE (DE CLÉREMBAULT).

A 2 heures du matin, le général de Bruchard part à la tête des 2ᵉ et 10ᵉ chasseurs, en colonne mobile.

Les quatre régiments de dragons, après s'être installés un moment en avant du petit bois de Silly, vont s'établir entre cette localité et le lieu dit de Landremont.

L'infanterie prend position comme si l'on était menacé d'une attaque immédiate.

Un régiment de dragons est envoyé en avant-postes en avant de Pont-à-Chaussy ; le 2ᵉ, le 4ᵉ et le 5ᵉ dragons exécutent successivement ce service pendant quatre heures.

Vu la proximité présumée de l'ennemi, les chevaux sont envoyés à l'abreuvoir, sellés, et les cavaliers en armes. Un régiment doit toujours avoir ses chevaux sellés.

RÉSERVE D'ARTILLERIE.

La réserve d'artillerie bivouaque encore à Pont-à-Chaussy, mais dans une position située en arrière de la première, au lieu dit « la Tuilerie de Saint-Agnan ». Deux batteries occupent une crête, en avant, défendant la route de Courcelles-Chaussy.

RÉSERVE DU GÉNIE.

Ordre est donné de se retirer sur la rive gauche de la Nied. On met en état de défense le village de Pont-à-Chaussy et on prépare les matériaux nécessaires pour y barricader le pont.

Vers 5 heures du soir, la réserve du génie rejoint l'état-major. (La réserve avait passé la nuit du 9 au 10 à Courcelles-Chaussy.)

c) Opérations et mouvements.

Du général Montaudon. — Correspondance avec le maréchal Bazaine.

10 août.

Reçu l'ordre de départ de Faulquemont pour Pange. Le départ a lieu à 10 h. 1/2 du matin. La marche est lente au départ, à cause des bagages de la 3ᵉ division qui encombrent la route. La queue de la colonne, à partir de Faulquemont, est suivie par des éclaireurs de l'ennemi ; quelques coups de feu sont échangés sans résultat.

La marche est retardée par les bagages et les troupes du 2ᵉ corps, qui coupent la colonne des bagages placée entre les deux brigades, à l'embranchement au-dessous de Herny. La première partie de la colonne, composée de la 2ᵉ brigade, de l'artillerie et d'une partie des bagages, n'arrive à Pange que vers 9 heures du soir et la deuxième partie à 1 h. 1/2 du matin.

Le 3ᵉ chasseurs, qui avait été envoyé dans la matinée vers Gros-Tenquin, revient après avoir rencontré une reconnaissance de cavalerie et lui avoir fait 9 prisonniers.

Le maréchal Bazaine au général Montaudon, commandant la 1ʳᵉ division du 1ᵉʳ corps. — Note.

Pont-à-Chaussy, 10 août, 8 h. 40 soir.

Demain, à 3 heures du matin, les tentes devront être abattues, les voitures chargées et attelées, les hommes aux faisceaux, les cavaliers à la tête de leurs chevaux.

Tenez-vous prêt à exécuter des ordres de mouvement que vous recevrez dans la nuit.

Le maréchal Bazaine au général Montaudon. — Ordre.

Pont-à-Chaussy, 10 août, 11 h. 45 soir.

Le général Montaudon, avec toute sa division, quittera les positions d'aujourd'hui 10 août demain, à 4 heures du matin. Il fera filer ses bagages qui, d'après les ordres donnés, doivent être chargés dès ce soir, le plus tôt possible, en avant de lui.

Les colonnes, bagages et troupes, suivront le chemin de Villers-Laquenexy, Laquenexy, Ars-Laquenexy et Grigy, où il se formera à la gauche de M. le général Frossard, avec lequel il se mettra en communication. La gauche de sa division sera dirigée vers la cote 223, sur le chemin de Colombey à Borny, environ à un kilomètre en arrière de Colombey.

Dans cette nouvelle position, sa division devra camper sur deux lignes, avec de fortes réserves en troisième ligne.

Au reçu de cette dépêche et avant de vous mettre en route, faites prévenir le général Lapasset de votre mouvement sur Metz afin qu'il s'y conforme et qu'il en informe lui-même le général Frossard.

P.-S. — Il est bien entendu que vous devrez vous guider dans l'établissement de vos bivouacs sous Metz, sur les formes du terrain et les nécessités de la défense.

Mon quartier général sera demain soir aux Bordes.

Le maréchal Bazaine au général de Castagny. — Ordre.

Pont-à-Chaussy, 10 août.

Le 11 août, à 5 heures du matin, vous quitterez vos positions de Pont-à-Chaussy pour vous porter par la grande route de Sarrebrück, entre Colombey et Montoy, à cheval sur la route que vous aurez suivie, vous reliant par votre droite à la gauche de Metman et par votre gauche à la droite de Decaen.

Vous n'emmènerez avec vos troupes que vos batteries de combat. Tous vos *impedimenta* auront quitté leur emplacement à 4 h. 1/2 du matin, au plus tard, pour prendre la grande route de Metz. Que les ordres les plus formels soient donnés au commandant de votre convoi pour le faire marcher sur deux rangs chaque fois que cela sera possible.

Dans votre nouvelle position, vous camperez sur deux lignes, avec une forte réserve en troisième ligne, en vous guidant sur les formes du terrain et les nécessités de la défense.

Mon quartier général sera demain soir aux Bordes.

Le maréchal Bazaine au général Metman. — Note.

Château d'Urville, 10 août, 11 h. 45 soir.

Demain 11 août, à 3 heures du matin, les tentes devront être abattues; les voitures chargées et attelées, les hommes aux faisceaux, les cavaliers à la tête de leurs chevaux.

Tenez-vous prêt à exécuter des ordres de mouvement que vous recevrez dans la nuit.

Le même au même. — Ordre.

Château d'Urville, 10 août, 11 h. 45 soir.

Le 11 août, à 4 heures du matin, la division Metman quittera ses positions pour se rapprocher de Metz. Elle se fera précéder le plus tôt possible de tous ses bagages et *impedimenta*, ne gardant avec elle que ses batteries de combat. Elle suivra la route qu'elle fera reconnaître la meilleure et qui doit passer probablement par Colligny, Ogy et

Colombey. Elle appuiera sa droite à la division de Montaudon, dirigeant sa gauche vers un petit bois que le plan des environs de Metz, envoyé avec le rapport de ce jour, indique entre le chemin de Colombey à Borny et la route de Metz à Forbach.

Dans cette nouvelle position, les troupes seront établies sur deux lignes, avec de fortes réserves en troisième ligne.

P.-S. — Il est bien entendu que vous devez vous guider, dans l'établissement de vos bivouacs sous Metz, sur les formes du terrain et les nécessités de la défense.

Demain soir, mon quartier général sera aux Bordes (route de Metz).

Le maréchal Bazaine au général Decaen. — Ordre.

Pont-à-Chaussy, 10 août, 11 h. 45 soir.

Le 11 août, à 4 heures du matin, vous quitterez vos positions de Silly-sur-Nied avec votre division. Vos bagages et vos *impedimenta* devront être en route une heure avant vous. Vous n'aurez avec vos troupes que vos batteries de combat.

Vos deux colonnes suivront le chemin de Retonfey, se dirigeant sur Nouilly par Montoy.

Vous vous établirez à la gauche du général Castagny et à la droite du corps Ladmirault qui vient s'appuyer à la grande route de Metz à Sarrelouis.

Dans cette nouvelle position, vous vous établirez sur deux lignes avec une forte réserve en troisième ligne, en vous guidant sur les formes du terrain et sur les nécessités de la défense.

Mon quartier général sera demain soir aux Bordes.

Le maréchal Bazaine au général de Clérembault. — Ordre.

Pont-à-Chaussy, 10 août.

Votre division formera demain, 11 août, l'arrière-garde dans la marche sur Metz.

Vous aurez quatre batteries de la réserve.

Les bagages et impedimenta prendront la grande route immédiatement après mes bagages, qui partiront à 3 heures du matin.

Journée du 10 août.

4ᵉ CORPS.

a) **Journaux de marche.**

Journal de marche du 4ᵉ corps d'armée.

10 août.

Quartier général du 4ᵉ corps. — Au château de Gras.
La 1ʳᵉ division qui avait sa droite à Glattigny et sa gauche à Cheuby, conserve une brigade à Glattigny et porte l'autre en échelons sur la route des Étangs, avec mission de fouiller et d'occuper les bois vers Hayes.
La 2ᵉ division, dans la matinée, prend position autour de Cheuby, où s'établit son quartier général. Elle occupe le bois en avant de ce hameau.
La 3ᵉ division porte sa droite sur les hauteurs de Sainte-Barbe et rabat sa gauche en arrière de manière à observer le ravin qui longe la route de Metz à Bouzonville.
Artillerie. — Réserve près du château de Gras.
Génie. — A l'embranchement de la route de Sarrelouis et du chemin conduisant au château de Gras.
Cavalerie. — Brigade de hussards, entre le Petit-Marais et le village de Retonfay.
Brigade de dragons, entre le Petit-Marais et Sainte-Barbe.
Un escadron du 2ᵉ de hussards envoyé des Étangs sur Boulay traverse ce village et rencontre 30 uhlans qu'il charge avec succès.
Administration. — Dans le ravin de Vantoux.

1ʳᵉ DIVISION (DE CISSEY).

La division est portée sur le plateau de Glattigny et y prend un ordre de combat, car on s'attend à être attaqué. Le général de Cissey forme ses troupes sur deux lignes, par brigades accolées. L'artillerie de la division prend des positions favorables à son tir. On fait créneler plusieurs maisons sur notre front, creuser quelques tranchées, et organiser un redan avec des fascines, auquel s'appuie notre droite. La division de

Lorencez est à notre gauche; la division Grenier (2ᵉ du 4ᵉ corps), en seconde ligne, forme notre réserve. La division de grenadiers de la Garde est à notre droite.

Des reconnaissances sont poussées très au loin : elles rentrent sans avoir aperçu l'ennemi.

Le soir, au rapport, chez le général commandant le 4ᵉ corps, le général de Cissey est prévenu que le maréchal Bazaine a été investi du commandement en chef de l'armée du Rhin.

Souvenirs inédits du général de Cissey.

10 août.

Nous nous portons sur le plateau de Glattigny, en ordre de combat, car on s'attend à être attaqué. Je forme mes troupes sur deux lignes, par brigades accolées; mon artillerie prend de bonnes positions; je fais créneler des maisons, organiser un redan avec des fascines et creuser quelques tranchées-abris. La division Lorencez est à ma gauche; la division Grenier en réserve en seconde ligne; la division de grenadiers de la Garde à ma droite.

Des reconnaissances de cavalerie ont été poussées très au loin; elles rentrent sans avoir aperçu l'ennemi.

Le soir, rapport chez le général en chef : nous sommes prévenus que le maréchal Bazaine a pris le commandement en chef de l'armée et que le maréchal Le Bœuf a cessé les fonctions de major général. En rentrant, je rencontre le maréchal Bazaine en phaéton attelé d'un magnifique cheval anglais, qu'il conduit lui-même; il est sans escorte; il me dit en passant qu'il avait demandé ma nomination de chef d'état-major général de son armée, mais que l'Empereur lui a imposé le général Jarras. Il paraît le regretter. C'est très flatteur pour moi, mais c'est bien heureux; j'aurais sans doute rendu des services, j'en ai la certitude, mais j'aurais été impuissant à empêcher la catastrophe finale et mon nom serait attaché à cet acte si fatal à la France et à l'armée de Metz (1).

2ᵉ DIVISION (GRENIER).

Sur pied à 3 heures du matin, la division Grenier est placée à son poste de combat, ainsi que les autres troupes du 4ᵉ corps. La 1ʳᵉ divi-

---

(1) Il est à remarquer que le général de Cissey commet ici une erreur de date. La prise de commandement de l'armée par le maréchal Bazaine et la démission du maréchal Le Bœuf sont du 12 août; encore ne sont-elles effectives qu'à partir du 13.

sion tient la droite, se reliant à la gauche de la Garde impériale; la 3e division à la gauche de la 2e division, qui occupe la position comme ci-dessous.

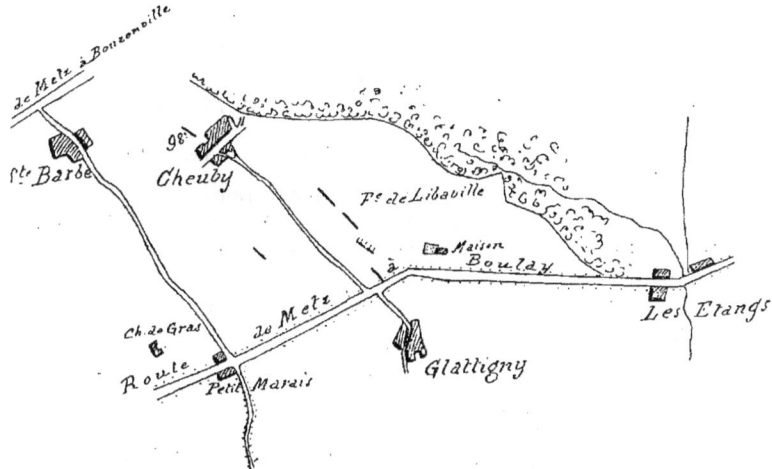

Des bois couvrent le front : ils sont fortement occupés par deux bataillons du 98e, un du 43e et un du 13e de ligne, avec postes de soutien à la ferme de Libaville et à la maison près de la route, qui a été crénelée. Le village de Cheuby, où est établi le quartier général, est barricadé et crénelé. Des arbres coupent les chemins dans la plaine et les bois. Enfin, toutes les dispositions sont prises pour la défense.

DIVISION DE CAVALERIE (LEGRAND).

Le 10 août, la 1re brigade se porte à la ferme de Châtillon et revient ensuite, sans desseller, au Petit-Marais, où la division se trouve réunie.

RÉSERVE D'ARTILLERIE.

Journal de campagne du lieutenant Palle (9e batterie du 8e régiment).

On nous réveille à 3 heures. Nous attelons et restons ainsi jusqu'à 11 heures. Reconnaissance du ravin que nous avons en arrière de nous, dans le cas où il aurait fallu partir par le plateau de Servigny. Rien ne paraissant, nous dételons. Le général de Ladmirault passe dans notre camp sur les midi. On nous dit que Bazaine est nommé général en chef de l'armée de la Moselle, Mac-Mahon de l'armée du Rhin.

Dans l'après-midi, nous allons au fourrage; on touche de l'avoine et M. Histchler, sous-intendant, nous autorise à acheter directement du fourrage à Servigny ou dans d'autres villages, dans des limites de prix qu'il nous fixe.

c) Opérations et mouvements.

Le Maréchal Bazaine au général de Ladmirault.

Courcelles-sur-Nied, 10 août.

Je vous envoie l'extrait des instructions de l'Empereur et la carte des environs de Metz. La division Grenier a dû vous rallier hier soir. Faites faire des reconnaissances et tenez-moi au courant de votre situation.

Il est probable que nous ne bougerons pas d'aujourd'hui.

Le général de Ladmirault au maréchal Bazaine, commandant en chef (Lettre).

Quartier général au château de Gras, 10 août.

Je viens vous accuser réception de votre dépêche du 10 août, datée de Pont-à-Chaussy, renfermant les instructions de l'Empereur.

J'ai établi mes troupes dans les positions indiquées par Sa Majesté, mais selon le terrain et les avantages qu'il présente. Ma position comprend Glattigny, Cheuby et Sainte-Barbe, sur des plateaux qui dominent et enfilent à grande distance tous les ravins qui se trouvent en avant. Les bois de Cheuby et de Hayes sont occupés jusque sur la lisière, dans le bas des ravins. Les routes d'exploitation seront barricadées par des abatis de bois. Le village des Étangs, en lui-même, n'est pas une position militaire; il est encaissé et dominé de toutes parts. En cas d'attaque, le pont serait barricadé et ne pourrait servir à l'ennemi, qui, au reste, aurait plus d'avantages à suivre la vallée de la Nied. Toutefois, le village des Étangs est occupé par deux compagnies et les plateaux qui le dominent, en suivant la route vers Glattigny, sont occupés par des échelons avec de l'artillerie.

Le général de Cissey (1re division) occupe les positions de Glattigny et les ravins vers Silly-sur-Nied, se reliant avec les troupes de la Garde impériale, qui sont campées de ce côté.

Le général Grenier (2e division) tient depuis la route jusques et y compris le village de Cheuby. Sa position domine les ravins qui sont en avant de lui et il a fait occuper tous les bois qui se trouvent de ce côté.

Le général de Lorencez (3ᵉ division) occupe le plateau de Sainte-Barbe, dont la position de gauche domine admirablement les positions d'Avancy, Vry et Vigy.

De fortes reconnaissances partent chaque jour dans la direction de la route de Bouzonville d'un côté et de celle de Boulay de l'autre. C'est ainsi qu'hier, 9, des patrouilleurs de uhlans et de hussards français se sont rencontrés en avant de Boulay, ainsi que j'ai eu l'honneur de vous en rendre compte.

D'après les rapports que je reçois des maires et habitants de la frontière vers Sarrelouis, l'ennemi assemblerait des forces nombreuses qu'il semblerait vouloir diriger dans la direction de Saint-Avold. Ainsi, des troupes nombreuses d'infanterie auraient été vues à Merten, à Ham-sous-Varsberg et Porcelette. Jusqu'ici, de Bouzonville, on ne signale pas d'infanterie, mais de fortes reconnaissances de cavaliers prussiens.

Le général de Cissey au général Osmont, chef d'état-major général du 4ᵉ corps d'armée.

Glattigny, 10 août.

Lorsque le général en chef m'a envoyé un officier d'état-major pour asseoir ma nouvelle position et modifier ses premiers ordres, il a été convenu verbalement que j'occuperais, avec ma division, l'éperon qui descend sur les Étangs, les ravins et les bois qui sont à droite et à gauche, jusqu'à la vallée de la Nied, en me raccordant avec la Garde impériale et la division Grenier.

Dans la pensée de M. le général en chef, le bois de gauche devait surtout être défendu par la division Grenier, mais on avait assigné comme ligne de séparation le chemin qui traverse le bois et qui paraît parallèle à la route de Metz (mais qui, en réalité, tourne à gauche et laisse à droite plus des deux tiers du mouvement de terrain). Il en est résulté que la division Grenier n'a presque rien fourni en avant d'elle et que j'ai mis dans le bois quatre bataillons de la 2ᵉ brigade, n'en gardant que deux en réserve en dehors. Est-ce cela que veut M. le général en chef? Ou bien dois-je plutôt concentrer mes forces pour la défense de la route de Metz? Il m'a paru que les dispositions de troupes prises par la 2ᵉ division et celles indiquées verbalement par un officier d'état-major ne répondaient pas bien au but qu'on se propose et que les positions n'étaient pas bien occupées. Ceci est pour éviter tout malentendu.

P.-S. — Un escadron du 2ᵉ hussards reste-t-il attaché à la 1ʳᵉ division, comme c'est désirable, ou est-il embrigadé? Il résulte de l'embrigadement de cet escadron que je ne puis disposer d'un homme pour les besoins du service sans m'adresser au général commandant la cavalerie, ce qui amène des retards énormes pour l'exécution.

Le général de Ladmirault aux généraux de Cissey et Grenier.

10 août.

D'après les dispositions arrêtées ce matin, la portion du bois de Hayes qui doit être gardée par chacune des 1re et 2e divisions est limitée par une route qui traverse le bois et qui part de Mazagran. D'après cette répartition, la portion gardée par la 1re division est beaucoup plus considérable que celle qui est occupée par la 2e.

La portion qui doit être gardée par la 1re division sera réduite; le général commandant cette division s'entendra à cet effet avec le général commandant la 2e division, de manière à fixer de concert la démarcation de leurs postes, en égalisant le service dans le bois pour les deux divisions et en ayant soin qu'aucune partie du bois ne reste sans garde ni sans surveillance.

Journée du 10 août.

5e CORPS.

a) Journaux de marche.

Journal de marche du 5e corps d'armée.

10 août.

D'après les ordres de l'Empereur, le 5e corps doit donc marcher sur Nancy.

En raison de la grande distance qui sépare encore de cette ville ses troupes fatiguées, le général de Failly décide qu'elle sera parcourue en deux étapes.

La colonne de droite, qui est à Réchicourt, ira coucher à Lunéville, d'où elle repartira le lendemain pour Nancy.

La division Lespart et la cavalerie du général Brahaut reçoivent, le 10, l'ordre de partir de Baccarat, le 11 pour Blainville et le 12 pour Nancy.

Ainsi donc, le 11 et le 12, le 5ᵉ corps doit être réuni en entier dans cette dernière ville.

La colonne partant de Réchicourt (division Goze, brigade Maussion, artillerie de réserve, ambulances) se met en route, avec le général en chef, à 5 heures du matin. Elle a une distance de 30 kilomètres environ à parcourir en suivant des chemins vicinaux à peu près parallèles au chemin de fer de Strasbourg.

La pluie tombée depuis quelques jours, et qui ne cesse pas, a rendu ces chemins fort mauvais et la marche des plus pénibles. La colonne passe par Moussey, Remoncourt, Emberménil, la Neuveville-aux-Bois et Marainviller.

Le général arrive à Lunéville, avec sa colonne, vers 4 heures du soir, au milieu d'un violent orage, après avoir été obligé de s'arrêter longtemps à quelque distance de la ville, pour laisser passer les troupes du 1ᵉʳ corps.

La division Goze et le restant de la colonne sont péniblement installés sur le terrain de manœuvre de Lunéville. Les troupes campent dans l'eau. Les officiers n'ont point de tentes, et beaucoup d'entre eux se réfugient dans les maisons les plus voisines, ce qui nuit beaucoup à la discipline et au maintien de l'ordre.

A son arrivée, le général en chef se rend au château, où il trouve le maréchal de Mac-Mahon à qui il communique les instructions qu'il a reçues la veille à Réchicourt pour marcher sur Nancy. Le Maréchal lui apprend que, d'après des renseignements certains, des têtes de colonnes ennemies étant signalées du côté de Château-Salins, Dieuze et Marsal, il a envoyé l'ordre au général de la Charrière, commandant à Nancy, de faire sauter les ponts et de se retirer. Mais, le 5ᵉ corps devant actuellement aller à Nancy, le général prie le maréchal de Mac-Mahon de vouloir bien donner contre-ordre au général de la Charrière, qui devra attendre l'arrivée de ce corps avant de faire sauter les ponts et de se retirer.

Il reçoit, du reste, la dépêche suivante de cet officier général :

« Seul et sans troupes à Nancy. Le maire et le conseil municipal s'opposent à ce qu'on fasse sauter les ponts, de peur de représailles de l'ennemi. Que faut-il faire ? »

Le général de Failly lui répond aussitôt :

« Attendez l'arrivée du 5ᵉ corps à Nancy. »

L'ordre de marche sur Nancy est donc établi dans la soirée pour le 5ᵉ corps, qui devra se mettre en route le lendemain matin.

La nuit du 10 au 11 se passe dans les plus mauvaises conditions pour la troupe. Presque toutes les petites tentes sont renversées par la tempête, et le soldat reste ainsi sans abri jusqu'au jour.

Dans cette même nuit, un officier du grand quartier général, le capitaine de France, apporte au général de Failly une lettre du Major général, datée du 8, qui lui confirme l'ordre de marcher sur Nancy, en donnant des explications sur le mode d'exécution (1). Cette lettre est ainsi conçue : (Voir Journal de marche du 5e corps, rédigé par le capitaine de Piépape. *Revue d'Histoire*, novembre 1902, page 1162.)

Le capitaine de France, porteur de cette dépêche, confirme au général de Failly l'arrivée des têtes de colonnes ennemies à Château-Salins, Dieuze, Marsal, et lui annonce en même temps la marche positive de forces imposantes sur Pont-à-Mousson.

Dès lors, le général de Failly a tout lieu de craindre d'être devancé par l'ennemi sur Frouard et sur la Meurthe, puisque, marchant perpendiculairement à cette rivière, les Allemands, ayant des gués et des ponts à leur disposition, sont libres de choisir la position la plus propice pour lui barrer le chemin.

Le 5e corps, divisé en deux colonnes à vingt-quatre heures de distance, ne peut s'avancer sur Nancy que par une marche de flanc sur la rive gauche de la Meurthe, à partir de Saint-Nicolas, parallèlement à cette rivière.

On commettrait sans contredit une grande faute en s'avançant dans ces conditions. Quelques batteries ennemies, établies sur la rive droite, suffiraient pour arrêter cette marche et séparer de nouveau le corps d'armée, comme cela était déjà arrivé à Bitche.

Si l'ennemi, maître de Lunéville au Sud, franchissait la Moselle au Nord par Pont-à-Mousson, la ligne de retraite sur Châlons, comme sur Metz, était dès lors des plus compromises. Le 5e corps, débordé sur ses deux ailes, pouvait être cerné et un désastre, dans ce cas, était à craindre, surtout avec des troupes dont le moral était déjà affaibli par le contact des débris du 1er corps, les fatigues et les privations qu'elles éprouvaient depuis plusieurs jours.

Toutes ces conditions et la latitude que lui donnait la lettre du Major général, en cas de rencontre de l'ennemi, décident le général en chef à changer son itinéraire au moment même où il allait partir pour Nancy.

En agissant ainsi, il ne fait que se conformer aux instructions de l'Empereur, qui lui a laissé l'appréciation de la nécessité de marcher sur cette ville.

Apprenant du capitaine de France que ce mouvement n'était pas le résultat d'une combinaison, mais qu'il était simplement dicté par l'état des choses au 8 août, état singulièrement modifié depuis le 10, le géné-

---

(1) Cette lettre fut remise, en réalité, au général de Failly le 9 août.

ral, en raison des considérations précédentes, n'hésite plus à se servir de la latitude que doivent lui donner les circonstances.

Il prévient le Maréchal que, d'après les derniers renseignements arrivés pendant la nuit sur la proximité de l'ennemi, les plus simples règles de la prudence s'opposent actuellement à la marche du 5ᵉ corps sur Nancy; que, dès lors, ce corps va suivre le 1ᵉʳ et continuer à protéger sa retraite.

Il fait télégraphier, en conséquence, au général de la Charrière d'avoir à exécuter les premiers ordres du Maréchal, de faire sauter les ponts et de se retirer.

Le Maréchal a déjà mis ses troupes en marche sur Bayon et Vézelise. Il prescrit au 5ᵉ corps de le couvrir sur sa gauche et d'aller franchir la Moselle à Charmes, pour se porter ensuite sur Mirecourt.

Avant de partir, le général de Failly charge le capitaine de France de rendre compte à l'Empereur des raisons qui l'ont obligé à ne pas suivre la route de Nancy, et propose de marcher sur Vézelise pour les motifs énoncés dans la dépêche ci-après, adressée de Charmes au Major général. (Voir journée du 11 août.)

Journal de marche du 5ᵉ corps d'armée, rédigé par le capitaine de Piépape.

10 août.

Le corps d'armée, en exécution des ordres de l'Empereur, se porte à Lunéville, la distance de Réchicourt à Nancy étant trop longue pour une étape. Pendant la nuit, le commandant Perrotin, de l'état-major général, va, en locomotive, reconnaître Dieuze, où l'ennemi n'est pas encore signalé; mais il y arrive et marche sur Château Salins.....

Les ordres sont donnés de se diriger le 11 sur Nancy. La division Lespart et la cavalerie Brahaut reçoivent également le 10, à Baccarat, l'ordre de partir le 11 pour Blainville et le 12 pour Nancy.

L'ordre de mouvement pour le 11 est fait pour Nancy, mais il est modifié au moment du départ, le 11 au matin, par suite des nouvelles qui signalent l'arrivée des Prussiens à Château-Salins.

L'officier porteur de la dépêche du grand quartier général fait connaître la marche positive de l'ennemi sur Pont-à-Mousson.

Le général en chef craint d'être devancé sur Frouard. Il hésite à prolonger une marche de flanc à peu de distance de l'ennemi, marche d'autant plus périlleuse que les colonnes s'allongent de plus en plus, par suite de traînards. Le 5ᵉ corps se trouve divisé en deux colonnes, à vingt-quatre heures de distance. La cavalerie est épuisée par son service d'éclaireurs : elle n'a eu aucun repos depuis sa pointe sur Rohrbach des 8 et 9 août. En conséquence, abandonnant la direction sur Nancy, qu'il regarde comme trop compromise, le général de Failly, interprétant les instructions de la dépêche reçue à Réchicourt, qui lui interdisent de combattre, croit devoir se dérober davantage par une marche plus au Sud et suivre le Maréchal en continuant à protéger sa retraite.

Note adressée à la Section historique de l'État-Major de l'Armée, le 14 décembre 1901, par M. le général de France.

Le 9 août 1870, étant à Metz, au grand quartier général, je recevais l'ordre de me rendre auprès du général de Failly, qui avait été entraîné avec son corps d'armée dans la retraite effectuée par le 1er après Reichshoffen, et dont on ne savait pas au juste la situation. Parti de Metz vers 1 heure de l'après-midi, en chemin de fer, je me rendais à Nancy et, prenant dans cette gare un train spécial, en vertu des instructions du Major général, je me dirigeais vers Sarrebourg. A l'une des stations, j'apprenais que le quartier général du 5e corps devait être à Réchicourt-le-Château et je m'y arrêtais. Il était 6 heures du soir lorsque je trouvai le général de Failly, auquel j'avais à remettre une dépêche portant le n° 193 du registre de correspondance de la 2e section de l'état-major général, laquelle commençait ainsi :

« J'ai l'honneur de vous faire connaître que l'ennemi est entré à Sarralbe et paraît se diriger sur Nancy, où il peut être dans cinq jours. »

Le dernier paragraphe était le suivant :

« Cette lettre vous sera portée par le capitaine de France, de l'état-major général, à qui vous pouvez confier la réponse que je vous prie de me faire. »

Le général de Failly se montra très préoccupé d'avoir à entreprendre, pour se rendre à Metz par Nancy, une marche de flanc dans le voisinage presque immédiat des têtes de colonnes de l'ennemi. Les troupes qu'il avait avec lui à Réchicourt étaient très ébranlées par une retraite précipitée, commencée à Bitche et effectuée dans des conditions telles qu'officiers et soldats étaient dépourvus de tous bagages et de tout campement.

Rentré à Metz à 2 heures du matin (nuit du 9 au 10 août), je rédigeai, pour le Major général, un rapport qui doit se trouver aux Archives de la guerre (1).

Ce même jour (10 août), vers midi, l'Empereur me fit appeler pour me demander des explications sur mon rapport.

---

(1) Voir page 227.

Ces explications entendues, l'Empereur me chargeait d'aller de nouveau trouver le général de Failly et de lui confirmer l'ordre de se diriger sur Metz, mais de lui dire qu'il pouvait passer par Toul pour éviter l'ennemi, déjà signalé à Dieuze et Château-Salins, en marche sur Nancy.

La dépêche télégraphique suivante était adressée le même jour, par le Major général, au général de Failly :

« Notre concentration sur Metz est terminée. L'Empereur désire que vous y opériez votre jonction avec nous, si l'ennemi vous en laisse la possibilité.

Je vous envoie le capitaine de France. »

Parti de Metz une seconde fois vers 3 heures de l'après-midi, j'étais à minuit à Lunéville, auprès du général de Failly.

Je lui confirmai verbalement le télégramme envoyé de Metz dans la journée et j'ajoutai que, tout en désirant lui voir opérer sa jonction à Metz avec les autres corps qui s'y trouvaient déjà, l'Empereur ne lui faisait pas une obligation de passer par Nancy et Pont-à-Mousson et qu'il pouvait prendre la route de Toul.

Le général de Failly décidait alors que le 5e corps, afin de ne pas être coupé par l'ennemi, ainsi qu'il le craignait, prendrait, pour se diriger sur Metz, la route de Bayon, et prescrivait au général Besson, son chef d'état-major, présent à l'entretien, de donner les ordres nécessaires.

Le lendemain, 11 août, après avoir assisté au départ de Lunéville des 1er et 5e corps et rempli une autre mission, qui consistait à évacuer par chemin de fer, sur le camp de Châlons, les isolés des 1er et 5e corps, je quittai la gare à midi, avec le dernier train.

A Nancy, je rejoignais le capitaine Vanson, de l'état-major général, chargé d'une mission semblable, et tous deux nous partions de Nancy à 10 heures du soir pour rentrer à Metz, où nous arrivions le 12, à 5 heures du matin.

C'est pendant la journée du 12 août que le chemin de fer de Frouard à Metz a été coupé par l'ennemi.

1re DIVISION (GOZE).

Départ de Réchicourt à 4 heures du matin, la 1re brigade par Igney et Amenoncourt, la 2e brigade par la route de Moussey. Les deux colonnes se réunissent à la Neuveville-aux-Bois, où l'on fait la grand'halte.

Arrivée à Lunéville vers 3 heures. On campe sur le terrain de manœuvre. Temps affreux ; orage ; le terrain est inondé.

2ᵉ DIVISION (DE L'ABADIE D'AYDREIN).

L'ordre avait été donné, la veille, de se mettre en route à 4 heures du matin, pour Lunéville. On était prêt, mais un incident relatif au choix du chemin à prendre, retarda le départ jusque vers 7 heures. Enfin, on se dirige sur Moussey, dans la vallée du ruisseau du Sanon, un affluent de la Meurthe, qui est longé par le canal Saint-Nicolas. La marche est protégée par ce canal. Le très mauvais temps de la nuit a continué toute la matinée.

On passe à Remoncourt, et, parvenus à environ une lieue de ce village, on franchit la crête de partage entre les eaux du Sanon et celles de la Vezouse, l'un des cours d'eau qui arrosent Lunéville. Le chemin est bon. On fait la grand'halte, vers midi, à Emberménil. On traverse ensuite la Neuveville-aux-Bois et Marainviller : cette dernière localité est sur la rive gauche de la Vezouse. C'est près de là que la colonne rejoint la grande route de Paris à Strasbourg, qui la conduira à Lunéville ; il reste environ 10 kilomètres à parcourir pour y arriver.

Un orage des plus violents éclate alors, accompagné de pluie et de grêle ; il ne cesse qu'au moment où la division atteint le bivouac qui lui avait été désigné, par l'état-major général, dans le champ de manœuvres. Le terrain est inondé d'eau. On a de la peine à y trouver des portions sèches pour y dresser les petites tentes.

La division de L'Abadie se place en arrière de la division Goze ; il est 5 heures du soir.

La division Goze, en partant de Réchicourt, s'était partagée : la brigade Nicolas avait suivi le chemin de Moussey, la brigade Saurin avait pris la route à gauche, par Amenoncourt.

La cavalerie, suivant la route passant par Baccarat, avait atteint Lunéville vers 4 heures du soir ; on l'avait logée aux quartiers du Château et des Cadets.

La réserve d'artillerie, le parc du génie, la réserve de mulets du train, avaient marché avec la brigade Nicolas, précédant la division de L'Abadie. On les fit camper aussi sur le champ de manœuvres.

La division Guyot de Lespart était allée à Baccarat.

Le corps d'armée du maréchal de Mac-Mahon se trouvait aussi à Lunéville ce jour-là, à l'exception de sa cavalerie, qui campait à Bayon.

DIVISION DE CAVALERIE (BRAHAUT).

Départ de Badonviller par Baccarat sur Lunéville, où la colonne arrive à 4 heures du soir.

Le quartier général du 5ᵉ corps était établi à Lunéville.

Les régiments furent placés dans des écuries, aux quartiers de cavalerie du Château et des Cadets.

Réserve d'artillerie.

Départ de Réchicourt et arrivée à Lunéville. La réserve y campe sur le terrain de manœuvres de la cavalerie et y est inondée toute la nuit par une véritable trombe d'eau.

Le 5e corps, au lieu de se porter le lendemain de Lunéville sur Nancy et Pont-à-Mousson, ainsi que nous l'espérions et ainsi que semblait l'indiquer la situation respective des armées, qui nous faisait arriver à Nancy avant l'ennemi, ce qui nous aurait permis de défendre le passage de la Moselle, puis de nous relier à l'armée du maréchal Bazaine..., le 5e corps, disons-nous, continue à couvrir le 1er corps, qui se retirait sur le camp de Châlons pour se réorganiser.

c) Opérations et mouvements.

Rapport du capitaine de France sur sa visite au 5e corps d'armée.

Metz, 10 août, 10 heures matin.

Le 9 août, le 5e corps occupait les positions suivantes : M. le général de Failly était, de sa personne, à Réchicourt-le-Château, avec la division de M. le général Goze et la brigade de Maussion, de la division L'Abadie ; à Réchicourt se trouvait également la réserve d'artillerie du 5e corps.

La division Guyot de Lespart, qui était, le 6, à Niederbronn, a été entraînée par les fuyards du 1er corps ; elle était hier, 9 août, à Cirey, non encore réorganisée et fort ébranlée. Elle ira, aujourd'hui 10, à Baccarat, et demain, 11, à Gerbéviller

La cavalerie du 5e corps est ainsi placée :

5e lanciers et 12e chasseurs, à Cirey, avec la division de Lespart ;

Le 5e hussards fait le service dans les divisions d'infanterie ;

Le 3e lanciers est au 2e corps, avec la brigade Lapasset (1re de la division L'Abadie).

M. le général de Failly arrivera le 10 à Lunéville, et de là compte se diriger sur le camp de Châlons par Bayon, Vézelise, Colombey, Void et Commercy. M. le général de Failly ne se dirige pas sur Nancy, parce qu'il craint de n'arriver dans cette ville que cinq ou six heures avant l'ennemi, et parce qu'avec les trois brigades de son corps d'armée, qui seules sont intactes, il ne pourrait soutenir un engagement.

D'un autre côté, le général craint aussi le contact de ses brigades avec les troupes du 1er corps et redoute leur voisinage au camp de Châlons. Il serait peut-être utile, pour le conserver à l'armée, d'appeler à Metz le 5e corps d'armée.

M. le général de Failly et les officiers du 5e corps partis de Bitche dans la nuit du 6 au 7, ont abandonné tous leurs bagages, voitures, chevaux de trait, cantines, etc... Le dénûment des officiers est extrême. Le général demande avec instance qu'une indemnité soit allouée immédiatement aux officiers, pour perte par force majeure.

La réserve d'artillerie du 5e corps a aussi abandonné tout ce qu'on laisse en allant au combat. La partie mobile de ces batteries a été seule emmenée à Bitche.

. . . .

Il est urgent d'éloigner le 1er corps du reste de l'armée et de ne pas laisser le 5e dans son voisinage, afin de conserver intactes les troupes de ce corps, qui n'ont pas encore donné, et de pouvoir remonter le moral de celles qui ont été entraînées dans la retraite.

Le Major général au général de Failly, à Lunéville (D. T.).

Metz, 10 août, 2 h. 45 soir.

Notre concentration sur Metz est terminée. L'Empereur désire que vous y opériez votre jonction avec nous, si l'ennemi vous en laisse la possibilité.

Je vous envoie le capitaine de France.

Le général de Failly au Major général, à Metz (D. T.).

Lunéville, 10 août, 6 heures soir.

Suivant les avis que je recevrai ce soir, j'exécuterai vos ordres, si l'ennemi m'en laisse la possibilité.

Je n'ai pas encore vu M. de France.

Je suis à Lunéville.

Journée du 10 août.

6ᵉ CORPS.

a) Journaux de marche.

Journal de marche du 6ᵉ corps d'armée.

10 août.

Son Excellence le maréchal Canrobert est appelé à Paris (1).
La 1ʳᵉ division part par le chemin de fer pour Metz.

1ʳᵉ DIVISION (TIXIER).

Le 10, l'ordre est donné de se diriger du camp de Châlons sur Metz.

La division se met immédiatement en mouvement; les premières troupes sont parties dans la nuit du 10 au 11.

2ᵉ DIVISION (BISSON).

..... Dans la soirée, la division reçoit l'ordre de se tenir prête à marcher sur Metz par les voies ferrées et elle fait ses préparatifs de départ.

3ᵉ DIVISION (LA FONT DE VILLIERS).

La division continue son embarquement et le termine à 6 h. 1/2 du soir.

Le premier train arrive à 8 heures du matin à Metz.

---

1) Voir Journée du 10 août, page 142.

c) **Opérations et mouvements.**

Le Major général au commandant du camp de Châlons (D. T.).

Metz, 10 août, 2 h. 35 soir.

Continuez sans interruption et sans aucune perte de temps le mouvement de toutes les divisions du camp de Châlons sur Metz.

Après la 1re division embarquée, commencez par l'infanterie de la 2e.

Le Commandant du camp de Châlons au Major général, à Metz (D. T.).

Camp de Châlons, 10 août, 7 h. 5 soir.

La 1re division d'infanterie du camp sera toute embarquée dans une heure, avec son artillerie.

Je fais venir du matériel de Reims et, dans deux heures, j'espère commencer le mouvement de la 2e division. J'arrête tous les arrivages de Châlons au camp pour qu'il n'y ait aucun retard dans le départ des troupes. J'informerai Votre Excellence de chaque départ de train.

Le Colonel directeur du parc du 6e corps, à La Fère, au général Bertrand, au camp de Châlons (D. T.).

La Fère, 10 août, 4 heures soir.

Deuxième colonne part demain 11, composée : 1° de vingt-huit caissons matricule 27 pour cartouches d'infanterie, une forge, un chariot de batterie, attelés par 4e *bis* (1);

2° Un maréchal des logis et 12 hommes de la 2e batterie *bis*. Les deux autres colonnes suivront à un jour d'intervalle l'une de l'autre.

---

(1) La première colonne du parc du 6e corps était à Laon où elle attendait de nouveaux ordres pour se rendre à Châlons.

Journée du 10 août.

7ᵉ CORPS.

a) **Journaux de marche.**

Notes du capitaine d'état-major Mulotte sur les opérations de la division Conseil-Dumesnil.

Le 10 août, ils (le 1ᵉʳ corps et la 1ʳᵉ division du 7ᵉ) bivouaquent à Lunéville. Le camp, établi à 6 kilomètres de la ville, est trop éloigné du centre d'approvisionnement; aussi les distributions de vivres sont-elles irrégulières et fort incomplètes. La pluie, qui tombe à verse depuis le 8 août et qui a partout détrempé le sol, augmente encore les souffrances des soldats, dont la plupart n'ont plus ni tentes-abris ni effets de campement (on avait eu la malheureuse idée de leur faire déposer leurs havresacs pendant la bataille de Frœschwiller).

c) **Opérations et mouvements.**

Le général Cambriel, commandant la 1ʳᵉ brigade de cavalerie du 7ᵉ corps, au Colonel du 1ᵉʳ lanciers. — Note.

10 août.

Le 4ᵉ lanciers partira demain 11 août pour se rendre à Altkirch.

Il échelonnera sur son passage, à Bessomont, à Valdieu, à Dannemarie, des détachements différents pour assurer le service d'estafettes entre lui et le quartier général du 7ᵉ corps.

Les détachements de Valdieu et de Dannemarie devront être composés chacun d'un peloton et leurs officiers devront, en outre de leur service, assurer la garde des fourneaux de mine chargés de Valdieu et de Dannemarie.

A Altkirch, où il s'établira militairement, le colonel devra organiser son service d'éclaireurs de manière à être toujours informé de ce qui pourrait se passer dans un rayon de 4 à 5 kilomètres au moins, en faisant observer surtout les directions de Mulhouse et de Huniugne.

Il établira chaque jour ses rapports des 24 heures, qu'il adressera directement au général en chef et au général de division. En outre, il signalera aussitôt par le télégraphe tout incident de quelque importance. Son rôle n'est point de résister en cas d'attaque ; il se replierait en faisant prévenir, sans compromettre sa troupe.

Il confirmera toutes les dépêches télégraphiques par un cavalier envoyé immédiatement jusqu'au poste voisin, où un cavalier devra toujours être prêt à recevoir la dépêche. Les dépêches devront porter l'heure à laquelle elles auront été écrites et leur enveloppe portera également l'heure du départ des cavaliers auxquels elle sera remise successivement.

Le général recommande de bien organiser ce service d'estafettes.....

Le Major général au général Félix Douay, à Belfort (D. T.).

Metz, 10 août.

Si vous devez faire partir le parc d'artillerie qui est à Épinal, dirigez-le sur Langres.

Le Major général au colonel Hennet, commandant le parc du 7ᵉ corps (D. T.).

Metz, 10 août.

Le parc du 7ᵉ corps se rendra, comme celui du 5ᵉ corps, à Langres.

Le Ministre de la guerre au Chef de l'exploitation des chemins de fer de Lyon et de l'Est (Lettre).

Paris, 10 août (n° 11367).

J'ai l'honneur de vous informer que des ordres sont donnés aujourd'hui pour l'exécution, par les voies ferrées, des mouvements ci-après :

Une division d'infanterie, composée de quatre régiments d'infanterie, trois batteries d'artillerie, une compagnie de génie, doit être dirigée immédiatement de Lyon sur Belfort, par Gray et Vesoul (1).

M. le général commandant le 9ᵉ corps est invité à se concerter avec le chemin de fer.

Je vous prie de vouloir bien donner aux agents de votre compagnie les instructions nécessaires pour assurer l'exécution de ces dispositions.

---

(1) Il s'agit de la 3ᵉ division du 7ᵉ corps. La brigade Jolif-Ducoulombier, de la division de cavalerie de ce corps d'armée, devait seule rester à Lyon.

Journée du 10 août.

GARDE IMPÉRIALE.

a) Journaux de marche.

Journal de marche de la Garde impériale.

10 août.

Les troupes conservent leur emplacement général. (La division Deligny, à la Tuilerie, à cheval sur la route de Courcelles-Chaussy à Metz ; la division Picard à gauche de la division Deligny, en s'étendant jusqu'à la ferme de Béville, mise en état de défense et confiée au général de La Croix avec trois bataillons de grenadiers et une batterie d'artillerie. Les deux divisions ont avec elles leur artillerie et leur cavalerie divisionnaire, les régiments de chasseurs et de guides attachés définitivement à la 1re et à la 2e division.

Le général Deligny fait occuper par le 1er voltigeurs et une batterie le village de Mont, à l'extrême droite, dominant la vallée de la Nied française.

La division Desvaux, moins la cavalerie divisionnaire, au Sud du village de Maizery.

L'artillerie de réserve à cheval sur la route de Courcelles-Chaussy à Metz, près du point de croisement de cette route avec le chemin conduisant de Pange à Vigy et Bettlainville.

Le quartier général à Maizery.

Les rapports du général de Ladmirault faisant prévoir un mouvement considérable de l'ennemi, des dispositions sont prises pour l'évacuation des bagages, afin que les *impedimenta* ne causent aucun embarras dans le cas d'une attaque.

Le général Frossard étant allé s'établir à Mercy-les-Metz au lieu de Courcelles-sur-Nied, notre flanc droit se trouve dégarni. Par ordre du Maréchal, il doit être observé. En conséquence, un bataillon de la division Deligny va s'établir militairement à Colligny avec un escadron de chasseurs. Cet escadron détache des petits postes au pont de Pange et au pont de Domangeville et fait des patrouilles pour surveiller les abords de notre flanc droit.

Division Deligny.

2ᵉ *brigade* (Garnier).

Journal de marche.

10 août.

Dans l'après-midi du 9 août, les troupes changent de position : la garde est placée sur le plateau de Landremont, la division de voltigeurs à cheval sur la route de Saint-Avold. Le 3ᵉ corps se trouve en avant et à gauche de la Garde ; le 2ᵉ corps en arrière et à droite, face à la Nied.

La division reste dans cette position le 9 et le 10. Le temps est affreux ; les soldats sont dans la boue jusqu'à mi-jambe.

Division Picard.

La division occupe le même bivouac que la veille (la droite de la ligne sur un plateau dominant, un peu à l'Ouest du village de Silly-sur-Nied, la gauche à la ferme de Béville).

Le général de division va reconnaître en personne la division de Cissey, du corps Ladmirault, laquelle est établie à notre gauche.

2ᵉ *brigade* (Le Poitevin de La Croix).

On continue les préparatifs de la mise en état de défense de la ferme de Béville, qui sont terminés complètement vers midi.

La division Grenier, du corps Ladmirault, prend position à notre gauche, du côté de Glattigny. Elle arrive dans la nuit.....

Division de cavalerie (Desvaux).

Bivouac de Maizery. — La matinée est consacrée aux distributions.

A 8 heures 1/2, réunion à la tente du général de division, des généraux et de tous les chefs de service, pour recevoir des instructions sur le service des avant-postes, des distributions, des corvées armées, etc.

Le régiment de dragons fournit un escadron de grand'garde pour toute la division.

Mot d'ordre : Napoléon-Naples.

Distribution aux généraux et aux colonels des cartes allemandes lithographiées, livrées par l'état-major général de la Garde.

A 9 heures du soir et par suite des ordres du général en chef, en prévision d'une attaque imprévue de l'ennemi, le général de division envoie reconnaître la route secondaire de Maizery à Metz, par Ogy et

Borny, afin de pouvoir, au premier signal, y faire diriger tout le convoi des bagages et des voitures, en laissant ainsi la route principale libre pour les colonnes de troupes.

c) Opérations et mouvements.

Le maréchal Bazaine au général Bourbaki.

Courcelles-sur-Nied, 10 août.

Je vous envoie l'extrait des instructions de l'Empereur et la carte des environs de Metz, pour vous et les généraux d'infanterie.

Comme, dans le dernier dispositif (sous Metz), le 2e corps doit vous remplacer à l'extrême droite et que vous devez vous placer en réserve en arrière, au centre des positions occupées (les Bordes), faites reconnaître dans les environs les positions qui remplissent les conditions pour le rôle attribué à la réserve.

Il est probable que nous ne bougerons pas de la journée.

Le maréchal Bazaine, commandant en chef, au général Bourbaki (Lettre).

Pont-à-Chaussy, 10 août, 5 h. 30 soir.

Le général Frossard, au lieu de s'établir à Courcelles-sur-Nied, s'est porté à Mercy-les-Metz.

Vous devrez observer votre flanc droit, qui se trouve dégarni par suite de ce mouvement.

L'aile droite de la 1re division du 3e corps (Montaudon) se relie aux voltigeurs placés dans le bois situé à l'Ouest de Pange par un bataillon.

Le général Bourbaki au général Manèque, chef d'état-major général (Lettre).

Maizery, 10 août.

J'ai reçu les deux dépêches de M. le Maréchal relatives à la position actuelle du corps du général Frossard et à l'avis de mouvement de l'ennemi donné par le général de Ladmirault.

En raison de la première, je fais occuper le village de Colligny par un bataillon et un escadron. Ce dernier détachera de petits postes aux ponts de Domangeville et de Pange, pour surveiller le terrain avoisinant.

Le général Bourbaki au général Deligny, commandant la 1ʳᵉ division d'infanterie de la Garde (Lettre).

Au quartier général, à Maizery, 10 août, 8 h. 30 soir.

Le général Frossard, au lieu de s'établir à Courcelles-sur-Nied, s'est porté à Mercy-les-Metz.

Par suite de ce mouvement, notre flanc droit se trouve dégarni et le Maréchal commandant en chef me prescrit de le faire observer. En conséquence, le bataillon de votre division le plus rapproché du village de Colligny ira s'établir de suite dans cette localité. Il s'y installera militairement dès son arrivée.

Demain matin, si nous restons dans nos positions, tous les travaux de défense seront exécutés dans le village de Colligny par votre compagnie du génie.

Un escadron de chasseurs ira s'établir avec le bataillon au village de Colligny. Cet escadron détachera deux petits postes au pont de Pange et au pont de Domangeville; il fera en outre des patrouilles, de manière à bien surveiller tous les abords de notre flanc droit.

P.-S. — Attendez la fin de la pluie, mais envoyez avant le point du jour.

Le général Deligny, commandant la 1ʳᵉ division d'infanterie de la Garde impériale, au général Brincourt, commandant la 1ʳᵉ brigade, à Mont. — Ordre.

10 août.

Par suite des ordres donnés par S. E. le maréchal Bazaine, vous voudrez bien évacuer la position de Mont, où vous serez remplacé par la division Montaudon.

Vous ramènerez avec vous la batterie d'artillerie.

Vous viendrez établir le 1ᵉʳ voltigeurs sur le plateau de Landremont, que j'occupe. Un adjudant-major envoyé à l'avance recevra la désignation de l'emplacement d'un officier de mon état-major.

La batterie, en arrivant sur le plateau, rejoindra le camp de l'artillerie où elle sera installée par les soins du colonel commandant cette troupe.

Le maréchal Bazaine, commandant en chef, au général Bourbaki (Lettre).

Pont-à-Chaussy, 10 août.

D'après les instructions de l'Empereur, que j'ai reçues ce soir, nous devons nous porter demain matin sur la 2ᵉ position défensive (sous

Metz) décrite dans l'extrait des instructions que vous avez reçu ce matin, avec toutefois cette modification que la Garde, qui devait occuper l'extrémité droite de la ligne dans le cas où le 2ᵉ corps n'arriverait pas à temps pour le faire, se placera au centre, comme réserve générale de l'armée.

Monsieur le général Bourbaki déterminera le point qui lui paraîtra le plus convenable, entre Borny, par exemple, et Vantoux, d'autant plus que les divisions de cavalerie Forton et Du Barail sont également destinées à être mises en réserve, ainsi que les seize batteries de réserve du général Canu. Comme il me sera impossible de me trouver sur les lieux pour désigner les emplacements des uns et des autres, on s'en rapportera à cet égard à la direction qui sera donnée par des officiers d'état-major ou du génie qui seront envoyés de Metz à la rencontre des colonnes.

Je prie Monsieur le général Bourbaki de vouloir bien me suppléer pour la désignation des emplacements à affecter aux deux divisions de cavalerie dénommées ci-dessus, ainsi qu'aux batteries d'artillerie (Canu), si toutefois les premières se trouvent dans la zone qui nous sera affectée.

La Garde quittera donc son campement demain matin à 4 heures, ayant soin de faire filer à l'avance tous ses *impedimenta*.

La Garde suivra la route de Sarrebrück à Metz et, dans le cas où une attaque de l'ennemi se dessinerait, soit sur une partie de notre ligne, soit sur un des échelons en retraite, elle s'arrêterait et prendrait la position la plus avantageuse possible, et Monsieur le général Bourbaki me ferait prévenir de la position qu'il occupe.

Je suivrai très probablement la même route que la Garde, en arrière d'elle.

On devra profiter de toutes les routes secondaires latérales à celle de Sarrebrück à Metz, pour rendre les colonnes moins profondes, sans cependant compromettre la rapide formation des troupes pour le combat.

Les troupes d'infanterie devront marcher par section ou demi-section, selon la largeur des routes, et l'artillerie sur deux files.

Quant à la cavalerie, il sera préférable de la mettre en grande partie à l'arrière-garde, soit à droite, soit à gauche de la route, si le terrain le permet, afin qu'elle soit disponible pour entrer immédiatement en action si besoin était.

Vous compléterez ces instructions générales par celles que vous inspireront votre expérience et votre savoir-faire.

P.-S. — D'après les derniers renseignements qui me parviennent, l'ennemi serait en nombre considérable tant en avant de Boulay qu'en avant de Saint-Avold, c'est-à-dire sur nos deux flancs, et serait disposé à nous attaquer.

Le Major général au colonel de Vassoigne, commandant le parc de la Garde impériale. — Note.

Metz, 10 août.

Je vous prie de vous établir, avec votre parc, à Chambière, avec les parcs des autres corps d'armée. Vous pourrez ainsi vous trouver en communication avec les corps de la Garde.

Je fais connaître au général Pé de Arros votre nouveau campement.

Le Major général au général Bourbaki (Lettre).

Metz, 10 août.

Par ordre de l'Empereur, j'ai l'honneur de vous adresser ci-joint *trois mille* exemplaires d'une instruction sur la *Manière de combattre les Prussiens*.

Je vous prie de vouloir bien faire distribuer immédiatement cette instruction dans les corps de la Garde impériale. J'ajouterai, aux indications qu'elle contient, qu'on a remarqué, dans les combats qui ont eu lieu jusqu'ici, que l'artillerie française tirait, en général, *trop haut*, et l'infanterie *trop haut et trop vite*, et qu'il importe d'appeler, tout particulièrement, sur ce point, l'attention des généraux et des chefs de corps.

Manière de combattre les Prussiens.

Les Prussiens commencent l'action en mettant très peu de forces en avant, mais ils placent de nombreuses batteries de gros calibre sur des positions bien choisies; ensuite, ils forment une avant-ligne épaisse de tirailleurs, qui font un feu des plus nourris.

Les tirailleurs, surtout, profitent très habilement des bois, d'où ils cherchent à gagner le flanc de leur ennemi; puis, quand les tirailleurs sont fortement engagés, les Prussiens poussent en avant des masses énormes, qu'ils cherchent à abriter derrière les accidents du terrain.

Au combat de Frœschwiller, Il y a eu des feux de tirailleurs seulement, pas de feux de ligne.

Il est donc utile d'agir comme eux, c'est-à-dire d'employer beaucoup de tirailleurs, une artillerie nombreuse et de fortes réserves.

Journée du 10 août.

ARTILLERIE DE L'ARMÉE.

Journal des opérations du général Soleille.

10 août.

Il fallait renoncer désormais à tirer de Toul les ressources qui devaient être accumulées dans cette première place de dépôt ; le grand parc n'existait plus pour l'armée de Metz. Le seul moyen d'y suppléer, c'était d'entasser dans Metz tous les approvisionnements qu'on pourrait y faire parvenir. Deux voies étaient encore ouvertes : celle des Ardennes, par Sedan et Thionville ; mais on n'était pas sans inquiétudes de ce côté, on redoutait que les coureurs du général de Falkenstein, que l'on supposait à Sierck, ne vinssent couper le chemin de fer.

La route de Verdun était plus sûre ; par une fatalité cruelle, la voie ferrée qui devait relier Verdun à Metz n'était pas encore terminée, et la distance à parcourir était considérable pour des convois qu'il aurait fallu, d'ailleurs, improviser avec les éléments disparates qu'on avait sous la main.

Cependant, c'est sur Thionville et Verdun qu'on demanda au Ministre d'acheminer les munitions. Cette indication était à peine donnée, que déjà les obstacles surgissaient. Le 10 août, à 11 h. 30 du matin, le Ministre écrivait au général Soleille (télégramme n° 287) :

« D'après un avis de M. le Major général, que la ligne de Thionville à Metz pouvait être coupée, ordre a été donné d'arrêter à Sedan les trains dirigés sur Metz par cette voie. En conséquence, les munitions expédiées de Douai sur Metz, fraction non attelée du grand parc, se trouvent arrêtées à Sedan. Que faut-il faire ? »

Le général demanda des instructions au Major général ; les dernières nouvelles reçues n'étant pas rassurantes, on dut maintenir l'interdiction et faire rétrograder par la ligne des Ardennes le train arrêté à Sedan. Toutefois, dans le courant de la journée, on se ravisa, et le directeur des mouvements des chemins de fer de l'Est reçut l'avis suivant :

Metz, 10 août 1870.

« Par ordre de l'Empereur, faites diriger sur Metz, par Reims, Châlons et Frouard, le convoi de munitions arrivé de Douai et arrêté en gare de Sedan. »

Ce convoi, un des derniers qui soient passés à Nancy, arriva heureusement à destination ; il contenait 4 millions de cartouches.

. . . .

Les parcs des 2e, 3e, 4e corps et de la Garde étaient à Metz, complètement organisés en matériel et en attelages; celui de la réserve générale, prêt à Toulouse depuis plusieurs jours, ne pouvait plus gagner Metz. Une dépêche ministérielle fit connaître qu'il était appelé à Vincennes.

Le commandement conféré au maréchal Bazaine par l'ordre général n° 2, devenait un commandement effectif, puisque les éléments qui le composaient se trouvaient, pour la première fois, réunis. Par dépêche en date du 10 août, le Major général fit connaître au général commandant l'artillerie de l'armée, qu'il avait désigné le général Rochebouët comme commandant de l'artillerie à l'état-major du maréchal Bazaine, commandant en chef les 2e, 3e et 4e corps. Par suite de cette nomination, le commandement de l'artillerie du 3e corps, fut, sur la proposition du général Soleille, donné au général de Berckheim.

Journée du 10 août.

RÉSERVE DE CAVALERIE.

Division du Barail.

Journal de marche.

10 août.

Marche de nuit du 9 au 10 août. Le soir même du 9, la division reçoit l'ordre de partir immédiatement pour Metz, afin d'y arriver le lendemain matin. A 9 heures, elle abandonne son campement, et, gravissant le coteau qui domine Saint-Mihiel, elle s'avance sur un plateau boisé, au bas duquel elle rencontre, à une heure du matin, le village de Vigneulles.

Vers 3 heures du matin, la colonne fait une halte d'une heure, et elle arrive à 5 h. 1/4 au village de Gorze, qui est le point de réunion de plusieurs ravins importants, et qui est placé dans un bas-fond, à vingt kilomètres de Metz. A quatre kilomètres plus loin, elle traverse le village de Novéant, placé sur la route de Metz à Frouard et Nancy, et à partir duquel elle suivra presque parallèlement le tracé du chemin de fer. Elle rencontre enfin les villages d'Ars et de Moulins-sur-Moselle, et arrive à Metz à 10 h. 1/2 du matin, pour y camper au S.-O. de la place et le long du chemin de fer.

Les troupes sont fatiguées de cette longue marche de nuit. Ce résultat est surtout très sensible dans les trois derniers escadrons du 3ᵉ chasseurs, qui étaient arrivés à Saint-Mihiel le 9 seulement, au milieu de l'après-midi, venant de Commercy, où les avait déposés le chemin de fer. L'effectif du 3ᵉ chasseurs, grâce à ce renfort, se trouve alors porté à 687 hommes et 619 chevaux.

DIVISION DE BONNEMAINS.

10 août.

Départ de Lunéville à 10 heures du matin ; arrivée à Bayon à 3 heures de l'après-midi.

RENSEIGNEMENTS

Bulletins enregistrés à l'état-major général.

10 août.

Les Prussiens pousseraient toutes leurs forces disponibles vers la France (armée et landwehr). Armée des côtes du Nord, général Vogel de Falkenstein, prendrait aussi cette direction. On parle d'appel à la landsturm ; les journaux allemands n'en disent rien.

Renseignements favorables sur la neutralité de la Belgique. Un corps prussien arriverait le 10 au soir, ou dans la nuit du 10 au 11, à Boulay. Ce corps aurait 25,000 hommes ; renseignement confirmé d'autre part. Toujours mouvements sur le haut Rhin, rive droite, pour attirer notre attention, sans doute.

Forces assez considérables, paraît-il, entre Sulzbach et Sarrebrück (armée de Steinmetz), et entre Hombourg et Blieskastel (armée du prince Frédéric-Charles).

Basse Sarre dégarnie de troupes. Les *13e*, *70e* et *53e* ont quitté Sarrelouis le 9 au soir pour l'armée de Metz. Les pièces de Sarrelouis seraient dirigées sur Sarrebrück et Wissembourg. Arrivage de troupes à Birkenfeld.

Le 8, division d'infanterie à Lorentzen venant de Rahling. On signale des troupes à Drulingen se dirigeant sur Dieuze, par Fénétrange.

Le 9 au soir, personne à Sarrebourg.

Un émissaire revenant de la basse Sarre prétend que 25,000 hommes avec beaucoup d'artillerie seraient échelonnés de Trèves à Sierck. Des patrouilles de cavalerie se présentent chaque jour à ce village. Un autre espion aurait vu, près de Sierck, 3,000 hommes (peut-être l'avant-garde du corps signalé précédemment).

Un Agent de Luxembourg au Préfet de la Moselle (D. T.).

Luxembourg, 10 août, 8 heures matin.

Nouvelles reçues de Wasserbillig, près Trèves, disant : « Vallée Sarre dégarnie de troupes. Les *13e*, *70e* et *53e*, ce dernier réduit de moitié, ont quitté hier soir Sarrelouis pour rejoindre armée se dirigeant sur Metz. Landsturm serait appelé. Dégarnissent tout l'intérieur pour jeter toutes leurs forces sur la France. Canons de Sarrelouis dirigés sur Sarrebrück et Wissembourg. Arrivage à Birkenfeld de corps de Brunswick et hussards noirs. »

Un Agent de Thionville au Major général (Lettre).

Thionville, 10 août, 8 heures matin.

On me donne de nouveau comme positifs les faits suivants :

1° Il ne reste plus, dans la place de Sarrelouis que la 14° compagnie de guerre et plusieurs compagnies de la landwher, soit un effectif de 1 000 hommes ;

2° Toute l'ancienne garnison de Sarrelouis s'est dirigée sur Sarrebrück, à l'exception du 53° de ligne, qui a tellement souffert, au dernier combat, sur la Sarre, qu'il se trouve réduit de moitié et qu'il est complètement démoralisé. Les débris de ce régiment ont été dirigés sur Trèves, où il ne reste plus d'autres troupes ;

3° La vallée de la Sarre est complètement dégarnie de troupes ; il ne reste plus un seul homme à Conz, à Saarburg, à Mettlach, à Merzig, à Völklingen, à Bettingen ou dans les environs ;

4° A Speicher et Wittlich il n'y a pas non plus de troupes en ce moment ;

5° A Birkenfeld, où je viens de renvoyer l'un de mes courriers, on constate de nombreux passages de troupes se dirigeant sur le Palatinat.

Je viens de renvoyer également un courrier à Bitburg, à Waxweiler et à Prüm pour observer ce qui s'y passe.

On m'assure que le landsturm vient d'être appelé sous les armes.

Le bruit s'accrédite à l'étranger que l'armée du Nord, sous le commandement du général Vogel de Falkenstein s'avance dans la direction de Trèves.

On croit, à Luxembourg, que la Prusse respectera parfaitement la neutralité de la Belgique, mais qu'elle fera fort peu de cas de celle du Luxembourg. On craint qu'elle ne réoccupe la forteresse et qu'elle ne traverse le grand-duché, pour se diriger, par la route de Longwy, sur Verdun, Reims, etc., et se joindre à l'armée en marche sur Paris.

On doute beaucoup que l'armée entrée par Sarrebrück accepte la bataille devant Metz. On craint qu'elle ne grossisse tellement que rien n'arrêtera plus sa marche en avant.

Les amis de la France et les partisans sincères de l'autonomie du grand-duché sont consternés, car ils sont convaincus que si la Prusse triomphe, elle fera rentrer leur pays dans la confédération qu'elle commande ou qu'elle l'annexera purement et simplement.

Le Ministre de la guerre au maréchal Le Bœuf (D. T. Ch.).

Paris, 10 août. Expédiée à 9 h. 55 matin (n° 3809).

X..., à Luxembourg, télégraphie...... suivant information d'Allemagne, l'armée allemande entière, y compris landwehr, se masse sur frontières françaises ; tout est dégarni jusqu'en Silésie ; landsturm appelé ; le général Vogel de Falkenstein, venant des côtes du Nord, vient également vers nos frontières françaises ; plusieurs lignes de chemin de fer ont leur service ordinaire suspendu.

Le Ministre de la guerre au Major général, à Metz (D. T.).

Paris, 10 août, 10 h. 25 matin.

Dépêche, Mayence, 7 août. — Position de quartiers généraux : « Le prince Frédéric-Charles de Hombourg, à Blieskastel ; Steinmetz entre Sulzbach et Sarrebrück ; grand quartier à Kaiserslautern. »

Dépêche Hombourg, 7 août. — « Mac-Mahon s'est retiré sur Bitche. Haguenau occupé par la Prusse ; de même Forbach, Phalsbourg. Quatre navires, deux frégates cuirassées et deux avisos français signalés à l'entrée de la baie de Kiel. »

Munich, 7 août. — Nombreux blessés à Carlsruhe, manquant de vivres et de bandages. »

Bâle, 7 août. — « De Wœrth, le Prince royal se porte sur Nancy. L'Autriche continue ses armements. Effectif des armées ennemies ; Frédéric-Charles, 200,000 hommes, Steinmetz, 70,000 ; Prince royal, 180,000 ; grand quartier général, 100,000. La Prusse accuse de nombreux blessés à Wœrth et à Spicheren.

Le Préfet de la Haute-Saône au Major général, à Metz (D. T. Ch.).

Vesoul, 10 août, 9 h. 50 matin. Expédiée le 10 août à 12 h. 20 soir.

Je viens de voir X..., qui a écrit lui-même la dépêche suivante que je vous transmets :

« J'arriverai vers 2 heures où je donnerai des renseignements exacts. L'armée que vous avez devant vous est forte de 270,000 hommes, pas plus, c'est vous dire toute la ligne d'un bout à l'autre. Les réserves sont moitié réservistes, moitié landwehr. »

Du Ministre des affaires étrangères (D. T.).

Paris, 10 août, 1 h. 49 soir.

X..., à Bâle, me mande que l'émissaire envoyé en Allemagne lui a annoncé qu'il y avait encore 70,000 hommes dans la Forêt-Noire, à Donaueschingen, Kleinkembs. Rheinweiler, quartier général, Bellingen, Schliengen, Mullheim; passeront par Niffer, en France.

Dépêche télégraphique chiffrée (communiquée au Major général le 11 août).

Bruxelles, 10 août, 5 h. 10 soir (extraits de bulletins prussiens).
Sarrebrück, 9 août.

Nouvelles militaires officielles.

Le combat près de Spicheren, dans le voisinage de Sarrebrück, a eu de plus grandes dimensions et résultats qu'on ne l'a su jusqu'à présent.

Le corps d'armée de Frossard a été presque entièrement dissous.

Les pertes en morts et blessés sont immenses; le camp d'une division et plusieurs importants magasins ont été pris.

En outre, un très grand nombre de prisonniers ont été faits, nombre qui augmente toutes les heures. Jusqu'à présent, on en compte plus de 2,000; mais les pertes, de notre côté, sont considérables. La 5ᵉ division a perdu environ 1,800 hommes.

L'armée française se retire sur tous les points.

Saint-Avold est occupé par nos troupes; des patrouilles s'avancent jusqu'à deux milles de Metz...

X..., de Mondelange, au Préfet de la Moselle, à Metz (D. T.).

Mondelange, 10 août, 6 heures soir.

Tous les jeunes gens de Metzervisse se sauvent et passent ici en grand nombre; ils disent que les troupes prussiennes sont à Kédange, faisant des rançons, et enlèvent tous les hommes valides.

Le Commissaire central de police de Metz au commandant Samuel. — Note.

Metz, 10 août, 8 h. 30 soir.

X... me fait dire que les Prussiens sont à Metzervisse et se dirigent sur Metz en suivant la Moselle.

Nota. — Tous les habitants des communes, dit-il, se sauvent sur Metz.

X..., *de Kédange, au Major général, à Metz* (D. T.).

Kédange, 10 août, 8 h. 11 soir. Expédiée à 9 heures soir (n° 3885).

Je reçois la lettre suivante : « A Monsieur le général Le Bœuf, renseignement certain. J'apprends à l'instant même, d'une bouche certaine, qu'hier, 9 courant, un corps d'armée prussien très considérable, qui stationnait à Rehling, s'est mis en marche et remonte la Sarre. »

Un Agent de Thionville au Major général (D. T.).

Thionville, 10 août, 9 h. 15 soir. Expédiée à 9 h. 40 soir (n° 3888).

On assure Roi de Prusse, Bismarck et Moltke à Sarrebrück. 12,000 landwehr traversé Trèves pour Sarrebrück. On croit toujours que le gros de l'armée passera à côté de Metz, pendant que Vogel de Falkenstein avancerait par Luxembourg, Thionville, Longwy et Charleville. Les Allemands expulsés de France paraissent renseigner l'ennemi.

Aperçu des mouvements de l'ennemi donné par X..., de Château-Salins.

Des éclaireurs prussiens ont été vus le 10, à 1 heure, à Dieuze, et à 5 heures à Château-Salins. En arrière est signalé un corps d'armée se dirigeant sur Nancy par Château-Salins.

Du Préfet de la Moselle. — *Note.*

Metz, 10 août.

D'après des renseignements, les agents des postes, les agents de l'administration des tabacs auraient quitté hier (9 août) Gros-Tenquin, Morhange, parce que les uhlans prussiens, qui sont presque toujours les avant-coureurs des colonnes prussiennes, seraient entrés dans ces localités et dans les communes voisines. On ne peut dire d'où viendraient les colonnes : est-ce de Saint-Avold? est-ce de Boulay? Dans ce cas, on laisserait Metz à droite, pour se diriger sur Nancy par Château-Salins.

Les personnes qui ont quitté Gros-Tenquin et Morhange ont parfaitement vu les fortes reconnaissances prussiennes.

Commandant supérieur au Major général, à Metz (D. T.).

Strasbourg, 10 août.

On m'affirme qu'un corps prussien considérable se dirige vers la vallée de la Bruche ou sur Saverne. Je ne puis vérifier.

Du Préfet de la Moselle. — Note.

Metz, 10 août.

On s'attend à recevoir ce soir et la nuit un corps d'armée prussien à Boulay.

Un officier prussien s'est présenté hier matin chez le maire, à Boulay, pour le prévenir qu'un corps de Prussiens arriverait dans sa commune.....

X..., de Teterchen, est venu dans la soirée du même jour confirmer la nouvelle au maire de Boulay ; seulement, il évaluait le corps d'armée à un chiffre considérable, au moins 25,000 hommes.....

Renseignements fournis par M. X..., propriétaire aux environs de Metz.

10 août.

Le 9 août au soir, 700 hommes étaient campés à Boucheporn. Un autre camp existait à Longeville, sans qu'on puisse préciser la force qui l'occupait.

Renseignements fournis par un coureur intelligent.

10 août.

Un corps prussien de 25,000 hommes serait échelonné de Trèves à Sierck, avec beaucoup d'artillerie. Des patrouilles de cavalerie paraissent tous les jours à Sierck, qui n'est pas occupé. Les habitants ne sont pas maltraités.

Renseignements fournis par un ancien zouave (non payé).

10 août.

Il a vu une grand'garde prussienne établie sur une éminence en face de Sierck. Il n'y aurait que 3,000 hommes dans les environs. Il ne sait rien du corps d'armée de 25,000 hommes.

3ᵉ CORPS.

Bulletin de renseignements pour la journée du 10 août

Courcelles-Chaussy. — En me dirigeant sur Courcelles-Chaussy, j'ai rencontré un homme mené par un sergent d'infanterie. Cet homme m'a déclaré se nommer Ducret et être soldat au 32ᵉ. Il a été fait prisonnier, il y a six jours, à Stiring : il y est resté quatre jours ; il a vu un détachement de 180 prisonniers : celui dont il faisait partie était de 60 hommes. On les a bien traités ; on les employait à ramasser les blessés. Il a vu beaucoup de troupes, mais il n'a pas su les évaluer. Il s'est échappé au moment où on allait l'embarquer en chemin de fer ; la voie est rétablie jusqu'à Forbach. Il est revenu par Saint-Avold et n'a rencontré sur toute sa route que quelques cavaliers qui l'ont laissé passer sans faire attention à lui. Entre Saint-Avold et Faulquemont, il n'a pas rencontré de troupes. Il estime à deux escadrons ce qu'il y avait à Saint-Avold....

Gros-Tenquin. On a amené 7 cavaliers prussiens pris à Gros-Tenquin. Il résulte de leur interrogatoire que les uns sont des cuirassiers du régiment de Westphalie n° *4*, division de cavalerie de Wrède (?) ; les autres appartiennent au régiment de uhlans de Schleswig-Holstein n° *15* et font partie du IIIᵉ corps. Les cuirassiers venaient de Sarreguemines, les uhlans de Sarrebrück, en deux jours. Les régiments ne marchaient pas ensemble. Ils n'ont pas vu d'infanterie avec eux ; les cuirassiers ont dit qu'ils marchaient avec leur division ; les uhlans marchaient isolément. Les régiments sont à quatre escadrons de 162 cavaliers montés.

La division de Wrède (?) se compose des *13*ᵉ régiment de uhlans, *9*ᵉ régiment de dragons, *16*ᵉ régiment de dragons, hussards de Brunswick.

L'autre division, des *3*ᵉ régiment de hussards, *16*ᵉ régiment de hussards, *6*ᵉ régiment de cuirassiers, *15*ᵉ régiment de uhlans.

4ᵉ CORPS.

Bulletin de renseignements pour la journée du 10 août.

Route par les Etangs et Boulay. — Deux courriers de Charleville ont pris pendant la nuit du 9 au 10 août la route par Boulay et sont venus au camp dès le matin. Ils n'ont vu aucune troupe en avant de la ville dans laquelle ils ne sont pas entrés. Au dire des gens du pays, des forces ennemies se concentreraient sur le plateau de Tromborn ; il y en avait à Bouzonville, Téterchen, Ossonville, Coume et Boucheporn.

Route d'Avancy, Gondreville, Eblange. — Deux courriers rentrés par cette route ce matin rapportent que l'on n'a vu aucune patrouille de ce côté. La panique règne à Gondreville. Le village se garde lui-même la nuit et se tient prêt à avertir le camp de toute approche de l'ennemi. Les renseignements recueillis par la 3e division (quartier général de Sainte-Barbe) concordent avec ce rapport.

Route de Vigy. Bettlainville. — Les courriers rentrés ce matin par cette ligne, rapportent que le calme règne dans le pays et que l'on ne signale aucune patrouille ennemie.

Renseignements généraux. — L'ennemi paraît vouloir considérer le pays qu'il occupe comme lui appartenant ; il y fait exécuter la loi prussienne sur le recrutement ; les hommes de dix-huit à quarante ans sont enlevés à leurs foyers et dirigés sur l'intérieur. 200 jeunes gens de la ville de Boulay ont pris la fuite cette nuit et ont passé aux Étangs, se dérobant à cette levée forcée.

P.-S. — Des gens du pays rapportent qu'il y a à Carling des troupes d'infanterie, des masses considérables à Haut-Hombourg, Saint-Avold ; il y aurait trois régiments de cavalerie à Longeville et deux régiments de cavalerie à Boucheporn.

7e CORPS.

Bulletin de renseignements pour la journée du 10 août.

Belfort, 10 août.

Il ne m'est parvenu aujourd'hui aucun renseignement de la rive droite du Rhin. Tout est toujours tranquille sur la rive gauche.

La journée du 11 août.

GRAND QUARTIER GÉNÉRAL.

a) Journal de marche de l'armée du Rhin.

11 août.

Les corps placés sous le commandement du maréchal Bazaine, viennent prendre sous Metz la deuxième position défensive.

Le 2ᵉ corps a son quartier général à Mercy-les-Metz, sa droite vers le chemin de fer de Metz à Strasbourg, sa gauche près de la route de Metz à Strasbourg, occupant fortement la hauteur de la Haute-Bévoye et le télégraphe de Mercy, sous la protection du fort Queuleu.

Le 3ᵉ corps (Decaen), appuie sa droite à la route de Strasbourg et sa gauche à celle de Sarrebrück.

Le 4ᵉ corps a sa droite à la route de Sarrebrück et sa gauche vers la Moselle, sous la protection du fort Saint-Julien. La Garde impériale s'établit en réserve en arrière de Borny, vers Belletange et la bifurcation des routes de Sarrelouis et de Sarrebrück.

Le 1ᵉʳ corps, laissant Nancy au Nord, se porte à Bayon.

Le 5ᵉ corps arrive à Gerbéviller et Charmes.

La 3ᵉ division (Dumont) du 7ᵉ corps, part de Lyon pour Belfort.

c) Opérations et mouvements.

Le Ministre de la guerre au Major général, à Metz (D. T.).

Paris, 11 août, 4 heures matin.

La 4ᵉ division du 6ᵉ corps commencera son mouvement ce matin.

Le 1ᵉʳ train partira de La Villette à 6 heures.

Les trains se suivront de 50 en 50 minutes.

L'artillerie et le génie de cette division sont au camp de Châlons et sont également dirigés sur Metz (1).

Le Général commandant le 9ᵉ corps d'armée au Ministre de la guerre (Lettre).

Lyon, 11 août.

J'ai l'honneur de vous rendre compte que la 3ᵉ division d'infanterie du 7ᵉ corps de l'armée du Rhin, dirigée sur Belfort, conformément aux prescriptions de votre télégramme du 10 au soir, part de Lyon dans l'ordre suivant :

Le 83ᵉ de ligne, aujourd'hui à midi et 5 h. 1/2 du soir ;
Le 82ᵉ de ligne, dans la nuit du 11 au 12, à minuit et 3 heures ;
Les 9ᵉ et 10ᵉ batteries du 6ᵉ d'artillerie, le 12, à midi et 2 heures ;
Le 72ᵉ et le 52ᵉ partiront le 12 au soir et dans la nuit du 12 au 13.

Le Major général au Préfet de la Meurthe, à Nancy (T. Ch.).

Metz, 11 août.

Par ordre de l'Empereur, ne faites sauter les ponts qu'à la dernière extrémité.

Le Préfet de la Meurthe au Major général, à Metz (T. Ch.).

Nancy, 11 août, 6 h. 5 matin.

L'autorité militaire, en se retirant ce matin, a noyé toutes les poudres. Il ne sera plus possible de faire sauter les ponts sur la Meurthe.

Le Ministre de la guerre au Préfet de la Moselle, à Metz (T. Ch.).

Paris, 11 août, 10 h. 25 soir.

(Pour faire parvenir au Major général.)

L'Empereur désire qu'on coupe les ponts, les tunnels, les chemins de fer devant les Prussiens.

Le Ministre de l'intérieur et moi, nous allons télégraphier aux généraux et aux préfets des départements de prendre toutes les mesures pour empêcher les Prussiens d'avancer ; mais je désire savoir sur quels points et dans quels départements je dois prescrire ces mesures.

---

(1) Télégramme analogue du Ministre de la guerre au général Crespin, commandant la 5ᵉ division militaire à Metz.

Note adressée par le Major général au Commandant en chef du génie.

Metz, 11 août.

Le quartier général du maréchal Bazaine, s'établit aux Bordes ou à Bornage.

Le mettre en communication télégraphique avec le quartier impérial et avec les quartiers généraux des corps d'armée et de la Garde. — Sans retard.

M. Piétri à l'Impératrice (D. T.).

Metz, 11 août, 5 h. 20 soir.

Je vous dis courage ! Notre situation militaire s'améliore. Toute l'armée, concentrée sous les canons de Metz, ne peut être..... (*le mot est resté en blanc.*) Il faut employer les moyens énergiques : ordonner aux préfets, maires, populations de l'Est, de faire tout sauter, ponts, tunnels, chemins de fer, devant les Prussiens ; armer les gardes nationales, les faire venir en masse vers Châlons. J'ai eu à ce sujet une conversation intéressante avec la personne amenée par Votre ordre par M. Cartelin. Elle doit demander à Vous voir à Paris demain.

L'Empereur et le Prince vont bien ; ils visitent le campement des troupes.

Journée du 11 août.

1er CORPS.

a) Journaux de marche.

Journal de marche du 1er corps d'armée.

Les divisions d'infanterie du 1er corps, la division Conseil-Dumesnil et la brigade de cavalerie légère Septeuil se portent sur Bayon. La 1re division se met en mouvement à 4 heures du matin et est suivie par toutes les autres dans l'ordre où elles étaient campées à Lunéville. Les hommes hors d'état de marcher sont envoyés, avant le départ, à la gare du chemin de fer de Lunéville, d'où ils seront dirigés par un train sur Nancy et ultérieurement sur le camp de Châlons. Le nombre de ces hommes est très grand : la pluie, qui n'a cessé de tomber depuis le départ de Sarrebourg a eu une influence fâcheuse sur la santé des troupes qui, depuis Frœschwiller, bivouaquent sans tentes et sans effets de rechange.

En arrivant à Bayon, les troupes sont cantonnées, en raison du mauvais temps persistant : la 3e division dans Bayon, la 4e à Froville, la 1re à Lorey et la 2e à Villacourt ; la division Conseil-Dumesnil à Froville et à la Neuveville.

Le quartier général est à Bayon.

La brigade Septeuil se porte à Haroué. Quant aux divisions de cavalerie Bonnemains et Duhesme, elles vont coucher le 11 à Colombey, avec la réserve d'artillerie.

Souvenirs inédits du maréchal de Mac-Mahon.

Le 11, le 1er corps vint s'établir à Bayon, la cavalerie à Colombey.

Pendant cette campagne, le commandement du territoire est resté au Ministre de la guerre. Je m'étais borné à prescrire de faire sauter les ponts, lorsque je le croyais nécessaire. Au moment où je quittais Bayon, je vis un officier du génie qui prenait des dispositions pour en faire sauter le pont. Je lui fis observer que cette destruction ne me paraissait nullement nécessaire, puisque les troupes, pour éviter l'encombrement, avaient préféré passer à gué la Moselle, n'ayant de l'eau que jusqu'à la cheville. A quelque distance de là, j'entendis une explosion : c'était le pont qui sautait.

Notes sur les opérations du 1er corps de l'armée du Rhin et de l'armée de Châlons. (Dictées par le maréchal de Mac-Mahon, à Wiesbaden, en janvier 1871.)

Le reste du 1er corps s'acheminait sur Bayon, le 11 ; le temps était si mauvais qu'il fallut renoncer à faire bivouaquer les troupes ; le maréchal donna l'ordre de les cantonner, l'infanterie dans les villages aux environs de Bayon ; la cavalerie légère à Haroué, les divisions Bonnemains, Duhesme et l'artillerie de réserve à Colombey.

2e DIVISION (PELLÉ).

L'intendance ne pouvant décidément plus suffire à faire vivre la troupe, des ordres sont donnés aux généraux de division pour désigner des officiers chargés de procéder à des réquisitions journalières et régulières.

L'artillerie divisionnaire, qui nous avait quittés à Blâmont, nous rejoint à Villacourt.

Temps affreux et pluie incessante.

On cantonne les troupes pour la première fois dans les villages.

3ᵉ DIVISION (L'HÉRILLER).

Départ du camp de Lunéville à 6 heures du matin ; arrivée à Bayon, à 11 heures. La division est cantonnée dans le village, par suite de la persistance du mauvais temps (1).

c) Opérations et mouvements.

Le maréchal de Mac-Mahon au Ministre de la guerre, à Paris (D. T.) :

Bayon, 11 août, 9 heures soir.

Afin d'organiser le 1ᵉʳ corps fatigué, je fais séjour à Bayon.

Du maréchal de Mac-Mahon. — Ordre.

Au quartier général, à Bayon, 11 août.

Demain 12 août, les troupes ne feront pas mouvement et resteront dans les cantonnements qu'elles occupent.

On profitera de ce repos pour nettoyer les armes, faire rentrer à leurs corps respectifs les hommes isolés et réorganiser les compagnies de façon que chacune d'elles soit commandée par un officier.

Les marches devront se faire, à l'avenir, régulièrement et une arrière-garde, marchant à la suite de chaque corps, sera chargée de faire suivre tous les hommes.

---

(1) Départ de Lunéville à 6 heures ; arrivée à Bayon à 2 heures.

Journée du 11 août.

2ᵉ CORPS.

a) Journaux de marche.

Journal de marche du 2ᵉ corps d'armée.

Les renseignements venus sur la marche de l'ennemi annoncent sa présence en force, en avant des positions du 2ᵉ corps et principalement dans la direction de Courcelles. Le général Frossard pense alors que la position occupée par la 2ᵉ division entre Mercy et Ars-Laquenexy est trop en l'air, il prescrit de modifier comme il suit les campements du 2ᵉ corps.

La 1ʳᵉ division (général Vergé), conserve ses positions ; la division Bataille lève son camp à midi et vient s'établir à droite de la 1ʳᵉ division, sa gauche appuyée à la ferme de la Basse-Bévoye, sa droite suivant les crêtes dans la direction de Magny-sur-Seille.

Le campement de la division de Laveaucoupet est aussi modifié. Il est établi en avant du fort de Queuleu, sa droite, un peu en avant de Haute-Bévoye, sa gauche, près du village de Grigy, la 1ʳᵉ brigade le long et à droite de la route de Strasbourg, face à l'Est, la seconde brigade face en avant et parallèlement aux fronts de bandière de la 1ʳᵉ et de la 2ᵉ division.

Le campement de la cavalerie reste le même, seulement quatre escadrons du 4ᵉ chasseurs sont envoyés en grand'garde aux villages de Peltre et de Jury, tandis qu'un escadron du 5ᵉ chasseurs va s'établir de même au village de Magny-sur-Seille. Un escadron du 4ᵉ chasseurs est détaché auprès du général commandant le 2ᵉ corps pour le service d'escorte.

La brigade Lapasset était trop avancée pour être soutenue à temps, elle pouvait être compromise ; le général Frossard lui envoie l'ordre de se replier ; à 6 heures du matin elle lève son camp et vient s'établir derrière la 3ᵉ division entre la ferme de la Haute-Bévoye et le village de Grigy, la gauche appuyée à la route de Strasbourg.

A 6 heures du soir, le quartier général du 2ᵉ corps se transporte à la Basse-Bévoye.

1ʳᵉ DIVISION (VERGÉ).

Les troupes gardent les positions qu'elles ont occupées la veille. (Mercy-le-Haut.)

2ᵉ DIVISION (BATAILLE).

La 2ᵉ division lève le camp à midi et vient s'établir sur les hauteurs en avant du fort Queuleu, la gauche appuyée à la ferme de la Basse-Bévoye. (Séminaire de Metz.)

Le corps d'armée campe en ordre de bataille et couvre Metz en avant du fort Queuleu.

3ᵉ DIVISION (DE LAVEAUCOUPET).

Dans la matinée, la division occupe les mêmes emplacements que la veille.

Les corps envoient à Metz des commissions chargées d'acheter des ustensiles de campement pour remplacer ceux qu'ils ont perdus, des musettes en toile pour remplacer les havresacs, etc...

On touche des cartouches pour remplacer celles qui ont été avariées en route.

Dans l'après-midi, les emplacements des troupes sont modifiés.

Le quartier général de la division vient s'établir sous la tente, sous le fort de Queuleu, près du village de Grigy, à l'Ouest de la route de Metz à Strasbourg. La 2ᵉ brigade s'établit le long et en arrière de cette route, face à l'Est.

L'ambulance, le trésor, le convoi, la cavalerie et l'artillerie viennent camper près du quartier général.

Ce mouvement est motivé par l'approche de l'ennemi, qui est signalé au village d'Ars-Laquenexy.

Le colonel de Gressot envoie un escadron en reconnaissance de ce côté.

Le quartier général du corps d'armée reste à Mercy-le-Haut, où il s'est établi la veille.

ARTILLERIE DU 2ᵉ CORPS.

Général commandant l'artillerie et son état-major : mêmes positions que la veille.

Réserve : mêmes positions que la veille.

Parc : a rallié à Chambière la fraction revenue de Forbach et l'équipage de pont, revenu de Saint-Avold.

1re division (1) : séjour à Mercy.

2e division : le camp est transporté à la Basse-Bévoye, devant le fort de Queuleu.

3e division : même campement que la veille (2).

Génie du 2e corps.

L'état-major s'établit à la Haute-Bévoye ; les compagnies divisionnaires campent avec leur division sur les hauteurs situées en avant de la Basse-Bévoye.

Brigade mixte Lapasset.

Départ à 6 heures du matin : arrivée à midi en avant du village de Grigy. Campement à hauteur de la Haute-Bévoye.

c) **Opérations et mouvements.**

Le maréchal Bazaine au général Frossard, château de Mercy (Lettre).

Château de Borny, 11 août.

Notre position sous Metz ne nous dispense nullement du devoir de nous éclairer très au loin. Vous avez assez de cavalerie sous vos ordres pour que, jour et nuit, des reconnaissances et découvertes de cavalerie légère, faites au moins par escadron, aillent chercher des nouvelles de l'ennemi à plusieurs kilomètres en avant de vous. Les reconnaissances devront, sans se compromettre sérieusement, tâter cependant l'ennemi. Je vous prie de donner des ordres dans ce sens dès ce soir.

Que vos divisions d'infanterie se gardent elles-mêmes, en avant de leur front, par un système de grand'gardes et de petits postes bien entendu et parfaitement en rapport avec les conditions de terrain en avant d'elles.

Cette dernière recommandation doit également recevoir son application dès ce soir.

---

(1) Groupe de batteries.

(2) *Extrait du rapport journalier du 11 au 12 août.*

« *Distributions.* — Les chevaux n'ont touché ni foin ni paille ; il serait nécessaire d'augmenter, en ce cas, la ration d'avoine. Il n'est pas possible que nos chevaux, déjà à bout de forces, puissent résister à ce manque de nourriture. L'avoine ne peut que très imparfaitement et pour un temps très court, remplacer le foin et la paille. »

Journée du 11 août.

3ᵉ CORPS.

a) Journaux de marche.

Journal de marche du quartier général du 3ᵉ corps

Le quartier général se transporte de Pont-à-Chaussy à Borny.
La 1ʳᵉ division se porte à Grigy ;
La 2ᵉ division se porte à Colombey (1).
La 3ᵉ division se porte à Lauvallier (2) ;
La 4ᵉ division se porte à Nouilly ;
La cavalerie se porte à Bellecroix ;
L'artillerie (réserve) se porte près Vantoux (3).

1ʳᵉ DIVISION (MONTAUDON).

La division part à 4 heures du matin par une pluie battante et se porte à Grigy, sous Metz. Là, après des lenteurs occasionnées par l'arrivée du 2ᵉ corps, qui dérange les campements arrêtés pour chaque division, nous campons en avant de Grigy et de Borny, la gauche dans le bois de Borny, à la Grange-aux-Bois, la droite à la route de Strasbourg, près de l'embranchement de la route de Remilly.

A notre gauche est la 3ᵉ division, général Metman ; à notre droite, le 2ᵉ corps.

2ᵉ DIVISION (DE CASTAGNY).

La division, battant en retraite en échelons, va d'Urville à Montoy — Distance : 10 kilomètres.
Départ à 4 heures du matin, arrivée à midi.

3ᵉ DIVISION (METMAN).

La division se rend le 11 août de Mont à Borny, devant Metz, où

---

(1) En réalité entre Colombey et Montoy. — Le Journal de marche de la 2ᵉ division indique Montoy.
(2) Exactement entre le bois de Colombey et Colombey.
(3) Réserve du génie à Borny.

sont réunis tous les corps d'armée placés sous les ordres du maréchal Bazaine.

4ᵉ DIVISION (DECAEN).

A 2 heures et demie, ordre de lever le camp et de se retirer sur Nouilly par Retonfey et Noisseville, dans l'ordre déjà prescrit au départ de Saint-Avold.

La division s'établit sur deux lignes, avec une forte réserve, de Nouilly à la route de Sarrelouis, se reliant de ce côté à la gauche de la division Castagny (2ᵉ du 3ᵉ corps) et, à sa gauche, à la 1ʳᵉ du 4ᵉ corps (division de Cissey) ; nos avant-postes à Noisseville, à hauteur de ceux de la division de Cissey, placés à Servigny.

Le soir arrive la compagnie du génie de la division.

DIVISION DE CAVALERIE (DE CLÉREMBAULT).

La division de cavalerie, continuant à former l'arrière-garde du 3ᵉ corps d'armée, quitte Landremont pour se diriger sur Metz, l'armée marchant encore en retraite pour se concentrer sous les murs de Metz.

Partis vers 11 heures, les régiments et le parc s'établissent entre 2 et 3 heures à gauche de la route de Metz à Sarrelouis, la droite à Bellecroix, la gauche dans la direction du village de Vantoux.

Les différents services administratifs et l'ambulance campent avec la division. Seul, le service de la trésorerie et des postes, qui a pris les devants au départ de Saint-Avold, ne rejoint pas.

RÉSERVE D'ARTILLERIE ET PARC.

Partie de bonne heure de la Tuilerie, la réserve d'artillerie se retire sur Metz en avant de la division de cavalerie, laissant toutefois une batterie à cheval, la 1ʳᵉ du 17ᵉ (capitaine de Maillier), avec la division.

Elle bivouaque entre Vallières et Borny, à 3 kilomètres environ de Metz.

GÉNIE.

Renseignements sur les marches, opérations militaires et travaux exécutés par le service du génie du 3ᵉ corps.

11 août.

Départ de Pont-à-Chaussy à 3 heures du matin. La compagnie du chemin de fer barricade le pont pour assurer la retraite du corps d'armée, qui a lieu sans être inquiétée.

L'état-major du génie s'installe dans le village de Borny et la réserve dans le parc de château de Borny.

c) Opérations et mouvements.

Le général Montaudon, commandant la 1re division du 3e corps, au maréchal Bazaine (Lettre).

Grigy, 11 août.

J'ai l'honneur de faire connaître à Votre Excellence que, conformément à ses ordres de la nuit, je suis arrivé aux positions indiquées. Ma 2e brigade est établie, suivant les prescriptions, se reliant avec la division Metman, un peu en arrière de la Grange-aux-Bois. Quant à ma 1re brigade, elle a devant elle des troupes de toutes armes : la brigade Lapasset, de l'artillerie, du train, une ambulance. Comme plusieurs de ses troupes étaient déjà installées à mon arrivée, je n'ai pu donner à cette brigade sa position normale : je l'ai établie par bataillons en colonnes de division sur des emplacements provisoires et j'ai fait dresser les tentes.

Je crois devoir signaler à Votre Excellence qu'à la suite des fatigues de toute nature, des insomnies et des privations, nos hommes sont loin d'avoir vu diminuer leur moral, mais qu'il y a une légère tendance à l'indiscipline et à la maraude et même au pillage chez l'habitant, que rien ne me semble pouvoir arrêter. Au moment où, excédés de fatigue, manquant de vivres frais, ils arrivent près d'un village, ils se précipitent pour avoir du bois, de la paille de couchage, etc. Je fais tous mes efforts pour arrêter cette tendance, mais le meilleur moyen serait encore que l'administration pourvût à tous les besoins en temps opportun.

L'eau est extrêmement rare.

Le général Montaudon au maréchal Bazaine (Lettre).

Grigy, 11 août.

J'ai l'honneur de rendre compte à Votre Excellence que les troupes de ma 2e brigade manquent complètement d'eau potable dans les environs, jusqu'à une distance très considérable.

D'après les renseignements, on pourrait s'en procurer en lâchant progressivement les eaux de l'étang de Mercy-les-Metz, situé à une demi-lieue de Grigy.

Les eaux de cet étang s'écoulent par le ruisseau de la Chenau et sont, paraît-il, de bonne qualité.

Le général Metman au Maréchal commandant en chef (Lettre).

Colombey, 11 août.

J'ai l'honneur de porter à la connaissance de Votre Excellence qu'il vient de m'être rendu compte que des coureurs ennemis sont dans le bois qui est en face de ma gauche : des coups de feu ont été tirés par eux, et un homme du 29e de ligne aurait été atteint.

Le temps me manque pour vérifier l'importance du fait, mais je donne à l'instant à un détachement d'infanterie l'ordre de fouiller le bois.

La présence de ces coureurs dans nos environs n'est pas extraordinaire, car ils se présentaient ce matin à Pange, avant même que nous en fussions sortis.

Le général Metman au général Arnaudeau, commandant la 2e brigade de la 3e division du 3e corps (Lettre).

Colombey, 11 août.

On me signale à l'instant un fait regrettable : des coureurs ennemis se seraient assez approchés du camp pour tirer sur nos hommes, qui allaient à l'eau ; un homme du 29e de ligne aurait été atteint.

Le point où nos hommes vont à l'eau étant devant votre front de bandière, je vous prie d'installer une forte grand'garde sur le mamelon situé au-dessus de la source ; en même temps, je vous prie de former de suite, dans l'un des corps sous vos ordres, un détachement de volontaires qui, conduit par un officier expérimenté et énergique, ira fouiller le bois devant nous.

Vous me rendrez compte du résultat de cette exploration.

Du Général commandant la 4e division du 3e corps d'armée. — Ordre de mouvement.

Silly, 14 août, 2 h. 30 matin.

Ce matin, à 4 heures, la division quittera ses positions de Silly.

Les *impedimenta* et les bagages seront mis en route une heure avant les troupes (à 3 heures).

Les colonnes (bagages et troupes) suivront le chemin de Retonfey, se dirigeant sur Nouilly, par Montoy ou Noisseville, suivant les chemins qui vont être reconnus.

La droite de la division s'établira à la gauche de la division Castagny et la gauche à la droite du 4ᵉ corps, qui vient presque jusqu'à la route de Sarrelouis.

Dans cette nouvelle position, la division sera établie sur deux lignes, avec une forte réserve en troisième ligne, suivant les formes du terrain et les nécessités de la défense.

L'ordre de marche sera le même qu'au départ de Saint-Avold, pour la colonne de troupes et pour la colonne de bagages.

La batterie de mitrailleuses, qui suivra le parc divisionnaire d'artillerie, devra avoir une garde composée d'une compagnie du 85ᵉ de ligne (régiment le plus proche).

Le maréchal Bazaine au général Decaen, commandant le 3ᵉ corps (Lettre).

Au quartier général, à Borny, 14 août.

La concentration sous Metz de l'armée dont l'Empereur m'a confié le commandement nous permet de nous occuper sans retard de compléter et d'assurer les besoins des troupes sous tous les rapports. Veuillez donc me faire connaître, dès demain matin et de la manière la plus complète possible, la situation numérique de vos troupes. Cette situation sera établie suivant le modèle donné par l'état-major de l'armée.

Faites-moi connaître également vos besoins de toute nature en ustensiles de campement et habillement, en chaussures, en munitions d'infanterie.

Ajoutez-y une situation exacte de vos ressources en vivres, tant pour les hommes que pour les chevaux. Vos intendants sont-ils en mesure de fournir aux hommes deux jours de vivres dans le sac, sans compter la journée courante, et deux jours de grain pour les chevaux? Leurs ressources leur permettent-elles de faire porter à leur suite quatre jours de vivres de campagne et de faire suivre de la viande sur pied?

J'attends ces renseignements pour demander au Major général tout ce qui vous manquera.

Journée du 11 août.

4ᵉ CORPS.

a) Journaux de marche.

Journal de marche du 4ᵉ corps d'armée.

Au point du jour, tout le corps d'armée se met en mouvement pour aller prendre position sous la place de Metz, par une pluie battante.

Le quartier général du corps d'armée au château de Grimont.

1ʳᵉ division. — Quartier général de la division au village de Mey; les corps sont déployés sur le mouvement de terrain en avant de ce village : la droite au ruisseau de Vantoux, la gauche à la route de Bouzonville.

2ᵉ division. — A droite et à gauche de la grande route de Bouzonville, une brigade en arrière du village de Mey, l'autre en échelons, à gauche de la route.

3ᵉ division. — En arrière du ruisseau de Chieulles, entre la route de Bouzonville et celle de Kédange.

Artillerie. — Réserves dans le fond, entre Châtillon et le château de Grimont.

Génie. — A droite des réserves d'artillerie.

Administration. — Dans la vallée en avant de Vantoux.

1ʳᵉ DIVISION (DE CISSEY).

Réveil à 3 heures du matin; il pleut à torrents. Les *impedimenta* sont acheminés vers Metz. Le 4ᵉ corps commence alors son mouvement de retraite sur le camp retranché de cette place; il est entamé par les divisions Grenier et de Lorencez, qui suivent deux routes distinctes; la 1ʳᵉ division ferme la marche et suit la division Grenier.

Nous nous portons sur Mey, où doit être installé notre bivouac. En y arrivant, le général de Cissey établit la division : la droite à un four à chaux, la gauche à la route de Bouzonville, le quartier général au village de Mey, à peu de distance en arrière du centre de la ligne des bivouacs.

Deux bataillons du 1ᵉʳ de ligne, sous les ordres du colonel Frémont, sont placés en grand'garde aux villages de Poixe et de Servigny, que l'on met en état de défense avec l'aide de la compagnie de sapeurs du génie. Un peloton de cavalerie légère est adjoint à ces grand'gardes pour fournir des vedettes.

La brigade de Montaigu a été retirée au général de Cissey et on ne lui a laissé qu'un faible escadron, insuffisant pour s'éclairer au loin en avant du front de la division.

Souvenirs inédits du général de Cissey.

11 août.

Réveil à 3 heures du matin. Il continue à pleuvoir à torrents. Jusqu'à 6 heures, nous pataugeons pour mettre en route les *impedimenta*. La division Grenier part la première et la mienne fait l'arrière-garde; nous nous dirigeons sur Mey, où nous arrivons vers 9 heures du matin, après avoir fait du chemin de trop parce que, suivant l'usage de toute cette campagne, le chef d'état-major général n'a pas donné d'ordre de marche et n'a pas envoyé d'officiers chercher les troupes et les conduire.

Je veux ici remarquer, une fois pour toutes, que l'état-major général n'a rien fait pendant toute cette campagne : complètement annihilé par son chef incapable, il a toujours été tenu enfermé dans un bureau pour être prêt à écrire sous la dictée de ce chef; 30 officiers des meilleurs du corps d'état-major, ayant fait des études spéciales sur l'organisation militaire de l'Allemagne, ont été ainsi perdus pour le service ; c'est à peine si on les a vus de temps en temps aux avant-postes, où ils ne sont jamais venus en service, mais bien en simples curieux et après avoir été obligés de demander la permission à leur chef.

J'établis ma division au bivouac, la droite au four à chaux et la gauche à la route de Bouzonville; la division de Lorencez était à ma gauche et la division Grenier en seconde ligne et en réserve.

Deux bataillons du 1er de ligne, sous les ordres du colonel Frémont, sont placés en grand'garde aux villages de Poixe et Servigny, que l'on met en état de défense avec l'aide de la compagnie de sapeurs du génie; un peloton de hussards y est établi pour fournir des vedettes. La brigade de cavalerie légère m'a été retirée et on ne m'a laissé qu'un faible escadron; il m'est impossible de m'éclairer assez au loin. Des reconnaissances sont faites par la division de cavalerie, mais il n'y a pas d'ensemble dans leur direction et, comme le service de l'espionnage est nul, on ne sait rien de certain des mouvements de l'ennemi.

2e DIVISION (GRENIER).

A 3 heures du matin, les troupes sont sous les armes, malgré une pluie torrentielle qui dure depuis la veille : une attaque est prévue.

Mais, au lieu de combattre, la division reçoit l'ordre de faire un mouvement rétrograde sur Metz, sous les murs de laquelle l'armée entière se concentre.

En effet, le départ a lieu à 5 heures du matin pour Sainte-Barbe et la route de Bouzonville à Metz; les bagages ayant pris à 4 heures la route de Boulay.

La division prend position à cheval sur la route qu'elle a suivie, à hauteur du village de Mey, où le général Grenier établit son quartier général en avant du château de Grimont, où se trouve le quartier général du 4ᵉ corps, et en réserve derrière l'intervalle entre les 1ʳᵉ et 3ᵉ divisions du 4ᵉ corps.

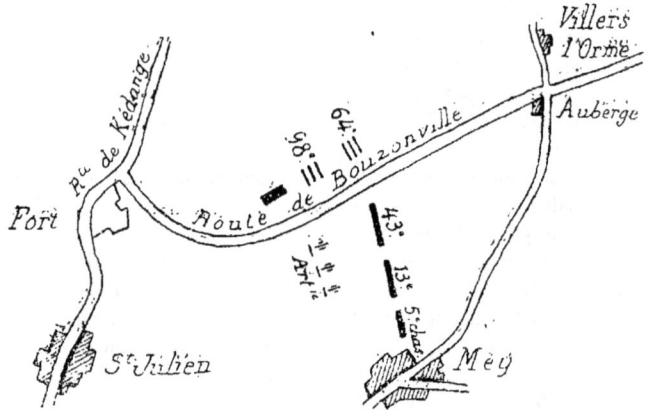

Les 5ᵉ bataillon de chasseurs, 13ᵉ et 43ᵉ, placés en bataille à droite de la route, face à Sainte-Barbe; les 64ᵉ et 98ᵉ à gauche, le 98ᵉ détachant un bataillon face à la route de Kédange.

DIVISION DE CAVALERIE (LEGRAND).

Le 11 août, la division protège la retraite du corps d'armée, qui évacue les positions de Glattigny et de Sainte-Barbe, et elle vient bivouaquer en avant de la ferme de Grimont, où elle reste trois jours.

RÉSERVE D'ARTILLERIE.

Journal de campagne du lieutenant Palle (9ᵉ batterie du 8ᵉ d'artillerie).

Départ précipité à 4 heures, les réserves en tête. Nous passons par Gras pour rejoindre la route. Temps affreux. Route encombrée par les voitures de réquisition et les voitures de paysans. En outre, à Bellecroix, nous rencontrons la réserve générale d'artillerie (général Canu), avec laquelle nous cheminons jusqu'à la hauteur du chemin qui se dirige sur Vallières. Nous laissons alors passer la réserve générale, puis nous continuons jusqu'à la porte des Allemands, passons par la gorge du fort Bellecroix, traversons Saint-Julien et allons camper sur le glacis du fort Saint-Julien, le long de la route de Bouzonville (par Kédange).

Le mauvais temps avait continué toute la route. Il faut aller boire à Malroy ou à Chambière.

On nous dit que le maréchal Le Bœuf est remplacé par Trochu au ministère; que l'ennemi se dirige probablement sur Nomény et Nancy, en se couvrant des forêts; que, la veille, Frossard était à Remilly.

c) Opérations et mouvements.

Le maréchal Bazaine au général de Ladmirault (Lettre).

Château de Borny, 11 août.

Pendant tout le temps que nous serons sous Metz, vous enverrez chaque matin à mon quartier général un des officiers de votre état-major, pour recevoir de mon chef d'état-major général les prescriptions et les ordres qui pourraient être donnés pour la journée. Cet officier devra être rendu au château de Borny à 9 heures du matin. Il sera défendu à tout homme de troupe d'aller à Metz; les permissions devront être accordées en très petit nombre à MM. les officiers, et, si les corps ont des achats à faire pour leurs besoins de diverses natures, il sera formé des commissions dont les membres seuls seront autorisés à aller à Metz.

Vous profiterez également du séjour sous Metz pour faire évacuer sur cette place les éclopés ou indisponibles qui ne seraient pas en mesure de suivre les opérations.

Vous devrez également vous adresser à moi pour les questions de toute nature intéressant les troupes placées sous votre commandement.

Le général de Cissey au général de Ladmirault (Lettre).

Metz, 11 août.

Vous avez dû, d'après ce que m'a dit mon chef d'état-major, aller visiter vous-même le village de Servigny-les-Sainte-Barbe, situé en avant de mon front, et décider s'il y avait lieu d'en maintenir l'occupation par deux bataillons de ma division. J'ai l'honneur de vous prier de me faire connaître quelle a été votre décision à cet égard, et, dans le cas où je dois continuer à occuper ce village, il me paraît indispensable que vous y envoyiez un peloton de hussards pour maintenir les communications entre le village et notre front. L'escadron de hussards qui avait été mis à ma disposition ayant rallié ce matin son régiment, je n'ai plus de cavalerie dont je puisse disposer et c'est à Votre Excellence de vouloir bien donner les ordres nécessaires.

Journée du 11 août.

5ᵉ CORPS.

a) Journaux de marche.

Journal de marche du 5ᵉ corps d'armée.

Le 5ᵉ corps, privé de la brigade Lapasset (2ᵉ division), du 3ᵉ lanciers, d'une batterie et d'une grande partie du personnel des services administratifs, troupes qui ont été forcées de rester à Sarreguemines le 6 août, et n'ont plus pu rejoindre, présente à peine, à la date du 11, un effectif de 20,000 rationnaires.

Il part de Lunéville à 5 h. 1/2 du matin pour se rendre à Charmes (30 kilomètres), laissant sur sa droite la grande route de Bayon suivie par le 1ᵉʳ corps.

La division Lespart et la cavalerie Brahaut ont été dirigées de Sarrebourg, ainsi qu'il avait été dit, sur Baccarat par la route de Cirey et de Blâmont.

Elles reçoivent l'ordre, à Baccarat, de ne plus se porter sur Blainville et Nancy, ainsi que cela avait été prescrit d'abord.

Une dépêche télégraphique qui leur est envoyée de Lunéville de grand matin leur enjoint de se rendre de Baccarat à Charmes, sur la Moselle (40 kilomètres), par Rambervillers. Là, elles devront rallier le 5ᵉ corps.

Les divisions l'Abadie et Goze, avec l'artillerie de réserve, passent à Lamath, Landécourt, Clayeures, Borville, Loro-Montzey et Saint-Germain. L'artillerie de réserve est arrêtée à Loro-Montzey pour y camper, avec la brigade Saurin de la division Goze. L'autre brigade, Nicolas, s'établit au Sud de Saint-Germain.

La persistance du mauvais temps continue à rendre la marche des troupes très pénible.

La brigade de la division l'Abadie arrive à Charmes vers 3 heures de l'après-midi et va camper sur les hauteurs qui dominent la ville à l'Ouest. Le général de Failly, à son arrivée à Charmes, rend compte au Major général de son mouvement, et à sa dépêche ajoute ce qui suit :

« Je demande à marcher par Vezelise sur Toul, où le 5ᵉ corps se réunirait, occuperait la vallée de la Moselle, protégerait Frouard et marcherait sur Nancy par plusieurs routes en suivant les hauteurs et la forêt de Haye, où l'on pourrait repousser l'ennemi en l'abordant de front. En cas de retraite forcée, on pourrait tenir dans la forêt de Haye, gagner au besoin Metz ou bien se retirer dans l'Argonne. »

Le plateau de la forêt de Haye, couvert au Nord par la Moselle, avec Toul comme point d'appui et débouché sur la rive gauche, et à l'Est par la Meurthe avec Nancy et des hauteurs faciles à défendre, présentait en effet une position favorable à une pareille combinaison.

Aussi, la réponse du Major général lui fut-elle favorable. Mais elle n'arriva au 5ᵉ corps que le lendemain, à Mirecourt, ainsi conçue :

« Par ordre de l'Empereur, ne continuez pas votre marche pour vous jeter dans l'Argonne. Marchez sur Toul aussi vite que possible : vous n'êtes pas menacé. Le chemin de fer de Toul à Nancy n'est pas interrompu. Suivant les circonstances, vous serez appelé à Metz ou dirigé sur Châlons. »

La division de cavalerie Brahaut bivouaque près de Gerbéviller, la division Lespart à Rambervillers.

Au départ de Lunéville, un certain nombre d'hommes (200 environ) de la division Goze, s'étant mis à l'abri de la pluie dans des maisons du faubourg de Nancy, y attendirent le passage de la colonne. Mais par suite du changement de l'itinéraire, ils attendirent en vain. Ils continuèrent alors leur route sur Nancy en bon ordre, conduits par des sous-officiers, et rejoignirent ensuite plus tard leur division à Amagne. Rien ne manquait à leurs effets, et leur solde même était à jour, lorsqu'ils arrivèrent à Amagne, après avoir été dirigés de Nancy sur le camp de Châlons.

Journal du capitaine de Lanouvelle, de l'état-major du 5ᵉ corps de l'armée du Rhin.

Nous devons continuer à marcher sur Nancy et y arriver le 11. Contre-ordre est donné de grand matin et la colonne principale du 5ᵉ corps est dirigée sur Charmes pendant que le 1ᵉʳ corps marche sur Bayon. Nous suivons la même route jusqu'à Xermaménil, d'où le 5ᵉ corps avance par Landécourt, Einvaux, Clayeures (grand'halte),

Saint-Germain-sur-Charmes, où nous arrivons de 3 heures à 5 heures du soir après une journée très pluvieuse et très fatigante, à cause du mauvais état des chemins. Une division reste à Loro-Montzey, la division Lespart plus à l'Est.

1re DIVISION (GOZE).

Départ de Lunéville à 7 heures du matin. Les troupes sont sur pied, dans l'eau et sous la pluie, depuis 3 heures du matin, parce qu'elles n'ont pas reçu le contre-ordre qui modifiait les instructions données la veille relativement à l'heure du départ. On passe par Rehainviller, Xermaménil, Clayeures (grand'halte), Borville, où arrive l'ordre du général en chef de ne pas pousser jusqu'à Charmes, mais de camper à Saint-Germain et Loro-Montzey.

2e *brigade* (NICOLAS).

Rapport du général baron Nicolas, commandant la 2e brigade de la 1re division d'infanterie du 5e corps, sur le rôle joué par les troupes de la brigade pendant la campagne de 1870.

Le départ du 5e corps, fixé au lendemain matin à 3 heures, fut, dans la nuit, contremandé pour 7 heures. La brigade n'en fut pas prévenue : ce malentendu produisit dans les rangs de très regrettables effets, car, réunie dès 3 heures sur la chaussée à l'entrée du faubourg, elle dut y attendre l'instant du départ. Pendant ces longues et pénibles heures d'attente passées sous une pluie diluvienne, un certain nombre d'hommes, brisés de fatigue, trempés jusqu'aux os, cherchent un refuge dans le faubourg ; d'autres traversent la ville, s'engagent sur la route de Nancy pour y précéder et y attendre, abrités, le passage de la colonne. Mais… la colonne ne vint pas ; elle suivait une direction opposée. Dès lors, ces hommes, dont le nombre s'élevait à plus de 200, disparurent de leur corps. Avant d'entrer à Nancy, ils sont réunis en détachement par des sous-officiers intelligents et vigoureux, entrent en ordre dans la ville, où ils gîtent pour continuer, le lendemain, leur route vers le camp de Châlons, par Toul, Void, Ligny et Bar-le-Duc. Le 25, ils rejoignent en ordre la brigade à Amagne, parfaitement outillés, pourvus de vivres et leur solde à jour.

Dans sa marche du 11, le 5e corps, en quittant Lunéville, passe à Rehainviller, suit les traces de Mac-Mahon jusqu'à Lamath, sur la Mortagne, puis, de là, s'engage dans le Sud sur un chemin passant à Landécourt, Clayeures (grand'halte), Borville, Loro-Montzey (campement de la 1re brigade), et aboutit à Saint-Germain, où la brigade prend position à l'Est et au Sud. (Rapport daté de Wiesbaden, le 1er mars 1871.)

2e DIVISION (DE L'ABADIE D'AYDREIN).

La pluie a recommencé pendant la nuit et transformé, pour ainsi dire, en un lac le champ de manœuvres de Lunéville.

Le départ devait avoir lieu à 3 heures du matin ; il est retardé jusqu'à 7 h. 1/2. Les autorités supérieures qui dirigent l'armée ont renoncé à passer par Nancy pour se porter sur le camp de Châlons et l'on appuie plus au Sud. Le 1er corps va coucher près de Bayon, sa cavalerie à Colombey-les-Belles ; le 5e corps va à Charmes, Rambervillers, Saint-Germain, Loro-Montzey ; la cavalerie Brahaut, à Gerbéviller, couvrant la retraite.

La division de l'Abadie, tête du corps d'armée, est dirigée sur Charmes. Après être sortie des faubourgs, elle passe sur la rive gauche de la Meurthe, puis elle traverse la voie ferrée de Paris à Strasbourg. Elle franchit, près du village de Xermaménil, le ruisseau de Mortagne, affluent de la Meurthe. Elle atteint Lamath, sur la rive droite, puis Landécourt, et poursuit sa marche jusqu'à Clayeures, où la grand'halte a lieu.

On y fait une réquisition de bois.

Le temps, qui avait paru vouloir s'améliorer, redevient mauvais.

On vient de déboucher dans la vallée de la Moselle ; on touche à celle de l'Euron, son affluent.

La division Goze suit de près.

Après le repos, on se remet en marche, passant par Borville, Loro-Montzey, Saint-Germain, et traversant le bois de Villacourt et la forêt de Charmes. On arrive au bord de la Moselle, que l'on franchit pour aller bivouaquer sur la rive gauche. Le camp est formé vers 4 heures de l'après-midi à l'Ouest de Charmes et à gauche de la route de Mirecourt, sur une pente dominée par un mamelon, d'où l'on découvre au loin la campagne et sur lequel on établit un fort poste. Un parti de francs-tireurs des Vosges devait venir également y passer la nuit. Le génie exécute quelques travaux pour rendre plus commodes les abreuvoirs des chevaux de la colonne.

Les distributions de vivres et de fourrage ont lieu.

Le général commandant la division aurait désiré faire loger en ville une portion de ses troupes, afin qu'elles pussent mieux reposer à la suite des longues marches qu'elles venaient de faire par un temps très mauvais. On trouva le maire de la ville opposé à la mesure, tandis que les habitants l'accueillaient avec faveur. Le jour étant avancé, le projet fut abandonné.

Avant de traverser la Moselle, on avait rencontré sur la rive droite la ligne du chemin de fer d'Épinal à Nancy.

Le temps était devenu meilleur depuis le départ de Clayeures, mais il était resté sombre.

La réserve d'artillerie avait été arrêtée à Loro-Montzey, avec la brigade Saurin, de la division Goze. La brigade Nicolas, de la même division, passa la nuit à l'Est et au Sud de Saint-Germain.

La division Guyot de Lespart bivouaque à Rambervillers.

Le général commandant la division de cavalerie, parti à 5 heures du matin pour Fraimbois et Gerbéviller, avait laissé d'abord le 12ᵉ chasseurs à Fraimbois, mais il le rappela à lui dans la soirée, sur un bruit annonçant l'arrivée de la cavalerie ennemie à Lunéville. Ce bruit fut ensuite reconnu faux. Les deux régiments bivouaquèrent près de Gerbéviller.

Le grand quartier général du corps d'armée est à Charmes; le parc du génie y vient aussi.

Dans la matinée, la brigade Nicolas faisant une longue station par la pluie, un certain nombre d'hommes avaient été prendre refuge dans des maisons du faubourg, sur la route de Nancy, où l'on devait aller d'abord, et y attendaient la colonne; mais celle-ci ne vint pas. Alors ces hommes, au nombre de plus de 200, se réunirent et continuèrent leur route, croyant que la brigade avait passé et que le mauvais temps les avait empêchés de s'en apercevoir. Sous la conduite de sous-officiers intelligents et fermes, ils entrèrent en bon ordre à Nancy, y reçurent des billets de logement, et, ainsi dévoyés, ils prirent le parti de continuer sur le camp de Châlons, indiqué comme lieu de rassemblement. Ils s'y rendirent par étapes et rejoignirent le général Nicolas, le 25 août, à Amagne. Ce détachement avait tous ses effets au complet, ainsi que ses cartouches, et la solde était à jour; aucun homme ne s'en était éloigné.

Division de cavalerie (Brahaut).

Départ à 5 heures du matin. Le 5ᵉ lanciers et le 12ᵉ chasseurs constituent de nouveau une colonne séparée du 5ᵉ corps et se dirigent par Fraimbois sur Gerbéviller, formant l'arrière-garde et couvrant le flanc gauche du corps d'armée. Le 12ᵉ chasseurs est cantonné à Fraimbois et le 5ᵉ lanciers à Gerbéviller; mais, dans la soirée, par suite de faux avis annonçant l'entrée de la cavalerie ennemie à Lunéville, le général de division rallia le 12ᵉ chasseurs à Gerbéviller et le fit bivouaquer près de la ville.

Réserve d'artillerie.

Le 5ᵉ corps se dirige sur Charmes. La réserve d'artillerie campe à Loro-Montzey, village en avant de la Moselle.

c) Opérations et mouvements.

Le général de Failly au Major général, à Metz (D. T.).

Charmes, 11 août, 5 h. 34 soir.

Après avoir vu de France (1), ne pouvant, d'après son avis, me rendre de Nancy à Metz par Pont-à-Mousson, les éclaireurs ennemis ayant été signalés hier, dès 10 heures du matin, à Château-Salins et Dieuze, ainsi qu'un corps d'armée en marche sur Nancy, j'ai dû renoncer, malgré mon désir, à l'ordre donné d'exécuter une marche de flanc dans de mauvaises conditions de défense, suivant le bord de la Meurthe et de la Moselle.

Le maréchal Mac-Mahon ayant pris la route la plus au Nord, par Bayon, Vézelise, etc., j'ai dû prendre une ligne plus au Sud et parallèle, de manière à pouvoir tourner Toul, me jeter dans l'Argonne et me rendre à Metz ou au camp de Châlons, selon vos ordres.

Mon quartier général est aujourd'hui à Charmes; demain, il sera à Mirecourt.

Les troupes sont très fatiguées par suite de la persistance du mauvais temps, de la longueur des étapes et de l'irrégularité forcée des distributions. État sanitaire cependant assez satisfaisant.

Chemin de fer interrompu avec Nancy.

Journée du 11 août.

6ᵉ CORPS.

a) Journaux de marche.

Journal de marche du 6ᵉ corps d'armée.

Son Excellence le maréchal Canrobert se rend de Paris à Metz.

---

(1) Le capitaine d'état-major de France, attaché au grand quartier impérial et envoyé par l'Empereur au général de Failly pour lui confirmer l'ordre de se diriger sur Metz, mais avec la latitude de passer

Continuation de l'embarquement de la 1re division d'infanterie pour Metz.

Les troupes de la 2e division d'infanterie (9e de ligne) commencent à partir pour la même destination.

1re DIVISION (TIXIER).

Le général commandant la division est parti avec un détachement du 12e de ligne. Embarqué le 11, à midi, à la gare de Châlons, ce détachement est arrivé le 12, à 8 h. 1/2 du matin, à la gare de Metz, après avoir éprouvé un retard entre Frouard et Pont-à-Mousson. Ce retard provenait de la rupture des fils télégraphiques exécutée sur environ deux kilomètres par un parti de uhlans prussiens. Cette interruption télégraphique faisait craindre l'enlèvement des rails du chemin de fer. Ordre fut donné à deux compagnies de marcher partie en tête du convoi et partie sur les flancs ; il en résulta une grande lenteur dans la marche.

Au delà de Pont-à-Mousson, les Prussiens n'ayant point paru et la communication télégraphique existant sur cette partie du parcours, le train reprit sa marche ordinaire.

DIVISION BISSON.

La division commence son mouvement sur Metz par le chemin de fer (ligne passant par Frouard).

Le premier convoi quitte la gare de Mourmelon à 4 heures de l'après-midi. Les autres convois doivent se succéder avec des intervalles de une heure et demie.

3e DIVISION (LA FONT DE VILLIERS).

La division est complètement arrivée à Metz.

Par ordre de Son Excellence M. le Maréchal Major général, la 3e division d'infanterie du 6e corps sera répartie ainsi qu'il suit :

75e de ligne, un bataillon à Plappeville et Saint-Quentin, deux bataillons à Saint-Julien-les-Metz ;

---

par Toul « pour éviter l'ennemi déjà signalé à Dieuze et Château-Salins, en marche sur Nancy ».

Note adressée à la Section historique le 14 décembre 1901 par M. le général de France.

91ᵉ de ligne, deux bataillons à Plappeville et Saint-Quentin, un bataillon au fort Moselle;

93ᵉ de ligne, deux bataillons au fort Queuleu; un bataillon au fort Bellecroix;

94ᵉ de ligne, en entier, s'étendra à la gauche de la lunette en construction près de la Horgne-au-Sablon, avec ses grand'gardes à la grange Mercier.

Les batteries divisionnaires en arrière de la ligne de ceinture, voyant le plateau de Saint-Privat et portant une batterie à la droite du 94ᵉ de ligne, s'il y a profit à le faire. En cas contraire, c'est le 94ᵉ qui se replie derrière cette ligne, qui est en profond déblai dans cette partie de son développement.

La compagnie du génie de la division campera à la droite de l'artillerie, l'ambulance au petit séminaire, ainsi que le quartier général de la division et le général commandant la 2ᵉ brigade. Le général commandant la 1ʳᵉ brigade est établi au lycée de Metz.

Les réserves de cartouches d'infanterie seront dans la carrière en arrière des batteries divisionnaires.

M. l'Intendant général de l'armée assure à la portion de la division campée à Saint-Privat les vivres de campagne et les distributions de fourrage. En raison de l'état de siège, les différentes parties prenantes n'ont droit qu'à une seule ration, quel que soit le grade.

4ᵉ DIVISION (LEVASSOR SORVAL).

Départ de la division pour Metz par le chemin de fer de l'Est.

c) Opérations et mouvements.

Le maréchal Canrobert au général Henry, chef d'état-major du 6ᵉ corps, au camp de Châlons (D. T.).

Paris, 11 août, 4 h. 40 matin.

Reçu votre dépêche m'annonçant la concentration de tout mon corps d'armée sur Metz. Je pars ce matin de Paris pour Metz, où vous me trouverez.

Faites diriger sur Metz mes chevaux et mes équipages que conduit le capitaine Randal.

Le maréchal Canrobert à l'Empereur, à Metz (D. T.).

Paris, 11 août.

L'Impératrice et le ministre de la guerre Montauban pensent que ma présence n'étant pas obligatoire à Paris, je dois me rendre de suite à Metz, où Votre Majesté réunit tout mon corps pour l'action décisive.

Je pars à l'instant.

Le général Labastie, commandant l'artillerie du 6ᵉ corps, au général Soleille, à Metz (D. T.).

Camp de Châlons, 11 août, 10 h. 20 matin.

Par ordre du maréchal commandant le 6ᵉ corps, le parc quitte La Fère pour se réunir au camp de Châlons, où nous attendons des ordres.

Le Ministre de la guerre au Commandant supérieur du camp de Châlons (D. T.).

Paris, 11 août, 4 heures soir.

Donnez l'ordre à l'artillerie et au génie de la 4ᵉ division du 6ᵉ corps de suivre le mouvement des trois premières divisions de ce corps sur Metz par les voies ferrées. Entendez-vous avec le chemin de fer.

Le général Henry, chef d'état-major général du 6ᵉ corps, au maréchal Canrobert, à Metz (D. T.).

Camp de Châlons, 11 août, 6 h. 30 soir.

Impossible d'avoir des voitures pour embarquer vos équipages avant demain matin.

Ils partiront donc seulement alors, suivant l'artillerie divisionnaire de la division Tixier.

Un escadron de cavalerie y est joint, avec 40 mulets d'ambulance, ce qui fera le train très complet. Par suite, l'embarquement de la division Bisson, qui aurait pu avoir lieu, dès le matin, est reporté à midi.

Les deux derniers bataillons du 100ᵉ s'embarqueront avec la 1ʳᵉ batterie de la division.

L'embarquement de toute l'artillerie de cette division ne sera fini que dans la nuit, assez tard.

On m'annonce de Nancy que le général de la subdivision a quitté cette ville, ce matin, avec tous ses services.

Si cette évacuation est réelle, Frouard me paraît en l'air, et je suis inquiet pour le passage de nos trains.

Journée du 11 août.

7ᵉ CORPS.

a) Journaux de marche.

DIVISION CONSEIL-DUMESNIL.

Notes du capitaine d'état-major Mulotte sur les opérations de la division Conseil-Dumesnil.

11 août.

Le 11 août, le 1ᵉʳ corps et la division Conseil-Dumesnil continuent leur marche sur Bayon. Là, le mauvais temps persistant, on se décide enfin à cantonner les troupes. On peut se rendre compte alors combien le cantonnement est préférable au bivouac, quand on n'est pas en vue de l'ennemi, surtout pour une armée qui bat en retraite après une bataille perdue. Les soldats peuvent se reposer, nettoyer leurs armes, laver et réparer leurs effets. Ils reçoivent des habitants ce qui leur est nécessaire pour faire la cuisine et sont moins disposés à courir à droite et à gauche, à marauder et à piller. Ils répondent plus promptement aux appels et manquent moins aux réunions.

La 1ʳᵉ division du 7ᵉ corps est répartie dans les villages de Laneuveville et Roville : l'état-major, le 17ᵉ bataillon de chasseurs, les 3ᵉ et 99ᵉ de ligne à Laneuveville ; les 21ᵉ et 47ᵉ à Roville. L'artillerie, qui n'a pas perdu son campement, reste campée près de Bayon.

c) Opérations et mouvements.

Le général Soleille au Ministre de la guerre (D. T.).

Metz, 11 août.

Le parc du 7ᵉ corps est venu de Vesoul à Épinal sur l'ordre du général de Liégeard. Je lui ai donné l'ordre, le 10 août, de se diriger sur Langres avec le parc du 5ᵉ corps.

Je reçois du colonel Hennet la dépêche suivante, à la date du 11 août (1) :

---

(1) Expédiée d'Épinal à 7 heures du matin.

« Général commandant en chef le 7ᵉ corps m'a donné l'ordre impératif de ne faire aucun mouvement sans instruction de sa part. Je ne puis donc diriger le parc sur Langres. »

Le général de Liégeard, commandant l'artillerie du 7ᵉ corps, au général Soleille, à Metz (Lettre).

Place de Belfort, 11 août.

J'ai l'honneur de vous rendre compte, qu'indépendamment des ordres que j'ai reçus directement de vous au sujet du parc du 7ᵉ corps, le général commandant en chef le 7ᵉ corps a reçu, il y a quelque temps, du Major général de l'armée, l'ordre de transporter ce parc à Langres et non à Besançon, dans le cas où il y aurait lieu de le déplacer d'Épinal.

D'un autre côté, le Ministre, m'écrivant récemment de Paris pour m'annoncer que la 7ᵉ compagnie *bis* du 2ᵉ régiment du train d'artillerie était à ma disposition, m'informait que le parc était sous les ordres du général en chef, qui devait en disposer suivant les mouvements en cours actuel d'exécution.

Le colonel Hennet ayant reçu directement de vous des ordres qui ne se trouvaient pas d'accord avec ceux donnés par le général Douay, il a dû chaque fois en référer à ce dernier pour leur exécution.

Aujourd'hui, le général Douay a reçu l'avis de la retraite du 1ᵉʳ corps de Nancy sur Châlons, et il a jugé qu'il n'y avait plus lieu de maintenir le parc à Épinal; il m'a donc chargé de transmettre au colonel Hennet l'ordre de le transporter à Langres.

Il me manque encore en ce moment, pour le compléter, la 7ᵉ compagnie *bis* du 2ᵉ régiment du train d'artillerie.

Journée du 11 août.

GARDE IMPÉRIALE.

a) **Journaux de marche.**

Journal de marche de la Garde impériale.

D'après les instructions de l'Empereur, la Garde doit aller s'établir sous Metz, entre Borny et Vantoux.

Elle se met en route le matin, après avoir fait filer les *impedimenta* : la division Deligny par Colligny, Ogy et Colombey; la division Picard par la route de Retonfey, Montoy et Vantoux; le parc du génie et la section de réserve, l'artillerie de réserve et la cavalerie se dirigent par la route de Metz à Saint-Avold.

Le mauvais état du terrain, détrempé par une forte pluie qui n'a cessé de tomber depuis la veille, oppose les plus grandes difficultés au départ des voitures du train et de l'artillerie, embourbées pour la plupart. Il en résulte un retard notable dans le départ des colonnes.

L'infanterie marche par section ou demi-section, suivant la largeur des routes; l'artillerie sur deux files.

La cavalerie, en arrière-garde, se place partie à droite, partie à gauche de la route, autant que possible.

On annonce que l'ennemi est en nombre considérable en avant de Boulay et de Saint-Avold, disposé à nous attaquer.

L'emplacement entre Borny et Vantoux étant occupé à l'arrivée de la Garde, celle-ci prend les dispositions suivantes, un peu en arrière de celles qui lui avaient été indiquées :

La division Deligny entre Borny et Grigy;

La division Picard entre Borny et la route de Sarrebrück;

La cavalerie dans la plaine de Plantières;

L'artillerie de réserve, le génie, les services administratifs, le long de la route de Sarrebrück, à hauteur de Plantières.

Quartier général aux Bordes, ancienne auberge du Soleil-d'Or, route de Sarrebrück.

Personne ne doit s'écarter du camp.

DIVISION DELIGNY.

La division se met en mouvement à 5 heures du matin, par Colligny, Ogy et Colombey, et arrive à midi à Borny, village situé à trois kilomètres à l'Est de Metz. Elle s'établit au Sud de Borny et à la ferme de Belletange, tournant le dos à la route de Metz à Château-Salins.

Dans cette position, elle est en seconde ligne, formant, avec les deux divisions de cavalerie de réserve : de Forton, de Bonnemains (1), du Barail, et les 16 batteries d'artillerie du général Canu, la réserve générale de l'armée commandée par le maréchal Bazaine et comprenant

---

(1) On remarquera que ce Journal de marche contient ici une erreur matérielle en faisant marcher avec les divisions du Barail et de Forton la division de Bonnemains, qui, à cette date du 11 août, se trouvait à Colombey, battant en retraite sur Châlons avec le 1er corps.

les 2ᵉ (Frossard), 3ᵉ (Decaen) et 4ᵉ corps (de Ladmirault) de l'armée du Rhin.

2ᵉ brigade (Garnier).

A 11 h. 1/2, la veille, un ordre du quartier général de la Garde avait prescrit de porter un bataillon au village de Colligny, afin de fermer une ouverture laissée par le 2ᵉ corps.

Pendant l'exécution de ce mouvement, arrive un contre-ordre déterminé par un ordre définitif de marche sur Metz.

Partie à 5 heures du matin, la division arrive sous Metz après une marche des plus pénibles à travers les terres labourées, détrempées à fond, et campe entre les villages de Borny et de Grigy.

Division Picard.

La division reçoit, à 3 heures du matin, l'ordre de partir à 4 heures pour se rendre à Borny, à environ deux kilomètres et demi de Metz. Elle passe par Retonfey et Montoy, suivant un chemin vicinal assez montueux, dans l'angle des routes de Boulay et de Forbach, et arrive, vers 11 heures, à l'embranchement de ces deux routes, à la ferme Bellecroix. Elle prend momentanément position sur deux lignes, par brigade, l'artillerie entre, de cette ferme, où elle appuie sa droite, à Vantoux, village où elle appuie sa gauche. Les troupes du 3ᵉ corps, destinées à cette position, y arrivent vers 1 heure de l'après-midi; la division se retire sur Borny et s'établit au bivouac sur deux lignes, par brigade, partie déployée, partie en colonne, entre les Bordes et Borny, l'artillerie entre les deux brigades et le régiment des guides en arrière de la deuxième ligne, formée de la 2ᵉ brigade.

La division de voltigeurs prolonge la position de la division de grenadiers en s'étendant de Borny à Grigy.

Ce mouvement de retraite est suivi par le reste de la Garde et par les 2ᵉ, 3ᵉ et 4ᵉ corps, qui occupent un arc de cercle au Nord-Est de Metz, allant de la Moselle à la Seille et passant par Vany, Noisseville, Montoy, Colombey, Grigy; la Garde étant en réserve à Borny.

2ᵉ brigade (Le Poitevin de la Croix).

Dans la nuit du 10 au 11, à 2 heures du matin, le général de division fait prévenir qu'on peut être attaqué le lendemain matin.

A 4 heures du matin, ordre est donné de faire filer les bagages régimentaires en avant, par la route de Retonfey, Montoy et Vantoux, et de faire suivre immédiatement après la colonne.

La brigade part dans l'ordre suivant, vers 6 heures :

Compagnie du génie ;
Un bataillon du 1er grenadiers ;
Un bataillon du 3e grenadiers ;
Artillerie ;
Deux bataillons du 3e grenadiers ;
2e grenadiers.

La pluie ne cesse pas de tomber.

La brigade arrive entre la route de Boulay et Vantoux vers les 10 heures et prend une première position, qu'elle ne tarde pas à quitter pour venir s'établir entre le village de Borny et la route. Long temps d'arrêt. Enfin, vers 3 heures de l'après-midi, les troupes sont installées par bataillons en colonnes de division, à distance entière.

Division de cavalerie (Desvaux).

Les ordres du général en chef, prescrivant à toute la Garde d'aller occuper en arrière une position défensive sous le canon de Metz, arrivent à 2 heures après minuit.

Le réveil et le boute-selle sont sonnés à 3 heures et, à 4 heures, toutes les troupes de la division sont à cheval et commencent à rompre pour gagner la route de Saint-Avold à Metz, où elles doivent servir d'arrière-garde à tout le corps de la Garde dans sa retraite sur Metz.

Toute la colonne des bagages et des voitures régimentaires et auxiliaires du train se met en marche en suivant la route secondaire de Maizery et Ogy, pour se rendre à Metz.

A 10 heures du matin, les corps de la division arrivent devant Metz et y bivouaquent dans la plaine située au Nord-Est de la ville, près du village des Bordes, en arrière de tous les corps de la Garde et faisant face au chemin de fer de Metz à Forbach.

Dans la soirée, on apprend que les Prussiens occupent avec des forces considérables les villages de Boulay et de Saint-Avold. L'approche de l'ennemi détermine, dans la population de cette partie de la frontière, une émigration générale.

On s'attend à une attaque imminente.

Artillerie de la Garde.

Le 11 août, l'artillerie vient camper au village des Bordes, près Metz.

Génie de la Garde.

Le génie de la Garde impériale retourne vers Metz et campe près de Plantières.

c) Opérations et mouvements.

Le général Bourbaki au général Picard, commandant la division de grenadiers de la Garde impériale (Lettre).

Maizery, 11 août.

D'après les instructions de l'Empereur, l'armée doit se porter ce matin sur la deuxième position défensive (sous Metz) décrite dans l'extrait des instructions que vous avez reçu hier matin, avec toutefois cette modification que la Garde, qui devait occuper l'extrémité droite de la ligne dans le cas où le 2ᵉ corps n'arriverait pas à temps pour le faire, se placera au centre comme réserve générale.

La position sera entre Borny et Vantoux.

La Garde aura auprès d'elle les divisions Forton et du Barail, ainsi que les seize batteries de réserve du général Canu.

Des officiers d'état-major ou du génie, envoyés de Metz à la rencontre de ces dernières troupes, leur indiqueront la direction qu'elles doivent suivre.

En conséquence, la Garde quittera son campement ce matin à 4 heures, après avoir fait à l'avance filer tous les *impedimenta*. Ces *impedimenta* se mettront donc en route aussitôt après la réception de cette dépêche; ceux de la division Deligny par la route indiquée dans ma dépêche d'hier (Ogy et Borny); ceux de la division Desvaux par la même route; ceux de la division Picard par la route de Retonfey, Montoy et Vantoux; ceux du quartier général par la route de Metz à Saint-Avold. Ils s'établiront au delà de la ligne allant de Borny à Vantoux, sur laquelle doivent être établies les troupes de la Garde.

La diane sera battue à 3 heures. Les troupes se mettront en marche à 4 heures. Les deux divisions d'infanterie suivront la même route que celle indiquée pour leurs bagages. L'artillerie de réserve, la cavalerie et le grand quartier général prendront la grande route de Metz à Saint-Avold.

On profitera de toutes les routes secondaires latérales à celles indiquées ci-dessus pour rendre les colonnes moins profondes, sans cependant compromettre la rapidité de formation des troupes pour le combat.

Les troupes d'infanterie marcheront par section ou demi-section, suivant la largeur des routes, et l'artillerie sur deux files. Quant à la cavalerie, elle formera l'arrière-garde et se placera partie à droite et partie à gauche de la route, si le terrain le permet, afin d'être disponible pour entrer immédiatement en action le cas échéant.

Je suivrai, de ma personne, la route de Saint-Avold à Metz.

P.-S. — D'après les renseignements parvenus au Maréchal commandant en chef, l'ennemi serait en nombre considérable, tant en avant de Boulay qu'en avant de Saint-Avold, et serait disposé à nous attaquer.

Même lettre aux généraux Deligny et Desvaux, communiquée sous forme d'ordre général aux divers services.

Le général Bourbaki au Major général (Lettre).

Plantières, près Metz, 11 août.

J'ai l'honneur de rendre compte à Votre Excellence que les troupes de la Garde impériale sont bivouaquées ainsi qu'il suit, en arrière des villages de Borny et de Vantoux, près Metz, savoir :

La 1re division d'infanterie entre Borny et Grigy ;
La 2e division entre Borny et la route de Sarrebrück ;
La cavalerie dans la plaine de Plantières ;
L'artillerie de réserve, le génie, les services administratifs le long de la route de Sarrebrück, à hauteur de Plantières, où j'ai installé mon quartier général, ancienne auberge du Soleil-d'Or, aux Bordes, route de Sarrebrück.

L'intendant militaire Lebrun, de la Garde impériale, au général Bourbaki (Lettre).

11 août.

J'ai l'honneur de vous rendre compte que, conformément aux premiers ordres que j'ai reçus de M. le colonel Lewal, du grand quartier général, j'ai d'abord placé le train auxiliaire du quartier général au village de Plantières, au pied des fortifications ; mais, sur un nouvel ordre qui m'est arrivé, j'ai dû le faire diriger sur le polygone de Chambière.

J'ai installé l'ambulance du quartier général dans une maison assez vaste, située sur la route de Metz, à peu de distance en arrière des batteries commandées par M. le général Canu.

Le général Bourbaki aux généraux Deligny, Picard, Pé de Arros (commandant l'artillerie de la Garde) et de Villers (commandant le génie). — Réponse aux rapports.

11 août.

Dans les combats qui ont été livrés jusqu'à ce jour, on a eu l'occasion de remarquer que l'infanterie avait tiré trop haut et trop vite, et que le tir de l'artillerie, également, avait été trop haut. Des recommandations spéciales devront être faites à chaque homme en particulier pour éviter que les mêmes fautes soient commises.

Il faut user des avantages résultant de la rapidité du tir du fusil modèle 1866, mais il convient de ne pas les réduire en exagérant la vitesse du tir au point de compromettre les résultats à atteindre; il faut toujours viser avec grand soin.

En outre, en tirant trop haut, quelle que soit l'arme employée, on s'expose à ne causer aucun mal à l'ennemi. En tirant bas, au contraire, on a la chance de l'atteindre au moins par ricochet.

En raison de la supériorité de portée de notre armement, il sera presque avantageux d'exécuter des feux de mousqueterie aux distances de 800 à 600 mètres, alors que notre tir est très bon et que celui des Prussiens produit de médiocres résultats.

Les Prussiens semblent avoir adopté comme tactique, surtout lorsqu'ils peuvent occuper la lisière d'un bois, la constitution de la première ligne au moyen de tirailleurs nombreux appuyés par des pièces d'artillerie bien placées. Ils conservent en arrière quelques masses solides, destinées à appuyer la ligne des tirailleurs, et de fortes réserves au moyen desquelles ils font effort sur les ailes des troupes opposées. Le meilleur procédé à employer pour déjouer la tactique de l'ennemi consiste à user, en première ligne, dans les mêmes conditions, de nombreux tirailleurs et de pièces d'artillerie; de tenir des troupes prêtes à les secourir, à s'encadrer au milieu d'eux à un moment donné. Il faut aussi conserver le plus longtemps possible des réserves d'un effectif relativement élevé, afin de porter un coup décisif dans la dernière période de la lutte et de s'opposer à l'action des réserves ennemies.....

M. le général commandant l'artillerie devra se tenir en communication directe avec le parc du corps d'armée et indiquer l'emplacement de ce dernier.

Afin d'être prêts à exécuter tous les mouvements qui pourront être ordonnés, MM. les généraux commandant les divisions et M. le général commandant l'artillerie prescriront que les troupes sous leurs ordres portent à trois jours la réserve de biscuit que chaque homme doit conserver par devers lui, indépendamment des distributions ordinaires.

'Le quartier général du commandant en chef est établi aux Bordes (ancienne auberge du Soleil-d'Or), sur la route de Metz à Sarrebrück.

Journée du 11 août.

RÉSERVE DE CAVALERIE.

a) Journaux de marche.

Le 11, à 4 heures du matin, une reconnaissance de deux escadrons du 3e chasseurs d'Afrique et commandée par le colonel de Galliffet, traverse Metz pour explorer toute la région comprise entre les routes qui conduisent à Château-Salins, à Nancy et à Pont-à-Mousson.

Elle s'avance sur une seule colonne jusqu'à Verny, où elle arrive à 5 h. 1/2 et où elle ne trouve aucun renseignement. Elle se fractionne alors en trois portions : l'une, forte d'un escadron, suit la route de Nancy, au centre ; les deux autres, comprenant chacune deux pelotons, s'avancent sur les routes de Château-Salins et de Pont-à-Mousson, au milieu d'un pays difficile, coupé de hauteurs, de bouquets de bois et de vignes.

Le détachement qui a pris la route de Pont-à-Mousson, passe à Lorry, Bouxières, Cheminot, Éply, Rouves et arrive à Nomény vers 11 h. 1/2. Il y trouve le détachement central qui y était rendu depuis une demi-heure, après avoir fouillé les villages de Pagny, Louvigny, Saint-Jure et Raucourt.

Pendant ce temps, le troisième détachement suivait une direction plus à l'Est et traversait Silly, Buchy, Solgne, Secourt, Thezey et arrivait à Nomény par Phlin et Mailly, après avoir envoyé un peloton vers Luppy, qui devait rallier en passant par Liocourt.

Aucun de ces détachements n'avait rencontré d'éclaireurs ; mais, d'après les renseignements recueillis, le 10, quatre uhlans prussiens avaient paru à Han-sur-Nied et de nombreuses troupes occupaient Remilly et Faulquemont. En outre, au dire des voyageurs, le gros des Prussiens occupait Hellimer, Gros-Tenquin, Baronville et Morhange, ce dernier point paraissant contenir leur tête de colonne, car ils y avaient un millier d'hommes le 10 au soir. Cette direction semble indiquer une marche sur Nancy, ou au moins le projet de couper les routes à Frouard.

Aucun ennemi n'étant signalé dans le voisinage, le retour sur Metz s'effectue en une seule colonne par la route de Nancy et le détachement rentre à son bivouac à 5 heures du soir, après un parcours total de 80 kilomètres.

Un brigadier, resté en arrière, est fait prisonnier.

Division de Bonnemains.

Départ de Bayon à 5 heures du matin. La colonne passe à Haroué, Vézelise et arrive à Colombey à 1 heure de l'après-midi.

Division de Forton.

Le 11 août, deux pelotons, l'un du 1ᵉʳ dragons, l'autre du 9ᵉ, sont envoyés en reconnaissance sur les rives de la Moselle depuis Metz jusqu'à Thionville.

c) Opérations et mouvements.

Division du Barail.

Le colonel de Galliffet, commandant le 3ᵉ chasseurs d'Afrique, au général du Barail (D. T.).

Nomémy, 11 août, 12 h. 40 soir.

Jeantet (1) revient ici avec les éclaireurs de l'extrême gauche. Les renseignements qu'il apporte me paraissent préférables à ceux que je viens de vous envoyer.

Les Prussiens auraient abandonné Faulquemont.

Les éclaireurs cités dans ma dernière dépêche n'auraient reparu ni hier ni aujourd'hui, excepté à Han-sur-Nied.

Les Prussiens occuperaient Hellimer, Gros-Tenquin, Baronvillle et Morhange. Ce dernier point paraît être leur tête de colonne. Ils y ont un millier d'hommes.

Les populations, qui n'ont jamais vu une reconnaissance de cavalerie française nous prennent pour des Prussiens. Notre présence les rassure.

Je rentre immédiatement à Metz.

Division de Forton.

Reconnaissance faite par un peloton du 1ᵉʳ dragons, le 11 août au matin.

M. Daguet, lieutenant au 1ᵉʳ de dragons, a fait une reconnaissance, avec son peloton, sur la rive gauche de la Moselle.

Parti à 4 heures du matin de Montigny, arrivé à 5 heures aux portes de Metz, n'a pas été reconnu.

---

(1) Le lieutenant Jeantet, du 3ᵉ chasseurs d'Afrique.

A pris la route de Thionville; a passé par les villages de Saint-Rémy, Maizières-les-Metz, Talange, Hagondange, Mondelange, Richemont et Uckange. A traversé l'Orne à Richemont, est entré à Thionville et s'est présenté au commandant de la place.

Hier, les Prussiens (uhlans) étaient à Kédange (dires d'habitants non confirmés). Il y a des uhlans à Bouzonville. Il y en aurait aussi à Metzervisse.

Il y aurait eu une alerte dans l'après-midi d'hier chez les habitants de la rive droite qui auraient fui sur la rive gauche. Plusieurs maires, entre autres ceux de Maizières et d'Hagondange, ont confirmé le fait. Ces habitants rentrent chez eux cet après-midi.

Le colonel commandant la place de Thionville a dit à l'officier que les renseignements qu'on donnait, annonçant pour cette nuit l'arrivée de l'ennemi, sont complètement faux.

Près de Bouzonville, les Prussiens ont enlevé un curé et un jeune homme qui voulait le défendre. De là une panique et un bruit absurde qui a couru partout, indiquant que l'ennemi enlève tous les jeunes gens du pays.

Le maire de Maizières raconte que, dans la journée du 10, 500 Prussiens sont venus à Bouzonville et ont enlevé quelques jeunes gens. Le maire de Maizières tient ce renseignement de M. Darstein, de Bouzonville.

M. Lorain, fils du maire de Chemery, a déclaré que le 10, à 4 heures après-midi, des uhlans sont venus à Chemery.

Hier, un inconnu a été arrêté par le maire de Maizières, qui l'a envoyé à l'état-major de la place de Metz pour avoir jeté l'alarme en criant que les Prussiens arrivaient et qu'il fallait fuir.

Le Major général au général du Barail (Par ordonnance).

Metz, 11 août.

Il est nécessaire que l'Empereur ait des renseignements sur des mouvements que l'ennemi pourrait faire dans la direction de Faulquemont et Nomény sur Nancy.

Exécutez demain matin des reconnaissances dans ces directions.

Le Major général au général de Forton (Par ordonnance).

Metz, 11 août.

Des renseignements recueillis dans la journée semblent indiquer que de l'infanterie ennemie aurait occupé Boucheporn et Ham-sous-Varsberg aujourd'hui. (Route de Metz à Sarrelouis.)

Prescrivez des reconnaissances dans les directions qui conduisent à ces deux localités; envoyez quelques escadrons.

Journée du 11 août.

RÉSERVE GÉNÉRALE D'ARTILLERIE.

a) Journal des opérations du général Soleille.

11 août.

L'Empereur avait conservé le commandement général. En dehors des corps qui relevaient directement du maréchal Bazaine, il restait la Garde impériale, la réserve générale d'artillerie et la division de cavalerie de Forton. Ces forces ne furent pas jugées suffisantes. Le maréchal Canrobert devait d'abord se replier sur Paris avec le 6e corps : parti de Nancy le 8 août il arrivait à peine au camp de Châlons lorsqu'une nouvelle combinaison le rappela à Metz. Il y était rendu le 11 avec une de ses divisions; le reste du 6e corps allait le suivre. Mais les communications devenaient à chaque instant plus risquées, les uhlans se montraient sur divers points de la ligne, essayant d'enlever les rails ou d'encombrer la voie. Les 1re, 3e et 4e divisions purent gagner Metz; le général Bisson, commandant la 2e division, n'y arriva qu'avec un seul de ses régiments. L'artillerie des 1re et 3e divisions était complète; de la 2e division, la batterie Blondel (12e du 8e) seule arriva par Thionville; l'artillerie de la 4e division était entièrement coupée. L'état-major, la réserve, le parc (qui avait quitté La Fère et rallié les corps d'armée) se trouvèrent séparés du maréchal Canrobert, ils ne figurèrent pas à l'armée de Metz.

Trois batteries de montagne organisées au 3e régiment, en Algérie, étaient annoncées, elles devaient faire partie de la réserve générale : une seule (la 6e batterie) parvint jusqu'à Metz. Dès son arrivée, elle fut mise à la disposition du général Coffinières pour être employée aux travaux et à la défense de la place (1).

---

(1) Cette batterie arriva à Metz le 10 août. (Lettre du 11, du général Soleille au général Coffinières.)

Les 5e, 6e, 7e et 8e batteries du 13e régiment reçurent la même destination et furent détachées aux forts Moselle et Belle-Croix.

Historique des 2e, 4e et 8e compagnies de pontonniers (16e régiment d'artillerie-pontonniers).

10, 11 et 12 août.

A dater du 7 août, les trois compagies de pontonniers sont réunies à Metz sous les ordres du colonel directeur des ponts.

..... Des reconnaissances furent faites sur les rives de la Moselle par le colonel directeur des ponts et les officiers de pontonniers les 11 et 12 août.

En amont de la place, la Moselle se divise en trois bras comprenant entre eux les îles de Saint-Symphorien et du Saulcy. Trois voies de communications étaient établies de la manière suivante à travers ces îles pour relier la route de Longeville, sur la rive gauche, à celle de Montigny, sur la rive droite.

Trois ponts de chevalets, distants entre eux d'environ 200 mètres, étaient construits sur le grand bras. Celui d'amont, à hauteur de la lunette du Saulcy, était formé de chevalets du génie d'une construction à peu près régulière, ses poutrelles consistaient en longs corps d'arbres en sapin, non équarris. Le deuxième pont, établi à l'emplacement d'un gué, ne régnait que sur le thalweg de la rivière; ses chevalets, très bas, se composaient d'un chapeau assemblé, sans liens ni traverses, sur quatre pieds très peu inclinés : ce pont n'avait aucune solidité. Le troisième pont était aussi à l'emplacement d'un gué; il était plus long que le précédent; ses chevalets étaient plus solides et plus stables, mais ses poutrelles avaient une trop grande portée.

Ces trois ponts avaient été construits du 10 au 12 août par les compagnies de corps francs du chemin de fer; ils correspondaient à trois ponts de radeaux établis par les mêmes compagnies de corps francs sur le bras qui sépare l'île du Saulcy de l'île Saint-Symphorien.

..... Enfin les trois voies ouvertes par ces ponts traversaient le bras mort de la Moselle pour rejoindre la route de Montigny, la première sur un pont de radeaux à 300 mètres environ en amont de la lunette Rogniat, la seconde sur un pont de bateaux du commerce, à 200 mètres environ en aval du premier; la troisième sur un pont de chevalets et de bateaux du commerce à 200 mètres au-dessous du précédent.

..... En aval de la place les communications étaient établies entre les rives, à travers l'île Chambière, au moyen de trois ponts sur le grand bras et trois sur le petit bras.

Sur le grand bras il y avait deux ponts de chevalets, dont un à hauteur de la Pyrotechnie, l'autre à 400 mètres plus bas. Le troisième était un pont de radeaux construit avec des bois de peuplier à 400 mètres environ du second. Tous trois avaient été établis par le génie. Il y avait en outre trois gués reconnus et balisés.

Les trois ponts du petit bras, établis par les ponts-et-chaussées, avaient tous la même construction. Un empierrement partant de chaque rive s'avançait dans le lit de la rivière et formait culée; une pile de pierres sèches s'élevait vers le milieu de la rivière, et des corps d'arbres reposant sur la pile et sur les deux culées formaient les poutrelles du pont. L'un de ces ponts était à hauteur de la lunette Miollis, l'autre à hauteur du cimetière et le troisième à peu près à égale distance entre les deux.

b) **Organisation et administration.**

Le Ministre de la guerre au général Soleille, à Metz (Lettre).

Paris, 11 août.

J'ai l'honneur de vous informer que je donne l'ordre par dépêche de ce jour à M. le colonel Hennet (P.), directeur du parc de la réserve générale d'artillerie, de faire diriger sans retard sur Vincennes tout le matériel de son parc.

Le personnel et les chevaux nécessaires pour l'atteler seront réunis dans cette place quand les compagnies seront organisées.

Le général Soleille aux Généraux commandant l'artillerie des 1er, 2e, 3e, 4e, 5e et 7e corps et de la Garde impériale, et au Chef d'escadron commandant l'artillerie de la 2e division de la réserve de cavalerie (Lettre).

Metz, 11 août.

Le Ministre a ordonné, à la date du 6 août, que des ouvriers exercés, pris dans les compagnies d'ouvriers, seraient envoyés dans les batteries armées de canons à balles pour exécuter les réparations délicates du mécanisme de ces bouches à feu.

..... Ces hommes devront être mis en subsistance dans ces batteries à dater du jour de leur arrivée (1).

Chaque homme accompagne un coffre renfermant des objets de

---

(1) Dans une lettre du 11 août adressée au colonel de Girels, directeur de l'artillerie à Metz, le général Soleille lui prescrit de fournir les

rechange spéciaux, qui seront transportés avec les autres rechanges de la batterie.

Je vous envoie en même temps ..... caisses de cartouches à balles multiples, qui devront être employées, de préférence aux balles ordinaires, dans le tir à petites distances, jusqu'à 700 mètres. Dans ces limites, elles éprouvent un effet de dispersion qui augmente les résultats utiles du tir. On peut les augmenter encore en donnant à la crosse, pendant le tir de chaque coup, un léger mouvement latéral.

Je vous rappelle, à cette occasion, que l'emploi le plus avantageux des canons à balles, avec les balles ordinaires, consiste à les placer à une distance de l'ennemi supérieure à la portée du fusil d'infanterie, et dans des positions dominantes d'où l'on puisse bien observer les coups.

c) Opérations et mouvements.

Le général Canu, commandant la réserve générale d'artillerie, au général Soleille (Lettre).

Camp de Bordes, 11 août.

J'ai l'honneur de vous faire connaître l'ordre que j'ai reçu ce matin à 2 heures et qui émanait du Maréchal commandant le 3ᵉ corps. Il m'a été prescrit de marcher sur Metz en avant de la Garde impériale et d'avoir à prendre sans retard les ordres du général Bourbaki pour l'heure de la mise en route et le nouvel emplacement sur lequel je devais m'établir.

L'officier que j'ai envoyé immédiatement au général Bourbaki n'ayant pu le rencontrer, j'ai dû prendre moi-même les mesures nécessaires pour éviter l'encombrement sur la route de Metz. J'ai fait d'abord partir toutes mes réserves avec ordre de se rendre à Metz, où l'on devait leur

---

moyens de transport nécessaires pour l'envoi des ouvriers et du matériel aux corps, suivant la répartition ci-après :

2ᵉ corps............	3 hommes.	3 coffres.	3 caisses.
3ᵉ corps............	2 —	2 —	4 —
4ᵉ corps............	3 —	3 —	2 —
Garde..............	1 —	1 —	1 —

Les hommes non compris dans cette répartition devront rejoindre les 1ᵉʳ et 7ᵉ corps et la 2ᵉ division de la réserve de cavalerie. Deux hommes destinés au 5ᵉ corps resteront provisoirement à Metz.

indiquer le point de réunion, et je me suis mis en route avec les douze batteries de combat seules. Malheureusement, je n'ai pas trouvé sur les lieux d'officier d'état-major pour me placer sur le terrain, et ce n'est qu'après avoir reçu avis des positions occupées par les autres troupes que j'ai pu établir mon camp. Le 13e régiment a été placé vis-à-vis le quartier général, dans un champ assez bien disposé, mais qui est trop éloigné de l'abreuvoir pour la commodité du service. Le 18e régiment est à l'embranchement des routes de Vallières et de Sarrelouis, à une très faible distance de l'autre régiment. Les débouchés sont faciles par plusieurs routes à la fois et la principale condition que doit remplir l'emplacement d'une réserve générale se trouve ainsi remplie.

Journée du 11 août.

GRAND PARC DU GÉNIE DE L'ARMÉE.

12 août.

Dans la nuit du 11 au 12 août, le grand parc du génie, parti de Versailles le 10, par les voies rapides, arrive à Metz. Le rapport suivant, dû au colonel Rémond, chef du matériel de guerre du génie de l'armée du Rhin, donne en détail l'historique de son organisation.

Rapport sur les opérations du grand parc du génie, pendant la campagne de 1870 (daté du 16 mai 1872).

Préliminaires.

Le Ministre, suivant dépêche du 25 avril 1873 émanée du 2e bureau de l'état-major général, a prescrit au colonel, chef du service central du matériel de guerre du génie, de fournir un rapport sur les opérations du grand parc du génie de l'armée du Rhin pendant la campagne de 1870, parce qu'il était directeur de ce grand parc.

Pour satisfaire à cette demande on subdivisera le compte rendu en quatre périodes, savoir : celle de la formation de l'armée, du 16 au 25 juillet; celle de l'offensive, du 26 juillet au 5 août; celle de la retraite, du 6 au 18 août et enfin celle du blocus, du 19 août jusqu'au 29 octobre, date de la capitulation.

Période de la formation de l'armée.

Le colonel directeur de l'arsenal de construction du génie de Metz a été nommé directeur du grand parc du génie de l'armée du Rhin par décision ministérielle du 16 juillet 1870.

Il a été attaché en cette qualité au grand quartier général et se rendit immédiatement à Paris où ce quartier général s'organisait. Il conserva néanmoins sa fonction de directeur de l'arsenal.

Pendant son séjour à Paris près de l'administration centrale, il a provoqué la livraison des parcs existants et la confection de ceux qui manquaient.

Les parcs existants étaient ceux de quarante-huit compagnies du génie destinées aux divisions d'infanterie, ceux de dix corps d'armée et ceux de quatre armées. Le tout comprenait 2,734 chevaux et 310 voitures. Les magasins ne contenaient du harnachement que pour 2,225 chevaux, mais on s'était mis en mesure d'acheter immédiatement celui des 509 autres chevaux.

Le harnachement et les voitures étaient répartis entre les six places de Versailles, Vincennes, Metz, Arras, Montpellier et Lyon. Chaque voiture était sur roues et pourvue de son chargement, prête à être mise en route.

Les parcs manquants étaient ceux de trois compagnies de chemin de fer qui n'avaient été décidés que le 21 mars 1870 et ceux de deux compagnies télégraphiques militaires qui n'ont été décidés que le 18 juillet.

La 2e compagnie du 1er régiment du génie, affectée depuis deux ans aux expériences de la télégraphie militaire au camp de Châlons, était pourvue d'un matériel de 7 voitures qui suffisait à un seul corps d'armée, mais il fallait l'accroître de 19 voitures pour qu'il pût suffire à une armée composée de sept corps.

Le Ministre a prescrit, le 18 juillet précité, d'organiser d'urgence deux parcs télégraphiques militaires, à raison de 26 voitures chacun, savoir : l'un pour la 2e compagnie du 1er régiment à l'armée du Rhin et l'autre pour la 2e compagnie du 2e régiment en réserve au camp de Châlons.

On a procédé d'urgence à cette organisation. Les 45 voitures qui manquaient ont été faites à Paris et envoyées à Metz le 5 août. Là on a procédé à leur outillage avec les ressources télégraphiques qui étaient entreposées à l'école régimentaire de Metz. Mais le travail n'était pas fini à l'époque du blocus de la place, de sorte qu'on n'a pas pu expédier à Châlons les 26 voitures destinées à ce camp.

Les ateliers de l'arsenal du génie de Metz ont été développés à partir du 16 juillet de manière à pouvoir doubler leur production journalière.

Le nombre des ouvriers a été porté progressivement à 300 au fur et à mesure de l'arrivée des réserves rappelées sous les drapeaux. Dans ce nombre de 300 figuraient 45 soldats de la garde mobile qui avaient été obtenus du commandement en accroissement provisoire de l'effectif de la compagnie d'ouvriers,

La compagnie de sapeurs-conducteurs du 3ᵉ régiment, affectée au grand parc de l'armée du Rhin, fut dirigée, vers le 20 juillet, sur Versailles, où elle devait prendre ses chevaux, son harnachement et ses voitures. Son effectif était fixé à 250 hommes, 400 chevaux et 56 voitures, mais elle n'avait qu'une vingtaine d'hommes de cadres et point de chevaux. Elle a dû attendre l'arrivée des hommes de la réserve qui se rendraient d'abord à Arras, au dépôt du 3ᵉ régiment, pour s'y équiper.

Ces hommes ne lui sont parvenus que vers le 8 août. En les attendant, le commandant de la compagnie avait perçu à Vincennes les chevaux qui lui manquaient et, à Versailles, leur harnachement.

Finalement, ce grand parc n'a été organisé que le 10 août. Il a été mis en route immédiatement et dirigé par les voies rapides sur Metz, où il est arrivé dans la nuit du 11 au 12, vers le moment où le chemin de fer allait être coupé entre Frouard et Pont-à-Mousson.

Le Ministre avait recommandé, le 23 juillet, d'organiser d'abord une section du grand parc et de la diriger sur Toul en attendant que le reste fut prêt; mais on n'a pas pu obtenir d'Arras le personnel nécessaire à ce petit détachement, de sorte que le parc n'a pas été subdivisé.

Ce grand parc n'était donc pas prêt à partir de Versailles, le 26 juillet, quand le grand quartier général fut transféré de Paris à Metz. Mais il n'était pas seul en voie de formation, car, à son arrivée à Metz, le directeur du grand parc et de l'arsenal fut chargé de constituer deux parcs imprévus, savoir : l'un pour le corps franc des chemins de fer et l'autre pour la télégraphie civile.

Le parc du corps franc des chemins de fer, prescrit par la décision ministérielle du 24 juillet, a été délivré le 1ᵉʳ août à l'effectif de 122 chevaux et de 20 voitures.

Le parc de la télégraphie civile, prescrit par décision ministérielle du 29 juillet, a été délivré le 2 août à l'effectif de 32 chevaux et de 6 voitures.

Le détachement de 35 hommes de la compagnie d'ouvriers destiné au grand parc du génie a été organisé à Metz le 25 juillet, mais il n'a pas cessé de figurer au personnel de l'arsenal et de travailler dans les ateliers.

Pendant cette période de la formation de l'armée, l'arsenal de Metz a envoyé d'une part, à Strasbourg et à Verdun, les engins de mine destinés à la défense souterraine de ces places, tels que ventilateurs, sondes de forage et machine à camouflet. Il a envoyé, d'autre part, dans les diverses forteresses de l'Est et du Nord-Est, les artifices destinés à la destruction des ouvrages d'art de la zone frontière.

Tout en faisant les travaux de sa spécialité, l'arsenal a prêté son concours au Service de l'Intendance pour la réparation des voitures à bagages régimentaires et des voitures d'ambulances des entrepôts de Toul et de Metz, qui n'étaient pas en état de rouler à leur sortie des magasins. Il a réparé ainsi une quarantaine de voitures.

Période de l'offensive.

Lorsque le grand quartier général est arrivé à Metz le 26 juillet, l'armée s'est portée en avant vers la Sarre. Les grands parcs de l'artillerie et du génie n'avaient pas encore rejoint à Metz. On était dépourvu d'équipages de pont. Le service du génie a été chargé de fournir des moyens de passage pour franchir la Sarre.

A cet effet, le directeur du grand parc a prélevé à Metz, sur les ressources de l'arsenal du génie et sur celles de l'école régimentaire du génie, deux ponts du système Birago, avec leurs nacelles. Il les a expédiés vers Sarrebrück, le 31 juillet, au 2e corps, par la voie ferrée.

Ces ponts étaient envoyés en prévision que le combat de Sarrebrück du 2 août pourrait permettre de franchir la Sarre et de se porter en avant. Mais le succès n'a pas été sérieux et les ponts n'ont pas servi.

Toutefois, ils n'ont pas été perdus, car on les a retrouvés à la gare de Metz, le 3 août. Ils y étaient rentrés presque intacts.

On y a prélevé pour agrandir les ponts de Metz, qui ont eu besoin d'être allongés par l'effet d'une crue des eaux.

Au moment où l'armée voulait tenter l'attaque de Sarrelouis, le directeur du grand parc se tenait prêt à marcher en avant. Il avait remis le service de l'arsenal au capitaine de la compagnie d'ouvriers du génie, qui avait été désigné pour faire l'intérim par décision ministérielle du 24 juillet.

Mais cette marche en avant ayant été contremandée, le directeur n'a pas, en réalité, cessé d'exercer ses fonctions à l'arsenal.

Période de la retraite.

Les batailles du 6 août, du 1er corps à Frœschwiller et du 2e corps à Spicheren, n'ayant pas été heureuses, l'armée se mit en retraite.

Le général commandant en chef le génie de l'armée fut nommé gouverneur de Metz le 7. Les forteresses de la frontière de l'Est et du Nord-Est ont été déclarées en état de siège le 8.

La place de Metz était dépourvue de troupes. La garde des portes était confiée aux douaniers. L'armement des remparts était confié à des ouvriers civils inexpérimentés.

La compagnie d'ouvriers de l'arsenal du génie, à l'effectif de 300 hommes, était à peu près la seule troupe régulière de la place. Elle fut prévenue le 9 de se tenir prête à concourir à la défense de la ville.

C'est à ce moment-là qu'on reçut du Ministre l'avis que le grand parc du génie allait partir de Versailles pour Metz. On prit des dispositions pour assurer son bivouac.

Le 11 août, tous les ouvriers de l'arsenal furent affectés à la confection de trois ponts de chevalets pour accroître les moyens du passage de la Moselle.

On en commença la pose le jour même, de concert avec les ingénieurs civils qui prêtaient leur concours au commandant du génie de la place.

Le même jour, on remplaça les outils portatifs de la 2ᵉ compagnie du 3ᵉ régiment du génie, affectée à la réserve du 2ᵉ corps, parce qu'elle les avait perdus à la bataille de Spicheren.

Le 12 août, vers 1 heure du matin, le grand parc arriva à Metz, à la gare des Sablons. Il établit son bivouac sur le glacis de droite de la lunette Rogniat, le long de la Moselle, entre la citadelle et le village de Montigny.

RENSEIGNEMENTS

Bulletin de renseignements pour la journée du 11 août.

Metz, 11 août.

De deux côtés différents, on donne la certitude qu'il n'y a pas de troupes ennemies sur la rive droite du haut Rhin. Le général Vogel de Falkenstein, venu des côtes du Nord avec des troupes (15,000 hommes auraient commencé leur mouvement de Cologne sur Trèves, ce matin même) s'avancerait le long de la frontière luxembourgeoise pour tourner Thionville ou le surprendre. Il serait aujourd'hui à Frisange, sur la route de terre de Thionville à Luxembourg, sans violer le grand-duché; il paraît se diriger sur Aumetz, situé entre Thionville et Longwy. Ce serait probablement ses flanqueurs qui auraient été signalés hier le long de la Moselle, au Sud de Thionville. Il aurait trois corps d'armée, dont le IIIe. (Peu probable, car ce corps était à Forbach et des prisonniers du 15e uhlans, appartenant à ce IIIe corps, ont été faits en face de l'armée du centre, à Gros-Tenquin, au Sud-Est de Faulquemont.)

Le Roi, le général de Moltke, M. de Bismarck seraient à Sarrebrück.

Toute la ligne de la Sarre dégarnie de troupes.

A Trèves, le 53e, qui a été abîmé le 4 août.

A Conz, personne.

A Sarrelouis, 1000 landwehriens.

Cette armée du Centre paraît comprendre les VIIe et VIIIe corps de Steinmetz, et l'armée du prince Frédéric-Charles, très probablement composée de six corps, dont la Garde. Elle n'avait personne hier à Boulay, sur la route de Sarrelouis à Metz. Elle a poussé de nombreux cavaliers, hier également, sur la route de Saint-Avold, jusqu'à Plappecourt, en face de la Nied française.

Cette armée du Centre paraît vouloir éviter Metz en se dirigeant sur Château-Salins, puis Pont-à-Mousson ou Nancy. Les cavaliers pris à Gros-Tenquin indiqueraient cette marche.

Des têtes de colonnes avaient été signalées hier vers Sarre-Union; elles doivent appartenir à la même armée du Centre.

On signalait hier un corps prussien considérable qui aurait quitté ces parages (Rahling, à l'Est de Sarre-Union), pour remonter la Sarre, à la rencontre du Prince royal, sans doute.

Ce prince, avec l'armée du Sud, commande, on le sait, le V⁰ corps, le XI⁰ (qui a trois divisions, avec la division hessoise) et les troupes du Sud. On pourrait évaluer cette armée à 150,000 hommes. Elle paraît pénétrer par les Vosges, bien que des renseignements peu certains aient indiqué un mouvement d'une partie de cette armée, en arrière, vers le Nord, pour revenir sur la Sarre se joindre à l'armée du Centre.

L'espion, arrêté aujourd'hui, dit que l'armée du Prince royal serait à Sarre-Union.

L'armée du Centre, si elle a huit corps d'armée, compterait plus de 200,000 hommes ; celle de Vogel de Falkenstein, avec trois corps, aurait 100,000 hommes.

On prêterait aux Prussiens le projet d'éviter Metz, de pénétrer au cœur de la France avec cette masse de 450,000 à 500,000 hommes et de nous combattre par le nombre. L'arrivée de Vogel de Falkenstein tendrait à prouver que toutes les troupes des côtes sont appelées en France ; il y aurait donc devant nous les treize corps de la Confédération du Nord et les troupes du Sud.

12,000 landwehriens seraient arrivés à Sarrebrück aujourd'hui et toute l'Allemagne mise sous les armes pour un grand effort.

Un renseignement du jour indiquerait pour demain le commencement de la marche des armées prussiennes.

Rapport sur l'interrogatoire des prisonniers.

Grand quartier général, à Metz, 11 août.

Les 12 prisonniers de guerre faits à l'affaire de Forbach, le 6 août, appartiennent aux corps suivants :

8⁰ régiment de grenadiers (III⁰ corps d'armée).
77⁰ régiment d'infanterie (VII⁰ corps d'armée).
39⁰ régiment d'infanterie (VII⁰ corps d'armée).
53⁰ régiment d'infanterie (VII⁰ corps d'armée).
74⁰ régiment d'infanterie (VII⁰ corps d'armée).
52⁰ régiment d'infanterie (III⁰ corps d'armée).
40⁰ régiment d'infanterie (VIII⁰ corps d'armée).

Sauf le *40⁰* et le VIII⁰ corps d'armée, les autres régiments étaient tous partis, le jour même, à 3 heures du matin, quittant leurs bivouacs pour arriver; les uns à 1 ou 2 heures, les autres sur les 4 heures, à Sarrebrück, sur le champ de bataille. Les hommes, fatigués et essoufflés, avaient déposé leur sac avant de combattre.

C'est par deux compagnies, et quelquefois par demi-bataillon, que les Prussiens s'engageaient *successivement*.

Les compagnies sont généralement à l'effectif de 250 hommes, sur lesquels on compte au moins le cinquième de landwehriens. Ces derniers semblent peu animés d'ardeur guerrière, étant presque tous mariés et pères de famille.

Le 77e régiment, qui a pris part à l'affaire et qui compte au VIIe corps, est composé de Hanovriens ; les deux prisonniers de ce régiment on affirmé que leurs camarades ne se battent pas de bon cœur.

Ont été interrogés ensuite trois lanciers du *15e* uhlans, faits prisonniers à Gros-Tenquin. Ce régiment fait partie du IIIe corps. Il fait division avec les *6e* cuirassiers, *3e* hussards, *16e* hussards et *3e* uhlans ; cinq régiments, en général, par corps d'armée.

Les quatre cuirassiers, dont un maréchal des logis, faits prisonniers en même temps, le 10 août, appartiennent au *4e* régiment de cette arme, placé au IIe corps d'armée. Ce régiment fait division avec les corps suivants : *9e* dragons oldenbourgeois, *13e* uhlans, *8e* hussards brunswickois ; toujours cinq régiments par corps d'armée.

La majeure partie des prisonniers faits appartiennent à la réserve ou à la landwehr et sont mariés.

Observations. — Les prisonniers n'ont encore reçu aucune solde ; ils couchent sur la paille, sans couverture. Aucun officier ni médecin ne les visite. Plusieurs d'entre eux, mal vêtus, sont malades. On écrit à ce sujet au général commandant la 5e division militaire.

Dépêche reçue au grand quartier général.

11 août, 4 heures soir.

Vogel de Falkenstein s'avance avec trois corps d'armée, dont le IIIe, vers Thionville, pour tourner la ville ou la surprendre. Il longe la frontière du grand-duché sans la violer. Il serait à Frisange, sur la route de Luxembourg à Thionville, contre la frontière luxembourgeoise.

Havas, Paris (D. T.).

Bruxelles, 11 août, 1 h. 30 matin. Expédiée le 11 à 5 heures soir (n° 29621).
Berlin officiel, Sarrebrück, 10 août.

Armée française continue retraite tous points vers Moselle. Cavalerie prussienne la suit près, déjà passé ligne Sarre-Union, Gros-Tenquin,

Faulquemont, Fouligny, Étangs. Grandes provisions bouche, deux colonnes pontons, trains chemin de fer entre nos mains.

Forteresse Petite-Pierre évacuée par ennemi qui abandonne artillerie, provisions.

Le Ministre de la guerre au Major général (D. T. Ch.).

Paris, 11 août, 5 h. 20 soir.

Un agent de Vienne télégraphie le 10 août, à 2 h. 50 du soir, un renseignement en date de Munich, 8 août :

« Le Prince royal avance toujours ; ses troupes sont à Ingweiler, ses avant-postes à Seebach, Wingen, Puberg, Ratsweiler. On croit l'armée française en ligne, par Boulay, Faulquemont, Sarralbe, Lixheim, jusqu'à Strasbourg. Il annonce que, dans quatre jours, malgré fortifications, il passe la Moselle. Toutes les troupes disponibles suivent pour reformer réserves..... divisions d'infanterie ont déjà passé le Rhin à Wittersdorf et Ottersdorf sur des pontons.

« Dans l'attaque de Steinmetz contre Spicheren, ses réserves ont beaucoup souffert des balles françaises jusqu'à distance de 4,000 pas. On attribue cet effet aux mitrailleuses. La poursuite a été impossible, troupes épuisées. Steinmetz a perdu un général, nombreux officiers, 3,000 tués ou blessés. »

Signé : X.....

P.-S. — Je croyais que cette dépêche vous avait été télégraphiée par le Ministre des affaires étrangères.

Le Ministre de la guerre au Major général, à Metz (T. Ch.).

Paris, 11 août, 6 h. 45 soir.

Extrait du *Bulletin officiel prussien* :

« Dans le combat de Spicheren, les pertes de l'armée prussienne sont considérables. La 5ᵉ division seule a perdu 1800 hommes. L'armée française se retire sur tous les points. Saint-Avold est occupé par les troupes prussiennes ; des patrouilles s'avancent jusqu'à deux milles de Metz. »

Le Ministre de la guerre au Major général (D. T.)

Paris, 11 août, 9 h. 40 matin.

J'apprends de source belge très sûre que 150,000 Prussiens, mandés par le télégraphe, ont quitté Cologne. Le mouvement a commencé hier matin.

Le Ministre de la guerre au Major général (T. Ch.).

Paris, 11 août, 10 h. 40 soir.

X..... télégraphie de Constantinople, 10 août :

« Je tiens d'une source sûre que le Ministre de Prusse à Constantinople a reçu de Mayence, le 8 août au soir, la dépêche suivante :

« Si, dans la grande bataille qui est imminente, nous triomphons encore une fois, nous poursuivrons l'ennemi jusqu'à Châlons, notre intention n'étant, dans aucun cas, de marcher sur Paris. »

Aux Affaires étrangères, on considère comme un piège cette prétendue confidence, qui est émanée de X..., un des agents les plus retors de la politique prussienne.

Un agent de Thionville au Major général (D. T.).

Thionville, 11 août, 12 h. 30 soir.

On assure que le roi de Prusse est réellement arrivé à Sarrebrück et que demain l'armée prussienne avancera pour se jeter au cœur de la France. Les 12,000 landwehr doivent arriver aujourd'hui à Sarrebrück. Toute l'Allemagne serait sous les armes. La nuit dernière, des gendarmes luxembourgeois auraient vu des éclaireurs prussiens longer la frontière entre Frisange (grand-duché) et Evrange (France), pour se diriger vers Aumetz.

Plusieurs Anglais, qu'on soupçonne d'espionnage, ont été rencontrés dans les mêmes parages il y a trois jours.

Le même au même (Lettre).

Thionville, 11 août.

J'ai eu l'honneur de vous faire connaître, par ma dépêche télégraphique d'hier soir, que le roi de Prusse, accompagné du comte de Bismarck et de M. de Moltke, serait arrivé à Sarrebrück. Ce bruit persiste. On croit que le Roi est venu pour donner lui-même le signal de la marche en avant des armées commandées par le prince Frédéric-Charles et le général de Steinmetz.

Le corps d'armée du général de Voigts-Rhetz se serait déjà joint au gros de l'armée. La plupart des troupes concentrées à Sarrebrück, etc., seraient arrivées par le chemin de fer de la Nahe.

Le bruit persiste, à Luxembourg, que le général Vogel de Falkenstein a projeté d'entrer en France par Thionville, Longwy, etc..... Son armée, forte de 150,000 hommes, serait en marche.

Toute l'Allemagne se trouverait actuellement sous les armes et l'on prétend que c'est *demain* que toute l'armée prussienne opérerait son mouvement en avant.

Je n'aurais attaché aucune importance au renseignement relatif au passage entre Évrange (à seize kilomètres au Nord de Thionville) et Frisange (grand-duché) de plusieurs éclaireurs prussiens, si je n'avais point eu l'occasion de constater, il y a quelques jours, que plusieurs touristes anglais, soupçonnés d'espionnage, ont exploré la frontière entre Mondorf, Boussy, Wolmerange et Aumetz.

Les 12,000 hommes de la landwehr de toutes armes, remarqués hier à Trèves, se sont dirigés sur Sarrebrück pour rejoindre les corps d'armée dont ils font partie. Ces 12,000 hommes forment la landwehr des *65e*, *21e*, *29e*, *74e* et *69e* régiments de ligne et d'un régiment qu'on ne peut indiquer.

On prétend, à Luxembourg, que beaucoup de Prussiens expulsés de Metz, ainsi que ceux qui y restent encore, jusqu'aux bonnes d'enfants, renseignent l'ennemi sur tout ce qui peut l'intéresser.

On y prétend aussi que la plupart des Anglais qui voyagent actuellement en France sont des espions au service de la Prusse.

On continue à reprocher à nos soldats de ne point savoir tirer, de trop peu viser, et d'épuiser toutes leurs munitions en un clin d'œil.

Renseignement adressé au maréchal Bazaine.

Mercy-le-Haut, 11 août.

Un peloton du 7e dragons, en reconnaissance, a capturé, à trois kilomètres de Mercy-les-Metz, trois uhlans du *13e* régiment (colonel de Schack). Le régiment avait pris position à quatre lieues en arrière, et les trois cavaliers étaient en reconnaissance depuis 10 heures du matin. Il forme, avec les *4e* cuirassiers, *16e* dragons et *11e* hussards, la *5e* division de cavalerie (général de Barby), faisant partie de la IIIe armée. L'effectif est de 650 chevaux par régiment.

Le général La Font de Villiers, commandant la 3e division du 6e corps, au Major général.

BULLETIN DE RENSEIGNEMENTS DU 11 AOUT.

M. le colonel de Geslin, du 94e de ligne, dont les fermiers habitent au Nord de Vigy, a reçu d'eux cet avis que les éclaireurs ennemis se sont montrés de ce côté.

Des personnes arrivées hier à Metz, entre autres une religieuse, ont assuré que les Prussiens étaient entrés à Bettlainville, Luttange et Guenange, au-dessous de Thionville. Ces personnes sont parties de Trémery, fuyant devant l'armée ennemie.

Ces personnes, ainsi que des officiers arrivant ce matin de Sarreguemines (brigade Lapasset), prétendent que les Prussiens enrôlent la population virile des campagnes.

Un mécanicien, ramenant sa locomotive de Courcelles-sur-Nied, a été renvoyé par les Prussiens, du moins leurs éclaireurs, hier vers midi.

Rien de nouveau du côté d'Orny et de Pont-à-Mousson, d'après le dire des paysans qui sont entrés ce matin en ville.

X... à M. Samuel, chef d'escadron, à Metz, et au Major général, à Metz (D. T.) (Extrême urgence).

Pont-à-Mousson, 11 août.

.....De 1000 à 1500 Prussiens à Nomény : on les attend demain à Pont-à-Mousson.

Château-Salins occupé; nombre inconnu.

Le Maire de Nancy au général du Barail (D. T.).

Nancy, 11 août, 4 h. 50 soir.

X..... arrive à l'instant et avertit que les éclaireurs prussiens, au nombre environ de 200, sont entre Lupy et Remilly (Moselle) : ils ont pris un brigadier de chasseurs d'Afrique.

Une reconnaissance de 25 uhlans à Nomény même, à l'instant.

Le Major général au Général commandant la subdivision de la Meurthe, à Nancy (Lettre).

Metz, 11 août.

J'ai l'honneur de vous annoncer qu'en raison des circonstances actuelles, j'envoie à Nancy le capitaine d'état-major Vosseur, attaché au grand quartier général de l'armée, avec la mission spéciale de me renseigner sur les mouvements et les forces de l'ennemi. Je vous prie de faciliter autant que vous le pourrez la mission confiée au capitaine Vosseur (1).

---

(1) Lettre analogue au préfet de la Meurthe.

Le général Douay au Major général, à Metz (D. T.).

Belfort, 11 août, 4 h. 50 soir.

Des dépêches du bord du Rhin annoncent qu'hier un train badois a descendu 1200 hommes et cinq canons. Il ne resterait que quelques compagnies en face de Kembs. Il y avait sur le Rhin, dit-on, 43,000 hommes, qui ont été dirigés sur Rastatt pendant les nuits de dimanche et lundi.

Général commandant Strasbourg croit à l'investissement prochain, sans certitude, dit-il.

Le général Uhrich à général Douay, Belfort; à Guerre, Paris; à Major général, Metz.

Strasbourg, 11 août, 3 h. 45 soir. Expédiée le 11 août à 4 h. 5 soir (n° 29622).

Fortes colonnes ennemies descendent sur Strasbourg avec infanterie, cavalerie, artillerie.

Je m'attends à un investissement immédiat.

Le général Uhrich, commandant la 6ᵉ division militaire, au Ministre de la guerre (D. T.).

Strasbourg, 11 août, 7 h. soir. Expédiée le 11 août à 7 h. 40 soir (n° 22696).

Communications interrompues; il est probable que dans quelques heures la télégraphie ne fonctionnera plus (1). Troupes très nombreuses sont à quelques kilomètres de Strasbourg, avec beaucoup d'artillerie. Nous ferons notre devoir.

---

(1) *Directeur Cabinet Direction générale des lignes télégraphiques au Ministre de la guerre, à Paris* (*Service*) (D. T.).

Paris, 11 août. 10 h. 15 soir (n° 22755).

La station télégraphique militaire de Belfort nous prévient que les communications avec Strasbourg sont interrompues depuis 7 h. 15 soir.

La journée du 12 août.

GRAND QUARTIER GÉNÉRAL.

a) **Journal de marche de l'armée du Rhin.**

12 août.

Le maréchal Bazaine est nommé au commandement en chef de l'armée du Rhin. Le maréchal Le Bœuf résigne ses fonctions de major général. Le général Jarras est nommé chef d'état-major de l'armée du du Rhin. L'état-major général passe sous les ordres du nouveau commandant en chef.

Le 2e corps conserve sa position de la veille (1).

Le 3e a son quartier général à Borny ; sa 1re division (Montaudon) à Grigy ; sa 2e (Castagny) à Montoy ; sa 3e (Metman) en arrière de Colombey ; sa 4e (Aymard) à Nouilly ; sa division de cavalerie en arrière de la 4e division.

Le 4e corps a son quartier général à .la ferme de Grimont et ses lignes en avant de cette ferme.

La 1re division du 4e corps (de Cissey) à Mey ; sa 2e (Grenier) à cheval sur la route de Bouzonville, en arrière de Mey ; sa 3e en arrière du ruisseau de Chieulles, entre la route de Bouzonville et celle de Kédange.

Le 6e corps a son quartier général à Metz ; sa 1re division (Tixier) en arrière de Saint-Privat, de la Moselle à la Seille ; sa 2e (Bisson), qui ne possède qu'un régiment, le 9e, à la ferme Saint-Éloi et derrière Woippy ; sa 3e (Lafont de Villiers) une fraction dans les forts, le reste vers la Grange-Mercier ; sa 4e division (Levassor-Sorval) de Woippy à la Moselle, sur le prolongement de la 2e

La Garde conserve sa position de la veille.

---

(1) Contradiction avec le Journal de marche du 2e corps d'après lequel la division Vergé aurait changé de position. Voir page 316.

Les 1re et 3e divisions de la réserve de cavalerie restent sur leurs emplacements.

La réserve générale d'artillerie s'établit à Plantières.

Le 1er corps se porte à Colombey, le 5e à Mirecourt.

b) Organisation et administration.

Le Major général au maréchal Bazaine (Lettre).

Metz, 12 août.

M. l'Intendant en chef de l'armée quitte Metz en ce moment, se rendant sur la ligne de Metz à Châlons, par Verdun, afin d'y organiser d'urgence un service de transports qui assure à l'armée que vous commandez les approvisionnements dont elle aura besoin ultérieurement. Sur la demande qui m'a été adressée par M. l'Intendant en chef, l'Empereur a décidé que M. l'intendant Friant viendrait prendre à Metz la direction des services administratifs pendant l'absence de M. l'intendant général **Wolff**, qui doit être de très courte durée.

Sa Majesté me charge d'avoir l'honneur de vous informer de cette disposition. Elle vous invite à en assurer l'exécution.

M. l'intendant Friant sera remplacé dans son service actuel par le fonctionnaire de l'intendance que Votre Excellence désignera elle-même.

c) Opérations et mouvements.

L'Empereur à l'Impératrice (D. T.).

Metz, 12 août, 7 heures matin.

Il est probable que l'ennemi occupe le chemin de fer de Nancy avant de livrer bataille, mais cela ne doit pas inquiéter à Paris. L'essentiel est de réunir à Châlons, sous le commandement de Mac-Mahon, le plus grand nombre possible de troupes et d'armer Paris.

NAPOLÉON.

Le Ministre de la guerre au Major général, à Metz (D. T.).

Paris, 12 août, 10 h. 30 matin.

Vous êtes sans doute informé que des éclaireurs ennemis se sont montrés dans les environs de Frouard ?

Le Major général au Ministre de la guerre (D. T. Ch.).

Metz, 12 août, 12 h. 50 matin. Expédiée à 1 h. 40.

Des coureurs ennemis ont paru effectivement du côté de Frouard. Des mesures sont prises pour garantir la gare le plus longtemps possible. Les fils qui avaient été coupés sont rétablis.

L'Empereur au maréchal Bazaine (D. T.).

Metz, 12 août, 1 h. 5 soir.

On dit que, le 14, 50,000 Bavarois feront leur jonction avec les Prussiens. De Failly sera après-demain à Toul. Il vous demande des ordres.

Je crois que ce n'est qu'après-demain qu'on pourra lui dire s'il peut venir nous rejoindre à Metz.

NAPOLÉON.

L'Empereur à l'Impératrice (D. T.).

Metz, 12 août, 3 h. 45 soir.

J'ai accepté la démission du maréchal Le Bœuf, le major général.

NAPOLÉON.

Le maréchal Le Bœuf au maréchal Bazaine (Lettre).

Metz, 12 août.

J'ai l'honneur de vous transmettre une lettre de Sa Majesté qui vous annonce que je me démets de mes fonctions de major général et que l'Empereur a décidé que mon état-major général se fond avec le vôtre.

En quittant mes fonctions, je conserve le désir et l'espoir d'exercer un commandement sous vos ordres à l'armée du Rhin.

L'Empereur au maréchal Bazaine (Lettre).

Au quartier général, à Metz, 12 août.

Lorsqu'au commencement de la guerre je créai plusieurs corps d'armée, dont quelques-uns étaient destinés à opérer loin de moi, je nommai le maréchal Le Bœuf, major général, afin qu'il y eût de l'unité dans la direction des opérations militaires.

Mais depuis que je vous ai nommé général en chef de l'armée du Rhin, les fonctions de major général deviennent superflues et le maréchal Le Bœuf m'a lui-même proposé d'y renoncer.

Je vous prie donc de prendre à votre état-major les officiers qui étaient auprès du maréchal Le Bœuf. Mes relations avec vous se feront par l'intermédiaire de mes aides de camp et officiers d'ordonnance.

Croyez, mon cher Maréchal, à mon amitié.

NAPOLÉON.

Le Major général au maréchal Bazaine (Lettre).

Metz, 12 août.

J'ai l'honneur de vous informer que, par décret en date de ce jour, l'Empereur vous a nommé au commandement en chef de l'armée du Rhin.

Votre Excellence prendra immédiatement possession de son commandement.

Par décision également de ce jour, l'Empereur a nommé aux fonctions de chef d'état-major général de l'armée du Rhin M. le général de division Jarras, aide-major général à ladite armée.

Cette lettre, datée du 12, est enregistrée à la date du 13 août.

Le général Jarras au maréchal Bazaine (Lettre).

Metz, 12 août.

M. le maréchal Le Bœuf vient de me faire connaître, de vive voix, qu'il a cessé ses fonctions de major général de l'armée du Rhin et, qu'après vous avoir nommé commandant en chef de cette armée, l'Empereur m'a désigné pour remplir les fonctions de chef d'état-major général auprès de vous. Je ne fais donc qu'accomplir un devoir en vous demandant de vouloir bien me faire connaître vos ordres et, si je le fais par écrit, c'est qu'il ne m'est réellement pas possible de m'absenter dans ce moment difficile de transition, où cependant les affaires ne peuvent être laissées à elles-mêmes.

En prenant vos ordres, Monsieur le Maréchal, je vous prie de vouloir bien me faire connaître où vous avez l'intention d'établir votre quartier général et, à ce sujet, je me permets de vous faire observer que, pour recevoir et donner des ordres, dans le plus bref délai possible, à votre armée, vous seriez peut-être mieux à Metz que sur tout autre point. C'est d'ailleurs à Metz que se trouvent tous les chefs de service avec lesquels les rapports sont de tous les instants.

Quoi qu'il en soit, j'attends vos ordres et je me tiens prêt à les exécuter, ainsi que tous les officiers de l'état-major général de l'armée, qui ont ordre de me suivre.

L'Empereur à l'Impératrice (D. T.).

12 août (?).

L'ennemi fait de fortes reconnaissances, qui se retirent dès qu'on marche en avant.

Vous pouvez réunir à Châlons les éléments d'une puissante armée. Le maréchal Mac-Mahon y va avec les débris de ses cinq divisions. Vous pouvez y appeler par le télégraphe le général de Failly, qui est à Mirecourt. Enfin, vous pouvez faire venir les deux divisions du général Douay, qui sont trop isolées à Belfort.

Nos approvisionnements suffisent. L'intendance en assemble à Verdun.

Il est essentiel de faire refluer sur Châlons une quantité de matériel qui encombre le chemin de fer de Châlons à Nancy.

L'Empereur au maréchal Bazaine (Lettre autographe).

Metz, 12 août.

Plus je pense à la position qu'occupe l'armée et plus je la trouve critique, car, si une partie était forcée et qu'on se retirât en désordre, les forts n'empêcheraient pas la plus épouvantable confusion.

Voyez ce qu'il y a à faire et, si nous ne sommes pas attaqués demain, prenons une résolution.

Croyez à mon amitié.

NAPOLÉON.

Le général Coffinières au Major général (Lettre).

Metz, 12 août.

J'ai l'honneur de rendre compte à Votre Excellence que la compagnie des francs-tireurs de la Moselle, à laquelle j'avais tout d'abord pensé pour garantir la ligne du chemin de fer entre Pont-à-Mousson et Frouard, et particulièrement ce dernier point, a déclaré ne pas se sentir assez forte et assez convenablement armée pour une semblable mission. Mais j'ai trouvé, pour la remplacer, 100 volontaires armés du corps franc des chemins de fer, qui se tiennent, dès à présent, prêts à partir. Les 100 hommes du corps franc des chemins de fer sont commandés par M. Kaufman, chef de bataillon. Cet officier est originaire des environs de Pont-à-Mousson : il connaît parfaitement le pays. Tous les hommes sont de bonne volonté. Il s'établira à Pont-à-Mousson et surveillera toute la ligne, avec ordre de se replier sur Metz si des forces imposantes venaient à l'attaquer.

J'ai mis M. Kaufman en rapport avec le général du Barail.

d) **Situation numérique, au 12 août, des troupes de l'armée du Rhin, réunies autour de Metz.**

CORPS ET DIVISIONS.	EFFECTIFS. HOMMES.	EFFECTIFS. CHEVAUX.	EMPLA-CEMENTS.	OBSERVATIONS.
2ᵉ CORPS.				
1ʳᵉ division............	7,794	626	Metz.	Cet effectif est du 3 août; en raison des pertes éprouvées à l'affaire du 6, il y a lieu de le réduire approximativement à 25,000 hommes. (Voir page 433 pour l'effectif exact du 2ᵉ corps).
2ᵉ division............	8,653	636		
3ᵉ division............	8,624	624		
Division de cavalerie.....	2,384	2,155		
Rég. d'artillerie et du génie.	1,141	993		
Divers................	12	38		
TOTAUX......	28,603	5,069		
3ᵉ CORPS.				
1ʳᵉ division............	9,875	761	Metz.	Effectif du 12 août.
2ᵉ division............	10,204	788		
3ᵉ division............	9,377	639		
4ᵉ division............	10,021	747		
Division de cavalerie.....	4,624	4,112		
Rég. d'artillerie et du génie.	2,835	2,806		
Divers................	660	761		
TOTAUX......	47,596	10,614		
4ᵉ CORPS.				
1ʳᵉ division............	8,587	653	Metz.	Effectif du 4 août.
2ᵉ division............	8,224	665		
3ᵉ division............	10,046	694		
Division de cavalerie.....	2,548	2,424		
Rég. d'artillerie et du génie.	1,124	1,131		
Divers................	525	593		
TOTAUX......	31,054	6,160		
5ᵉ CORPS.				
2ᵉ divis. Brigade Lapasset..	2,700	41	Metz.	Cette brigade a rallié le 2ᵉ corps en partant de Sarreguemines. Effectifs approximatifs.
3ᵉ lanciers.............	506	443		
12ᵉ chasseurs...........	120	100		
Une batt. d'artill. (2ᵉ du 7ᵉ).	150	115		
Divers................	»	»		
TOTAUX......	3,476	699		
6ᵉ CORPS.				
1ʳᵉ division............	10,966	626	Metz.	Effectif au 10 août.
2ᵉ division............	9,238	613	»	
3ᵉ division............	8,401	630	Metz.	
4ᵉ division............	9,484	600	Metz.	En partie arrivée.
TOTAUX......	38,089	2,469		

CORPS ET DIVISIONS.	EFFECTIFS.		EMPLA-CEMENTS.	OBSERVATIONS.
	HOMMES.	CHEVAUX.		
Garde impériale.				
1re division............	8,026	471	Metz.	Effectifs du 10 août.
2e division............	6,789	162		
Division de cavalerie....	4,102	3,795		
Artillerie et génie........	2,462	2,428		
Divers................	404	568		
Totaux......	21,783	6,824		
Réserve de cavalerie.				
1re division............	2,327	2,195	Metz.	Effectifs du 10 août.
2e division............	2,547	2,271		
Totaux......	4,874	4,466		
Réserve d'artillerie.....	2,055	2,130	Metz.	Effectifs du 11 août.
Réserve du génie.......	690	596	Metz.	Effectifs du 11 août.

Récapitulation des troupes réunies autour de Metz.

	Hommes.	Chevaux.
2e corps.........................	25,000	5,069
3e corps.........................	47,596	10,614
4e corps.........................	31,054	6,160
5e corps (fraction)................	3,476	699
6e corps (infanterie)..............	38,089	2,469
Garde impériale	21,783	6,824
Réserve de cavalerie (2 divisions)...	4,874	4,466
Réserve d'artillerie...............	2,055	2,130
Réserve du génie.................	690	596
Totaux............	174,617	39,027

Ne sont pas compris dans cette situation :

Le 1er corps, auquel est jointe la division Conseil-Dumesnil du 7e corps ;

Le 5e corps, sauf la brigade Lapasset ;

La cavalerie et les réserves du 6e corps qui sont restées au camp de Châlons ;

Le 7e corps (21,845 hommes, 4,273 chevaux) ;

La division de cavalerie Bonnemains, qui marche avec le 1er corps sur le camp de Châlons.

Il y a lieu de remarquer que le 6e corps n'est encore arrivé qu'en partie et il est possible qu'il n'ait pas le temps de parvenir tout entier à Metz. En ce moment, il n'y a qu'une division entière (celle du général Lafont de Villiers) et une partie de la division Tixier.

Journée du 12 août.

1er CORPS.

a) Journaux de marche.

Journal de marche du 1er corps d'armée.

Le 1er corps se porte en entier sur la rive gauche de la Moselle. Le mouvement ne commence qu'à midi. La division Conseil-Dumesnil s'établit : une brigade à Lemainville, l'autre à Ormes.

La 1re division (Ducrot) s'établit à Neuviller et pousse une de ses brigades jusqu'à Saint-Remimont.

La 2e division (Pellé) se porte de Villacourt à Crantenoy en passant par Virecourt et Bayon.

La 3e division (L'Hériller) va cantonner à Haroué.

La 4e division (Lartigue) se porte de Froville à la Neuveville.

La brigade Septeuil va coucher à Vézelise, après avoir laissé un escadron à Neuviller et un autre à la Neuveville.

Les divisions de cavalerie Bonnemains et Duhesme, avec la réserve d'artillerie, font séjour à Colombey.

Toutes les troupes sont cantonnées.

Le quartier général est à Haroué.

Souvenirs inédits du maréchal de Mac-Mahon.

12 août.

Le 12 au soir, le corps campa aux environs d'Haroué, la cavalerie faisant séjour à Colombey.

Comme les hommes n'avaient, pour la plupart, plus de petites tentes et qu'il ne cessait de pleuvoir, je prescrivis de cantonner désormais les troupes.

A Lunéville, j'appris que le général Lacharrière, commandant à Nancy, avait fait sauter, le 11, le pont du chemin de fer.

Je réglai alors avec un employé supérieur du chemin de fer de l'Est, que, sur ma demande, le Ministre de la guerre ferait, à Neufchâteau, la concentration de tous les trains dont la compagnie pouvait disposer. J'espérais ainsi pouvoir transporter, de cette ville au camp de Châlons, toute mon infanterie, toute mon artillerie et la brigade Septeuil. Dans la soirée, l'Empereur me fit connaître que je recevrais dorénavant les ordres directs du Ministre de la guerre.

Notes sur les opérations du 1er corps de l'armée du Rhin et de l'armée de Châlons. (Dictées par le Maréchal, à Wiesbaden, en janvier 1871.)

Le 12, le 1er corps, qui était en partie à cheval sur la Moselle, passa tout entier sur la rive gauche. Le mouvement ne commença qu'à midi ; il n'avait pour but que de donner aux troupes des cantonnements plus sûrs, tout en leur laissant le temps de se reposer. L'infanterie s'établit à Haroué, où était le quartier général, et dans les villages environnants ; la cavalerie légère à Vézelise et Neuviller, les divisions Bonnemains, Duhesme et l'artillerie de réserve firent séjour à Colombey.

c) **Opérations et mouvements.**

Ordre de mouvement du 1er corps d'armée.

12 août.

Toutes les troupes du 1er corps feront aujourd'hui une marche en avant. La division Conseil-Dumesnil partira à midi pour aller s'établir, une brigade à Lemainville (8 kilomètres) et l'autre à Ormes (6 kilomètres). La 3e division partira également à midi de Bayon pour aller coucher à Haroué (10 kilomètres) où sera placé le quartier général du corps. La 1re division quittera son cantonnement de Lorey à midi, poussera une de ses brigades jusqu'à Saint-Remimont, l'autre s'établissant à Neuviller, où devra se trouver le général commandant la division. La 2e quittera Villacourt à 1 heure pour aller à Crantenoy en passant par Virecourt et Bayon (distance : 10 kilomètres). La 4e division partira de Froville à 2 heures pour aller coucher à la Neuveville (6 kilomètres). La brigade de Septeuil quittera ses cantonnements à midi pour aller s'établir à Vézelise (6 kilomètres). Elle détachera deux escadrons, l'un à Neuviller, à la disposition de M. le général

Ducrot ; cet escadron passera par Crantenoy et prendra, à partir de ce point, un chemin de traverse à gauche ; l'autre escadron sera envoyé à la Neuveville à la disposition du général de Lartigue. Ces deux escadrons devront partir à 11 heures pour se rendre à leurs destinations respectives.

Les corps seront cantonnés dans les villages où ils vont s'établir ; MM. les généraux de division devront s'y procurer de la viande par les moyens déjà indiqués.

Je recommande de marcher lentement et en bon ordre.

MM. les généraux de division devront se procurer quelques voitures de réquisition pour transporter les hommes qui ne pourraient pas marcher et resteraient en arrière.

Le Maréchal commandant le 1er corps d'armée.

Modifications verbales à l'ordre de marche donné le 12 au matin.

La division Ducrot et la division Conseil-Dumesnil devront prendre, pour gagner Parcy-Saint-Cesaire, le chemin direct de Voinemont à Autrey. Elles éviteront de passer par Pulligny, dont le pont est en mauvais état et ne peut pas servir de passage à l'artillerie.

Le général Ducrot prendra le commandement de ces deux divisions et s'éclairera pendant la marche, principalement sur sa droite, au moyen de l'escadron mis à sa disposition.

Le pont de Bayon sera brûlé, demain matin, à 6 heures. Le génie s'occupe de détruire les ponts de Saint-Vincent et de Flavigny ; mais, comme ils sont en pierre, il n'est pas sûr qu'il puisse les faire sauter tous les deux.

Ces deux divisions devront se mettre en route à 4 heures précises.

Le maréchal marchera avec la 3e division, qui doit se rendre demain à Colombey, et son quartier général sera demain à Crepey au lieu d'être à Selaincourt, comme il avait été indiqué dans l'ordre précédent.

Il est bien entendu que la destination de Germiny pour la division Conseil, et de Thélod pour la division Ducrot ne sont pas changées.

Le Ministre au maréchal de Mac-Mahon, à Bayon (D. T.).

12 août.

L'ennemi est entré à Nancy audacieusement à 4 heures.

Ordre de mouvement.

Au quartier général du 1er corps d'armée, à Haroué, 12 août.

Demain 13, la division Conseil-Dumesnil se portera de Lemainville et Ormes à Germiny, à 1500 mètres de Lemainville ; elle trouvera une bifurcation de route, dont l'une conduit à Voinemont, et qu'elle prendra. A Pulligny, elle passera la rivière du Madon et continuera jusqu'à Germiny, par Autrey, Houdelmont et Thélod.

La 1re division se rendra à Thélod, en passant par Benney et Voinemont, et suivra, depuis Voinemont, la même route que la division Conseil.

La 3e division, qui sera à Haroué, prendra la grande route et ira coucher à Colombey. La 2e division, cantonnée à Crantenoy, se rendra à Crépey.

La 4e division, placée à la Neuveville, se rendra à Selaincourt, par Goviller, où elle prendra une traverse qui la conduira à Selaincourt.

Le quartier général du corps s'établira à Crépey.

Le général de Septeuil ira s'établir aux deux Barizey (la Côte et au Plan). Dès le matin, avant de quitter Vézelise, il poussera sur la route de Nancy, et jusqu'à Pont-Saint-Vincent, une reconnaissance d'un escadron qui restera sur ce point jusqu'à la nuit.

Le Maréchal commandant le 1er corps d'armée.

P.-S. — La réserve d'artillerie, la division de cavalerie Duhesme et la division de cuirassiers Bonnemains se porteront demain matin, 13, à Vaucouleurs et s'établiront partie dans cette ville, partie dans les villages, à proximité, sans toutefois dépasser Vaucouleurs.

Le général Forgeot prendra le commandement de cet ensemble de troupes.

Journée du 12 août.

2e CORPS.

a) Journaux de marche.

Journal de marche du 2e corps d'armée.

La présence constatée de l'ennemi à Ars-Laquenexy menaçait le flanc gauche du 2ᵉ corps. Pour parer à une attaque possible de ce côté, le général Frossard fait reprendre à la division Vergé son ordre de bataille en la reportant à droite de la division Bataille, entre la Seille et la Basse-Bévoye, sur les hauteurs, en arrière de Magny ; puis, afin de couvrir le flanc gauche de sa position, il porte en avant le général Lapasset, qui reçoit l'ordre de s'établir au château de Mercy-le-Haut.

Il prescrit, en même temps, de faire exécuter des travaux pour fortifier ce poste, ainsi que les bois environnants, qui sont fortement occupés ; les autres divisions conservent leurs positions.

Dans la journée, les escadrons de grand'gardes du 4ᵉ régiment de chasseurs sont menacés dans leur camp, mais après une simple démonstration l'ennemi se retire.

Le 4ᵉ chasseurs est renforcé le soir par deux escadrons du 5ᵉ chasseurs et un escadron du 7ᵉ dragons, à Magny, pour appuyer la grand'garde du 5ᵉ chasseurs qui s'y trouve.

Quartier général. — La Basse-Bévoye.

1ʳᵉ *division.* — Sur la Seille, à droite de la Basse-Bévoye, derrière le chemin de fer.

2ᵉ *division.* — Basse-Bévoye, en avant.

3ᵉ *division.* — Entre la Haute et la Basse-Bévoye, à l'Est.

Cavalerie. — A la Haute-Bévoye, à l'Ouest.

Artillerie. — Mêmes positions que la veille (Basse-Bévoye).

Génie. — Le soir, la compagnie de réserve et celle de la 2ᵉ division (12ᵉ compagnie du 3ᵉ régiment) sont envoyées à Mercy-le-Haut pour retrancher la position.

1ʳᵉ DIVISION.

Le 12, la 1ʳᵉ division, qui se trouvait établie à la gauche du corps d'armée, quitte son campement pour aller reprendre sa place dans l'ordre de bataille, en arrière et au-dessus de Magny.

La 2ᵉ brigade conserve sa position jusqu'à l'arrivée de la brigade Lapasset, qui doit l'y remplacer. Elle ne rejoint la division que dans la soirée.

2ᵉ *brigade de la* 1ʳᵉ *division.*

La brigade reçoit l'ordre, à 4 heures, de quitter son campement ; elle se dirige sur la route de Strasbourg, prend le chemin de Peltre, puis longe le chemin de fer, traverse la ligne et vient s'établir dans un bois situé à un kilomètre au Nord-Est de Magny-sur-Seille.

2e DIVISION.

La division conserve ses positions de la veille (en avant du fort de Queuleu, la gauche appuyée à la Basse-Bévoye).

Le général Mangin prend le commandement de la 1re brigade.

3e DIVISION.

Nouvelle modification de l'emplacement des troupes par suite des mouvements de l'ennemi (1).

La 1re brigade vient occuper les emplacements de la 2e; celle-ci s'établit à la droite, se reliant avec la division Bataille et ayant devant elle, en grand'garde, à Mercy-le-Haut, la brigade Lapasset.

Le quartier général de la division est transporté à la ferme de la Haute-Bévoye, où se trouve également le quartier général de la division de cavalerie.

Le quartier général du corps d'armée se transporte de Mercy-le-Haut à la Basse-Bévoye.

Les batteries d'artillerie vont chercher des munitions au polygone de Metz.

DIVISION DE CAVALERIE.

Les escadrons du 4e chasseurs sont attaqués en avant de leurs grand'gardes. La division monte à cheval, mais ne sort pas de son camp, l'ennemi s'étant retiré.

Après la soupe du soir, on renvoie en grand'garde à Peltre deux escadrons du 5e chasseurs. Un escadron du 7e dragons est envoyé en grand'garde à Magny.

ARTILLERIE.

1° Général commandant et son état-major, 10, 11, 12 et 13 août : Ferme de la Basse-Bévoye ;

2° 1re division d'infanterie, 12 août : La 12e batterie tire quelques coups de canon sur une reconnaissance prussienne.

Les batteries vont camper entre Peltre et Magny, près du chemin de fer de Forbach ;

3° 2e division d'infanterie, 11, 12 et 13 août : à la Basse-Bévoye ;

4° 3e division d'infanterie, 11, 12 et 13 août : à Mercy-le-Haut ;

---

(1) Le Journal de marche du 2e corps dit que la 3e division et la division de cavalerie conservèrent leurs emplacements.

5° Brigade Lapasset, 12 août : La brigade Lapasset s'établit au château de Mercy-le-Haut.

Dans la nuit du 12 au 13, le capitaine Dulon, avec 40 cannonniers de sa batterie et 80 auxiliaires d'infanterie, construit une batterie de 80 mètres de longueur de crête pour abriter ses pièces dans la défense de la position de Mercy;

6° Réserve, 11, 12 et 13 août : Mêmes positions que le 10 (entre les fermes de la Haute et de la Basse-Bévoye);

7° Parc, 12 août : Le parc et l'équipage de pont se transportent de Chambière au Ban-Saint-Martin.

GÉNIE.

Vers le soir du 12 août, le parc, la compagnie de réserve et la compagnie de la 2ᵉ division (12ᵉ), sont envoyés à Mercy-le-Haut pour retrancher la position. Les troupes de la brigade Lapasset concourent à ce travail, qui se continue dans la nuit du 12 au 13 et dans la journée du 14.

Journal de marche de la brigade Lapasset.

12 août.

La brigade mixte reçoit l'ordre de s'établir au château de Mercy-le-Haut en grand'garde avancée. Elle commence à fortifier ce poste et les bois environnants qu'elle occupe.

c) Opérations et mouvements.

Le maréchal Bazaine au général Frossard, à la Basse-Bévoye.

Au quartier général, à Borny, 12 août.

Il est essentiel, dans les positions occupées aujourd'hui par les 2ᵉ, 3ᵉ et 4ᵉ corps d'armée, de prendre toutes les mesures nécessaires pour éviter une surprise de l'ennemi et, à cet effet, de se faire éclairer le plus loin possible, pour se tenir au courant de tous les mouvements qu'il pourrait exécuter.

Votre attention devra se porter particulièrement sur la surveillance de la route de Saint-Avold, par Laquenexy, Lemud et Remilly, ainsi que de la route de Strasbourg, par Grigy.

Pour arriver à ce résultat, il faut employer la cavalerie et obtenir d'elle tout ce qu'elle peut donner; dans ce but, je vous autorise à réduire, si vous le jugez convenable, pour diminuer la fatigue du service, le nombre des cavaliers mis à la disposition des généraux de division, jusqu'à un demi-escadron pour leur service d'escorte et pour celui des petites patrouilles qu'ils pourraient juger nécessaire d'envoyer en avant de leur front.

Je vous prie, en conséquence, de donner des ordres au général commandant la division de cavalerie de votre corps d'armée pour qu'il organise un système de reconnaissances et de patrouilles suffisant pour éclairer, jusqu'à une distance de 10 kilomètres, les routes ci-dessus désignées, ainsi que tout le terrain compris entre ces routes, de manière à former un vaste éventail autour des positions occupées par l'armée et à se mettre en communication entre elles par leurs vedettes, de telle sorte qu'aucun point n'échappe à la surveillance.

Des vedettes, placées sur les ailes, doivent se relier avec celles des corps d'armée voisins.

Les officiers qui commandent les reconnaissances n'ont pas besoin de porter le gros de leur troupe jusqu'à l'extrémité du terrain qu'ils sont chargés d'éclairer; si c'est un régiment, par exemple, qui fait la reconnaissance, ce régiment, après avoir pris position, peut détacher, à une certaine distance en avant, un escadron qui envoie lui-même un peloton et, enfin, celui-ci se fait couvrir par des vedettes qui doivent être relevées toutes les heures.

Je vous prie de vouloir bien donner des ordres pour assurer, sans aucun retard, l'exécution de ces prescriptions et pour que le service dont il s'agit soit permanent depuis le lever jusqu'au coucher du jour.

Même lettre au général Decaen.

d) **Situation et emplacements.**

CORPS.	OFFICIERS.	SOUS-OFFICIERS ET TROUPE.	TOTAUX.	CHEVAUX.	EMPLACEMENTS.
État-major général........	12	»	12	38	Basse-Bévoye.
1re division.............	258	7,102	7,360	612	*Ibid.*
2e —	278	8,967	9,245	643	*Ibid.*
3e —	204	8,012	8,216	595	Entre Haute-Bévoye et Grigy.
Division de cavalerie......	166	2,248	2,414	2,513	Haute-Bévoye.
Réserve d'artillerie.......	26	946	972	873	Entre Haute et Basse-Bévoye.
Réserve du génie.........	4	190	194	»	*Ibid.*
TOTAUX........	948	27,465	28,413	4,914	

Journée du 12 août.

3ᵉ CORPS.

a) Journaux de marche.

Journal de marche du 3ᵉ corps d'armée.

Par décret du 12 août, le maréchal Bazaine fut élevé au commandement en chef de l'armée du Rhin et le 3ᵉ corps fut confié définitivement au général Decaen. Le général Aymard, nommé général de division, prit le commandement de la 4ᵉ division.

1ʳᵉ DIVISION.

Séjour à Grigy.

Le maréchal Bazaine a le commandement des 2ᵉ, 3ᵉ et 4ᵉ corps. Le général Decaen prend le commandement du 3ᵉ corps.

Le campement s'améliore, la pluie ayant cessé. Mais, comme le pays manque d'eau courante, la cavalerie et l'artillerie sont obligées d'aller faire boire à la Seille, sous Metz.

2ᵉ DIVISION.

On rectifie le camp : la 1ʳᵉ brigade, placée en avant et trop en l'air, va se former derrière la seconde, en réserve (1).

3ᵉ DIVISION.

La division reste deux jours dans ses positions (Borny), occupée à faire ou à appuyer des reconnaissances. On construit aussi des tranchées-abris.

4ᵉ DIVISION.

Quelques détachements prussiens (uhlans, hussards et cuirassiers), sont signalés. Le général de Brauer va les reconnaître avec le 11ᵉ bataillon de chasseurs et les repousse de Retonfey.

A 6 heures du soir, ordre de prendre position plus en arrière et dans le même ordre qu'à Nouilly, la droite de la 1ʳᵉ ligne à la ferme de Bellecroix, la gauche à Vantoux.

---

(1) C'est l'inverse, d'après les Historiques des corps de la division.

Le général Decaen est nommé au commandement du 3ᵉ corps et est remplacé provisoirement par le général Sanglé-Ferrière, commandant la 2ᵉ brigade.

Division de cavalerie.

La division, qui avait gardé son campement, reçoit l'ordre, à 4 heures du soir, d'aller s'établir, après la soupe, en avant du village de Borny, sa gauche à la route conduisant de ce village à Colombey et à Ars-Laquenexy, sa droite à 200 mètres du bois de Borny.

Le service de la brigade de cavalerie légère est modifié : le 3ᵉ chasseurs devra, le 13, rallier la division ; et le 10ᵉ de même arme, détacher un escadron à chacune des quatre divisions d'infanterie du corps d'armée, l'état-major et un escadron de ce régiment restant sous les ordres de M. le général de Bruchard.

c) **Opérations et mouvements.**

Du général Decaen. — Note.

Borny, 12 août.

Le général de division, commandant le 3ᵉ corps, prévient MM. les généraux de division et chefs de service qu'à dater de demain matin, 13 du courant, son quartier général sera établi à la ferme de Borny et son état-major général à la mairie de Borny.

Le général Metman, commandant la 3ᵉ division du 3ᵉ corps, au maréchal Bazaine (Lettre).

Au camp de Colombey, 12 août.

J'ai l'honneur de rendre compte à Votre Excellence de la reconnaissance que je viens de faire aux alentours de mon camp.

L'installation générale est conforme à vos ordres ; les quelques erreurs de détails, suite de la fatigue des troupes et du mauvais état des terrains, vont être facilement rectifiées.

Je dois signaler à Votre Excellence, à la gauche extrême de la division, une position fort importante située à 1 kilomètre environ et pouvant battre de flanc et de front le contour de ma ligne de bataille. Des éclaireurs ennemis étant signalés dans cette direction et venant probablement par la route de Sarrebrück, j'ai cru devoir donner l'ordre à mon bataillon de chasseurs à pied d'avoir à se préparer à occuper en grand'garde le château d'Aubigny.

Il y aurait peut-être intérêt sérieux à y créer une position défensive, défendue par de l'artillerie.

J'attends vos ordres pour faire exécuter ce mouvement, la position en question dominant de la même façon, et par ses pentes opposées l'extrême-droite de la division Castagny.

Dans ma reconnaissance, on m'a signalé la position de Mercy-les-Metz, trop intéressante d'ailleurs pour n'avoir pas déjà attiré votre attention. Cette position domine toute la droite du 3ᵉ corps, jusqu'à la Grange-aux-Bois.

Notes pour les différents services de la division.

12 août.

Artillerie. — J'ai l'honneur de vous rendre compte, que par suite d'un essai fait ce matin, il a été reconnu que la plupart des paquets de cartouches ouverts avaient été détériorés par la pluie d'hier. Prière au lieutenant-colonel commandant l'artillerie d'envoyer à Metz pour faire prendre à l'arsenal la quantité de cartouches nécessaires, environ 20,000 paquets.

1ʳᵉ et 2ᵉ brigades. — D'après les ordres du Maréchal commandant en chef, le campement de la première ligne sera changé immédiatement.

Le 59ᵉ de ligne, qui forme la gauche de cette première ligne, appuiera son aile gauche à l'extrémité de la ferme de Colombey et son aile droite à l'angle du bois le plus rapproché de lui sur le plateau ; il laissera toutefois, à partir de la ferme, un espace de 90 mètres destiné à recevoir une batterie d'artillerie. Le 7ᵉ de ligne occupera la position située entre les deux angles saillants du bois, sa droite restant où elle est actuellement. Si la place manque, on pourra mettre un bataillon en deuxième ligne et en colonne.

Ces deux corps seront couverts par des tranchées-abris coupant même l'angle saillant du bois entre les deux corps, si cela paraît préférable.

1ʳᵉ brigade. — Le bataillon du 7ᵉ de ligne, actuellement dans le bois en avant de la position, sera retiré de suite : on ne laissera qu'une compagnie, qui, pendant la nuit, sera placée en arrière du bois, ayant des petits postes de quatre hommes sur la lisière extérieure du bois, de manière à ce que deux hommes veillent toujours pendant que les deux autres se reposeront.

Le Maréchal rappelle que les grand'gardes ne doivent point essayer de repousser l'ennemi, mais se retirer en faisant prévenir immédiatement et en donnant également l'éveil par des coups de feu.

Les tentes resteront dressées et les hommes ne devront pas se déshabiller, de manière à être prêts à la première alerte.

Le Maréchal rappelle également que, vis-à-vis de l'ennemi qui ménage extrêmement ses feux, les feux à volonté doivent être complètement proscrits ; on ne fera que des feux à commandements. Il recommande également de ne pas prodiguer les tirailleurs.

Les voitures seront chargées ce soir et dirigées, immédiatement après, près du parc de l'intendant.

L'artillerie devra, en cas d'attaque, diriger ses caissons à deux roues en arrière des corps auxquels ils sont affectés.

Le général Aymard, commandant la 4e division du 3e corps, au général Decaen (Lettre).

Nouilly, 12 août.

J'ai l'honneur de vous rendre compte que les vedettes de mes avant-postes ayant signalé la présence, dans la direction de la route des Étangs, d'une centaine d'éclaireurs ennemis à cheval, le général commandant la 1re brigade a poussé une reconnaissance avec le 11e bataillon de chasseurs à pied et 15 cavaliers jusqu'au village de Retonfey.

Il a aperçu des détachements de cuirassiers, hussards et uhlans, par petits groupes, avec quelques fantassins, et il a échangé quelques coups de feu avec eux.

Il a appris, par des habitants en fuite, qu'il y avait, au village des Étangs, 600 chevaux environ de cuirassiers, hussards et uhlans, correspondant aux petits détachements aperçus.

d) Situation et emplacements.

CORPS.	OFFICIERS.	SOUS-OFFICIERS ET TROUPE.	TOTAUX.	CHEVAUX.	EMPLACEMENTS.
État-major général	52	608	660	764	Borny.
1re division	315	9,560	9,875	578	Grigy.
2e —	328	9,873	10,201	788	Montoy.
3e —	309	9,068	9,377	639	Colombey.
4e —	308	9,716	10,024	747	Entre Bellecroix et Vantoux.
Division de cavalerie	313	4,111	4,424	4,112	Derrière la 4e division.
Réserve d'artillerie	55	2,320	2,375	2,606	A l'Est des Bordes.
Réserve du génie	8	222	230	100	Borny.
TOTAUX	1,688	45,478	47,160	10,334	

Journée du 12 août.

4ᵉ CORPS.

a) **Journaux de marche**.

Journal de marche du 4ᵉ corps d'armée.

Séjour.
Averses pendant la journée : terres détrempées.
Les troupes souffrent des fatigues des jours précédents et de leur installation, faite pendant la pluie, la veille.

1ʳᵉ DIVISION.

La division conserve ses positions en avant de Mey, ayant à sa gauche la division Grenier.
La division Lorencez, en seconde ligne, forme la réserve du 4ᵉ corps d'armée.

Souvenirs inédits du général de Cissey.

12 et 13 août.

Nous restons en position. Nous avons bien de la peine à faire vivre nos chevaux et cependant les villages voisins regorgent de provisions de toute espèce ; mais on prétend qu'il ne faut pas enlever ces ressources aux paysans et que, les frapper de réquisitions au profit de l'armée et de la ville de Metz, produirait la plus fâcheuse impression dans le pays, comme si tout cela ne devait pas être, un peu plus tard, la proie de l'ennemi ou de l'incendie. Toutes ces inepties ont fait tomber l'armée et la place de Metz deux mois plus tôt au moins ; Dieu sait ce que pendant une pareille prolongation de résistance la France eût pu tenter pour sa délivrance !

Les distributions qui nous ont été faites pendant notre séjour ont été des plus pénibles pour les troupes. Les parcs des subsistances sont très éloignés ; nos mauvaises voitures auxiliaires sont hors d'état de nous monter les vivres ; tout doit se faire à dos d'homme : et si nous étions attaqués pendant ces corvées ?....

2ᵉ DIVISION.

La division, qui avait eu une pluie affreuse pour prendre son campement le 11, s'organise grâce au beau temps.

Le général Grenier, par ordre, porte le 64ᵉ à hauteur de Villers-l'Orne et le bataillon du 98ᵉ qui faisait face aux postes descendant à la route de Kédange est lui-même placé sur cette route.

Rapport sur les opérations auxquelles la 2ᵉ brigade de la 3ᵉ division du 4ᵉ corps a pris part pendant la campagne de 1870.

Chieulles, 12 et 13 août.

Autant le plateau de Sainte-Barbe était une position militaire de choix, autant celle de Chieulles était mauvaise et défectueuse. Elle avait cependant le mérite de nous permettre de nous étendre jusqu'à la Moselle, qui, par conséquent, couvrait notre flanc gauche. Les villages de Charly, Vrémy, Failly, Malroy et Olgy furent occupés par ma brigade et des reconnaissances poussées assez loin en avant.

Les journées du 12 et du 13 se passèrent sans aucun événement sérieux, sauf quelques coups de feu tirés aux grand'gardes contre des uhlans, qui n'avaient cessé de nous suivre.

(*Daté d'avril* 1872).

b) Organisation et administration.

Le général de Cissey, commandant la 1ʳᵉ division du 4ᵉ corps, au général de Ladmirault (Lettre).

Mey, 12 août.

Vous m'avez recommandé de me faire éclairer avec soin et d'employer tous les moyens pour avoir des nouvelles de l'ennemi. J'ai pu organiser un bureau de renseignements qui donne déjà d'excellents résultats et de bonnes indications. Mais, quand nous serons plus rapprochés de l'ennemi, il importe de se mettre à l'abri des surprises, des alertes, et d'être bien renseigné sur les attaques et sur leur force.

J'ai pensé que l'organisation d'un service d'éclaireurs volontaires remplirait parfaitement ce but. Des hommes de bonne volonté, intelligents, hardis et commandés par un bon chef, rendraient les plus utiles services à ma division.

Il y aurait, par exemple, 150 hommes dans chaque brigade affectés à ce service, afin que ces éclaireurs puissent s'éparpiller au nombre de 50 et avoir ensuite deux nuits de repos.

Cette organisation a déjà été tentée et a donné des résultats tels que les divisions qui l'ont expérimentée ont été en pleine sécurité et toujours parfaitement renseignées.

Si vous voulez bien m'autoriser à mettre cette innovation en essai dans ma division, j'aurai, dès demain, le personnel nécessaire et je pourrai, dans une position avancée, vous instruire de tout ce qui se passe du côté de l'ennemi.

Si ce moyen de surveillance et d'information était adopté par le 4e corps entier, je suis convaincu que nous y gagnerions en sécurité.

Les éclaireurs auraient droit à un petit supplément de solde, pour les indemniser de leur dévouement et de leurs fatigues. Ils seraient, ou non, aidés par quelques cavaliers, mais ça n'est pas absolument nécessaire, parce qu'ils se cacheront mieux à pied et iront plus facilement au loin, en enfants perdus. Il serait alloué aussi aux éclaireurs, suivant la possibilité, une ration de vin ou d'eau-de-vie, ou, à défaut, une ration de sucre et café.

Réponse en marge, préparée au crayon. — J'approuve entièrement cette organisation. J'accorderai la ration supplémentaire de sucre et café. Quant à la gratification en argent, je me réserve, le cas échéant, de leur en donner sur les fonds éventuels.

Quand ce corps aura été organisé dans la 1re division, on en organisera d'analogues dans les autres.

c) **Opérations et mouvements.**

Le général de Ladmirault aux généraux de Cissey, Grenier et de Lorencez (Lettre).

Château de Grimont, 12 août.

Notre position sous Metz ne nous dispense nullement du devoir de nous éclairer très au loin.

En conséquence, j'ai donné l'ordre à M. le général commandant la division de cavalerie de faire faire, jour et nuit, des reconnaissances et découvertes de cavalerie légère.

Ces reconnaissances, exécutées au moins par escadron, iront chercher des nouvelles de l'ennemi à plusieurs kilomètres en avant de vous.

Elles devront, sans se compromettre sérieusement, tâter cependant l'ennemi.

J'ai recommandé également que les officiers chargés de ces reconnaissances se présentent, à leur départ et à leur retour, aux généraux commandant la division dont ils ont à dépasser les avant-postes.

Vous leur donnerez les indications de nature à faciliter leur mission et ils vous fourniront, au retour, les renseignements qu'ils auront pu recueillir.

Quant aux divisions d'infanterie, elles se garderont elles-mêmes en avant de leur front par un système de grand'gardes et de petits postes bien entendu et parfaitement en rapport avec les conditions du terrain en avant.

Je vous prie d'assurer, en ce qui vous concerne, l'exécution de ces instructions.

Le service de la division de cavalerie commencera dès aujourd'hui.

Le général de Ladmirault au général Legrand, commandant la division de cavalerie du 4ᵉ corps (Lettre).

Château de Grimont, 12 août.

Notre position sous Metz ne nous dispense nullement du devoir de nous éclairer très au loin.

Vous avez assez de cavalerie sous vos ordres pour que, jour et nuit, des reconnaissances et découvertes de cavalerie légère, faites au moins par escadron, aillent chercher des nouvelles de l'ennemi à quelques kilomètres en avant de vous. Ces reconnaissances devront, sans se compromettre sérieusement, tâter cependant l'ennemi.

Je vous prie de donner des ordres dans ce sens dès aujourd'hui.

Les officiers commandant les escadrons envoyés en reconnaissance se présenteront à leur départ et à leur arrivée aux généraux commandant les divisions dont ils ont à dépasser les avant-postes. Ils en recevront les indications de nature à faciliter leur mission et leur fourniront, au retour, les renseignements qu'ils auront pu recueillir.

Vous me ferez connaître le résultat de chacune de ces reconnaissances.

Division de cavalerie du 4ᵉ corps.

12 août.

Reconnaissance du capitaine du Terrail (7ᵉ hussards, 1ᵉʳ escadron), entre les routes de Boulay et de Bouzonville. L'ennemi, d'après le dire des habitants, serait en force vers Gondreville et dans la forêt de Villers, avec des troupes de toutes armes.

Reconnaissance de M. d'Imécourt (route de Bouzonville et de Thionville, rive droite). Rien d'important.

d) Situation et emplacements.

CORPS.	OFFICIERS.	SOUS-OFFI-CIERS ET TROUPE.	TOTAUX.	CHEVAUX.	EMPLACEMENTS.
État-major général........	32	»	32	75	Sans modification.
1re division.............	331	9,629	9,960	691	Ibid.
2e —	324	9,693	10,017	708	Ibid.
3e —	321	9,713	10,034	731	Ibid.
Division de cavalerie......	193	2,350	2,543	2,426	Ibid.
Réserve et parc d'artillerie.	36	1,499	1,535	1,556	Ibid.
Réserve et parc du génie...	4	136	140	77	Ibid.
Services divers du quartier général............,....	41	772	813	643	Ibid.
Totaux....	1,282	33,792	35,074	6,907	

Journée du 12 août.

5e CORPS.

a) Journaux de marche.

Journal de marche du 5e corps d'armée.

De Charmes à Mirecourt, il n'y a que 15 kilomètres.
La route est belle.

Le corps d'armée se met en marche à 5 heures des camps de Loro-Montzey et l'Utet, et arrive à Mirecourt de 11 heures du matin à 1 heure de l'après-midi, après être passé à Savigny, Bettoncourt, Ambacourt et Poussay. La division de Lespart et la cavalerie campent à Charmes.

A son arrivée à Mirecourt, le général en chef trouve la dépêche du Major général citée plus haut (1), qui lui prescrit de marcher sur Toul le plus vite possible.

---

(1) Voir Journée du 11 août.

Il en rend compte au maréchal de Mac-Mahon, à Bayon, et le prie de permettre au 5ᵉ corps de traverser ses colonnes, le lendemain, lorsqu'il se portera de Mirecourt sur Toul.

Mais ce même jour 12, à 3 h. 1/2 du soir, une deuxième dépêche du grand quartier général modifie la première, reçue le matin, de la manière suivante :

« Vous avez reçu ce matin l'ordre de vous diriger sur Toul. L'Em-
« pereur annule cet ordre et vous prescrit de vous diriger sur Paris,
« en suivant la route qui vous paraît le plus convenable. Accusez
« réception. »

La réception de cette dépêche semble justifier les prévisions du général de Failly, lorsqu'à Lunéville il renonce à sa marche sur Nancy, par crainte de se voir déborder sur ses ailes par l'ennemi débouchant de Pont-à-Mousson et de Lunéville, et marchant avec rapidité.

Notre cavalerie, laissée en arrière pour couvrir la retraite, signale en effet, dans la journée, au général de Failly que les Prussiens sont entrés à Lunéville le 11 dans la soirée. Ils parurent en outre à Nancy le 12, et non le 13, comme on l'avait présumé.

Le maréchal de Mac-Mahon avait télégraphié dans la journée au général de Failly :

« Je serai le 13 à Colombey, le 14 à Gondrecourt, le 15 à Joinville.
« Faites-moi connaître votre itinéraire. »

Le général en chef, au lieu de se diriger le 13 sur Toul, ne songe donc plus, conformément à la dernière dépêche du Major général, qu'à marcher sur Châlons, et détermine son itinéraire pour le lendemain par Neufchâteau.

Mais dans la nuit, le Maréchal lui ayant fait connaître que la direction prise par l'ennemi l'oblige lui-même à se porter de Bayon et Vézelise sur Neufchâteau, le général de Failly se voit forcé de modifier une deuxième fois son itinéraire et d'appuyer de nouveau à gauche.

Il se décide alors à marcher sur Chaumont, par Lamarche et Montigny.

Mais avant de quitter Mirecourt, le général en chef prescrit à sa cavalerie qui est à Charmes, et au détachement du génie de la division Lespart, qu'on transporte en voiture, de détruire tous les ponts de la Moselle de Charmes à Bayon, afin de retarder la poursuite de l'ennemi. (Le pont de Bayon, et celui du chemin de fer à Charmes, furent seuls détruits. On n'eut pas le temps de détruire le pont de pierre de Charmes.)

Extrait du Journal du capitaine de Lanouvelle, de l'état-major du 5ᵉ corps de l'armée du Rhin.

12 août.

La marche continue sur Mirecourt, où nous arrivons avant midi ; le 5ᵉ corps est établi entre Mirecourt et Ambacourt ; la division de Lespart, restée en arrière avec la cavalerie, couche à Charmes.

Pendant la marche, dans la matinée, un premier télégramme du grand quartier général nous appelle à Toul ; la division Goze est arrêtée à Ambacourt, la division l'Abadie et l'artillerie du corps arrivent à Poussay (2 kilomètres au nord de Mirecourt), en passant par Gugney, Vaudémont, Goviller. Nous pouvons être à Toul le 14.

Bientôt un second télégramme nous remet dans la direction de Neufchâteau et de nouveaux ordres sont donnés pour porter les divisions l'Abadie et Goze le lendemain à Sandaucourt et à la Neuveville-sous-Châtenois, la division Lespart à Mirecourt. Le général Brahaut devait faire sauter le pont de Charmes et ceux du Madon, et envoyer un régiment à Neuviller pour protéger les travaux de destruction du pont de Bayon (1).

1ʳᵉ DIVISION.

Départ à 6 heures. L'ordre est d'aller à Mirecourt. On passe par Charmes, Bettoncourt et Ambacourt, où l'on reçoit l'ordre de s'arrêter et de camper.

2ᵉ DIVISION.

La division quitte son bivouac à 7 heures du matin et s'engage sur la route de Mirecourt ; bientôt elle débouche dans la vallée du Madon, un affluent de la Moselle qui arrose cette ville ; elle passe ensuite à Savigny, Bettoncourt, Ambacourt, où elle franchit le Madon, continue en remontant la vallée sur la rive gauche de ce ruisseau, arrive à Poussay, et non loin de là, à l'entrée de Mirecourt, près de laquelle elle s'établit au Nord de la ville dans des prairies situées à l'Est de la route. Ce campement, désigné par le chef d'état-major général, avait été choisi en vue de la marche du lendemain qui devait être sur Vézelise pour aller à Toul. Poussay étant un des points importants de l'itinéraire à parcourir, il valait mieux s'arrêter aux portes de la ville pour n'avoir pas à la traverser de nouveau.

---

(1) Les ponts sur la Moselle furent conservés sur les instances, dit-on, des habitants de la région. On a prétendu aussi que nous n'avions pas les **explosifs** nécessaires, ce que je n'ai pas vérifié. (Note du capitaine de Lanouvelle.)

Le camp était dressé à 11 heures du matin.

Le temps était beau.

On profita, dans les corps, de cet après-midi de repos pour passer une revue plus complète de l'armement, des munitions, de l'habillement et des chaussures; on se livra à quelques travaux, devenus nécessaires, depuis le départ de Sarreguemines.

Les officiers utilisèrent aussi le temps dont ils purent disposer pour diminuer, au moyen des ressources qu'ils trouvèrent à Mirecourt, le dénuement dans lequel ils se trouvaient depuis qu'ils avaient quitté Bitche. Pour suppléer un peu à la privation des moyens de transport régimentaires laissés dans cette place, le général de l'Abadie avait fait mettre quelques voitures de réquisition à la disposition des corps.

Dès l'arrivée, des distributions de vivres et de fourrages commencèrent par les soins du sous-intendant militaire de la division.

Le quartier général du 5e corps vint ce jour-là à Mirecourt.

Les brigades Nicolas et Saurin de la division Goze, parties de Loro-Montzey et de Saint-Germain, campèrent à l'Ouest d'Ambacourt, en aval de Mirecourt, sur le cours d'eau qui arrose cette dernière ville.

La réserve d'artillerie et le parc du génie bivouaquèrent à Mirecourt, près de la division de l'Abadie.

La division Guyot de Lespart arriva à Charmes.

La division de cavalerie se porte aussi sur cette ville par Clayeures et Loro-Montzey.

La compagnie du génie attachée à la division Guyot de Lespart fut mise à la disposition du général Brahaut, chargé de couvrir la retraite et de faire détruire les ponts de Charmes, de Bayon et de Blainville. Pour ce qui concerne cette dernière ville, l'ordre arriva dans la soirée. L'opération fut confiée au général de Bernis, deux pièces d'artillerie et une section du génie furent placées, à cet effet, sous son commandement. Le général de la Mortière, avec le 5e lanciers, devait rester à Charmes jusqu'à 2 heures de l'après-midi, et ne quitter cette localité que lorsque les ponts du chemin de fer et de la Moselle auraient été rompus. La direction sur Toul était indiquée à tout le corps d'armée et ordre avait été donné par l'Empereur de ne laisser couper par d'autres troupes aucune des divisions qui en faisaient partie. MM. les généraux de division avaient reçu chacun une copie de cet ordre.

Le 12, le 1er corps se trouvait à Haroué, sa cavalerie faisait séjour à Colombey-les-Belles.

DIVISION DE CAVALERIE.

Le 5e lanciers et le 12e chasseurs continuent à former l'arrière-garde et à couvrir le flanc gauche du corps d'armée. Ils se portent sur Charmes, par Moriviller, Clayeures, Loro-Montzey et Saint-Rémy. A Charmes était établie la division Guyot de Lespart. Le quartier général du 5ᵉ corps était en avant de Charmes, sur la route de Mirecourt.

Dans la soirée, la compagnie du génie de la division Guyot de Lespart fut mise sous les ordres du général de division pour exécuter les travaux de mine nécessaires pour faire sauter le pont de la Moselle et le pont du chemin de fer. Les sapeurs se mirent immédiatement à l'œuvre. Pendant la nuit, un nouvel ordre du général en chef prescrivait de diriger sur Bayon, le général de Bernis, avec le 12ᵉ chasseurs, soutenu par deux pièces d'artillerie et d'envoyer avec lui une section de la compagnie du génie, laissée à Charmes, afin de détruire le pont de Bayon. Le général de la Mortière et le 5ᵉ lanciers devaient rester à Charmes et ne le quitter que le lendemain, à 2 heures de l'après-midi, après l'explosion des ponts. La ligne de retraite de l'armée était donnée sur Toul.

Division de cavalerie (1ʳᵉ *brigade*).

Au milieu de la nuit du 12 au 13, le général de Bernis est appelé chez le général de division qui lui communique l'ordre suivant :

« M. le général Brahaut prendra le commandement de l'arrière-garde, composée de la division Lespart et des troupes de cavalerie. Dès le point du jour, le 12ᵉ chasseurs, avec un détachement du génie, commandé par un officier, se rendra à Bayon par la rive gauche de la Moselle et fera sauter le pont de la Moselle. Une section d'artillerie, sans caisson, accompagnera ce régiment. Le génie prendra des voitures de réquisition pour suivre le 12ᵉ chasseurs.

« Cette colonne se portera à Vézelise après avoir séjourné à Bayon jusqu'à midi. En se retirant, elle fera sauter ou coupera tous les ponts qu'elle rencontrera. Elle couchera à Vézelise et se dirigera le lendemain, dans l'après-midi seulement, sur Colombey où elle couchera le 14 août.

« Le 15 août, elle se portera à Neufchâteau où elle trouvera des ordres. La division de Lespart se mettra en marche pour Mirecourt, conformément à l'ordre donné à la pointe du jour : le 14 août, cette division couchera à Châtenois où elle trouvera des ordres.

« Le régiment de lanciers, avec un détachement du génie (les hommes montés sur des voitures de réquisition), quittera Charmes à 2 heures de l'après-midi après avoir, préalablement, fait sauter le pont de Charmes sur la Moselle et détruit le chemin de fer.

« En se retirant, il fera sauter ou coupera tous les ponts placés sur la rivière, notamment celui ou ceux du Madon. Il couchera à Mirecourt. Le lendemain 14, ce régiment quittera Mirecourt à 2 heures et se rendra à Châtenois où il couchera et trouvera des ordres.

« Chacune des colonnes laissera en arrière, à une heure de distance, un peloton qui servira d'extrême arrière-garde. L'ambulance de la cavalerie et les bagages marcheront avec la division de Lespart.

« Les troupes arrivées à Mirecourt, le général de Lespart prendra le commandement de toute l'arrière-garde. Le général Brahaut rejoindra le grand quartier général. »

Réserve d'artillerie.

(La réserve d'artillerie avait campé à Loro-Montzey, village en avant de la Moselle.)

Le 5ᵉ corps passe la Moselle à Charmes et arrive à Mirecourt.

Le général en chef y fait lire un ordre aux troupes, en leur indiquant leur arrivée à Toul sous deux jours ; mais, peu d'heures après cette lecture, l'itinéraire indiqué est changé et on renonce à se porter de Mirecourt sur Toul.

Réserve du génie.

Le 12 (venant de Charmes), le quartier général, la 2ᵉ division d'infanterie, la réserve d'artillerie et le parc du génie viennent à Mirecourt ; la 3ᵉ division d'infanterie vient à Charmes, tandis que la 1ʳᵉ division d'infanterie et la division de cavalerie vont à Bayon et Blainville. Dans ces localités, le génie détruit deux ponts sur la Moselle et à Charmes ; il détruit celui du chemin de fer et prépare la destruction du pont de pierre sur la même rivière, mais il fut obligé de le laisser debout faute de poudre.

c) **Opérations et mouvements.**

Le Major général au général de Failly, à Mirecourt (D. T.).

Metz, 12 août.

Par ordre de l'Empereur, ne continuez pas votre marche pour vous jeter dans l'Argonne. Marchez droit sur Toul et aussi vite que possible ; vous n'êtes pas menacé.

Le chemin de fer avec Nancy n'est pas interrompu.

De Toul, et suivant les circonstances, vous serez appelé à Metz ou dirigé sur Châlons.

Accusez réception.

Le général de Failly au Major général (T. Ch.).

Mirecourt, 12 août, 12 h. 25 soir.

J'arrive à Mirecourt avec trois brigades.

Je reçois l'ordre que me donne l'Empereur de me rendre à Toul.

Je serai dans Toul après-demain, 14 août, avec cinq brigades et mon artillerie de réserve.

Le général de Failly au maréchal Bazaine, à Metz (D. T.).

Mirecourt, 12 août, 2 heures soir.

Je suis à Mirecourt; demain à Vézelise; après-demain à Toul. Quelles nouvelles de l'ennemi?

Avis au général Jarras, qui communiquera à M. le maréchal Bazaine.

Metz, 12 août, 5 h 30 soir.

Hier, le général de Failly est arrivé le soir à Mirecourt. L'Empereur lui a donné l'ordre de se diriger sur Toul, au lieu de continuer sa marche sur Châlons. Dans la circonstance présente, Sa Majesté juge qu'il y a lieu d'envoyer au général de Failly un officier qui lui portera l'ordre de se diriger sur Paris.

En ce moment, le général de Failly est sur la route de Mirecourt à Toul.

On peut essayer de faire passer un télégramme au général de Failly par le commandant de la place de Toul.

L'aide de camp de l'Empereur,

LEBRUN.

Le général Jarras, chef d'état-major général de l'armée, au général de Failly (D. T.).

Metz, 12 août, 6 heures soir.

Vous avez reçu ce matin l'ordre de vous diriger sur Toul. L'Empereur annule cet ordre et vous prescrit de vous diriger sur Paris en suivant la route qui vous paraîtra la plus convenable.

Accusez-moi réception.

Le général de Failly au maréchal Le Bœuf, à Metz (D. T.).

Mirecourt, 12 août, 8 heures soir.

Reçu votre dépêche, 8 heures du soir, qui annule l'ordre de ce matin concernant Toul et donne une autre direction au 5ᵉ corps.

Le général de Failly au Major général (D. T.).

Mirecourt, 12 août, 8 h. 18 soir.

Mon quartier général restera à Mirecourt demain.

Ordre général du 5ᵉ corps.

Le 5ᵉ corps, depuis son départ de Bitche, est en marche forcée. Ces marches forcées, commandées par les mouvements de l'ennemi, ne sauraient s'arrêter sans danger pour le salut de la France. Le général en chef fait appel au patriotisme des troupes, qui, malgré les fatigues et l'intempérie de la saison, ne voudront pas s'arrêter dans leur mission, et emploieront toute leur force vitale au salut de la patrie. Le 5ᵉ corps reçoit l'ordre d'aller prendre position à Toul ; encore deux étapes à faire avant le repos dont il a besoin.

Ordre de marche du 13 août.

La brigade l'Abadie, accompagnée de l'artillerie de réserve, se dirigera sur Poussay, Frenelle-la-Grande, Boulaincourt, Gugney, Thorey, Laloeuf et Goviller, où elle campera avec l'artillerie de réserve. La division Goze suivra le mouvement de la brigade l'Abadie, et campera aux villages de Souveraincourt et Laloeuf. Si aujourd'hui elle est arrêtée avant d'arriver à Mirecourt, elle devra chercher à rejoindre ces villages sans traverser Mirecourt.

Chaque division emportera ses bagages et son ambulance.

L'ambulance générale marchera avec la division Goze.

La division Lespart se dirigera directement sur Vézelise, traversera le village et ira camper en avant sur la route de Toul.

La cavalerie du général Brahaut, fera séjour à Charmes, et ira coucher le lendemain à Vézelise en avant du village sur la route de Toul.

Pour Mirecourt : réveil à 4 h. 1/2, départ à 5 h. 1/2.

Ordre de marche du 5ᵉ corps pour le 13 août.

Par ordre de l'Empereur, les ordres de mouvement donnés pour la journée du 13 août 1870 sur Vézelise, Goviller, Toul, sont annulés, et remplacés par l'ordre de mouvement suivant :

La brigade de la division de l'Abadie, constituée ainsi qu'il avait été indiqué, se dirigera sur Châtenois (route de Neufchâteau) et ira camper à Châtenois.

La division Goze passera par Mirecourt, suivra la route de Neufchâteau et ira camper à la Neuveville ; une brigade à la Neuveville et l'autre à Houécourt.

La division de Lespart viendra camper à Mirecourt.

La division de cavalerie fera séjour à Charmes comme il a été dit.

Le quartier général pour la journée du 13 restera à Mirecourt.

Le colonel Flogny, avec le restant de son régiment (1), séjournera à Mirecourt.

L'artillerie de réserve marchera jusqu'à nouvel ordre avec la brigade Maussion.

Les ambulances divisionnaires marcheront avec les divisions, l'ambulance générale avec le général Goze.

Journée du 12 août.

6ᵉ CORPS.

a) Journaux de marche.

Journal de marche du 6ᵉ corps d'armée.

L'état-major général du 6ᵉ corps s'embarque en chemin de fer après le 9ᵉ de ligne, pour se rendre à Metz.

La 4ᵉ division d'infanterie se rend directement de Paris à Metz en chemin de fer. Son artillerie divisionnaire, restée au camp de Châlons, ne peut rejoindre à Metz, le chemin de fer ayant été coupé par les Prussiens vers Frouard.

Cette interruption des communications par la voie ferrée empêche le reste des régiments de la 2ᵉ division d'infanterie, ainsi que les réserves d'artillerie et du génie de rejoindre le 6ᵉ corps d'armée à Metz.

1ʳᵉ DIVISION.

Dans la matinée, la division arrive à la gare de Metz ; elle est immédiatement dirigée en avant de Montigny et campe de la manière suivante : le 9ᵉ de chasseurs et le 4ᵉ de ligne, en avant de la voie ferrée de Thionville, la droite à la Moselle, la gauche à la grande route de Pont-à-Mousson ; le 10ᵉ de ligne, la droite appuyée à la bifurcation des deux chemins de fer de Thionville et de Nancy, la gauche dans la direc-

---

(1) 5ᵉ hussards.

tion de Saint-Privat, en avant des ateliers de réparation du chemin de fer.

La 2ᵉ brigade établit ses bivouacs le long de la crête du plateau, du côté de la Seille, la gauche voisine de la rivière, la droite perpendiculaire au chemin de Saint-Privat, en arrière du fort du même nom.

Les batteries divisionnaires campent en arrière de la 2ᵉ brigade ; la compagnie du génie vers la gauche du 10ᵉ de ligne, à partir des travaux de terrassement auxquels elle doit concourir. L'ambulance, la gendarmerie et le trésor sont placés sur la même ligne, à droite et à gauche de la route de Saint-Privat et en arrière de l'artillerie.

2ᵉ DIVISION.

En arrivant à Pont-à-Mousson, à 6 heures du matin, il est rendu compte au général de division, qui marchait avec le premier train, que 2 pelotons de uhlans sont venus, la veille, à midi, couper la voie ferrée et le télégraphe. Une colonne de chasseurs d'Afrique, venue de Metz à 3 heures de l'après-midi, a tué ou fait prisonnier tout le détachement ennemi. La voie ferrée a été réparée pendant la nuit ; le télégraphe reste interrompu, les poteaux étant brisés et les fils rompus sur un espace de plus d'un kilomètre.

Le premier convoi arrive à la gare de Metz à 7 heures du matin. Le deuxième convoi parvient à Pont-à-Mousson vers midi.

Il est rendu compte à M. le général Archinard, commandant la 1ʳᵉ brigade, qu'un détachement ennemi occupe Pont-à-Mousson. Le général envoie une compagnie pour reconnaître la position : l'ennemi se retire en la voyant approcher. Le deuxième convoi se remet en marche et arrive dans l'après-midi à Metz.

La division reçoit l'ordre de s'établir sur la rive gauche de la Moselle, en aval et à environ 3 kilomètres des fortifications de Metz, la gauche appuyée à la route de Thionville, au hameau de la Maison-Rouge, la droite à la Moselle ; le quartier général de la division au château de Saint-Éloi.

c) Opérations et mouvements.

Le général Tixier, commandant la 1ʳᵉ division du 6ᵉ corps, au maréchal Canrobert, à Metz (D. T. privée).

Pont-à-Mousson, 12 août, 5 h. 46 matin.

Fils télégraphiques brisés sur une longueur de 2 kilomètres à hauteur de Dieulouard. Il serait à désirer que des patrouilles de jour, et de nuit surtout, fussent activement faites sur la ligne.

Tout mon monde arrivé en bon ordre.

Les renseignements recueillis sur le fait de la destruction des fils vous seront adressés à mon arrivée à Metz.

Le général Bisson, commandant la 2ᵉ division et le camp de Châlons, au Ministre de la guerre, à Paris (D. T.).

Camp de Châlons, 12 août. 12 heures soir. Expédiée le 12 août à 4 h. 5 soir (n° 29957).

Réponse à la dépêche du général Levassor au camp de Châlons.

Le général et ses troupes ne sont pas arrivés et nous ignorons complètement si elles doivent quitter Paris. La 1ʳᵉ division du 6ᵉ corps est en route pour Metz par le chemin de fer.

La 2ᵉ division, général Bisson, doit s'embarquer aujourd'hui, même destination.

L'artillerie divisionnaire, le génie et les parcs doivent suivre le mouvement, si les Prussiens le permettent. Une dépêche du chef de gare de Frouard a signalé ce matin les éclaireurs prussiens autour de cette gare, les trains ont été interrompus. Une autre dépêche les a remis en circulation.

La cavalerie du 6ᵉ corps n'a pas encore d'ordre de mouvement ; c'est la seule troupe qui reste entre l'ennemi et Paris.

Résumé : ni ordres ni nouvelles pour le camp. Il serait indispensable d'en avoir, à cause du grand matériel d'artillerie et des immenses approvisionnements qui n'auront pour toute protection, après le départ de la division Bisson, que les bataillons de garde mobile et les quatre régiments de cavalerie.

Le Colonel du 14ᵉ régiment d'infanterie au général Bisson, commandant la 2ᵉ division du 6ᵉ corps (Lettre).

Camp de Châlons, 16 août.

J'ai l'honneur de vous faire connaître les motifs qui m'ont déterminé à m'arrêter dans ma route sur Metz.

Une marche très lente des trains, des arrêts trop prolongés dans les gares, ont fait que le train emportant le 14ᵉ, parti du camp le 12, à 7 heures du soir, n'est arrivé à Frouard, que le lendemain à 9 heures. Le chef de gare me communiqua deux dépêches du chef de gare de Dieulouard (station avant Pont-à-Mousson), la première disant que le convoi du 9ᵉ de ligne avait dû être arrêté en avant de Dieulouard ; qu'il y avait un engagement de ce côté ; la deuxième que des forces considérables prussiennes se portaient sur Dieulouard.

Ces nouvelles me forçant à agir avec prudence, j'envoyai par le télégraphe au lieutenant-colonel commandant le deuxième train du 14ᵉ l'ordre de hâter sa marche ; je fis placer sur la machine et le premier wagon, vingt bons tireurs commandés par un capitaine et je fis avancer le train, mais lentement, pour pouvoir faire arrêter si la voie était coupée.

A Marbache (station entre Frouard et Dieulouard), nous aperçûmes très distinctement des vedettes prussiennes disséminées sur les hauteurs et sur les chemins de la rive droite de la Moselle. J'appris qu'un escadron s'avançait par la route de la rive gauche sur Marbache. Je fis descendre une compagnie, mais notre approche était signalée et nos tirailleurs ne purent que leur envoyer quelques balles à 900 mètres environ. En même temps, le maire de Marbache, revenant de Dieulouard, me confirma l'occupation de ce dernier village par environ 50 cavaliers qui forçaient les habitants à détruire la voie. Je continuai la route espérant pouvoir rétablir rapidement les rails enlevés.

A 500 mètres avant la station de Dieulouard, nous arrivâmes à une coupure ; le train s'arrêta, les tirailleurs s'élancèrent contre les cavaliers et parvinrent à en blesser un grièvement. Aidé par les habitants et nos soldats, le chef d'équipe rétablit la voie, mais en perdant beaucoup de temps parce qu'il fallut envoyer chercher un rail assez loin de là. Nous apprîmes par le blessé et par un habitant qui revenait de l'autre rive, qu'il y avait de ce côté deux régiments de cavalerie commandés par un général, et plusieurs pièces de canon ; que la voie était encore coupée au delà de Dieulouard et qu'une arche du pont dit « des 19 arches », près Pont-à-Mousson, était détruite, et, enfin, que Pont-à-Mousson était occupé depuis le matin par de nombreux cavaliers.

Il était 4 heures et demie. Les six trains portant les 14ᵉ, 20ᵉ et 31ᵉ s'étaient rejoints. Il y avait deux partis à prendre : ou rétrograder, ou faire descendre les hommes et chercher à se frayer un passage jusqu'à Metz. C'était assez facile, si Pont-à-Mousson n'avait que de la cavalerie ; ce pouvait être dangereux s'il y avait de l'infanterie. En outre, l'impossibilité de faire descendre du train les voitures et les chevaux faisait que, dans le deuxième cas, on devait abandonner tout le matériel des corps, plusieurs fourgons de vivres (30,000 rations de pain), et cinq trains complets qui n'auraient probablement pas pu revenir à Frouard, car les Prussiens, qui voyaient tous nos mouvements, auraient coupé la voie en arrière pendant le débarquement des hommes.

Je me décidai pour le premier parti et d'autant plus rapidement que je remarquai deux pièces se mettant en batterie. Au moment, où le train de tête, qui avait dû attendre pour se mettre en mouvement la marche en arrière des autres trains, allait partir, ces pièces nous envoyèrent d'une distance de 800 à 900 mètres, 20 à 25 obus, dirigés contre les machines, mais qui n'atteignirent que les 5 wagons qui précédaient celles-ci. Au premier coup, les hommes des premiers wagons étaient descendus et s'étaient abrités derrière la chaussée, de sorte qu'il n'y eut d'atteint grièvement qu'un homme du régiment et un d'un détachement du 27e de ligne qui nous accompagnait depuis Toul. L'officier commandant ce détachement fut blessé légèrement à la tempe d'un éclat d'obus; plusieurs hommes furent atteints par des éclats de bois, mais sans gravité.

Le train partit à ce moment, les mécaniciens, perdant un peu la tête, rejoignirent sans s'arrêter les autres trains, laissant à terre environ 500 hommes qui regagnèrent par la route la station de Frouard. Deux compagnies avaient été envoyées en tirailleurs dans la direction des pièces, mais celles-ci se retirèrent dès que le train fut en mouvement.

Le départ précipité du train a forcé de laisser aux habitants les deux blessés, dont l'état permet peu d'espoir.

A Toul, je vous demandai des ordres. Une dépêche reçue à Bar-le-Duc, me donna l'ordre de revenir au camp.

Journée du 12 août.

7e CORPS.

a) *Notes du capitaine d'état-major Mulotte sur les opérations de la division Conseil-Dumesnil.*

Le 12, le cantonnement n'est déplacé que de quelques kilomètres.

L'état-major et la 1re brigade de la division s'installent à Lemainville-sur-Madon; la 2e brigade à Ormes; l'artillerie reste à Bayon.

Journée du 12 août.

GARDE IMPÉRIALE.

a) **Journaux de marche.**

Journal de marche de la Garde impériale.

Toute la journée se passe dans l'attente d'événements.

On pense que l'ennemi attaquera sur notre droite.
Les chevaux restent sellés, l'artillerie attelée jusqu'à 6 h. 1/2 du soir.
Personne ne s'écarte du camp.

c) Opérations et mouvements.

Le maréchal Bazaine au général Bourbaki (Lettre).

Borny, 12 août.

D'après les renseignements qui me parviennent, l'ennemi semblerait prononcer une attaque sur notre droite.

Veuillez donc donner des ordres pour que personne ne s'écarte du camp, et, s'il est nécessaire, faire battre la marche du corps.

Que l'on selle. Que l'artillerie attelle et que l'on se tienne prêt à se porter où besoin sera.

Le général Bourbaki au maréchal Bazaine (Lettre)

12 août.

En réponse à votre dépêche du 11 août, j'ai l'honneur de vous rendre compte que l'artillerie de réserve du général Canu a été placée en avant du front de la cavalerie de la Garde, dans l'angle formé par la route impériale de Sarrebrück et par la route qui va de la première au village de Borny.

L'emplacement de l'artillerie de réserve avait été préalablement désigné par M. l'aide-major général Lebrun.

Le général Deligny, commandant la division de voltigeurs de la Garde impériale, aux Généraux de brigade sous ses ordres. — Ordre.

Borny, 12 août.

Un sentiment un peu trop exagéré de dignité personnelle et d'honneur militaire porte MM. les officiers de tout grade à se tenir à découvert et à se mettre, en quelque sorte, en cible devant l'ennemi.

Il en résulte des sacrifices improductifs et des plus regrettables.

Que MM. les officiers continuent à donner l'exemple de l'entrain et du dévouement quand les circonstances le commandent, mais lorsque, par exemple, la troupe reçoit l'ordre de se coucher ou de s'abriter, qu'on sache bien qu'il n'appartient à personne de l'éluder.

Ainsi donc, qu'il soit bien convenu que, dans le cas précité, l'ordre de s'abriter ou de se coucher est impératif pour tous et que l'éluder serait de mauvais exemple.

Ce que tous ont l'ordre de faire ne compromet la dignité de personne.

d) Situation et emplacements.

CORPS.	OFFICIERS.	SOUS-OFFICIERS ET TROUPE.	TOTAUX.	CHEVAUX.	EMPLACEMENTS.
État-major général........	47	»	47	64	Sans modification.
1re division.............	306	7,707	8,013	173	Ibid.
2e —	240	5,979	6,219	156	Ibid.
Division de cavalerie......	298	3,938	4,236	3,925	Ibid.
Artillerie................	87	2,459	2,546	2,660	Ibid.
Génie...................	10	264	274	93	Ibid.
Train...................	15	523	538	747	Ibid.
Prévôté.................	4	67	71	55	Ibid.
TOTAUX.....	1,007	20,937	21,944	7,870	

Journée du 12 août.

RÉSERVE DE CAVALERIE.

a) Journaux de marche.

1re DIVISION.

A 4 heures du matin, une reconnaissance, composée de deux escadrons du 2e chasseurs d'Afrique et commandée par le lieutenant-colonel Humbert, longe le campement de la 1re division d'infanterie de la Garde, passe entre le 2e et le 3e corps à Grigy et s'avance sur la route de Faulquemont.

A Ars-Laquenexy, on apprend qu'une reconnaissance de 7 Prussiens est venue la veille, dans l'après-midi, jusqu'aux abords du bourg et qu'elle a pris 7 fantassins français qui se promenaient sans armes à Marsilly.

A Courcelles-sur-Nied, on trouve la gare évacuée et le télégraphe intact, mais sans employés. D'après les renseignements que l'on recueille, Remilly doit être fortement occupé, ainsi que les bois aux abords de la route. Des Prussiens étaient à Solgne la veille, et un gros d'armée aurait eu, dit-on, son quartier général à Bischwald, au-dessus de l'étang de Gros-Tenquin.

Le détachement est alors divisé en trois fractions : l'une dirigée sur Mécleuve et Pontoy; la deuxième sur Faulquemont; la troisième sur Pange, avec rendez-vous général à Courcelles, si l'on rencontre l'ennemi. Celui-ci, en effet, ne tarde pas à se montrer sur la lisière des bois, avec une force d'au moins cinq escadrons, qui paraissent soutenus en arrière. Les trois fractions se retirent sur Courcelles, y trouvent un escadron français du 7ᵉ dragons et exécutent leur retraite avec lui sur Metz, en se couvrant par un rideau de tirailleurs. L'ennemi vient derrière, à quelque distance, en poursuivant les tirailleurs de son feu. A Ars, trois obus sont lancés par les Prussiens sur la colonne.

Celle-ci rentre enfin au bivouac à 11 h. 1/2 du matin, ayant parcouru 40 kilomètres environ et n'ayant à signaler chez les hommes que deux contusions sans gravité et une légère blessure pour un cheval.

Soirée du 12 août.

A 1 heure de l'après-midi, la 1ʳᵉ brigade part pour Pont-à-Mousson empêcher l'ennemi de détruire la gare et les fils télégraphiques.

Arrivé à quelque distance de cette ville vers 4 heures, le général Margueritte apprend, par les habitants en fuite, que des cavaliers prussiens occupent la ville et la gare. Un escadron du 1ᵉʳ chasseurs est alors divisé en deux fractions : l'une traverse la ville rapidement, n'y aperçoit personne, et, se portant au dehors, déploie une ligne de vedettes du côté où est supposé l'ennemi. Quelques instants après, derrière cette division, pénètre un escadron entier du même régiment, ayant à sa tête le général Margueritte. A ce moment, les Prussiens enfermés dans les maisons voulaient en sortir, croyant le passage libre. Un de leurs officiers s'élance sur le général Margueritte, dont il n'atteint que le képi; il tombe immédiatement percé de coups. Les Prussiens rentrent dans les maisons et tentent d'y résister; mais les chasseurs les abordent à coups de fusils et ceux des uhlans qui ne sont pas blessés font bientôt leur reddition.

Pendant ce temps, la 2ᵉ division, qui avait été dirigée sur la gare en contournant la ville, y trouve des cavaliers en train de tout détruire, sous les ordres d'un officier qui, dit-on, avait servi deux ans dans cette localité en qualité de mécanicien. Les Prussiens, surpris, se sauvent dans tous les sens et un certain nombre d'entre eux tombent en notre pouvoir, ainsi que leurs montures.

On s'occupe alors de tout rétablir dans la gare et, quand ce travail est achevé, la colonne repart pour Metz, où elle arrive à 2 heures du matin, ramenant avec elle comme prisonniers 3 officiers, 28 hommes et 31 chevaux munis de leur harnachement.

2e brigade.

La 2e brigade, toujours réduite à un seul régiment (le 4e chasseurs d'Afrique n'ayant pas rejoint), fait une reconnaissance sur la route de Dieuze. Elle est arrêtée devant le village de Courcelles-sur-Nied, fortement occupé par l'ennemi. Elle rentre à Metz par Laquenexy et Ars-Laquenexy. Les Prussiens la poursuivent avec du canon jusqu'à ce dernier village, pendant que leur cavalerie essaye, mais en vain, de gagner son flanc gauche et de la couper de Metz.

2e DIVISION.

Séjour à Colombey. L'état-major de la division profite de ce premier repos pour établir la liste des pertes et des tableaux de propositions.

3e DIVISION.

Le 12, un régiment de dragons (1er régiment), conduit par le colonel, est envoyé en reconnaissance sur la route de Pange et Courcelles (direction de Metz à Boulay).

c) Opérations et mouvements.

Le général Lebrun, aide-major général, au maréchal Bazaine. — Note.

Metz, 12 août, 11 h. 30.

Un capitaine de la division du Barail, qui rentre ici après avoir fait, avec l'escadron qu'il commande, une reconnaissance sur la route de Faulquemont, rend compte, qu'étant à Remilly, où il a vu de près un régiment de uhlans, trois coups de canon ont été tirés sur lui par l'ennemi.

Les renseignements qu'il apporte semblent indiquer que l'ennemi s'avance sur nous par ce côté ou qu'il y exécute aujourd'hui une reconnaissance offensive.

Le Major général au général du Barail, commandant la 1ʳᵉ division de la réserve de cavalerie (Lettre).

Paris, 12 août.

L'Empereur ordonne que le général Margueritte quitte Metz aussitôt que possible avec ses deux régiments, pour aller prendre position à Dieulouard (route de Pont-à-Mousson à Nancy).

Il marchera par la rive droite de la Moselle et s'éclairera aussi loin que possible sur sa gauche, principalement vers Nomény, où on annonce des coureurs ennemis.

Le général Margueritte emportera pour ses hommes deux jours de vivres, pain et biscuit, et deux jours d'avoine pour ses chevaux.

Le général Margueritte, commandant la 1ʳᵉ brigade de la 1ʳᵉ division de la réserve de cavalerie, au Major général (D. T.).

Ars, 12 août.

Paysans me disent que 40 Prussiens étaient à midi à Pont-à-Mousson. M'y porte rapidement pour rétablir le bureau télégraphique. Trains non encore interrompus.

Le général Margueritte, commandant la 1ʳᵉ brigade de la 1ʳᵉ division de la réserve de cavalerie, au maréchal Bazaine (Lettre).

Pont-à-Mousson, 12 août.

J'ai l'honneur de vous rendre compte que, parti de Metz à 2 heures moins un quart, je suis arrivé à 4 heures à Pont-à-Mousson.

Tout le long de la route, la population des villages était très effrayée et j'apprenais de toutes parts qu'un parti de cavaliers, fort de 30 à 40 hommes, était arrivé à Pont-à-Mousson vers midi.

En arrivant en ville, j'appris en outre que les fils télégraphiques avaient été rompus.

Arrivé sur la place, je détachai une division à la gare et je m'avançai dans la ville avec le reste du 1ᵉʳ régiment ; je me dirigeai vers la sortie Est de la ville (au pied du mont Mousson).

On me désigna immédiatement une auberge où s'était enfermé un peloton de cavaliers prussiens, dont les chevaux se trouvaient dans l'écurie.

Je fis mettre pied à terre à plusieurs chasseurs et, en passant devant la porte de l'auberge, une fusillade assez vive s'engagea entre nos chasseurs d'Afrique et les cavaliers prussiens.

Dans cette première partie de l'action, un officier prussien fut atteint à la tête. (On m'a dit depuis qu'il était mort de ses blessures). Quatre ou cinq cavaliers prussiens ont été tués. De notre côté, un brigadier et un chasseur ont été tués et deux ou trois hommes ont été blessés. Un cheval a été tué.

Nous avons fait prisonniers :

2 officiers du 17e régiment de hussards de Brunswick ;
1 sous-officier du même corps ;
12 cavaliers du même corps ;
1 sous-officier de dragons d'Oldenbourg ;
9 cavaliers du même corps.

Nous avons pris également environ 30 chevaux.

J'apprends que des forces prussiennes se dirigent sur Pont-à-Mousson, venant du côté de Nomény.

Je considère la position de Pont-à-Mousson comme importante à garder.

J'arrête ici 400 hommes du 28e de ligne pour défendre l'entrée du pont.

Je conserve un train spécial pour ces 400 hommes, pour le cas où je serais débordé.

J'envoie deux escadrons parcourir la ligne du chemin de fer de Pont-à-Mousson à Frouard.

On travaille activement à rétablir les fils télégraphiques ; dès qu'ils le seront, j'aurai l'honneur de correspondre avec vous.

Le général Margueritte au Major général (D. T.).

Pagny, 12 août Arrivée à 10 h. 12 soir.

Je rentre avec ma brigade. Serai à Metz à 2 heures.

Le lieutenant-colonel Humbert, du 2e régiment de chasseurs d'Afrique, au général de La Jaille, commandant la 2e brigade de la 1re division de la réserve de cavalerie (Lettre).

Metz, 12 août.

Suivant vos ordres, je suis entré dans Metz ce matin, aussitôt que les portes ont été ouvertes, à la tête de 310 hommes de mon régiment. J'ai traversé la ville pour en sortir par la porte Mazelle. J'ai longé le campement de la 1re division de la Garde, passé entre le 2e et 3e corps, à Grigy, et je suis sorti des lignes par la route de Faulquemont, point vers lequel vous m'aviez prescrit de diriger ma reconnaissance.

Aussitôt dégagé des *impedimenta* qui encombrent la ville et ses environs, je fais prendre le trot et gagne rapidement Ars-Laquenexy, petit village situé à 8 kilomètres de Metz. Là, on me raconte qu'une reconnaissance de 7 Prussiens est venue la veille, dans l'après-midi, jusqu'aux abords du bourg, qu'ils ont tué 1 et pris 7 fantassins à nous qui se promenaient sans armes à Marsilly, hameau qui se trouve à 2 kilomètres en avant et au Nord.

Je poursuis ma route et j'arrive à Courcelles-sur-Nied (15 kilomètres) où je trouve la gare évacuée et où je suis dans l'impossibilité de me servir du télégraphe, faute d'employés. L'adjoint, seul fonctionnaire qui soit resté à Courcelles, à la tête de quelques femmes et des vieillards, me confirme les renseignements sur la patrouille ennemie de la veille. Il m'ajoute que Remilly doit être fortement occupé et que les bois des environs de ma route le sont également. Des voyageurs venant en voiture de Château-Salins, qui ont l'air de personnages sérieux et croyables, et qui arrivent sur l'heure même, nous racontent avoir couché la veille avec des Prussiens à Solgne et paraissent convaincus, à la suite d'une conversation avec eux, qu'un gros d'armée a son quartier général à Bischwald, au-dessus de l'étang de Gros-Tenquin. Quelques minutes de repos données à ma troupe pour recueillir ces renseignements et vous en rendre compte, mon Général ; je dispose mes hommes pour commencer sérieusement ma reconnaissance ; je forme trois fractions ; j'en dirige une sur Mécleuve et Pontoy, sous les ordres d'un chef d'escadrons ; une autre sur Pange, pour y faire le tour du bois ; avec la troisième, je continue sur la route de Faulquemont, en donnant un rendez-vous général à Lemud, si l'on ne rencontre rien ; à Courcelles, au contraire, si l'on trouve un ennemi supérieur. C'est cette dernière hypothèse qui se réalisa presque immédiatement, car nous n'avions pas fait les uns et les autres un kilomètre, que le commandant trouvait les bois garnis et que j'avais devant moi la force d'au moins cinq escadrons qui semblaient soutenus par d'autres en arrière. Ayant l'ordre de ne pas engager d'affaire sérieuse et n'ayant d'ailleurs que trop peu de monde pour cela, je me replie et je rallie ma troupe à Courcelles, où je trouve, en y rentrant, un escadron du 7º dragons. Après une station de quelques instants dans le village, je reprends la direction de Metz en déployant en arrière de moi un rideau de tirailleurs, qui engage avec l'ennemi qui nous suit de bois en bois un feu insignifiant, mais qui me permet de m'en aller tout doucement en examinant à mon aise ses allures.

J'ai continué de la sorte jusqu'à Ars, où trois obus ont été lancés aussitôt mon départ, et après quoi je n'ai plus vu personne ; mais à la manière dont se comportaient les Prussiens jusque-là, à la vue de l'étendue de bois garnis par eux, je reste convaincu que Remilly doit être fortement occupé tant par de la cavalerie que par de l'infanterie et de l'artillerie.

J'étais rentré à 11 h. 1/2, après un parcours d'environ 40 kilomètres, n'ayant à signaler que deux contusions sans gravité et une légère blessure à un cheval. On m'assure avoir vu rouler 4 ou 5 cavaliers ennemis.

Rapport du colonel du 1er dragons.

Metz, 12 août.

Le 1er régiment de dragons, de la division Forton (réserve de cavalerie), a fait ce matin une reconnaissance sur la route de Metz à Saint-Avold, par Courcelles.

On a vu plusieurs éclaireurs qui se sont enfuis à l'approche des Français.

Tous les villages environnants, Pange, Colligny, Maizery, Ogy, ont été fouillés. Hier, paraît-il, les éclaireurs prussiens y étaient.

A Colligny, les habitants ont vu hier 12 ou 15 *fantassins* qui sont bivouaqués, dit-on, à 3 kilomètres de là

Les cavaliers ennemis qui se sont retirés hier soir à Courcelles étaient au nombre de 6. Ils ont détruit le pont et se sont retirés, vers 9 heures du soir, sur la droite de Courcelles.

A Coincy, ils ont, hier, enlevé un fantassin et tué un autre.

Ce matin, un fantassin de la division Duplessis a tué un éclaireur.

Journée du 12 août.

ARTILLERIE DE L'ARMÉE.

a) Journal des opérations du général Soleille.

Au moment où le maréchal Bazaine prenait en mains la direction générale des opérations militaires, les divers corps occupaient, à très peu près, les positions indiquées à la date du 10 août, les 3e et 4e corps s'étaient cependant un peu rapprochés de la place. Le moment approchait où l'armée allait opérer alternativement sur les deux rives de la Moselle et l'on n'avait pas attendu la dernière heure pour multiplier les communications entre ces deux rives. En aval de la ville, les ponts-et-chaussées et le génie avaient construit deux ponts sur le petit bras. Une crue subite, attribuée par l'ingénieur en chef de la navigation à la rupture par l'ennemi des bassins de retenue du canal, emporta ces premiers travaux. On eut recours, pour les rétablir, aux compagnies de pontonniers Nussbaum (2e corps) et Deschamps (4e corps), destination temporaire, car le matériel de ces compagnies ne pouvait être affecté d'une manière permanente à cet usage ; il redevint du reste disponible le surlendemain et fut en mesure d'accompagner, au besoin, les mouvements de l'armée. La compagnie Pepin (3e corps), dont l'équipage avait été pris à Forbach, fut désignée pour rester à Metz et concourir à la défense de la place.

Le général Soleille au Ministre de la guerre (D. T.).

Metz, 12 août.

Aujourd'hui qu'on a abandonné la pensée de faire refluer, soit sur Châlons, soit sur Paris une partie de l'armée et du matériel, et que les opérations de l'armée du Rhin semblent surtout devoir s'exécuter sur la zone frontière et s'il y a lieu, sur les derrières de l'ennemi, il est important de posséder des dépôts qui ne soient pas trop éloignés.

Toul était une bonne position pour un grand dépôt dans les premières hypothèses de la guerre. Il est encore aujourd'hui, à mon sens, une excellente position centrale et assurée contre les surprises. Il serait utile d'y reconstituer, autant que possible, un grand parc.

Je donne l'ordre au général Mitrecé d'y conserver l'équipage de ponts de réserve en le mettant en sûreté dans la place et d'y rester de sa personne avec son état-major et les troupes du grand parc.

La perte de l'équipage de ponts du 3e corps à Forbach, que je pressentais, est aujourd'hui certaine. Pouvez-vous pourvoir à son remplacement ? J'ai reçu ce matin à Metz la compagnie qui devait atteler cet équipage et je la retiens pour atteler un nouvel équipage s'il y a lieu. En attendant elle sert à l'armement de la place de Metz.

c) **Opérations et mouvements.**

Le général de Rocheboüet, commandant l'artillerie des 2e, 3e et 4e corps d'armée, au général Soleille (Lettre).

Borny, 12 août.

La nécessité de créer des communications entre les deux rives de la Moselle paraissant démontrée, j'ai l'honneur de vous demander sur quels points seront établis les ponts d'aval et d'amont. Cette question m'intéresse vivement, les échanges à faire avec les parcs établis dans Chambière étant, à l'heure qu'il est, à peu près impraticables.

Le général Soleille au général de Rocheboüet, commandant l'artillerie des 2e, 3e et 4e corps (Lettre).

Metz, 12 août.

En réponse à votre lettre datée de Borny, le 12 août, j'ai l'honneur de vous informer que les communications entre les deux rives du bras navigable de la Moselle sont assurées par trois ponts établis au bas des rampes de Saint-Julien.

Je vous informe, de plus, que trois autres ponts sont jetés sur l'autre bras non navigable, en avant du fort Moselle.

Ces ponts sont reliés les uns aux autres par des routes jalonnées.

On peut rentrer sur la rive droite de la Moselle, du côté de la citadelle, en passant par neuf autres ponts, jetés trois par trois sur les bras de la Moselle coulant entre la porte de France et le pied de la citadelle.

Si vous voulez des détails plus précis, envoyez-moi un officier de votre état-major, qui reconnaîtra en même temps les passages en question.

Par cette disposition, vous pourrez éviter de faire traverser à vos parcs la place de Metz, qui sera sans doute encombrée.

Le général Soleille au colonel Hennet, commandant le parc de la réserve générale d'artillerie (D. T.).

Metz, 12 août.

Ralliez à vous, où que vous soyiez, toute la partie de votre parc qui a été dirigée sur Besançon, y compris l'équipage de ponts.

Le général Mitrecé, directeur général des parcs, au général Soleille, à Metz (D. T.).

Toul, 12 août, 10 h. 8 matin.

Votre dépêche du 8 août me laissant complètement maître d'aviser aux mesures à prendre pour sauvegarder le matériel, je juge nécessaire de diriger l'équipage de ponts vers Châlons, par le canal. Le maréchal Canrobert, à son passage à Toul, m'a engagé à prendre ce parti. Le mouvement est commencé.

Journée du 12 août.

GÉNIE DE L'ARMÉE.

c) Opérations et mouvements.

Rapport sur les opérations du grand parc du génie.

12 août

Vers 1 heure du matin, le grand parc arriva à Metz à la gare des Sablons. Il établit son bivouac sur le glacis de droite de la lunette Rogniat, le long de la Moselle, entre la citadelle et le village de Montigny.

Le général Jarras au général Coffinières (Lettre).

Metz, 12 août.

L'Empereur me charge de vous inviter à faire établir sur la Moselle le plus grand nombre de ponts possible. Il est informé que l'ennemi entre à Nancy.

De l'ingénieur des ponts et chaussées et des chemins de fer de l'Est Petsche (Lettre sans indication de destinataire).

Nancy, 10 juin 1872.

Cher Monsieur,

Je m'empresse de répondre à la question de votre lettre du 9 et suis heureux de pouvoir vous donner à ce sujet des renseignements très précis et très sûrs.

Le vendredi 12 août 1870, à 4 heures du soir, j'avais terminé les neuf ponts sur la Moselle, en amont de Metz, que le général Coffinières m'avait chargé, le 8 août, de faire exécuter d'urgence. Le même soir, deux régiments d'infanterie et un escadron de cavalerie y passèrent. Le trot de la cavalerie produisit sur le pont aval du grand bras l'affaissement de trois chevalets posés sur un fond meuble de gravier. Nous passâmes la nuit du vendredi au samedi pour faire la réparation, qui fut terminée à 2 heures du matin. Mais, peu de temps avant ce moment, les eaux de la Moselle se mirent à monter. La crue se manifesta vers minuit (1). A 6 heures du matin, elle s'était élevée de plus d'un mètre

---

(1) Le Journal de la défense signale le commencement de la crue

et couvrait une grande partie des tabliers des ponts du grand bras, ainsi que les petites chaussées qu'on avait construites pour relier les ponts aux berges.

Ce qui me frappa beaucoup, ce fut la limpidité des eaux de cette crue, extraordinaire à ce moment de l'année. M. Schlachter, employé principal de M. Geinbe, qui, depuis de longues années, passe ses journées au Saulay, en fut impressionné comme moi, et notre conviction du moment fut que les Prussiens, ayant connaissance de nos travaux et voulant les bouleverser, avaient coupé, en amont de Metz, quelques digues du service de la navigation.

Mais, après la capitulation de Metz, on a pu s'assurer qu'aucune rupture de ce genre n'avait été faite par l'ennemi et que la crue avait été générale sur la Moselle.

Ce dernier fait m'a été confirmé par le récit d'un de mes amis, M. Théodore Müntz, capitaine du génie (en ce moment en service à Versailles). Battant en retraite avec l'armée de Mac-Mahon, M. Müntz fut chargé de faire sauter le pont sur la Moselle à Charmes. On avait commencé à pratiquer des mines dans les piles de ce pont, en bois, mais une crue de la Moselle empêcha de s'en servir. Il fallut brûler le tablier du pont. Le fait dont il s'agit s'est produit à la date du 12 ou 13 août (je ne pourrais exactement préciser le jour); mais il est incontestable que c'est la même crue qui a bouleversé nos travaux à Metz.

Pour compléter ce qui se rattache à cette question de crue, je vous dirai que deux des ponts du grand bras, qui avaient été submergés, furent allongés et exhaussés et que cette opération était entièrement terminée le dimanche 14 août, à 1 heure de l'après-midi.

Les ponts sur le bras mort de Moutigny, excepté ceux du bras navigable de Saulay (au nombre de trois sur chaque bras), n'avaient pas souffert. Dans l'après-midi du dimanche 14, près de 30,000 hommes passèrent sur les ponts (en amont de Metz) dont il s'agit. J'ai remarqué parmi ces troupes le corps de Frossard et la division de cavalerie du général Forton.....

De l'ingénieur des ponts et chaussées et des chemins de fer de l'Est Petsche au général de Rivière, rapporteur près le 1ᵉʳ Conseil de guerre, à Versailles (Lettre).

Nancy, 19 juin 1872.

Monsieur le Général,

J'ai fourni à M. Auguste Prost, qui a dû vous les transmettre, les

---

dès le 11 août Dans la journée du 12, les trois ponts d'aval sont déjà endommagés.

renseignements que je possède sur la crue de la Moselle du 12-13 août 1870.

C'est le 12 août (1), vers minuit, que cette crue a commencé à se produire. A 6 heures du matin, le 13, elle avait atteint son maximum. J'en évalue la hauteur à 1^m,20 environ.

Elle eut pour effet de submerger, sans les rompre, une partie des ponts que j'avais fait construire sur le grand bras de la Moselle, en amont de Metz, ainsi que les petites chaussées qui les reliaient aux berges.

Je fus frappé, avec plusieurs personnes habituées au régime de la Moselle, de la soudaineté et de la limpidité de cette crue, et je l'attribuai à quelque opération de l'ennemi.

Je reconnus plus tard mon erreur, en apprenant que l'armée allemande n'avait rompu aucun barrage supérieur et que la crue avait été générale sur la Moselle.

Elle a notamment gêné les opérations tentées par le service du génie de l'armée de M. le maréchal de Mac-Mahon pour la destruction d'un pont sur la Moselle à Charmes.

Je tiens ce renseignement de M. Théodore Müntz, capitaine du génie, qui devait faire sauter ce pont au moyen de fourneaux de mines pratiqués dans une pile, et qui fut obligé, les mines étant noyées, de faire brûler le tablier en charpente de l'ouvrage.

Quant aux retenues d'eau de la place de Marsal, je ne suis pas au courant de ce qui s'y est passé. A la réception de votre lettre du 15 juin courant, j'ai demandé des renseignements à mon camarade M. Pugnières, ingénieur des ponts et chaussées à Nancy, et voici ce qu'il m'écrit à ce sujet :

« Au moment de la déclaration de guerre, on a placé les poutrelles pour retenir les eaux dans les fossés de la place de Marsal.

« La grande sécheresse avait réduit considérablement le débit de la Seille; d'un autre côté, l'étang de Lindre était en terrage, de telle sorte que, lorsque les Prussiens se sont présentés devant la place, la cunette était à peine remplie d'eau.

« Après la prise de la place, les Prussiens ont laissé les poutrelles et, grâce aux pluies, les eaux se sont un peu accumulées dans les fossés, sans toutefois que je puisse indiquer à quelle hauteur elles se sont élevées. »

---

(1) Voir la note 1 de la lettre de l'ingénieur Petsche, datée du 10 juin 1872.

RENSEIGNEMENTS

Bulletin de renseignements pour la journée du 12 août.

Au grand quartier général, à Metz, 12 août.

Le bulletin n° 6, qui donnait la composition normale et la répartition actuelle en diverses armées des corps allemands, indiquait que, selon toute probabilité, les régiments de cavalerie n'étaient pas toujours restés affectés aux corps dont ils dépendent en paix. Les interrogatoires de prisonniers confirment ces prévisions. Les numéros de corps d'armée ne peuvent donc être connus d'une façon certaine que par les numéros des régiments d'infanterie.

Il y a, en général, cinq régiments de cavalerie endivisionnés par corps d'armée. La division de cavalerie du II° corps est commandée par le général de Wrède; elle comprend : le 13° de uhlans, les 9° et 16° de dragons, le 17° de hussards (brunswickois) et le 4° de cuirassiers. Ce dernier régiment appartient en paix au X° corps.

Un grand corps de cavalerie, de 25,000 à 30,000 chevaux, se formerait en arrière, sous le général de Stolberg, à l'Ouest de Worms.

Les régiments de cavalerie sont à quatre escadrons de 162 cavaliers montés.

Dans la division de cavalerie du IV° corps est le 13° de uhlans, dont une patrouille de trois hommes vient d'être prise à huit kilomètres en deçà de Remilly (route de Faulquemont). Ce régiment forme l'avant-garde des éclaireurs de ce corps : il est très éloigné du corps d'armée et pousse toujours deux de ses escadrons à une grande distance.

Ces deux escadrons étaient le 10 à Remilly. Ils ont envoyé la patrouille capturée vers la route de Metz à Nancy : elle avait parcouru 25 kilomètres en quatre heures lorsqu'elle a été arrêtée par des dragons de la division Forton.

Les habitants de Trèves auraient été prévenus, il y a deux jours, que les I° et VI° corps (armée des côtes du Nord) passaient par la ville, venant de l'Eifel. Ce sont probablement deux des trois corps de l'armée de Vogel de Falkenstein que l'on signalait, dans les bulletins d'hier, le long de la frontière luxembourgeoise. On ne connaît pas bien le numéro du troisième de ces corps.

Les cavaliers faits prisonniers à Gros-Tenquin, et dont il était parlé hier, étaient des IIe et IIIe corps. La patrouille enlevée le 11, en avant de Remilly, appartenait au IVe corps. Voilà donc bien certainement trois corps au centre.

Une avant-garde de cette armée du centre aurait été vue hier soir à Nomény (route de Metz à Nancy), menaçant Pont-à-Mousson. Il y aurait toujours des cavaliers vers la Nied, sur les diverses routes venant de Metz.

Rien de nouveau de l'armée du Prince royal.

Il résulte des divers rapports et des journaux étrangers que les Prussiens auraient beaucoup souffert dans les combats du 6 août. A Spicheren, des projectiles provenant de nos fusils et de nos mitrailleuses auraient été atteindre fort loin les réserves de Steinmetz.

Un habitant a entendu dire que ce matin, 12 août, à 10 heures, une reconnaissance prussienne est venue à Chesny, à environ huit kilomètres de Metz, sur la route de Château-Salins. On ajoute que 40,000 hommes se masseraient dans la forêt de Fleury, en arrière de Chesny.

Un garde forestier déclare avoir vu le 11 août, à 8 heures du matin, à Hargarten-aux-Mines, à onze kilomètres au Sud-Est de Bouzonville, environ 1000 cavaliers campés. Il y avait de l'infanterie plus en arrière; le garde a entendu les tambours. Un officier prussien lui a dit qu'ils devaient partir sous trois jours dans la direction de Metz.

Rapport sur l'interrogatoire de trois prisonniers de guerre.

Metz, 12 août.

Ces trois prisonniers appartiennent au 13e uhlans, qui fait partie de la division de cavalerie du IVe corps d'armée (IIe armée du prince Frédéric-Charles). Ils ont été capturés hier, 11 août, vers 6 heures du soir, par des dragons, disent-ils, un escadron au moins.

D'après leur déposition, il résulte que ce régiment, depuis le commencement de la campagne, forme l'avant-garde d'éclaireurs du IVe corps d'armée. Deux escadrons marchent toujours en avant, à une grande distance.

Le régiment lui-même marche en avant de ce corps d'armée, à une telle distance que les hommes ne peuvent donner aucun renseignement sur ce corps d'armée.

Les deux escadrons se trouvaient cantonnés à Remilly lorsque la patrouille, composée du maréchal des logis et de deux hommes, eut l'ordre de partir en reconnaissance. Voici l'itinéraire qui leur avait été tracé : partir de Remilly, passer à Luppy, Buchy, Verny; revenir par Pournoy, Orny, Sorbey, Lemud. C'est entre Sorbey et Lemud qu'ils ont été pris. Ils étaient partis à 2 heures.

C'est aujourd'hui à midi que ces trois cavaliers prussiens ont été amenés à l'état-major général pour être interrogés. En marche depuis ce matin 6 heures, ils n'avaient pas encore mangé.

Renseignements envoyés par le capitaine Vosseur.

Nancy, 12 août, 2 heures soir.

Le 11 août, à Alberstroff, on signale une forte troupe de cavalerie, venant de Sarralbe. Elle se dit suivie par 30,000 fantassins.

Le 11, à Morhange, quelques cavaliers ont commandé des vivres et des approvisionnements pour 6,000 hommes. Jusqu'au 11 au soir, aucune infanterie n'avait paru. Ils se renseignaient sur la route de Metz.

Le 11, à Château-Salins, une reconnaissance d'environ un escadron de cavalerie a été poussée de Morhange sur Château-Salins; ces cavaliers seraient des hussards du 10e régiment (IVe corps).

Le 11, à Vic, quelques hussards sont venus demander des vivres et des fourrages pour 3,000 hommes et autant de chevaux. Ils ont cherché à avoir des renseignements sur l'armée française et la route de Lunéville.

Le 11, à 11 heures du soir, à Dieulouard, quelques hussards sont venus couper la communication télégraphique : un grand croc, ayant servi à arracher les fils, et une lanterne de cantonnier ont été retrouvés dans la campagne, aux environs. Cette communication télégraphique a été presque de suite rétablie.

12 août, 2 heures soir.

Une vingtaine de cavaliers apparaissent à Frouard ; ils traversent la Moselle et vont à Champigneulles ; quelques coups de feu sont échangés avec des soldats isolés qui rejoignent Toul, partant de Nancy.

Un déserteur prussien du 7e régiment de grenadiers, interrogé à Nancy, déclare que les Ve et VIe corps étaient à Blâmont dans la soirée du 11 et devaient marcher sur Lunéville. Ce renseignement n'a pas été confirmé ; il a toutefois été transmis à M. le maréchal Mac-Mahon, qui avait dû passer la nuit du 11 au 12 à Bayon.

Il est certain que ce jourd'hui, 12, vers midi, il n'y avait aucun Prussien à Lunéville : un capitaine d'état-major (Leroy), s'y trouvait à cette heure. Cet officier est venu de Lunéville à Nancy sur une machine.

Il est vraisemblable que les Ve et VIe corps, sous les ordres du Prince royal, avec les corps bavarois et badois, en partie (une autre partie aurait rétrogradé sur l'Alsace), ont opéré leur jonction avec l'armée du centre, en arrière du réseau de cavalerie qui nous a été opposé. Les trois armées, en parfaite relation ensemble, auraient opéré leur jonction et s'étendraient sur un cercle de Thionville à Nomény, ayant son centre à Metz et devant appuyer leurs ailes, à gauche et à droite, à la Moselle.

Il est confirmé que la Garde était à Sarrebrück.

Les troupes prussiennes paraissent disciplinées : elles payent en partie leurs dépenses d'approvisionnement. Jusqu'ici, étonnées de leurs succès, elles n'ont marché que timidement, sous la garantie de leurs cavaliers qui se sont enhardis en ne trouvant aucune résistance et qui occupent actuellement toute la région comprise entre la Moselle, jusqu'à Nancy, et la ligne de chemin de fer, de Nancy à Strasbourg.

Dans l'armée prussienne, il y aurait quelques malades du typhus.

La population de Nancy est extrêmement abattue et découragée : de gros approvisionnements de farine, sucre, riz, café sont restés à Nancy. Il est resté de même beaucoup d'avoine à Lunéville, qu'il n'a pas été possible de retirer en arrière, le chemin de fer ayant fait partir son matériel dès le 11 au soir.

Le télégraphe de Nancy ne fonctionne plus : des ordres supérieurs ont fait rétrograder sur Toul tous les employés.

Des agents ont été lancés dans toutes les directions pour avoir quelques nouvelles certaines, autant que possible.

Le commandant Vanson avait quitté Nancy le 11 au soir. Le colonel d'Abzac s'y trouvait ; il a pris tous les renseignements pouvant intéresser le maréchal Mac-Mahon, qui paraît ne pas devoir être inquiété.

Le général de Failly demande des nouvelles : il est à Mirecourt (2 h. 30 du soir, le 12).

3 heures soir.

Des renseignements formels, qui arrivent de plusieurs côtés, ne laissent aucun doute sur la présence de troupes de cavalerie aux environs et aux abords mêmes de Nancy. Il faut se retirer.

Toul, 8 h. 30.

Il n'y a rien de particulier à signaler dans cette place. On apprend que des cavaliers sont entrés à Nancy ce soir.

Je reste provisoirement à Toul.

X..., à Luxembourg, au Préfet de la Moselle (D. T.).

Luxembourg, 12 août, 10 heures matin.

Des troupes considérables continuent à passer par l'Eifel, le Haardt et le Hochwald, vers Sarrelouis ; on a reconnu troupes de la Garde ainsi que Saxons, destinés à renforcer surtout prince Frédéric-Charles.

Nombreux matériel d'artillerie; troupeaux de bœufs suivent cette armée. Soldats très fatigués et irrités contre nous.

Avant-hier, la landwehr des régiments n°s 21, 29, 65, 69, etc., 74 aurait passé à Trèves. Camp retranché supposé entre Bittburg et Prüm. 1800 voitures de réquisition devant Sarrelouis, destination inconnue.

Roi de Prusse serait depuis deux jours à Sarrebrück.

L'Impératrice à l'Empereur (D. T.).

Tuileries, 12 août.

On dit que le corps badois ne peut être devant Metz que le 14 août.

Le Ministre de la guerre au Major général (D. T.).

Paris, 12 août, 10 h. 55 matin.

Des renseignements dignes d'attention, annoncent qu'un corps de 50,000 hommes est parti de Berlin, le 6, pour rejoindre l'armée bavaroise, qui opère sur la frontière française.

La jonction aurait lieu samedi.

Le Ministre de la guerre au Major général, à Metz (D. T.).

Paris, 12 août, 11 h. 16 matin.

Vous savez sans doute qu'un corps badois, en face de Mulhouse, s'est rallié par la rive droite du Rhin à l'armée prussienne devant Metz.

Le corps Douay paraît libre.

Un Agent de Bruxelles au Ministre des affaires étrangères (D. T.).

Bruxelles, 12 août, 2 h. 15 soir.

Des médecins luxembourgeois appelés à Trèves par une fausse dépêche télégraphique, ont été éconduits, mais en obtenant l'autorisation de se rendre à Sarrebrück.

D'après leur rapport qui confirmerait tous mes renseignements précédents, les Prussiens seraient au nombre de 500,000 hommes.

Malgré toutes mes recherches, je n'ai rien pu savoir encore au sujet du corps du général Falkenstein.

Si je ne reçois pas de contre-ordre, je continuerai à envoyer à Votre Excellence les bulletins prussiens.

Le Préfet de la Moselle au Major général (Lettre).

Metz, 12 août.

Le commissaire de police de Pont-à-Mousson m'informe qu'on a coupé, à 2 heures du matin, les fils de la station de Dieulouard (station sur la ligne de Metz, avant Frouard).

Douze hommes étaient sur la voie de Dieulouard à Pont-à-Mousson.

Un Agent de Thionville au Major général (D. T.).

Thionville, 12 août, 9 h. 45 matin.

Les 12,000 landwehrs qui ont passé à Trèves n'ont point poussé jusqu'à Sarrebrück ; ils occuperaient les bois entre la Sarre et la frontière française. Quelques uhlans servant d'éclaireurs et le 71e de ligne se trouveraient avec eux. Cette landwehr serait venue de Westphalie et de la province de Posen.

On parle vaguement, à Trèves, de l'établissement d'un corps d'observation entre Prüm et Bittburg.

1800 voitures de réquisition stationnaient hier devant Sarrelouis.

Pas de nouvelles de l'armée du général Vogel de Falkenstein.

Du Sous-Préfet de Thionville (D. T.).

Thionville, 12 août, 2 heures soir.

Une soixantaine de cuirassiers prussiens ont traversé ce matin Kédange et Metzervisse. Quelques-uns sont venus jusqu'à la porte de Thionville, poursuivant deux dragons vedettes.

A Haute-Yutz, ils ont enlevé un mobile et une charrette d'avoine.

Le Commandant de place de Thionville au Major général, à Metz (D. T.).

Thionville, 12 août, 4 h. 10 soir.

Renseignements donnés par un Français prisonnier, homme connu, 9 et 10 août, confirmés par des gardes forestiers :

« Le camp du prince Charles est sur la hauteur près la ferme de Maranville, garni de mitrailleuses. Un camp est établi à Gros-Réderching, Achen, Kalhausen, Wittring, Herbitzheim, Arnung, autour de Sarreguemines, à Welferding, Hundling, Ippling, Faréberswiller, Seingbouse, Betting, Merlebach, Freyming, l'Hôpital, Carling ; à Creutzwald, forces considérables de cavalerie, artillerie et infanterie énorme dans les bois. Des uhlans gardent les hauteurs de Hargarten et de Teterchen. Des officiers supérieurs ont demandé le chemin de Dieuze. »

Renseignements des émissaires.

Jeudi, 11 août.

De Waldwisse à Hilbringen, sur la Sarre, personne. Les jours précédents, des détachements se dirigeaient vers Sarrelouis. Dans cette ville, 120 voitures de vivres sont dirigées sur Metz.

A Bouzonville, les reconnaissances continuent.

12 août, 2 heures matin.

Bivouacs de cavalerie et infanterie au delà de Kédange.
Télégraphe coupé le matin dans cette commune.

L'Empereur au maréchal Bazaine (D. T.).

Metz, 12 août, 4 h. 20 soir.

Le chef de la station télégraphique de Nancy m'informe que deux régiments prussiens, commandés par un général, entrent en ce moment à Nancy et y préparent des logements pour d'autres troupes.

NAPOLÉON.

Le capitaine d'état-major Vosseur, en mission à Nancy, au Major général (T. Ch.).

Toul, 12 août, 7 heures soir.

Forcé de quitter Nancy à 3 heures, par suite de patrouilles de cavalerie aux abords de Frouard et de Champigneulles.

Armée du Prince royal a dû faire sa jonction avec celle du centre.

Aucune tête de colonne n'a été vue hier à Morhange, Château-Salins, Vic, Lunéville.

Cavalerie ennemie a envoyé patrouilles aujourd'hui jusqu'à la Moselle.

Un Agent de Thionville au Major général, à Metz (D. T.).

Thionville, 12 août, 7 h. 25 soir.

Les dernières troupes qui ont traversé Trèves formeraient l'arrière-garde du VIIIe corps. Il y est arrivé hier 80 voitures de poudre et un grand nombre de canons. Toutes les grosses pièces d'artillerie seraient transportées de l'intérieur sur les hauteurs boisées de la Sarre....

X..., de Luxembourg, au Major général, à Metz, et au Ministre des affaires étrangères, à Paris (D. T.).

Luxembourg, 12 août, 8 h. 20 soir.

M. de Bismarck, généraux de Moltke, de Roon et Steinmetz sont à Forbach, avec le roi de Prusse.

Prince Frédéric-Charles a quitté corps d'armée, on croit remplacer Steinmetz sur la Sarre, mais pas certain.

3ᵉ CORPS.

BULLETIN DE RENSEIGNEMENTS POUR LA JOURNÉE DU 12 AOUT.

Les Étangs.

Le général commandant la 1ʳᵉ brigade de la 4ᵉ division a exécuté une reconnaissance avec le 11ᵉ bataillon de chasseurs à pied et 15 cavaliers. Il a aperçu des groupes de cuirassiers, de hussards et de uhlans et quelques *fantassins*, avec lesquels les chasseurs ont échangé des coups de fusil.

La reconnaissance a été poussée jusqu'au village de Retonfey. Des habitants, interrogés par le général, lui ont dit qu'il y avait aux Étangs environ 600 cavaliers appartenant aux trois armes dont on a vu les vedettes. Ce renseignement a été confirmé par une jeune fille arrivée des Étangs.

Les Étangs, 5 heures soir.

Le nommé Villaume, de Burtoncourt, arrive de ce village et rend compte qu'il y est arrivé, à 11 heures du matin, une troupe de uhlans qu'il estime à 600 hommes.

Ils ont requis 4 voitures de foin, 2 voitures de paille, 50 sacs d'avoine, un bœuf gras, du pain et du lard. La réquisition faite, ils se sont retirés.

Reconnaissance du colonel Forceville, commandant le 1ᵉʳ dragons (Partie à 4 heures du matin, rentrée à 10 heures).

12 août.

Cette reconnaissance s'est rendue à Pont-à-Chaussy, où elle a trouvé le pont coupé (il l'a été hier par des uhlans). Elle a battu et éclairé le terrain, d'une part jusqu'aux Étangs, d'autre part jusqu'à Pange. Elle a aperçu, sur plusieurs points, des petits postes de uhlans qui se sont enfuis à son approche et dont aucun n'a pu être surpris. Ces petits postes se trouvent dans les bois, aux environs de Colligny, Maizery, Pange, etc. A Pange, il y aurait même quelques fantassins, mais on ne les a pas vus.

Aucun corps un peu considérable n'a été signalé. D'après les renseignements recueillis, ces éclaireurs ennemis se seraient avancés hier très près de nos positions.

4ᵉ CORPS.

BULLETIN DE RENSEIGNEMENTS DU 12 AOUT.

Route de Bouzonville.

D'après les renseignements recueillis hier soir, il n'y avait encore aucune masse ennemie à Bouzonville, ni à Boulay, ni même à Teterchen. De fortes patrouilles de cavalerie de 200 à 300 chevaux ont été vues à la hauteur du bois d'Ottonville et s'avancent dans la vallée de la Nied allemande. Elles portent en avant de petits détachements qui s'avancent jusqu'aux Étangs, Saint-Hubert et autres villages dans ce rayon.

A Creutzwald et jusqu'à Ham, des colonnes ennemies qui doivent pénétrer en France se massent depuis le 10 et le 11 août. Les Prussiens ont ce qu'ils appelent « un camp » à Tromborn, où ils concentrent leur force principale dans cette zone. Les rapports s'accordent à dire qu'ils doivent se porter aujourd'hui 12 en avant.

L'ennemi procède de la manière suivante dans l'établissement de ses bivouacs : On installe dans les villages tout ce que l'on peut, les troupes qui n'ont pas trouvé place dans les maisons vont immédiatement couper des branchages dans les bois voisins et se construisent des abris. Les habitants sont tenus de préparer à manger pour les soldats qui sont dans les maisons. Pour assurer la subsistance de ceux qui bivouaquent, on requiert toutes les ressources en vivres de nos localités. Les habitants mâles de 18 à 40 ans sont requis pour le service militaire.

Renseignements généraux.

Les Prussiens auraient jeté un pont sur la Sarre en amont de Sarrelouis, pour faire passer leurs troupes sur un plus grand nombre de points. Des espions venus de la Prusse rhénane par le Luxembourg rapportent qu'un nouveau courant de troupes s'établit par la ligne ferrée de la Nahe vers notre frontière, aussi nombreux au moins que celui qui a précédé le mouvement sur Forbach. Le 11 août, cette voie a dû être exclusivement consacrée au transport des troupes. Un grand courant aurait aussi lieu sur la ligne de Wissembourg à Kaiserslautern. Toutes les places de dépôt telles que Speicher, Wittlich, Birkenfeld, sont entièrement dégarnies. Les *13e*, *15e* et *70e* régiments de la Landwehr ont passé par la ligne ferrée de la Sarre. On a déjà appelé sous les armes et commencé le recrutement de la Landsturm depuis plusieurs jours. On l'évalue à 150,000 hommes actuellement en marche des provinces du Nord et de l'Est pour rejoindre l'armée placée sous les ordres du prince Frédéric-Charles : elle doit déboucher par la frontière de Sarrelouis, Sarrebrück, Sarreguemines. On dit qu'il y a une concentration pareille sur la ligne de Landau-Wissembourg sous les ordres du prince royal Frédéric-Guillaume. Les troupes d'invasion doivent être portées à 700,000 hommes.

GARDE IMPÉRIALE.

Le général Bourbaki aux Généraux commandant les divisions de la Garde impériale (Lettre).

12 août.

D'après les renseignements qui parviennent au Maréchal, commandant en chef, l'ennemi semblerait prononcer une attaque sur notre droite.

Veuillez donc donner les ordres pour que personne ne s'écarte du camp.

S'il était nécessaire, on ferait battre la marche du corps.

La cavalerie sellera, l'artillerie attelera immédiatement, et l'on se tiendra prêt à se porter où besoin sera, mais les tentes ne seront pas abattues.

Le général Durand de Villers, commandant le génie de la Garde impériale, au général Bourbaki (Lettre).

12 août (?).

Il semble résulter des renseignements que vous voulez bien me communiquer, que l'armée prussienne effectue un mouvement qui aurait pour but de remonter le cours de la Moselle par les deux rives, dans la direction de Pont-à-Mousson, et, par conséquent, renoncerait à nous bloquer sérieusement.

Elle craint probablement de rester disséminée autour de Metz, entre deux armées.

Le général Bourbaki au maréchal Bazaine (Lettre).

Aux Bordes, 12 août.

M. le comte Wilhelm de Sponeck, officier danois, demeurant à l'hôtel du Commerce, à Metz, s'est rendu hier, avec trois autres personnes, en voiture à Courcelles-les-Chaussy.

Il a traversé les avant-postes sans éprouver aucune espèce de difficulté.

J'ai l'honneur de vous signaler ce fait, afin que Votre Excellence juge la manière dont le service se fait aux avant-postes et combien il est nécessaire que MM. les généraux de division le surveillent personnellement.

Le général Douay au Major général, à Metz (D. T.).

Belfort, 12 août, 4 h. 50 soir.

Hier, dans l'après-midi, un corps ennemi, dont on estime la force à 40,000 hommes, a investi Strasbourg et a coupé le chemin de fer et le télégraphe à la station de Fegersheim. Belfort ne correspond plus télégraphiquement que jusqu'à Schlestadt. Les nouvelles qui m'arrivent du Rhin continuent à signaler la rive badoise comme peu pourvue de troupes.

E. F.

Paris. — Imp. R. Chapelot et Cᵉ, rue Christine, 2.

LIBRAIRIE MILITAIRE R. CHAPELOT & Ce
30, Rue et Passage Dauphine, à Paris

LA VÉRITÉ
SUR LA BATAILLE DE

Vionville-Mars-la-Tour
(AILE GAUCHE ALLEMANDE)

Par Fritz HŒNIG

Traduit par le Lieutenant LALLEMENT
DU 1er BATAILLON DE CHASSEURS A PIED

Paris, 1903, 1 vol. in-8 avec croquis . . . . 5 fr.

---

24 HEURES DE STRATÉGIE
DE

DE MOLTKE

DÉVELOPPÉE ET DÉTAILLÉE

d'après les batailles de Gravelotte et Saint-Privat

LE 18 AOUT 1870

PREMIER EXPOSÉ APPROFONDI
des combats de la 1re armée autour du ravin de la Mance

Par Fritz HŒNIG

TRADUIT DE L'ALLEMAND
Par le Lieutenant E. BIRCKEL, du 33e régiment d'infanterie

Paris, 1901, 1 vol. in-8 avec cartes . . . . 7 fr. 50

Paris. — Imprimerie R. Chapelot et Ce, 2, rue Christine.

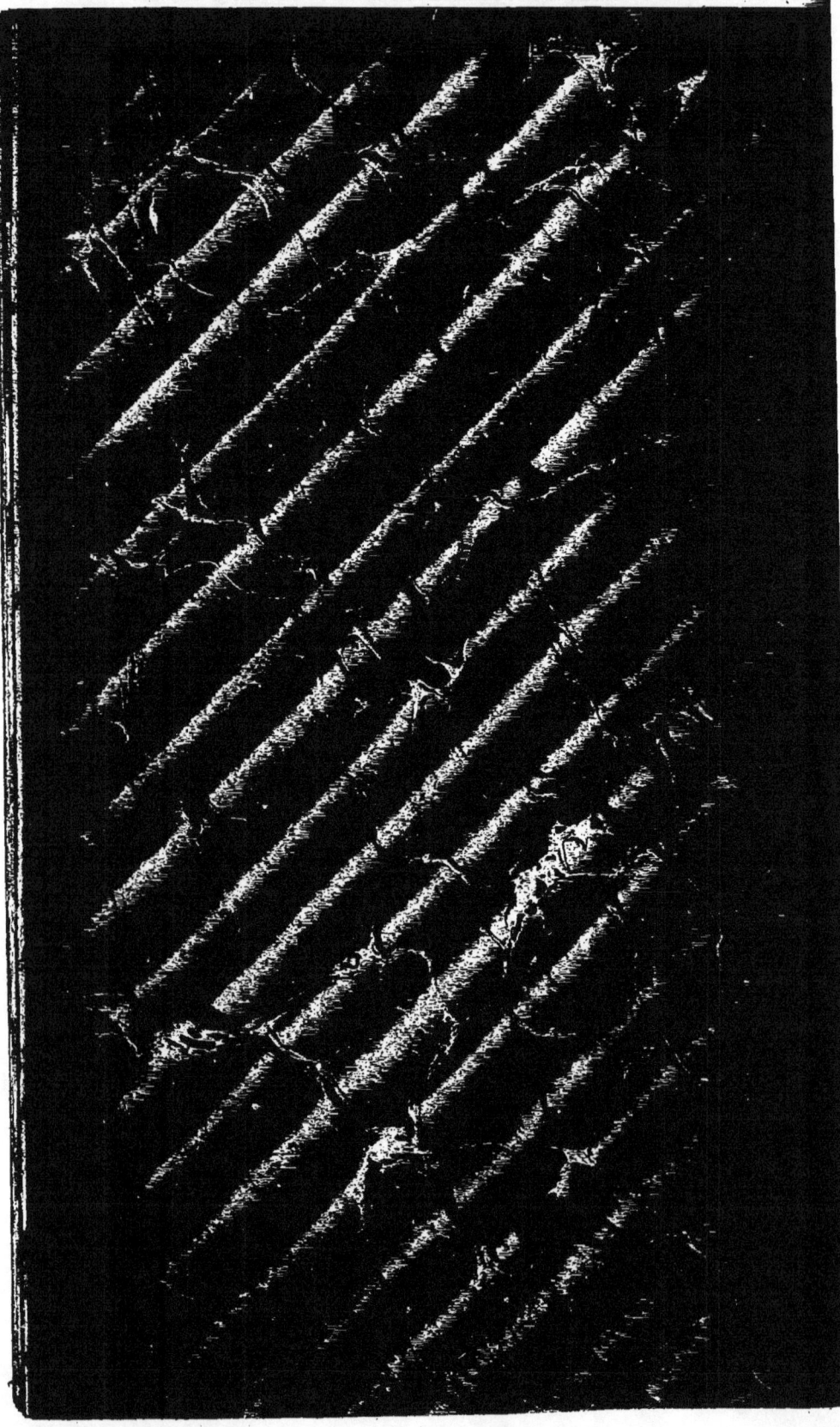

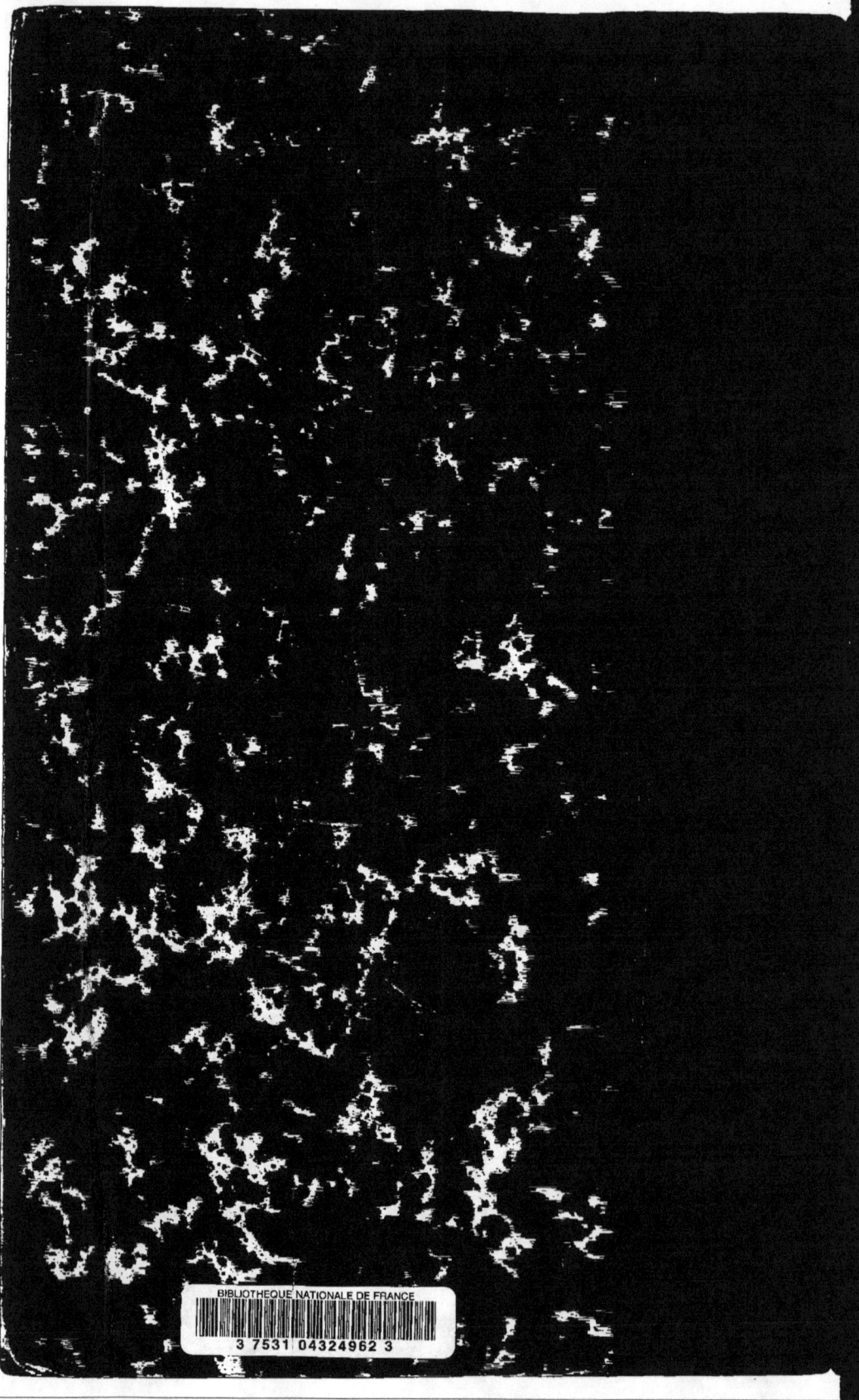

www.ingramcontent.com/pod-product-compliance
Lightning Source LLC
Chambersburg PA
CBHW060607170426
43201CB00009B/934